U0505900

中文社会科学引文索引（CSSCI）来源集刊

中国不动产法研究

RESEARCH ON REAL ESTATE LAW OF CHINA Vol.20, 2019 No.2

《土地管理法》修订

2019年第2辑·总第20辑

刘云生　主编

社会科学文献出版社
SOCIAL SCIENCES ACADEMIC PRESS (CHINA)

中国房地产法律实务研究论坛组织架构

中国房地产法律实务研究论坛编辑委员会名单

余能斌

新中国民法典起草人员，中国法学会民法学研究会顾问，武汉大学教授、博士研究生导师。

为实现中国房地产业法治化鼓与呼！

——热烈祝贺中国房地产法律实务研究论坛开办

余能斌

二〇〇六、六月十五

金　平

新中国民法典起草人员，西南政法大学教授。

中国房地产法律实务研究论坛人才荟萃，理论联系实际运作有方，将为中国房地产业的发展和法律制度的完善作出巨大贡献。

金平

二〇〇六.六.二二

梁慧星

中国社会科学院研究员，教授、博士研究生导师。

办好中国房地产论坛

完善中国房地产法制

梁慧星

06.6.15

王利明

中国人民大学常务副校长，教授、博士研究生导师，中国法学会民法学研究会会长。

祝《中国房地产法律实务研究论坛》越办越好！

王利明

2006.6.23

于重庆

有恒产者有恒心，民有恒产则有爱国爱社区的恒久之心。

孙宪忠

二〇〇六年六月二十四

孙宪忠

中国社会科学院学部委员，

教授、博士研究生导师，

中国法学会民法学研究会常务副会长。

谨祝论坛——

穿西贯南、融中汇外；

历传统房地产制度之保守，启现代房地产法治之鳌头。

陈小君

06.6.13

陈小君

广东外语外贸大学土地法制研究院院长，

云山领军学者，教授、博士研究生导师，

中国法学会民法学研究会副会长。

以制度理性推动房地产法制完善。

以实践智慧促进房地产经济发展。

王卫国

2006年6月24日

王卫国

中国政法大学教授、

博士研究生导师。

为创建有法力、有秩序的中国房地产市场而努力！

——贺中国房地产法律实务研究论坛开办

龙宗智

2006.6.16

龙宗智

著名法学家，原西南政法大学校长，

四川大学教授。

目录
CONTENTS

《土地管理法》修订

《土地管理法》与民法典物权编的衔接

温世扬*

摘　要：为了实现法律体系的内部协调，应明确《土地管理法》和民法典物权编的不同定位与使命，处理好二者之间的规范配置关系。物权编宜将征收置于"所有权取得的特别规定"一章中，作为国家所有权取得的一种特殊方式予以规定。《土地管理法》则应单设一章对土地征收予以规定，构建完备的规则体系。物权编应将"集体经营性建设用地"增列于"国家所有的土地"之后，实现建设用地使用权制度的统一。此外，应对宅基地使用权的设立、转让和消灭作出系统规定。《土地管理法》则对宅基地使用权转让、互换和抵押的限制作出具体规定。民法典物权编和继承编均无须对宅基地使用权继承作出特别规定。至于宅基地使用权如何继承，应由《土地管理法》区分继承人的不同情况作出相应规定。物权编应对宅基地使用权的消灭原因作出规定，《土地管理法》则对宅基地使用权各种消灭情形作出管理性、程序性规定。

关键词：《土地管理法》；民法典；土地征收；建设用地使用权；宅基地

一　引言

《中华人民共和国土地管理法》（以下简称《土地管理法》）自1987年1月1日起实施后，先后于1988年12月29日、1998年8月29日、2004年8月28日进行了3次修改。此后10余年中，尤其是中共十八大以来，我国农村土地制度改革不断推进，对包括《土地管理法》在内的相关立法提出了新的要求。根据党中央关于农村土地制度改革的决策部署，全国人大常委会于2015年通过决定，授权国务院在试点地区暂时调整实施《土地管理法》等法律的有关规定，并要求在总结试点经验的基础上，对实践证明可行的，修改完善相关法律（授权期限原定至2017年12月31日，后决定延长至2018年12月31日）。按照党中央、国务院的统一部署，有关主管部门在总结农村制度改革试点经验的基础上起草了《土地管理法修正案（征求意见稿）》，经广泛征求意见后形成草案，经国务院常务会议讨论通过后，于2018年12月提交第十三届全国人大常委会第七次会议审议。《土地管理法》的此次修正，主要涉及土地征收、集体经营性建

*　温世扬，中南财经政法大学法学院教授、博士生导师，中国法学会民法学研究会副会长。

设用地入市、宅基地制度等方面。

与此同时，我国民法典编纂工作正按计划推进，民法典各分编草案正分步骤提交立法机关审议，民法典物权编（以下简称“物权编”）草案已于 2018 年 8 月提交第十三届全国人大常委会第五次会议第一次审议，现仍在进一步修改过程中。物权编（草案）延续《中华人民共和国物权法》（以下简称《物权法》）的规定，将不动产征收纳入所有权“一般规定”中，建设用地使用权、宅基地使用权则为用益物权的两种基本类型。值此民法典编纂与《土地管理法》修正同时进行之际，我们应当审视并解决《土地管理法》与物权编之间有关征收、建设用地使用权、宅基地使用权规定的衔接与协调问题，以符合科学立法的要求。

二　物权编与《土地管理法》的不同使命

物权编与《土地管理法》分属不同法律部门，前者是民法的重要分支，属民事基本法范畴，后者属于经济法范畴，二者在调整对象与调整方法上应当是泾渭分明的。但是，因为“土地”问题，物权编与《土地管理法》必然存在一定的关联。例如，土地征收在物权法上是土地所有权变动的一种特殊原因或国家土地所有权取得的一种方式，在《土地管理法》上则是取得建设用地的一种方式；建设用地在物权法上是一种重要的用益物权客体，对建设用地的管理又是《土地管理法》的重要内容；宅基地也是如此。因此，为了实现法律体系的内部谐和，需要明确两个法律部门的不同定位与使命，处理好二者之间的规范配置关系。

物权法是调整物的排他支配和利用关系的法律规范，其规范重点在于“明确物的归属，发挥物的效用，保护权利人的物权”（《物权法》第 1 条）。就土地而言，物权法通过所有权、用益物权、担保物权及占有制度对其排他支配和利用关系予以全面调整。在“物权法定”原则指导下，物权法在确立物权类型体系的基础上对各种物权的规定主要包含以下内容。(1) 权利构造。某类物权的权利构造即其主体、客体和内容。如《物权法》第 39 条规定，“所有权人对自己的不动产或者动产，依法享有占有、使用、收益和处分的权利”，表明所有权的权利主体为一般主体（未作限制），客体为“不动产或者动产”，内容为“占有、使用、收益和处分的权利”。对其他物权类型，《物权法》也有此类定义性规定，如《物权法》第 135 条关于建设用地使用权的规定、第 179 条关于抵押权的规定等。(2) 物权变动规则。对物权的设立（取得）、变更、转让和消灭，《物权法》既要作一般性规定（即《物权法》第二章关于不动产登记和动产交付的规定），也要针对各种物权类型作具体规定。例如，对于地役权的设立、转让和消灭，《物权法》分别于第 158 条、第 164 条和第 168 条作了规定。(3) 物权保护规则。对此，《物权法》第三章对物权保护作了一般性规定，适用于各种物权的保护。以上几个方面，也是《物权法》中各类土地物权制度不可或缺的内容。而从《物权法》的相关规定看，在土地物权方面既存在“缺位”现象，又存在“越位”现象。所谓“缺位”，是指应规定而未作规定，如集体建设用地使用权、宅基地使用权变动规则；所谓“越位”，是指将一些不属于物权法范畴的条文纳入相关制度中，如“国家对耕地实行特殊保护，严格限制农用地转为建设用地，控制建设用地总量”（第 43 条）、“农民集体经济组织实行家庭承包经营为基础、统分结合的双层经营体制”（第 124 条第 1 款）、“严格限制以划拨方式设立建设用地使用权”（第 137 条第 3 款）、“对失去宅基地的村民，应当重新分配宅基地”（第 154 条）等。

《土地管理法》的立法宗旨是“加强土地管理，维护土地的社会主义公有制，保护、开发土地资源，合理利用土地，切实保护耕地，促进社会经济的可持续发展”（《土地管理法》第 1 条），其基本任务是“土地管理”，即对各类土地的保护、开发和利用实行公权力管制（行政管理），主要内容包括土地利用总体规划、耕地保护、建设用地管理等。作为公法性法律，《土地管理法》的使命是明确各级土地行政管理部门的管理职责，厘定其管理权限和程序，规定相关主体的公法义务及法律责任；至于土地上各类民事权利的归属与变动，则不属于“土地管理”社会关系范畴，而属于民事关系，应由民法相关制度调整。由此观之，《土地管理法》也存在“越位”和“缺位”现象。例如，《土地管理法》第二章关于“土地的所有权和使用权”的规定，虽不乏宣示价值，但其规范属性已超出“土地管理”的意义范围，且与《宪法》及《物权法》等法律的相关规定形成重复，此为“越位”；《土地管理法》对建设用地的规定以土地征收为重心，对集体经营性建设用地则未作规定，此为“缺位”。

三　关于土地征收

对于土地征收，我国目前采取的是“分散型”立法模式，相关内容散见于《宪法》和《土地管理法》、《城市房地产管理法》、《物权法》等法律中。对此种立法模式，学界早有诟病，学者多主张制定统一征收法，对征收条件、征收主体、征收标的、征收程序、征收补偿、法律责任等作出系统规定。① 笔者对此主张持赞同态度。但在统一征收法列入立法计划之前，基于“分散型”立法的现实，仍需要处理好不同法律部门之间土地征收规则的协调问题，其重点即物权编与《土地管理法》的相关规定之间

① 参见丁文《我国土地征收立法模式之反思》，《河北法学》2008 年第 4 期；房绍坤等《公益征收法研究》，中国政法大学出版社，2011，第 393～398 页。

的衔接与协调问题。[①]

在物权编（草案）中，关于征收的规定与《物权法》一样被安置于“所有权一般规定”一章（第四章）中。此种立法安排，看似凸显了征收制度的重要性，但就征收规范在物权法（所有权制度）上的地位而言，将其作为所有权的“一般规定”是值得商榷的，因为征收仅涉及不动产物权的变动，而所有权的一般规定应当是普遍适用于不动产和动产所有权的规定。[②] 考虑到物权编（草案）在所有权立法体例上未采取传统民法的“客体模式”即“不动产 - 动产模式”，关于征收的规定在立法安排上有两种选择：一是在“国家所有权和集体所有权、私人所有权”一章中作为国家所有权的一种取得方式予以规定[③]；二是在“所有权取得的特别规定”一章中作为国家所有权取得的一种特殊方式予以规定。比较而言，后一种处理方式更为可取，因为征收确属所有权的一种特殊取得方式，而“国家所有权和集体所有权、私人所有权”一章并未设置关于各类所有权取得方式的规定。

在《土地管理法》中，关于征收的规定分设于两个部分。一是第一章“总则”第 2 条第 4 款对《宪法》第 10 条第 3 款关于土地征收一般规定的转介性规定：“国家为了公共利益的需要，可以依法对土地实行征收或者征用并给予补偿。”二是第五章“建设用地”第 45 条至第 51 条关于土地征收审批权限、补偿标准等具体事项的规定。对此笔者认为，因土地征收是《土地管理法》的重要制度之一，该法于“总则”中对土地征收作宣示性规定是必要的，其将征收制度的具体内容规定于“建设用地”一章，则是该法第 43 条所确立的“任何单位和个人进行建设，需要使用土地的，必须依法申请使用国有土地”的建设用地来源规则（即“欲建设、必国有”用地规则）的产物；《土地管理法修正案》为顺应改革要求而废止了这一规则，关于土地征收的具体规定就不宜仍“跻身”于“建设用地”一章之下，因为征收不再是取得建设用地的必经程序。有鉴于此，笔者建议《土地管理法》单设一章对土地征收予以规定，构建完备的土地征收规则体系。

从物权编（草案）和《土地管理法》的具体规定看，物权编（草案）第 39 条第 1 款、第 2 款与《土地管理法》关于土地征收的规定形成了对应关系。对二者作综合分析，可发现存在如下问题。

一是征收目的要件的虚置。物权编（草案）第 39 条第 1 款明确了土地征收的一般

---

① 《宪法》关于征收的规定是部门法相关制度的依据，《城市房地产管理法》的征收规定则属于特别法（城市房屋征收）。

② 与此相似，不宜纳入所有权“一般规定”的还有《物权法》第 43 条关于耕地特殊保护的规定、第 44 条关于征用的规定（后者不属于所有权制度范畴）。

③ 参见王利明主编《中国民法典学者建议稿及立法理由 · 物权编》，法律出版社，2005，第 147 页。

要件，即目的要件（公共利益）和程序要件（权限和程序）。因该款对征收的程序要件采用了“依照法律规定的权限和程序”的用语，故其属于不完全法条（引用性法条），而《土地管理法》第 45、46、48 条正是对土地征收的“权限和程序”的规定（《土地管理法修正案》对相关规定予以完善）。然而，对于土地征收的目的要件即“公共利益”之内涵与外延，无论是物权编（草案）还是《土地管理法》均未设条文作出解释性规定，从而使土地征收制度的实施标准缺乏统一性，征收权滥用侵害集体财产现象也就不可避免。鉴于民法典物权编的基本法地位，其只能从物权变动层面对征收作一般规定，故对“公共利益”的界定应成为《土地管理法》的立法使命。值得肯定的是，《土地管理法修正案》已增设条文，以具体列举方式对土地征收的目的条件（公共利益）予以限定，实为此次《土地管理法》修正的一大亮点。[①]

二是征收补偿范围的龃龉。物权编（草案）第 39 条第 2 款对土地征收补偿作了原则性规定，即“征收集体所有的土地，应当依法足额支付土地补偿费、安置补助费、地上附着物和青苗的补偿费等费用，安排被征地农民的社会保障费用，保障被征地农民的生活，维护被征地农民的合法权益”。与该条第 1 款相同，该规定属于不完全法条（引用性法条），具体补偿标准须由《土地管理法》作出规定。然而，《土地管理法》第 47 条仅对征收耕地的土地补偿费、安置补助费以及地上附着物和青苗的补偿费及其支付标准予以规定，有关“被征地农民的社会保障费用”的规定则付之阙如。这一立法空白，是我国城乡二元结构下农村社会保障制度缺失、失地农民生活保障被漠视的体现；物权编（草案）第 39 条第 2 款反映了“完全补偿”的立法精神和保障农民权益的时代要求，在《土地管理法》中理应得到体现。值得肯定的是，时隔 10 余年之后，《土地管理法修正案》对此作出了响应，在增设的征地补偿范围条款中将“被征地农民的社会保障费用”纳入征地补偿范围，并明确要求市、县人民政府将被征地农民纳入相应的养老等社会保障体系，被征地农民的社会保障费用主要用于符合条件的被征地农民的养老保险等社会保险缴费补贴（第 48 条）。但如此一来，在土地征收补偿范围上就出现了立法上的重复。为了消除这一现象，笔者建议删除物权编（草案）第 39 条第 2 款规定并将其意旨纳入第 1 款：“国家为了公共利益的需要，依照法律规定的权限

① 《土地管理法修正案》第 45 条第 1 款规定：“有下列情形之一，确需征收农民集体所有土地的，可以依法实施征收：（一）军事和外交需要用地的；（二）由政府组织实施的能源、交通、水利、通信、邮政等基础设施建设需要用地的；（三）由政府组织实施的科技、教育、文化、卫生、体育、生态环境和资源保护、防灾减灾、文物保护、社区综合服务设施建设、社会福利、市政公用、优抚安置、英烈褒扬等公共事业需要用地的；（四）由政府组织实施的保障性安居工程建设需要用地的；（五）由政府在土地利用总体规划确定的城镇建设用地范围内组织实施成片开发建设需要用地的；（六）法律规定可以征收农民集体所有土地的其他情形。”第 45 条第 2 款规定：“前款第五项规定的成片开发应当符合国务院主管部门规定的标准。”

和程序可以征收集体所有的土地和单位、个人的房屋及其他不动产并给予补偿”（该条第 3、4 款也可删除）。如此，既符合物权编的规范定位（将征收作为国家所有权的特殊取得方式，仅需明确其成立要件，无须具体规定征收补偿内容），也实现了物权编与《土地管理法》（乃至《城市房地产管理法》）在征收规范上的合理衔接。

四　关于集体建设用地

我国《土地管理法》将土地分为农用地、建设用地和未利用地，并分别设专章对耕地保护和建设用地作出规定。就建设用地而言，《土地管理法》第 43 条确立了“以使用国有土地为原则，使用集体土地为例外”的用地规则，即任何单位和个人进行建设，需要使用土地的，必须依法申请使用国有土地，包括国家所有的土地和国家征收的原属于农民集体所有的土地；但是，兴办乡镇企业和村民建设住宅经依法批准使用本集体经济组织农民集体所有的土地的，或者乡（镇）村公共设施和公益事业建设经依法批准使用农民集体所有的土地的，可以使用集体土地。相应地，《土地管理法》在“建设用地”一章中对国有建设用地和集体建设用地（含宅基地）的取得方式（程序）作了规定，并分别使用了“国有土地使用权”（第 55 条）、“集体所有的土地的使用权”（第 63 条）的称谓。由此可见，依《土地管理法》，对于依法取得的建设用地，无论是国有土地还是集体土地，建设单位均享有“土地使用权”（对于农民集体所有的土地依法用于非农业建设的，《土地管理法》第 11 条使用了“建设用地使用权”的用语）。

然而，随着《物权法》的颁行，关于建设用地的权利（用益物权）构造出现了新的格局：其一，从称谓上看，《物权法》未沿用我国立法上使用已久的“国有土地使用权”[①] 用语，而是称为“建设用地使用权”；其二，从客体上看，《物权法》第 135 条将建设用地使用权的客体限定为“国家所有的土地”，第 151 条规定“集体所有的土地作为建设用地的，应当依照土地管理法等法律规定办理”，似乎将集体建设用地排除于“建设用地使用权”客体范围之外。在物权编（草案）中，这一立法态度仍未改变（相关条文未作改动）。由此，两部法律在建设用地权利体系构造上出现了明显的“违和”现象，有违立法科学性的要求。值此民法典编纂和《土地管理法》修正之际，这一问题应该得到解决了。

1. 建设用地使用权在物权法上的统合

在《物权法》起草过程中，对于建设用地之物权性利用关系采取何种立法体例，

① 最早出现于《中华人民共和国城镇国有土地使用权出让和转让暂行条例》（1990 年 5 月 19 日国务院令第 55 号）。

学界曾存在"统一说"（由"基地所有权"统一调整在国家所有和集体所有土地上设置建筑物、其他工作物的权利）① 和"分立说"（由"土地使用权"和"宅基地使用权"分别涵摄在国家所有和集体所有土地上设置建筑物、其他工作物的权利与在集体所有土地上建造住宅的权利）两种主张。② 最终，《物权法》采纳了"分立说"，但对其作了改造：以"建设用地使用权"调整对国有建设用地的物权性利用关系，以"宅基地使用权"制度调整集体所有的住宅建设用地的物权性利用关系（《物权法》第152条）；而对于宅基地以外的集体建设用地，则仅规定"应当依照土地管理法等法律规定办理"。

对于《物权法》的这一安排，立法机关相关人士作出了以下解释。一是时机不成熟。我国土地制度改革正在深化，各地情况差异较大，土地行政主管部门正在进行集体建设用地制度的改革试点，尚待总结实践经验。二是现行法律法规对集体所有的土地作为建设用地作了限制性规定，即使《物权法》将集体所有的土地纳入建设用地使用权范畴，集体土地使用权作为用益物权的属性也是不完整的，改变现行集体所有的土地作为建设用地的制度模式，有待《土地管理法》等有关法律的修正。③ 笔者认为，值此民法典编纂之际，建设用地使用权在物权编中的统合（即将集体所有土地明确纳入"建设用地使用权"范畴）正当其时。

其一，与《物权法》第135条的排斥性规定不同，《土地管理法》和相关行政规章承认"集体建设用地使用权"。如《土地管理法》第11条第2款规定："农民集体所有的土地依法用于非农业建设的，由县级人民政府登记造册，核发证书，确认建设用地使用权。"《土地登记办法》第2条第2款规定，集体土地使用权，包括集体建设用地使用权、宅基地使用权和集体农用地使用权（不含土地承包经营权）。《物权法》第183条也将合法取得的"集体建设用地使用权"纳入抵押权的客体范围。

其二，在10余年的城市化建设进程中，部分省市开展了集体建设用地流转试点，相关地方法规也确立了"集体建设用地使用权"概念及其流转规则，如《广东省集体建设用地使用权流转管理办法》（2005年6月）、《湖北省农民集体所有建设用地使用权流转管理试行办法》（2006年11月）、《河北省集体建设用地使用权流转管理办法（试行）》（2008年10月）、《南京市集体建设用地使用权流转管理办法》（2011年4月）等。以上改革实践表明，"集体建设用地使用权"作为一种"事实物权"是客观存在的。

其三，中共中央十八届三中全会作出的《中共中央关于全面深化改革若干重大问

① 参见梁慧星主编《中国民法典建议稿附理由·物权编》，法律出版社，2004，第222页。
② 参见王利明主编《中国物权法草案建议稿及说明》，中国法制出版社，2001，第63～70、75～77页。
③ 参见王胜明主编《中华人民共和国物权法解读》，中国法制出版社，2007，第327页。

题的决定》提出："建立城乡统一的建设用地市场。在符合规划和用途管制前提下，允许农村集体经营性建设用地出让、租赁、入股，实行与国有土地同等入市、同权同价。"这一政治决策，对相关法制的完善与革新提出了新的要求。[①] 为回应这一政策要求，《土地管理法修正案（草案）》对"建设用地"一章作了两处重大修改与完善：一是删除原第 43 条关于建设用地"以使用国有土地为原则，集体土地为例外"的规定，为集体经营性建设用地入市流转排除了法律障碍；二是修改原第 63 条关于"农民集体所有的土地的使用权不得出让、转让或者出租用于非农业建设"的规定，改为"县级土地利用总体规划、乡（镇）土地利用总体规划确定为工业、商业等经营性用途，并经依法登记的集体建设用地，土地所有权人可以通过出让、出租等方式交由单位或者个人使用"，并规定"根据前款规定取得的集体建设用地使用权可以转让、互换、出资、赠与或者抵押，但法律、法规另有规定或者土地所有权人、土地使用权人签订的书面合同另有约定的除外"。由此，设立于经营性建设用地之上的集体建设用地使用权具备了与《物权法》上国有土地的"建设用地使用权"相同的物权属性。

综上所述，物权编（草案）维持《物权法》第 135 条关于建设用地使用权客体的表述已不合时宜，应将"集体经营性建设用地"增列于"国家所有的土地"之后，从而实现建设用地使用权制度的统一。如此修改之后，物权编（草案）保留《物权法》第 151 条的规定也失去实际意义。

2. 物权编与《土地管理法》在建设用地使用权规定方面的协调

在国有、集体建设用地使用权在物权法上得到统合的基础上，物权编与《土地管理法》应基于各自立法目标进行合理分工，系统构建建设用地的物权规范和管理制度。

首先，物权编"建设用地使用权"一章应对建设用地使用权的变动作统一规定。就建设用地使用权的取得（设立）而言，国有建设用地使用权可以通过出让或者划拨方式设立，集体建设用地使用权的设立仅限于出让方式（与国有土地出让适用相同规则）；就建设用地使用权的流转而言，物权编（草案）规定的转让、互换、出资、赠与、抵押等物权性流转方式及其相关规则对于国有、集体建设用地使用权可以一体适用；就建设用地使用权的终止而言，物权编（草案）的现有规定（因公共利益需要提前收回建设用地、建设用地使用权期间届满）对于国有和集体建设用地也可以一并适用。在此基础上，《土地管理法修正案》第 63 条第 2 款应当移除。[②]

---

① 参见温世扬《集体经营性建设用地同等入市的法制革新》，《中国法学》2015 年第 4 期。

② 该条第 1 款规定集体经营性建设用地可以通过"出让、出租等方式"流转，包括物权性流转（出让）和债权性流转（出租），而第 2 款规定"按照前款规定取得的集体建设用地使用权"应仅指通过出让取得的集体建设用地使用权，不包括集体建设用地租赁使用权。

其次，《土地管理法》的相关立法用语应与物权编保持一致。物权编（草案）将利用国有土地建造建筑物、构筑物及其附属设施的权利命名为“建设用地使用权”，不再采用“国有土地使用权”这一立法用语；《土地管理法》在表述同一性质的土地权利时，在用语上应与物权编（草案）一致，而不能彼此脱节、“各说各话”。而《土地管理法修正案》对于国有建设用地仍沿用“国有土地使用权”用语（第55条、58条），对于集体建设用地则使用“土地使用权”用语（第66条），不仅与物权编（草案）立法用语不一致，而且与同一法律中其他条款（如第11条、第66条关于集体土地“建设用地使用权”的规定）不协调。借此修法之机，应当统一到“建设用地使用权”这一称谓上来。

五 关于宅基地

从规范体系构造的意义上看，《物权法》关于土地承包经营权、建设用地使用权、地役权的规定是相对完整的，而对于宅基地使用权，《物权法》仅设4个条文，对于其物权变动则未作具体规定，仅于第153条规定，“宅基地使用权的取得、行使和转让，适用土地管理法等法律和国家有关规定”。此举受到学界的批评，其认为“将规制依据指向公法性质的土地管理法，冲淡了该权利的私权属性，无法体现其私法的权利本位，影响了农民集体及其成员对该权利所生利益之公平享有”。[①] 而对“土地管理法等法律和国家有关规定”的检索表明，有关宅基地使用权的取得、行使和转让的法律规则并不完整和明晰。（1）《土地管理法》第62条规定，农村村民住宅用地，经乡（镇）人民政府审核，由县级人民政府批准；其中，涉及占用农用地的，依照本法第44条的规定办理审批手续。但从物权变动意义上说，宅基地使用权如何设立、何时设立尚存疑问。（2）关于宅基地使用权的行使，《土地管理法》未设具体规定。（3）《土地管理法》并未对宅基地使用权的转让问题作出正面规定，仅于第62条规定“农村村民一户只能拥有一处宅基地”，“农村村民出卖、出租住房后，再申请宅基地的，不予批准”，由此引发了法学理论和审判实务关于“宅基地使用权可否转让”（此处指向农民集体之外的民事主体转让）的争议。[②] 笔者认为，《土地管理法》虽未明确规定宅基地使用权不得转让，但考量该法第62条相关规定的立法本意，结合《物权法》第184条关于宅基地不得抵押的立法精神，“宅基地使用权不可转让”的结论在解释论上具有较强的说

① 陈小君：《我国农村土地法律制度变革的思路与框架——十八届三中全会〈决定〉相关内容解读》，《法学研究》2014年第4期。

② 参见韩世远《宅基地的立法问题——兼析物权法草案第十三章“宅基地使用权”》，《政治与法律》2005年第5期；孟勤国《物权法开禁农村宅基地交易之辩》，《法学评论》2005年第4期。

服力。如此,《物权法》所称"宅基地使用权转让"在我国现行法上便成为具文。

如上文所述,宅基地使用权的取得、转让以及消灭属于其物权变动范畴,《物权法》规定其"适用土地管理法等法律和国家有关规定"乃是当时社会条件下的权宜之计(如关于宅基地使用权转让和抵押问题,立法机关认为我国农村社会保障体系尚未全面建立,宅基地使用权是农民基本生活保障和安身立命之本,从全国范围看,允许宅基地使用权转让和抵押的条件尚未成熟)[①];法与时移,值此民法典编纂之机,应实现宅基地使用权变动法律规则的"回归"(准确地说是构建),在物权编中对宅基地使用权的设立、转让和消灭作出系统规定。

1. 宅基地使用权的设立

在我国,宅基地使用权作为一种"事实物权"早已普遍存在,对于已经"取得"的宅基地,相关部门的"确权登记",使宅基地使用权得到确认。[②] 但这种"确权登记"并非物权法意义上的宅基地使用权初始取得方式,只是法律对现存宅基地占有状态的一种"追认"(对擅自占地、乱占耕地等违法用地情形不予"确权"),物权编要解决的是"将来"宅基地使用权如何设立问题。

对此问题,学界提出了三种可供选择的立法模式。一是"申请-审批"模式。有人认为,虽然我国历史上宅基地使用权的取得有多种方式,但在现阶段则以申请-审批为主要的原始取得方式。[③] 这种观点,契合《土地管理法》的立法精神和我国现阶段各地新增宅基地管理的实际情况。二是"合同设立"模式。有学者认为,宅基地使用权的初始取得应摒弃行政许可模式而采取"合同赋权"模式,即由村民向村民委员会提出申请,由村民委员会提请村民代表大会或者村民大会讨论,村民代表大会或者村民大会依法作出是否设定宅基地使用权的决定(2/3以上多数通过),村民委员会根据村民代表大会或者村民大会的决定与申请人签订宅基地使用权设定合同,宅基地使用权于合同生效时设立。[④] 三是"登记生效模式"。有学者认为,我国物权立法对不动产物权变动应一律以登记为生效要件,宅基地使用权设立也不例外。[⑤]

笔者认为,宅基地使用权初始取得应采取"合同设立"模式。其一,正如有学者所指出的,"申请-审批"模式不符合物权法理。既然我国《宪法》和《土地管理法》均承认"农民集体"对包括宅基地在内的集体土地拥有所有权,那么"农民集体"作

① 参见王胜明主编《中华人民共和国物权法解读》,中国法制出版社,2007,第332页。

② 《中共中央国务院关于坚持农业农村优先发展做好"三农"工作的若干意见》(2019年"中央一号文件")指出,将加快推进宅基地使用权确权登记颁证工作,力争2020年基本完成农村宅基地确权登记颁证工作。

③ 参见最高人民法院物权法研究小组编著《〈中华人民共和国物权法〉条文理解与适用》,人民法院出版社,2007,第459页;尹田《物权法》,北京大学出版社,2013,第412页。

④ 参见高圣平、刘守英《宅基地使用权初始取得制度研究》,《中国土地科学》2007年第2期。

⑤ 参见崔建远《民法分则物权编立法研究》,《中国法学》2017年第2期。

为土地所有权人，理应享有占有、使用、收益、处分其财产的权利；《物权法》第 40 条更明确规定："所有权人有权在自己的不动产或者动产上设立用益物权和担保物权。"而《土地管理法》的有关规定表明，宅基地使用权的取得只需县级人民政府审批即可，作为宅基地所有权人的"农民集体"对此却无权"置喙"，这不仅不符合所有权的原理，而且有违宪之嫌。[①] 如果说这一做法在《物权法》颁行之前尚可理解的话，在宅基地使用权的用益物权性质得到《物权法》确认之后就不应延续了。其二，"登记生效模式"过于严苛且不符合实际。"登记生效模式"（强制性公示）体现了公权力对物权变动的直接干预，虽有"维护交易安全"之名，但与意思自治与促进交易的民法精神存在抵牾。[②] 就宅基地使用权而言，其初始取得实行"一户一宅"的内部授权方式，发生于一定范围的农村"熟人社会"，取得占有即可发挥公示作用，登记公示的意义并不突出；相反，在大多数宅基地为存量宅基地的情况下，若采取"登记生效模式"，则可能出现大量未登记宅基地权属不定的状况，不利于其物权保护。或许正是基于上述原因，《物权法》对同为集体土地上用益物权的土地承包经营权的初始取得采取了"合同设立"模式（《物权法》第 127 条第 1 款）。其三，在"合同设立"模式下，登记对于宅基地使用权而言并不具有"设权"意义，而仅具有行政法意义上的"确权"功能（便于对其实施管理）。但在允许宅基地使用权流转（转让、互换、抵押）的情形下，应辅之以"变更登记"作为交易安全的保障手段，具体可与土地承包经营权一样采取"登记对抗"模式。[③]

2. 宅基地使用权的转让、抵押

根据《物权法》《土地管理法》《担保法》等法律的相关规定，宅基地使用权作为一种用益物权，与同属传统民法中地上权范畴的建设用地使用权相比较，具有明显的"弱物权"特征，其物权效力（支配力）甚为薄弱，与对土地的债权性利用权（土地租赁权）几无二致，突出地表现在：建设用地使用权被赋予处分权能，权利人得依法予以转让、抵押，而宅基地使用权转让、抵押则为法律所禁止。在《物权法》起草阶段，对宅基地使用权能否转让、抵押问题存在争议，最终立法机关采纳了"宅基地使用权转让和抵押问题比较复杂，不宜一概而论。物权法对这个问题可以暂不作具体规定，待各方面认识进一步统一，有一些经验的时候，再根据实际情况，通过土地管理法等其他法律解决"的主张。[④] 笔者认为，尽管禁止宅基地使用权转让、抵押的主张在

① 参见高圣平、刘守英《宅基地使用权初始取得制度研究》，《中国土地科学》2007 年第 2 期。

② 参见张淞纶《物权公示的经济学分析——强制性公示之反思》，《法商研究》2017 年第 6 期。

③ 《物权法》第 129 条规定："土地承包经营权人将土地承包经营权互换、转让，当事人要求登记的，应当向县级以上地方人民政府申请土地承包经营权变更登记；未经登记，不得对抗善意第三人。"

④ 参见王胜明主编《中华人民共和国物权法解读》，中国法制出版社，2007，第 331 页。

一定的历史时期有其合理性或必然性（主要着眼于城乡二元体制下宅基地使用权的社会保障功能），但这只是我国土地管理政策和物权立法的一时之选；在当前社会条件尤其是农业改革发展形势下，允许宅基地使用权抵押，在法理论、法技术和法政策层面均可得到充分支持。① 2015年12月，第十二届全国人大常委会第十八次会议决定在天津市蓟县等59个试点县、市、区行政区域暂时调整实施《物权法》《担保法》关于集体所有的宅基地使用权不得抵押的规定，即在试点地区对宅基地使用权抵押实行“解禁”。随着对这一问题认识的深化和改革的推进，宅基地使用权的处分权能应在物权编中得到肯认，其转让和抵押应得到一般性赋权，即比照建设用地使用权规定“宅基地使用权人有权将宅基地使用权转让、互换或者抵押，但法律另有规定的除外”。相应地，《物权法》《担保法》关于集体所有的宅基地使用权不得抵押的规定应予废除。同时，对宅基地使用权变更登记（“登记对抗”规则）、宅基地使用权转让和抵押的效力（“房地一体”规则）作出规定。

对宅基地使用权转让、互换和抵押的限制，应由《土地管理法》作出具体规定（对应物权编“法律另有规定的除外”之规定）。具体而言，对宅基地使用权转让、抵押的限制应当从提高宅基地利用效率和预防耕地流向宅基地市场两个方面入手。一是对超标宅基地抵押进行限制，以防止既存宅基地的浪费；二是对新增宅基地转让、抵押进行限制（“冷却期”制度），以防控侵蚀农用地的趋势。②

3. 宅基地使用权的继承

宅基地使用权能否作为遗产被继承？对此问题，无论是司法实践还是法学理论均存在认识分歧。

第一种主张是“宅基地使用权不可继承”。这种观点在审判实践中得到相当广泛的支持，其主要理由是：宅基地分配给以户为单位的集体成员共同使用，不属于个人财产，户内集体成员死亡时，宅基地仍由该户中剩余的成员使用，户内最后一个集体成员死亡（绝户）时应由集体收回，不发生继承问题。③ 学术界也有学者认为，从《继承法》的角度分析，宅基地使用权不符合遗产非身份性与个人性的要求；从社会学解释的角度，公平性原则及法政策亦不允许宅基地使用权的继承，故宅基地使用权无法通过继承方式取得。④

① 参见温世扬、潘重阳《宅基地使用权抵押即基本范畴与运行机制》，《南京社会科学》2017年第3期。

② 参见温世扬、潘重阳《宅基地使用权抵押即基本范畴与运行机制》，《南京社会科学》2017年第3期。

③ 参见高海《宅基地使用权继承——案例解析与立法构造》，《东方法学》2018年第5期。

④ 参见张建文、李红玲《宅基地使用权继承取得之否定——宅基地“法定租赁权”的解释路径》，《河北法学》2016年第12期；刘露《解释论视角下宅基地使用权的继承性研究》，《华东政法大学学报》2019年第1期。

第二种主张是“宅基地使用权限定继承”。从审判实践看，宅基地使用权的限定继承主要表现在两个方面：一是对继承人的限制，即宅基地使用权不得由本集体成员之外的继承人继承[①]；二是对标的物的限制，即宅基地使用权继承以建筑物（房屋）继承为前提，没有建筑物的宅基地使用权不能继承。[②] 有的学者也认为，为了与《物权法》《农村土地承包法》《土地管理法》协调一致，在继承时应区分继承人的不同身份区别对待，如继承人属于本集体经济组织的成员，则允许继承，否则只能继承转让上述用益物权所取得的经济利益。[③] 另有学者认为，只有当宅基地上建盖了房屋并且该房屋属于被继承人的遗产时，宅基地使用权才可以与房屋一并由继承人继承。[④]

第三种主张是“宅基地使用权不限定继承”，即认为非本集体成员也可继承宅基地使用权。这一主张，与国家有关部门的政策性规定是一致的。[⑤] 在学术界，有的学者从宅基地使用权的用益物权属性、保护公民私有财产权、增加农民收入等方面论证了宅基地使用权继承的必要性[⑥]；有的学者从否定宅基地使用权继承之房屋继承方案（“法定租赁权”方案）的局限性、居住保障功能蜕变视阈下宅基地使用权继承的应然性、农民住房财产权转让视野下宅基地使用权继承的应然性、“三权分置”改革中宅基地使用权继承的应然性等阐述了宅基地使用权继承的正当性。[⑦]

笔者认为，宅基地使用权继承无论在法理上还是在实践上都可以得到支持，无论是从其自身财产属性还是从房屋继承的必然结果论之，宅基地使用权不可继承或限定继承的观点均难以成立。有鉴于此，无论是物权编还是继承编均无须对宅基地使用权继承作出特别规定。至于宅基地使用权如何继承，则涉及宅基地管理问题，《土地管理法》应区分继承人的不同情况对因房屋继承而发生的宅基地使用权继承作出规定。[⑧]

4. 宅基地使用权的消灭

关于宅基地使用权的消灭原因，《物权法》仅于第 154 条规定“宅基地因自然灾害

---

① 参见山东省淄博市周村区人民法院〔2013〕周民初字第 1134 号民事判决书。

② 参见云南省昆明市中级人民法院〔2007〕昆民二终字第 138 号民事判决书。

③ 参见麻昌华《论法的民族性与我国继承法的修改》，《法学评论》2015 年第 1 期。

④ 参见王崇敏、张丽洋《我国农村宅基地使用权继承制度的构建》，《河南省政法管理干部学院学报》2011 年第 5 ~6 期。

⑤ 国土资源部、中央农村工作领导小组办公室、财政部、农业部：《关于农村集体土地确权登记发证的若干意见》（国土资发〔2011〕178 号）第 6 条指出：“已拥有一处宅基地的本农民集体成员、非本农民集体成员的农村或城镇居民，因继承房屋占用农村宅基地的，可按规定登记发证，在《集体土地使用证》记事栏应注记‘该权利人为非本农民集体原成员’。”

⑥ 参见王崇敏、张丽洋《我国农村宅基地使用权继承制度的构建》，《河南省政法管理干部学院学报》2011 年第 5 ~6 期。

⑦ 参见高海《宅基地使用权继承——案例解析与立法构造》，《东方法学》2018 年第 5 期；吕军书、吴佳熹《论我国农村宅基地使用权继承制度改革方向》，《学术探索》2018 年第 7 期。

⑧ 参见王崇敏、张丽洋《我国农村宅基地使用权继承制度的构建》，《河南省政法管理干部学院学报》2011 年第 5 ~6 期。

等原因灭失”（即权利客体灭失）这一物权消灭的一般原因（土地灭失的情形极为罕见），《土地管理法》则未作任何规定。笔者认为，物权编和《土地管理法》应从不同层面对此问题予以全面规定。

物权编应对宅基地使用权的消灭原因作出规定。具体而言，宅基地使用权的消灭可分为绝对消灭和相对消灭两类①，绝对消灭的原因应包括宅基地灭失、集体土地（宅基地）被依法征收。相对消灭的原因应包括：（1）宅基地使用权的抛弃；（2）宅基地使用权的转让（包括作为抵押财产被依法处置）；（3）宅基地被依法收回；（4）宅基地有偿退出。

《土地管理法》应对宅基地使用权各种消灭情形作出管理性、程序性规定。例如，规定在为乡（镇）村公共设施和公益事业建设需要使用土地、宅基地使用权人不按照批准的用途使用土地及因迁移等停止使用宅基地等情况下，土地所有人有权收回宅基地而消灭原来设定的宅基地使用权，同时明确相关补偿规则（《土地管理法》第 65 条）；规定户口迁移至城镇的农村村民可以与土地所有人协商有偿退出宅基地。②

---

① 此处所称相对消灭是指宅基地使用权人丧失宅基地使用权而宅基地仍存在的各种情形。

② 2015 年 1 月，中共中央办公厅和国务院办公厅联合印发《关于农村土地征收、集体经营性建设用地入市、宅基地制度改革试点工作的意见》，明确要求探索进城落户农民在本集体经济组织内部自愿有偿退出或者转让宅基地。《土地管理法修正案》第 62 条第 6 款也规定：“国家允许进城落户的农村村民依法自愿有偿退出宅基地。”

土地经营权征收补偿之理念转变与规则嬗变*

陆 剑 刘 果**

摘 要："两权分离"模式下，承认土地承包经营权独立补偿地位并无法理障碍，土地租赁权人可就地上附着物和青苗费取得补偿。实践中，因农地承载村庄安置与农民生存保障功能，土地财产价值尚未充分发掘，土地承包经营权同集体所有权的征收补偿糅合，补偿规则混乱，补偿标准不明。《农村土地承包法》修订后，农地"三权分置"得以法律化表达，但其征收补偿规则尚不确知，亟待《土地管理法》和民法典物权编予以明定。征收理念亟待从村庄内生存安置型向市场化财产发展型转变，突出土地经营权的重要地位和市场价值。土地经营权征收补偿规则面临嬗变：实体上，肯认土地经营权独立补偿地位，不区分权利性质，补偿项目包括地上附着物与青苗费、土地改良费，并适当突破公平补偿原则，参考租赁或物权期限、投入成本、土地市场价值及土地升值空间等，酌情补偿预期利益；程序上，区分对待债权性与物权性土地经营权征收补偿，以衡平征收公正与效率。

关键词：土地经营权；征收补偿；实体规范；程序救济

从1978年至1983年，我国建立了统分结合、家庭承包为主要形式的联产承包责任制，从1994年至2007年《物权法》颁布，土地承包关系实现从合同约定向国家赋权的重大转变①，体现的是农村集体土地所有权与土地承包经营权"两权分离"的构造；2013年7月，首次在国家层面提出农地所有权、承包权与经营权构想。②《农村土地承包法》修订过程中，对于承包地三权分置这一理论和政策话语如何以法律形式表达，进而形成法规范，法学界存有巨大争议。就承包地的权利结构而言，"土地所有权—土地承包经营权—土地经营权"三权分置方案为多数学者所赞同③，并最终为立法者采

* 本文系国家社会科学基金重大项目"新时代中国特色土地管理法律制度完善研究"（18ZDA151）的阶段性成果。

** 陆剑，中南财经政法大学法学院副教授，硕士生导师，法学博士，民商法学博士后，中国农地法律制度研究中心副主任；刘果，中南财经政法大学中国农地法律问题研究中心助理研究员。

① 参见叶兴庆《从"两权分离"到"三权分离"——我国农地产权制度的过去与未来》，《中国党政干部论坛》2014年第6期。

② 参见刘守英、熊雪锋、龙婷玉《集体所有制下的农地权利分割与演变》，《中国人民大学学报》2019年第1期。

③ 参见宋志红《三权分置下农地流转权利体系重构研究》，《中国法学》2018年第4期；高圣平《承包地三权分置的法律表达》，《中国法学》2018年第4期。

纳。农村土地制度改革在确保农地农用的基础上，放开土地经营权的抵押与流转，其中，如何保障土地经营权人的征收补偿权益是一项重要课题。截至 2017 年底，全部或部分流转承包地的农户超过 7000 万户，面积达到 5.12 亿亩，占家庭承包地总面积的 37%①，随着农地流转规模的扩大以及新型经营主体的不断发展，"三权分置"下各权利主体间利益分配问题亟待解决。正在修订的《土地管理法》第 47 条细化了征收程序，但未涉及经营权人权益保护，2019 年《农村土地承包法》第 17 条亦仅强调农地征收中承包人的补偿请求权；民法典物权编（第二次审议稿）第 39 条、第 40 条及第 134 条等涉及征收补偿的规定，较《物权法》几乎未有改动。事实上，"两权分离"下土地承包经营权被征收时，是否属于独立的征收客体，是否具有独立补偿请求权，尚存争议，遑论"三权分置"下土地经营权人的征收利益保护。本文主要探讨土地经营权物权化后征收补偿问题，以期实现"放活经营权"之目的，为 2019 年《农村土地承包法》的解释适用和民法典物权编、《土地管理法》的修改提供智识支持。

一 "两权分离"下土地承包经营权征收补偿制度之解读

"两权分离"下土地承包经营权征收补偿规则散见于《土地管理法》《物权法》《征用土地公告办法》等法律法规规章。从学理上看，集体土地所有权的补偿及其标准已然明确，争议焦点系土地承包经营权是不是独立征收客体及独立补偿请求权。若认为土地承包经营权为独立的征收客体，则其自有单独补偿必要，权利人作为"被征收人"，在征收法律关系中与所有权人处于同等地位，也无须由实定法另行肯认其独立补偿程序；若认为现行法不承认土地承包经营权为独立征收客体，亦不妨碍法解释下肯认土地承包经营权单独补偿的可能。唯须注意的是，土地承包经营权随土地所有权征收"统一补偿"，该规定偏于所有权人利益保护，故法律须对独立补偿程序设置特别规则。此外，土地经营权蜕变于土地承包经营权上的租赁权，有必要对租赁权在征收补偿中的地位予以反思。

（一）土地承包经营权等用益物权应否纳入征收客体

肯定说认为，《物权法》第 121 条与第 132 条确立了所有权与土地承包经营权"分别征收"和"分别补偿"二元化征收补偿规则，肯定了用益物权独立补偿的效力。② 其主要理由为：其一，以定限物权优先于所有权的理论为基础，所有权变更时用益物权并不当然消失③；其二，新物权观下，资源制度的设计应以用益物权为中心，政府应对农村土

① 参见韩长赋《中国农村土地制度改革》，《农村工作通讯》2018 年第 Z1 期。

② 参见周龙杰《论土地承包经营权征收独立补偿的实现》，《法学杂志》2013 年第 5 期。

③ 参见陈广华、孟庆贺《农地征收中的经营权主体权益保护机制——基于"三权分置"的视阈》，《湖南农业大学学报》（社会科学版）2018 年第 6 期。

地承包经营权独立征收[①]；其三，承认用益物权独立补偿效力，有利于克服土地补偿费分配模糊、村内民主决定分配比例参差不齐等弊端[②]；其四，比较法上，用益物权、物权化的租赁权等他项权利的独立征收地位已得到广泛印证，征收概念的扩张是一种趋势。[③]

否定说认为，征收系原始取得，用益物权随所有权征收而当然消灭，用益物权无独立征收地位，或认为原始取得下，他项权利人非被征收人，不具备独立征收资格。[④]现行《物权法》第 121 条和第 132 条仅指出土地承包经营权人从补偿费中获得“相应”补偿，而非肯认对其“征收补偿”，或可期待日后立法明确独立征收地位。[⑤]

一般认为，农地征收客体是集体土地所有权。“两权分离”时代，土地承包经营权与集体土地所有权的关系模糊不清，集体所有权“虚置”。晚近以来，在土地承包经营权期限长久不变的背景下，农民对土地享有支配性权利，事实上朝着所有权的方向发展，具有自物权的属性。[⑥]“落实农村集体土地所有权”的主要方式是维护农民集体享有的对承包地发包、调整和收回等权利，但强调土地承包经营权的“自物权”属性，与落实农村集体土地所有权并不冲突。由此，法理上承认农地用益物权征收补偿地位，似并无障碍。

（二）土地承包经营权等用益物权独立补偿的法解释论

即使实定法未肯认土地承包经营权系征收客体，在所有权征收补偿中，土地承包经营权应具有独立补偿地位。反对者认为，《土地管理法实施条例》第 26 条明确土地补助费归集体所有，地上附着物及青苗费归所有者，安置补助费原则上也由集体安排。征收法律关系中土地承包经营权的法律地位仅等同于承租人。[⑦]

具体而言，给予土地承包经营权的补偿是现有土地补偿费的一部分，土地补偿费非为农地用益物权设计[⑧]；承包人仅能以集体成员的身份在集体中获得补偿，若土地补偿费包含对土地承包经营权的补偿，法律应明确其价值和比例，不应交由村民自主决定。[⑨] 安置补助费在于解决失地农民的基本生产和生活需求[⑩]，具有较强的人身性，也

① 参见薛生全《论土地承包经营权的征收》，《法学杂志》2016 年第 8 期。

② 参见陈小君《农村集体土地征收的法理反思与制度重构》，《中国法学》2012 年第 1 期。

③ 参见李宴《集体土地他项权利征收补偿制度研究》，《中国土地科学》2016 年第 7 期。

④ 参见高飞《集体土地征收制度研究》，中国政法大学出版社，2019，第 138 页；田韶华《论集体土地他项权利在征收补偿中的地位及其实现》，《法学》2017 年第 1 期；崔建远《征收制度的调整及体系效应》，《法学研究》2014 年第 4 期。

⑤ 参见薛生全《论土地承包经营权的征收》，《法学杂志》2016 年第 8 期。

⑥ 参见孙宪忠《“中国农民”带地入城的理论思考和实践调查》，《苏州大学学报》2014 年第 3 期；李凤章《物权编体系重构应变土地所有权为非限定土地使用权》，《交大法学》2018 年第 4 期。

⑦ 参见周龙杰《论土地承包经营权征收独立补偿的实现》，《法学杂志》2013 年第 5 期。

⑧ 参见全国人大常委会法制工作委员会民法室《中华人民共和国物权法：条文说明、立法理由及相关规定》，北京大学出版社，2007，第 248 页。

⑨ 参见申建平《对农村集体土地征收补偿范围的反思》，《比较法研究》2013 年第 2 期。

⑩ 参见高飞《集体土地征收制度研究》，中国政法大学出版社，2019，第 126 页。

非针对土地承包经营权财产损失的补偿；从形式与程序上，也直接归农民集体。①

事实上，部分地方政府制定的土地补偿费分配方案已明确将大多数土地补偿费分配给被征地的承包户，但其与村内民主决定相悖时，以何为准，取决于该规范性文件的效力等级；地方政府规章以下的规范性文件，因其效力等级过低，有法院优先认可村内民主决定的效力。② 土地承包经营权的征收补偿虽无确定名目，依《物权法》第 132 条，权利人享有补偿的权利；而将大部分土地补偿费分配给丧失土地承包经营权的农户，余下的作为集体财产由其自决分配，已为实践所接受。同时，地方政府制定的分配方案多明确分配比例，事实上肯定了土地承包经营权在所有权征收补偿中的地位。亦有学者主张以 80% 为底线设定土地承包经营权人的最低分配限额。

（三）用益物权上租赁权征收补偿论

土地及房屋征收时，由于合同不能履行非出租方所致，法律免除出租方责任。有学者认为，应当突破合同相对性，由征收人结合预期利益明确承租人补偿分配请求权。③ 司法实践中，有法院认为，承租人无权依据其享有的非物权性质土地承包经营权直接获得征地补偿款，仅能依据与出租人的约定寻求救济④；亦有相反判决认为，承租人通过出租合同取得承包地的承租权，即获得了一定期限的土地承包经营权，可获得适当补偿。⑤ 严格来说，作为债权性质的租赁权，很难认定权利人对征收补偿款享有独立的请求权；租赁权人仅在作为青苗与地上附着物所有权人时，可参与土地所有权之征收补偿范围确认的程序，而其利益须待补偿款分配时方能取得。

综上，“两权分离”背景下，征收补偿主要指向集体土地所有权，土地承包经营权非征收客体，其虽具有独立补偿地位，但补偿费用名目中并无针对土地承包经营权进行单独补偿的细目，该项补偿被土地补偿费所吸收，实践中亦难以区分。而基于用益物权设立的租赁权，即使其经济交易价值已然显现，实定法也未承认其独立补偿地位。

二 “三权分置”背景下土地经营权征收补偿之理念转变及其影响

2019 年《农村土地承包法》第二章第五节专门规定“土地经营权”，并将土地经营权定位为债权和物权的二元化构造⑥，相较于过去土地实际耕种者单纯的短期租赁式

① 参见龚鹏程、卢梦《集体土地征收补偿范围类型化探析》，《江苏农业科学》2016 年第 7 期。

② 参见田韶华《论集体土地他项权利在征收补偿中的地位及其实现》，《法学》2017 年第 1 期。

③ 参见冯义强、陈艳芽《征地补偿款分配权的法律保障》，《福建农林大学学报》（哲学社会科学版）2016 年第 1 期。

④ 参见滨州市中级人民法院〔2018〕鲁 16 民申 85 号民事裁定书、南平市中级人民法院〔2015〕南民终字第 111 号民事判决书。

⑤ 参见高州市人民法院〔2015〕茂高法民二初字第 58 号民事判决书。

⑥ 参见高海《“三权”分置的法构造》，《南京农业大学学报》（社会科学版）2019 年第 1 期。

经营，物权性土地经营权表现出的长期性、稳定性有利于鼓励土地经营者对土地进行长期投资，进行集约式经营，维护土地地力，避免一次性和掠夺式开发。与此相关，从“两权分离”到“三权分置”，农地征收补偿面临着理念转变。

（一）“两权分离”向“三权分置”转变

自家庭联产承包责任制产生以来，农地“两权分离”主要目的是提高农地生产效率，主要方法为设立新型权利对抗集体土地所有权，防止农民集体过分干预农地使用收益，通过延长承包期限、保持承包关系“长久不变”，产生以农户土地承包经营权架空集体土地所有权的效果。随着经济迅速发展，我国农民的温饱问题基本解决，而城市化进程加快，土地价值升高，法与政策针对农地的限制愈加受到冲击；农民进城务工人数增加，农地利用率低下。由此，“人地分离”的现实困境与“规模化经营”的制度需求，迫切需要推进土地权利流转；从农民角度考虑，国家赋予承包经营地特别保障功能，对部分农民失去意义，农地财产价值虽受到重视，但“两权分离”下，农地用益物权内容不清，权能限制严重。为妥善解决上述问题，“三权分置”方案应运而生。自2014年中央一号文件始，在尽可能稳定现有农地制度、减少农地法律体系变动的基础上，放开土地承包经营权限制，允许其在市场化下流转，肯认土地经营权或土地租赁权之债权属性，是在法学上最为简单的农地改革方式；确立成员权制度，将土地承包权认定为身份性质的资格权，即可实现顶层设计下维护农民权利之目的。①

2019年《农村土地承包法》颁布，若依前述思路，不免产生诸多疑虑。第一，土地承包经营权之概念予以保留，但仍对其处分等加以限制。如该法第27条第2款、第33条、第34条，限制土地承包经营权对外流转，且未允许土地承包经营权之抵押担保，而着重丰富土地经营权之权利内容，第五节皆在维护和促进土地经营权流转。由此，《农村土地承包法》仍然限制土地承包经营权的流转，立法者希望流转的是剥离身份属性的“土地经营权”。第二，该法并未明确土地经营权的性质。第36条明确除出租（转包）、入股以外仍有其他方式流转，第41条规定土地经营权的登记及其对抗效力，更似采纳区分物权性与债权性土地经营权的做法；此处土地经营权“登记”如何理解亦不无疑义。第三，将“土地承包权”解释为成员权或资格，与实定法不甚相符。第9条之逻辑起点为，在土地承包经营权上设立土地经营权后，承包人享有“剩余”的土地承包权，系将土地承包资格同土地承包经营权紧密联系在一起；第34条明确土

① 参见陈小君《我国农村土地法律制度变革的思路与框架——十八届三中全会〈决定〉相关内容解读》，《法学研究》2014年第4期。

地承包经营权转让后，原承包关系即终止，亦有类似含义。①

2019 年《农村土地承包法》建构“三权分置”，维持了土地承包经营权财产与人身双重权利属性，土地承包权系分离出土地经营权之土地承包经营权，而流转的核心系完全财产化的新型权利，即“土地经营权”。此种建构维系“两权分离”稳定的同时，亦增加了体系解释难度，须清晰明了地界定各概念之内涵与外延，避免各项权利权能交叉。

土地经营权性质争论于债权说、物权说、两元说。《农村土地承包法》修订前，将土地经营权视为用益物权或次级用益物权的绝大多数学者主张，权利设定应坚持登记生效主义，以适应土地经营权流转的复杂性与不稳定性。2019 年《农村土地承包法》就土地经营权进行专节规定，但就最关键的土地经营权的性质避而不谈。根据《农村土地承包法》第 41 条之规定，土地经营权是否以年限划分为物权或债权？是否采取了登记对抗主义？立法者认为，关于登记，不同经营主体对登记颁证的需求有差异，应赋予当事人选择权。② 刘振伟认为，为解决实践问题，立法只原则性地提出“土地经营权”，而淡化土地经营权性质，尤其强调了物权性质的土地经营权，其设立方式采取登记对抗主义。③ 虽有学者认为，只有物权性质的“经营权”可称为“土地经营权”，债权性质租赁权应另赋名称，但上述解读，尤其是第 36 条明显为债权性质的规定，实质是将债权与物权性质的权利统称为土地经营权，仅以流转期限作为区分物权债权之标准。

总之，2019 年《农村土地承包法》中的土地经营权包含两种类型：一是债权性质的土地经营权，流转期限在五年以下；二是物权性质的土地经营权，流转期限须为五年以上，且未经登记不得对抗善意第三人。唯须注意的是，第 41 条表述为五年以上“可以”申请登记，由此产生的问题是，五年以下能否登记？当事人签订流转合同期限五年以上，未申请登记的，效力如何？笔者以为，若延续上述立法者之解读，以及“未经登记不得对抗善意第三人”的通常理解，立法肯认的物权性质土地经营权仅须满足流转期限为五年以上一个要件。流转期限为五年以下的，即使申请登记，也不具备物权效力，解释上，仅为债权登记，或可将其与经登记（备案）的租赁权效力相当；而五年以上当事人未予登记的，若肯认实定法采登记对抗主义，则成立物权性质土地

① 陈小君教授认为，此举错误将土地承包经营权同承包土地资格混在一起，似有立法倒退之嫌。参见陈小君《土地改革之“三权分置”入法及其实现障碍的解除——评〈农村土地承包法修正案〉》，《学术月刊》2019 年第 1 期。

② 参见《全国人民代表大会宪法和法律委员会〈关于中华人民共和国农村土地承包法修正案（草案）〉修改情况的汇报》，中国人大网，http：//www. npc. gov. cn/npc/xinwen/2018 - 12/29/content_ 2070018. htm，最后访问日期：2019 年 2 月 3 日。

③ 参见刘振伟《巩固和完善农村基本经营制度》，《农村经营管理》2019 年第 1 期。

经营权，但不得对抗善意第三人。遵循该种解释，面临着土地经营权的物债区分过于随意和担保物权设立之不确定的问题。若土地经营权流转期限为5年以下，是否得依据第47条融资设立担保物权？有学者认为，债权性质的土地经营权，只能设立权利质押①；亦有学者持反对意见，认为土地经营权质押后，仍得以行使，与质权性质抵触，应为抵押权。②

无论解释上如何消除权利定性带来的体系矛盾，应至少肯定，在农地征收补偿中，物权性土地经营权的权益保障，与土地承包经营权处于同一地位，具有独立补偿资格。《土地管理法》第46条虽规定土地使用权人办理补偿登记，但第47条关于征地补偿项目及标准的描述，针对的是所有权人；《土地管理法修正案（草案）》合并第46条与第48条，作为第47条，肯定“市、县人民政府应当组织有关部门与拟征收土地的所有权人、使用权人就补偿安置等签订协议”，草案第48条虽细化征收程序、明确补偿标准等，但仍未脱离原补偿项目之窠臼，针对的仍是土地所有权人。显然，土地承包经营权、土地经营权仍未升格为征收客体，而土地承包经营权的独立补偿地位，来源于“土地补偿费”份额的确定，基于土地经营权的生成逻辑，土地经营权不可能仍在土地补偿费中确定独立补偿资格。由此，亟待从实体与程序上新设土地经营权征收补偿规则。

（二）村庄内生存安置型向市场化财产发展型转变

“两权分离”下，农地的财产属性主要由用益物权体现，除用途外，法律对农地用益物权的限制主要体现在对使用权主体的严格限定和对处分权的严重剥夺。除“四荒地”外，土地承包经营权人必须为集体成员组成的农户，农地使用权的对外流转与抵押担保亦受到严格限制。上述做法保障了农户耕者有其田，也避免了农户因抵押担保丧失承包地的可能。在农民以耕地为业的时代，上述举措具有稳定农村、安置农民的重要意义。

随着从事非农产业的农民日益增多，人地分离下如何有效地促进农地适度规模经营成为重要问题。③ 土地承包经营权流转是规模化经营的基础，其至少表现为开放农地市场下的三个要求。

第一，由村庄内向市场化转变，放开农地经营准入门槛。在制度设计上，通过直接放开对土地承包经营权的限制，允许其在市场中自由流转，或通过设立新型可流转

① 参见宋志红《三权分置下农地流转权利体系重构研究》，《中国法学》2018年第4期。

② 参见高圣平《民法典担保物权制度修正研究——以〈民法典各分编（草案）〉为分析对象》，《江西社会科学》2018年第10期。

③ 参见冀县卿、钱忠好《中国农地产权制度改革40年——变迁分析及其启示》，《农业技术经济》2019年第1期。

权利等方式，将农地使用权主体扩展至集体内农户以外的主体。但制度的开放并非一蹴而就，仍得顾及所有权的落实与承包权的稳定。如《农村土地承包法》第 36 条和第 46 条流转土地经营权须经备案或同意，第 38 条流转期不得超过承包期，第 42 条和第 64 条承包方对土地经营权流转合同单方解除权、发包方单方终止权等规定[①]，显现出立法对完全放开农地权利限制的担忧，该种考虑是否妥当，有待实践检验。

第二，生存保障向财产利益转变。所谓生存型的农村土地归属与利用，其一，就集体土地所有权而言，虽然新中国成立以来，多有土地征收规则变化，但维持农民原有生活、保障长远生计之目的一直承载其上。[②] 其二，就土地承包经营权而言，在城乡二元化的社会保障体系下，农地是农民就业的工具，对于多数农民而言，“失地意味着失业”。[③] 随着城乡二元化社会保障体系的打破，或农民获得城镇相应的居住保障、就业保障及医疗保险等福利后，农村土地所承载的社会保障功能逐渐消失，法律应允许相应权利回归财产权本质，鼓励流转，应在符合条件时允许农民退出。2019 年《农村土地承包法》以设置完全财产化的土地经营权的方式，放开农地“处分权”，而土地经营权系债权或物权，其权利内容与之大相径庭，但就征收补偿权而言，不应因其性质不同而区别对待，仅在征收程序的设计上稍有不同即可。

第三，安置农户向财产发展转变。土地承包经营权与土地经营权之权利构造，应着重关注农民财产发展，守住承包资格之底线。以农地用益物权为例，其“财产发展型”主要表现如下。其一，部分农民不再以农业收益为唯一经济来源，农民以土地用益之流转取得收益。其二，土地权利之流转价值，应参考市场价值而定，并可随土地价值的提高而提高。《土地管理法修正案（草案）》第 48 条拟确定“区片综合地价”之征收补偿标准，肯定了市场价值的重要参考意义。其三，关注农地用益之财产属性应避免承包权被架空。有学者认为，应限制流转土地规模，禁止农民长期流转经营权并一次性收取租金，以防弱化甚至虚化承包权。[④] 笔者以为，是否禁止长期流转或一次性收取租金不是问题之关键，一来土地经营权之流转期限不得超过承包权期限，二来

① 发包人以何权利终止（解除）承包方与第三人之经营权流转合同，殊值疑问。有学者认为，此项权利系集体所有者对承包人管理职责的延伸而直接对土地经营权人进行管理。参见赵红梅《农地“三权分置”中集体土地所有权的功能定位——兼解读修正后的〈农村土地承包法〉》，《法学杂志》2019 年第 5 期。笔者以为，功能上的立法论，无法解决私法在司法实践中的应用问题；解释论上，能否得以代位权或其他制度适用，仍值得讨论。事实上，发包方或基于所有权要求经营权人承担侵权责任，或基于对承包方的监督管理而要求承包方采取措施，可实现私法上的权利救济，发包方亦可作为行政法上的授权主体采取相应行政措施。由此，是否有必要赋予发包人直接终止土地经营权流转合同之权利，有待商榷。

② 参见邹爱华《土地征收中的被征收人权利保护研究》，中国政法大学出版社，2011，第 185 ~ 191 页。

③ 刘婧娟：《中国农村土地征收法律问题》，法律出版社，2013，第 182 ~ 185 页。

④ 参见张力、郑志峰《推进农村土地承包权与经营权再分离的法制构造研究》，《农业经济问题》2015 年第 1 期。

租金的收取是否公平应考虑是否将未来市场升值纳入其中。村庄内生存安置型向市场化财产发展型的转变，影响征地补偿项目类别设计与程序性权利保障，尤其应完善新型农业经营主体在征收补偿程序中的权利救济，从实体上肯认市场价值的重要参考意义，并于程序上充分尊重作为村庄“外人”的土地经营权人的知情权和参与权。

（三）理念转变对土地经营权征收制度的现实影响

权利结构层面由“两权分离”向“三权分置”转变，用益物权征收理念由村庄内生存安置型向市场化财产发展型转变，共同影响到整个征收补偿规则体系的构建与设计。

第一，征收补偿的重点从所有权、土地承包经营权向土地经营权转变，突出实际经营者的法律地位和重要价值。稳定所有权、落实承包权固然重要，但“三权分置”的主要目的在于促进流转。此种理念转变，或可成为农地征收补偿之基础，进而突破征收“公平补偿原则”之窠臼：除集体土地所有权在征收补偿时应考虑到的土地升值的影响，对土地经营权之征收补偿，亦应考察特定情况下商业主体之经营损失。

符合条件的土地经营权虽被赋予物权化的法律地位，通过促进流转实现其重要价值，但实定法在征收补偿权益保护设计上尚有不足。《土地管理法修正案（草案）》第48条改变了征收补偿标准，而补偿项目仍沿袭原《土地管理法》，相应征收补偿规则的设计，针对的是集体土地所有权，保护的是集体与农民利益；2019年《农村土地承包法》第40条规定了土地经营权流转合同一般条款，新增“土地被依法征收、征用、占用时有关补偿费的归属”，诚然，债权性土地经营权之征收补偿，依流转合同解决并无不当，唯物权性土地经营权不应完全受流转合同制约，尤其就补偿项目之类型，须由立法明定。再如《土地管理法修正案（草案）》第48条限定征地补偿安置费的项目类别，拟新增“农民村民住房补偿”及“被征地农民社会保障费用”[①]，但未就新增他物权之征收补偿作出规定，法解释上亦难以将土地经营权纳入土地补偿费或安置补助费范围之内。

第二，土地经营权人作为村庄“外人”，其投资权益如何保护的问题日益凸显，仅将土地经营权作为单独补偿对象不足以保护其利益。“三权分置”使得农地权利内容更加明晰，征收补偿时，或可更加细致地区分各项权利内容在征收中的地位及价值。针对原集体土地所有权、土地承包经营权之补偿，相应功能由土地经营权承载的，如青苗补偿费、地上附着物补偿费等，应由土地经营权人享有补偿份额；出于稳定土地经营权之目的，尤其是在长期土地经营项下，应否拓宽补偿标准、对期待利益予以补偿，

① 所谓“新增项目”，系与2002年《农村土地承包法》相比较。地上房屋拆迁补偿与农民社会保障费在《物权法》第42条即有所表述。

亦可纳入考量范围。此外，因土地经营权的存在，“三权分置”下土地承包经营权征收中，财产性的补偿受到限制，其更多的是出于生存保障之目的，此时补偿项目为何，补偿方式如何，需要在“两权分离”的基础上予以细化。

土地经营权权利内容的设计，有助于补偿标准与范围的明确，但权利实现与救济，以经营权人享有补偿请求权为前提，立法应赋予土地经营权征收客体之地位。因《物权法》第 42 条对补偿项目的限制，土地承包经营权征收补偿依赖于土地补偿费，并于实践中基于确定的“份额”取得相应的独立补偿地位。因土地经营权完全脱离“人身性”的桎梏，土地的财产价值得以显现，但即使立法新增补偿项目类型或在原有补偿项目中确定土地经营权人独立补偿地位，也难以实现完全财产化经营权的救济：实体法上被征收人与征收关系人的权利保护大相径庭，绝大多数征收关系人如承租人不能获得独立补偿，少部分征收关系人如土地承包经营权人之征收补偿，亦依赖于被征收人之补偿份额；相应程序权利如知情权，也以“被征收人”为核心。经营权人作为村庄“外人”，经营权作为未加限制的财产权，在失去“村规民约”制约的同时，丧失了熟人社会天然具有的对财产权利的“公示”效果，经营权人实体与程序权利保护远不及同作为农地用益物权的土地承包经营权的保护程度，有必要在立法上明确土地经营权为农地征收客体。

第三，土地经营权人在征收中的利益有待于从实体和程序两个维度进行充分保护，特别是以村庄外部成员为被征收人的程序规则亟待补充。如前所述，土地经营权流转是在市场驱动下的陌生人社会中进行，其权利保护规则有别于“两权分离”下的设计。具体而言，基于特殊依附关系，“两权分离”下农地补偿费一般由村集体统一领取、统一分配，分配比例等事项由村集体自决；而“三权分置”下，土地经营权人与村集体并无直接关系，无论土地经营权系物权或债权，补偿费均应由经营权人径直取得。

同时，《土地管理法修正案（草案）》第 47 条规定，“听取被征地的农村集体经济组织及其成员、村民委员会和其他利害关系人的意见”，忽视了农地用益物权人乃至农地他项权利人的程序权利。“两权分离”下土地承包经营权人与“实际经营人”多为同一主体，即村民（农户），土地承包经营权流转受到严格限制，保护农民程序权利即保护农地用益物权人依法应享有的实体与程序性权利；“三权分置”下，土地经营权人随着权利流转而多为村庄“外人”，维护其程序上的知情权、参与权，既是保护经营权主体权益的需要，也有助于避免土地承包者双重获利。

三　“三权分置”背景下土地经营权征收补偿之规则嬗变

在土地经营权的生成有效地解决了土地承包经营权可流转性与承包权不可转让性

之间的矛盾，但产生承包经营权确权固化的情形下，保障实际耕种者土地权益，需通过土地经营权征收补偿的规则嬗变予以应对。

（一）作为独立征收补偿客体的土地经营权

物权形态下的土地经营权在征收补偿时与土地承包经营权具有同等地位，实定法下可以赋予权利人独立请求权，唯须立法明确其价值判断标准；债权形态下的土地经营权征收，属第三人或不可抗力导致合同无法履行，经营权人难以依合同或侵权之债对第三人主张权利。

无论是何种性质的土地经营权，为充分实现农地流转与资源利用之目的，权利人利益保护规则不可或缺，土地经营权征收时，应以市场价值为基础，结合经营权人投入等寻求合适补偿标准，并纳入征收程序保护范围。实定法下，尚无关于土地经营权征收补偿标准的直接规定。政策上，有学者认为可以按照合同获得地上附着物和青苗补助费。[①] 事实上，依照《土地管理法实施条例》第26条，地上附着物和青苗费理应归所有人，存在土地经营权人时，一般为土地经营权人所有。学界关于土地经营权征收补偿标准论述甚少，但多认为，青苗费与地上附着物费难以弥补经营权人损失。有观点认为，征收补偿项目应包含土地改良费——为提高农地利用率而作出的投资[②]，或依据《农村土地承包经营权流转管理办法》第14条肯定承包方之土地改良补偿请求权；尚有学者认为，土地补偿费的分配，应突破集体成员资格的限制，由经营权人按照一定比例享有。[③] 此外，有学者从他项权利的角度入手，认为无论是农地用益物权还是租赁权，均应从未设他项权利的被征收土地的市场价值中按照比例分割。[④]

笔者以为，土地经营权人至少可以获得青苗费与地上附着物补偿费；除地上附着物外的土地改良，如重新修整土地、道路等，亦应补偿，但应排除正常农地生产所必要的支出，如化肥、水、电等。至于预期利益的损失，有学者认为包括可预测收益损失、交易机会丧失、商业信用的损失[⑤]，应当认为，依征收补偿原则，公平补偿是基础，全依合同损害赔偿范围予以保护，过分重视经营权人利益，相比较之下，土地所

① 参见《农业部长就农村土地所有权承包权经营权分置答问》，新华网，http：//www. xinhuanet. com/interview/20161103z/index. htm，最后访问日期：2019年1月23日。

② 参见潘俊《新型农地产权权能构造——基于农村土地所有权、承包权和经营权的权利体系》，《求实》2015年第3期。

③ 参见陈广华、孟庆贺《农地征收中的经营权主体权益保护机制——基于“三权分置”的视阈》，《湖南农业大学学报》（社会科学版）2018年第6期。

④ 参见田韶华《论集体土地他项权利在征收补偿中的地位及其实现》，《法学》2017年第1期。但该分配方案仅考虑到土地市场价值、经营权人预期利益等其他损失，难以涵盖土地的市场价值。

⑤ 参见张徐、郑庆昌《“三权分置”背景下农地征收补偿安置的问题与对策》，《哈尔滨学院学报》2018年第1期。

有权与农户利益反而显得微不足道。预期利益之损失，可适当突破公平补偿原则，但得以结合租赁期限、初始投入成本及农地规模与用途、被征收人财产损失等，由经营权人与征收人协商，酌情补偿。在立法上，除实体权利外，更重要的是经营权人程序上知情权、参与权的保障。

（二）土地经营权人征收补偿权的明确与完善

收益权是土地经营权人核心权利之一，前述土地经营权征收补偿标准，如土地经营权人在土地补偿费中按比例受偿，尚需实定法明确，或可作如下处理。第一，地上附着物与青苗补偿费，行政法规明确规定归属于所有权人；对土地改良费等，农业部令第47号《农村土地承包经营权流转管理办法》第14条规定受让方可要求承包方给予补偿，而在土地征收中，承包方并未获取土地改良之收益，该部分补偿费亦应纳入征收补偿范围。前述补偿项目，应由法律法规予以明确，在物权编等方面有所反映。第二，预期利益之适当补偿，现行法并无规定。即使“预期利益”仅为参照标准，补偿数额及计算方式并不明确，但立法应至少以原则性规定肯定经营权人对预期利益的补偿权，为实践中法官结合个案酌情裁判提供依据。第三，补偿方式应独立，将土地补偿费中的部分给予承包经营权或经营权人，仅为实定法下权宜之计，立法应单设土地经营权之征收补偿项目，赋予其独立补偿地位。

现行法下，土地补偿费由集体所有，但按一定比例分配给土地承包经营权人，实际考量了农地承包财产权征收补偿与集体成员生存保障需要，具有双重属性。土地经营权征收补偿中，新型经营主体多不属集体成员，集体所有权与土地经营权之权能界限分明，并无将土地补偿费分配给土地经营权人之基础。市场环境下，土地经营权流转频繁时，若不赋予经营权人直接的补偿请求权，无疑使得征地法律关系混乱，也不利于实际经营权人权益保护。具体计算数额时，或可参照多地实践做法，按照租赁或物权期限、投入成本、土地升值空间等，以土地补偿费之一定比例确定。

（三）土地经营权人征收补偿程序性权利的构建与保护

土地经营权人征收补偿程序性权利保护主要包括知情权与参与权，两者的核心问题基本相同，即哪些主体享有权利，应当告知或可以参与决定的内容为何。《土地管理法》第46条和第48条分别规定了办理征地补偿登记及提出意见的主体，限定为土地所有权人与使用权人，《土地管理法修正案（草案）》细化了相应程序。《土地管理法实施条例》第25条作出了类似规定，并明确征地公告的内容包括“批准征地机关、批准文号、征收土地的用途、范围、面积以及征地补偿标准、农业人员安置办法和办理征地补偿的期限等”。上述法律法规并未就地上租赁权等他项权利人是否享有知情权作出规定。《国务院关于深化改革严格土地管理的决定》（国发〔2004〕28号）第14条及其意见《关于完善征地补偿安置制度的指导意见》（国土资发〔2004〕238 号）第 9 条，也提到应向被征地农民及集体经济组织告知征地内容，仅后者第 10 条规定对征地调查结果须经集体经济组织、农户和地上附着物产权人共同确认。该意见一定程度上保护了实际经营者征收知情权，但其规范层级过低，对司法机关约束不足。另外，地上附着物产权人所能知情的，仅为“拟征土地的权属、地类、面积以及地上附着物权属、种类、数量等现状”，并无补偿标准、安置办法等诸多关涉自身利益的信息。事实上，早在 2001 年，原国土资源部发布的《征收土地公告办法（2010 年修正）》第 6 条、第 9 条和第 10 条即规定，无论是登记补偿人，还是征收补偿方案听证程序的参与者等，都包括“其他权利人”。有学者认为，从关于公示的规定中，可推知权利人扩大到了抵押权人、租赁权人和继承权的权利主体。①

由此，土地使用权人系征收补偿登记人之一，物权性的土地经营权人可参与征收补偿程序，并享有知情权；债权性的土地经营权，在其为地上附着物产权人时，在部门规章层级，享有一定的知情权与参与权。应当注意的是，上述主体仅仅有资格参与征收补偿程序，并不意味着其享有的权利为征收补偿客体，其参与征收补偿程序，更多是为了确定所有权之补偿范围。由此带来的问题是：土地承包经营权人作为使用权人参与土地征收补偿程序，在确定所有权人征收补偿范围的同时，因土地补偿费等包含土地承包经营权之补偿，其权益尚可得到保护；而土地经营权人虽参与征收补偿程序，若遵循实定法，仅在补偿款分配中，对青苗费、地上附着物费享有权利，无疑难以覆盖其成本投入乃至预期利益，对该部分实体权益，现行法并无适当的程序予以保护。

笔者以为，程序上妥善保护土地经营权人利益，最好的方法是在实体上明定土地经营权系征收客体，同所有权享有同等程序保护，单独予以登记、签订补偿协议。若维持现有立法，未明确征收客体地位，至少应赋予土地经营权人对改良费、预期利益等独立补偿权，并在此基础上，对其程序性权利单独予以规定。《土地管理法修正案（草案）》第 47 条对程序性权利进行了细化，第 48 条所针对之补偿项目，虽增加了“社会保障费用”，但仍未就土地经营权等用益物权独立补偿作出规定，自然亦无程序权利的保护。事实上，作为土地实际使用人，土地用途更改、所有权归属变更等，直接影响实际使用人利益，无论是何种性质的土地经营权人，都有权毫不延迟地获知土地征收及补偿信息，征收主体有义务告知土地经营权人因土地被征收所需承担的权利义务，以有充足的时间对经营计划作出调整，减少损失，土地承包经营权人亦有义务及时通知土地经营权人征收之事实，并与之协商补偿事宜。征收主体及承包人违反通知、告知义务，导致土地经

① 参见邹爱华《土地征收中的被征收人权利保护研究》，中国政法大学出版社，2011，第 84 页。

营权人未能参与征收补偿程序的，土地经营权人得以《行政诉讼法》第 72 条诉请征收主体履行法定职责。[①]

同时，应区分对待债权性与物权性土地经营权在征收补偿中的程序性权利。对于物权性的土地经营权，其程序性权利与原土地承包经营权人类似，实定法下土地使用人享有的，土地经营权人亦应享有。以知情权为例，征收主体应以公告等方式向集体经济组织、农民及农地使用权人告知征地依据、征地用途、拟征地内容及与征地补偿有关的信息，并将权利人以补偿申请人的身份登记造册，以确保权利人对征收补偿事项知情；即使经营权人与承包人就征收补偿有特别约定，也不应影响征收主体向经营权人履行告知义务。就参与权而言，权利人是否得以参与所有事项存有疑义，2018 年第十三届全国人民代表大会常务委员会第七次会议上，《国务院关于农村土地征收、集体经营性建设用地入市、宅基地制度改革试点情况的总结报告》提到，试点实践中，探索了是否征地和补偿安置由市县人民政府与农民协商的机制。应当注意的是，是否征地、征地范围如何，系集体经济组织或农民基于土地所有权或承包权而享有的处分权，若允许土地经营权人干涉土地所有权之处分，既无法理支持，亦极大损害农村集体及农民最根本的权益。由此，就是否征地，土地经营权人应仅有“参与建议权”而无“协商决定权”。事实上，即使是土地所有权人，《土地管理法修正案（草案）》第 47 条经细化后的程序权利规则，亦不足以完全保护。第 47 条第 1 款虽规定征收前公告、听取“被征地的农村集体经济组织及成员、村民委员会意见”等程序，但并未规定法律后果，未明确赋予被征收人及征收关系人“有效制约征收主体的权利”，应另行建立听证前置与协议价购程序。[②] 与此相关的，土地经营权等农地他项权利人，因非被征地“农村集体经济组织”内成员，其程序保护更是“无根之萍”，仅能被动地接受征地结果。作为实际经营人，经营权人对土地现状及价值更具有发言权，与补偿标准亦直接相关，立法不应将其排斥在外。

债权性与物权性土地经营权，仅为流转期限不同，似不应在程序上有所区分。但如前所述，现行法下关于知情权主体的规定尚不明了，债权性的土地经营权也并非派生自土地所有权，与所有权的得丧变更并无直接关联。除此之外，若债权性土地经营权人与承包人关于征地补偿有特殊约定，亦找不出干涉的理由；即使征收主体未履行告知义务，也无可非难。依《农村土地承包法》第 41 条关于债权性土地经营权“五年

① 土地征收未告知经营权人，经营权人以《行政诉讼法》第 72 条诉请征收主体履行正当职责的前提是，其对土地享有独立补偿的实体权利。债权性土地经营权人之诉请能否实现，不无疑问。有判决认为，土地承包经营权转包后，土地被征收，实际经营人以未获补偿为由诉请征收主体履行正当职责的，因其不是土地承包经营权人，对涉案土地不享有权利，其诉请不成立。参见湖北省高级人民法院〔2018〕鄂行终 1072 号二审行政判决书。

② 参见房绍坤《土地征收制度的立法完善——以〈土地管理法修正案草案〉为分析对象》，《法学杂志》2019 年第 4 期。

以下”流转期限之规定，若允许租赁期限为一年的土地经营权人参与征收程序，耗时、耗力且收效甚微，征收程序尚未走完，权利期限可能已经到期，也容易出现经营权人恶意延长流转期限寻求补偿的情况。由此，针对债权性土地经营权人，重点放在其实体收益权甚至是地上附着物与青苗费的补偿上，更为简单易行；若经营权人同承包人有特殊约定，亦不应多加干涉。

被征地农民在土地征收决定中的异议权保障研究
——基于从参与权到异议权的演进逻辑

郑　沫*

摘　要： 被征地农民在土地征收决定中的参与权屡遭侵犯，其自身性质的局限性与派生性要素的异化使其无法对公权力主体提出真正符合农民需求的义务供给要求——对土地征收决定提出异议。究其原因，是行政行为形式理论在行政法中的支配地位强化了行政主体中心论，使参与权的"程序性权利"性质定位逐渐畸化，并扭曲了参与权的目的、内容等派生性要素。为了保护农民的合法权益，应以行政法上的意思表示理论为研究基点，提出异议权，强调农民意思表示的真实性、合法性和实效性，促使农民的意思融入行政机关的决策意志之中，并以异议权为新的出发点，通过异议权代理规则、反馈规则、档案查阅规则，抵抗与救济规则等，向公权力主体提出相应的义务供给要求。

关键词： 被征地农民；土地征收决定；参与权；意思表示理论；异议权

引　言

土地征收可分为土地征收决定阶段与土地征收补偿阶段，被征收人可通过提供信息、表达意见、发表评论、阐述利益诉求等形式参与其中。与被征收人参与土地征收补偿的状况相比，被征收人在土地征收决定中的参与形式化、浅表化等现状，使参与愈发远离其实质——通过异议表达发挥其抗辩作用，对违法土地征收决定产生拘束力。

异议表达的机会与效力一旦流失，极易对被征收人的实体权益与公共利益造成难以弥补的侵害：其一，对私权利而言，土地征收目的是否符合公共利益直接决定了补偿标准，假借公共利益实行商业征收的行为将使农民以不合理的对价交出其赖以生存的土地，而对土地现状调查结果丧失异议表达的空间将损害土地征收补偿的公正基础，损害了农民的权益；其二，对公权力而言，公众无法对征收的合公益性提出质疑，土地权力运行于暗箱之中，为权力寻租提供了生长土壤。①

---

* 郑沫，广东外语外贸大学广东国际战略研究院欧洲研究中心，欧洲学博士生。

① 土地领域的产业链有多长，权钱交易链几乎就有多长。从土地征收到土地出让，从缴纳土地出让金到调整容积率、用地性质再到产权登记，从项目的规划审批到项目的选址，几乎每个环节都存在（转下页注）

本文将“公权力主体的义务－农民的权利”作为一对基本的考察对象进行反复对照，总结既有义务供给模式存在的问题，从公权力主体的义务资源供给乏力的现状回溯到其权源，探寻参与权存在的缺陷及其原因，并尝试提出能够满足农民异议表达需求的新路径。

一 被征地农民参与土地征收决定的司法案例梳理与问题聚焦

被征地农民表达异议的权利须借助参与程序才能实现，《土地管理法》第46条、《土地管理法实施条例》第25条、《国务院关于深化改革严格土地管理的规定》（国发〔2004〕）第14条、国土资源部《关于完善征地补偿安置制度的指导意见》第9、10、11条，《国务院办公厅关于进一步严格征地拆迁管理工作切实维护群众合法权益的紧急通知》（国办发明电〔2010〕15号）第2、3、4条对被征收农民参与土地征收决定程序作出了规定。本文以上述法律条文为依据，在北大法宝司法案例库中收集到与被征地农民参与土地征收决定程序有关的司法裁判文书共629份。① 裁判文书反映了农民的异议表达需求与相应的权利实现所受到的阻碍情况，据此可以归纳出公权力主体对参与权的义务供给状况及现存的问题。

（一）司法见解分歧的类型化梳理

1. 农民参与土地征收决定程序的可诉性存在分歧

大量司法判决倾向于通过《行政复议法》第30条第2款的法解释将土地征收决定认定为终裁行为，从而将其排除在司法审查范围之外。如在庞树云等15人与济南市人民政府等征收上诉案中，原告庞树云等诉称被告济南市国土资源局拟定征收补偿、安置方案前未对被征收土地所有权人、使用权人及地上附着物进行调查确认，请求法院确认被告征收土地的具体实施行为违法。② 法院认为，省级人民政府的征用土地决定属于《行政复议法》第30条第2款规定的最终裁决行为，不属于人民法院受理行政诉讼案件范围。与上述裁判立场相反，部分法院认为土地征收决定并非行政机关终裁行为。如在殷陈良与浙江省人民政府等批准及行政复议上诉案等案中，法院就将省人民政府

(接上页注①)众多权钱交易和官商合谋的案例。土地收储、土地拆迁、土地整理、土地测量、土地规划等由国土部门管理的事项中，任何一个环节都藏有大量权力寻租空间。参见曾忠平《土地腐败行为案例研究》，《中国房地产》2016年第12期。

① 数据截至2018年11月1日。筛选裁判文书的标准为：诉讼主体适格，在诉讼保护期限之内，原告诉请法院确认土地征收决定中的参与程序违法或土地征收决定违法。判例多为2017年《行政诉讼法》修订后作出，《行政诉讼法》的第74条在2014年修正案与2017年修正案中没有任何变动，因此判例选择未受其影响。

② 参见山东省高级人民法院〔2017〕鲁行终865号行政裁定书。与前述案例作出相同判决的还包括李培然等与河南省人民政府复议上诉案、段兰珍诉湖南省人民政府农村集体土地征收审批案，分别参见河南省高级人民法院〔2017〕豫行终1054号行政裁定书、最高人民法院〔2017〕最高法行申5391号行政裁定书。

作出的土地征收批复及复议决定纳入了司法审查范畴。①

2. 农民参与土地征收决定程序的诉讼独立价值存在分歧

被征地农民参与土地征收决定程序在诉讼中难以获得独立价值，少量判决认为其具备独立的诉讼价值，大量判决否定其独立诉讼价值，部分判决是将其视为众多裁判说理的组成部分。以公告时间的独立诉讼价值为例，2015年最高法院公布的典型案例“郝龙只等15人诉屯留县人民政府不履行征地方案公告和征地补偿、安置方案公告法定职责案”将公告发布的时间纳入司法审查范围②，对参与程序普遍不可诉的惯例作出了突破③，认为参与程序具有独立诉讼价值，应当受到保护。原告李勇诉被告威远县人民政府、内江市人民政府行政审批一案遵循了这一先例。④ 然而，绝大多数司法判例并没有沿袭上述案例对程序独立诉讼价值的肯认，否认参与程序的独立诉讼价值，认为参与程序应被置于产生实质影响的前提假设之下，遵循了“程序行政行为一律不可单独起诉的不当惯例”。⑤ 最高法院作出的孙立权等诉黑龙江省大庆市人民政府征地公告及行政赔偿案可被视为这一惯例的背书，该判决认为，发布征收公告的行为仅是对批准事项的公示告知行为，其未对被征收人权利义务产生实际影响，原则上不可诉。⑥ 尽管该案对公告诉讼的例外情形也作出了规定——征收公告内容与征地批复批准征收土地的范围、用途、面积等内容不符之诉由可被纳入法院的审理范围⑦，但未能将有利于农民权利保护的公告时限纳入司法审查范围之内。少量判决将其与其他诉讼理由一并视为被诉行政行为违法认定事由，在裁判说理中表现出对被征地农民确认土地现状调查书等参与程序的重视，但仅将其作为裁判说理的内容，而非裁判依据。

3. 农民的参与权受到公权力与私权利的双重侵害

被征地农民的异议表达机会不仅易受公权力的遮蔽，也极易受到自治权利的侵害。⑧ 在殷陈良与浙江省人民政府等批准及行政复议上诉案与严忠良等与浙江省人民政

---

① 参见浙江省高级人民法院〔2017〕浙行终677号行政判决书、浙江省高级人民法院〔2016〕浙行终1440号行政判决书。

② 参见《最高人民法院公报》2015年第3期（总第221期）。遵循这一先例的裁判包括浙江省台州市中级人民法院〔2017〕浙10行初87号行政判决书“原告郑先上等七人诉被告临海市人民政府土地行政公告案”。

③ 不仅土地征收决定中的参与程序在司法上普遍不可诉讼，其余的程序行政行为同样面临着一般不可诉的救济困境。参见宋烁《论程序行政行为的可诉标准》，《行政法学研究》2018年第4期。

④ 参见四川省内江市中级人民法院〔2016〕川10行初26号行政判决书。

⑤ 宋烁：《论程序行政行为的可诉标准》，《行政法学研究》2018年第4期。

⑥ 参见最高人民法院〔2016〕最高法行申2353号行政裁定书。

⑦ 参见百色市右江区人民政府诉黄建云征收案，广西壮族自治区高级人民法院〔2017〕桂行申225号行政裁定书。

⑧ 关于村民自治组织的性质，学界有两种观点：一种认为其为公权力主体；另一种认为其为自治主体。在实践层面上，村民自治组织的确性质不明，本文赞同后一种观点。参考杨成《村民自治权的性质辨析》，《求实》2010年第5期。

府等批准及行政复议上诉案中，被告的征地报批材料缺少征询农民意见的记录材料与“征地调查结果确认表”，“听证告知书”仅仅送达被征地块居民委员会，征地申请机关与居委会都未将“听证告知书”送达被征地农民，且居委会就涉案地块征收事宜召开的代表会议不为村民所知悉，会议形成的包含放弃听证权利的“会议纪要”未经公开。[①] 在这些案件中，征地申请机关将居委会作出的确认行为等同于被征地村民的确认行为，村代表参与决议等同于村民参与，对于被征地农民来说，是行政权力与自治权利对被征地农民参与权利的双重侵犯，然而两审法院均认定审批机关对“涉案集体土地作出批准征收的行为符合法律规定，并无不当”。

4. 农民的原告资格认定存在分歧

在江强诉修水县人民政府征收案中，被征地农民江强向法院主张撤销被告修水县人民政府作出的《修水县人民政府关于预征收土地方案的公告》等行政行为。[②] 法院否认了被征地农民在土地征收类案件中的原告资格，认为“农村集体所有的土地依法属于农民集体所有，有权提起诉讼的应当是村集体经济组织或者村民委员会，而不应当是个别村民。如村民对行政行为不服，且集体经济组织或者村民委员会又不主动提起诉讼的，则村民应当依照《村民委员会组织法》规定的程序，通过村民会议和村民代表会议形成集体决定，并由村民委员会执行，以确保相关起诉代表整体村民的集体意志”。这种情况并非个案，胡芳琴等与兰州新区管理委员会等征收上诉等案也否定了被征地农民在土地征收类诉讼中主张权利的资格。[③]

5. 程序违法不能作为土地征收行为违法的认定理由

绝大多数案件中的原告不能以某一参与程序不合法而请求法院判定土地征收行为违法。最高人民法院通过林永辉等诉博白县人民政府征收案确立了土地征收行为违法的诉求属于没有明确的诉讼请求的原则。最高院在该案中指明了征地行为的过程性特征，释明其可被分解为征地审批、备案、公告等过程，不同的行为由不同行政机关实施，原告须向法院阐明被诉征地行为中的具体行为，原告笼统地以征地行为违法为诉请则属于诉讼请求不明确的情况，经法院释明，当事人拒不予以明确的，法院应裁定不予立案或者驳回起诉。[④]

6. 农民参与征收决定的法律依据之效力遭到否定

被征地农民参与土地征收决定的具体程序主要由《国务院关于深化改革严格土地

---

① 参见浙江省高级人民法院〔2017〕浙行终 677 号行政判决书、浙江省高级人民法院〔2017〕浙行终 678 号行政判决书。

② 参见江西省九江市中级人民法院〔2017〕赣 04 行初 22 号行政裁定书。

③ 参见甘肃省高级人民法院〔2017〕甘行终 506 号行政裁定书。

④ 参见最高人民法院〔2017〕最高法行申 5254 号行政裁定书。

管理的决定》与国土资源部《关于完善征地补偿安置制度的指导意见》所规范，但由于上述规范效力层级较低，在裁判过程中常常出现被司法机关所否定的情况，具体表现为实质否定以及形式否定（但实质肯定）两种情况。林永辉、林绍文二审行政判决书的裁判属于实质否定的情况，原告林永辉等主张被告博白县政府未依法履行土地现状调查职能与公告发布等职能，最高人民法院根据《土地管理法》与《土地管理法实施条例》的规定判定被告的调查、测量与听取意见行为合法，但并未肯认土地征收决定程序应当包含农户确认程序。① 前述百色市右江区人民政府诉黄建云征收案的两个判决体现了形式否定但实质肯定程序依据的情况。百色市右江区人民政府提出，原审法院以《国务院关于深化改革严格土地管理的决定》第14条为审判依据属适用法律不当，因“该决定不属于行政法规，也不是地方性法规、自治条例和单行条例，更不是规章”。② 对此，法院释明“原判只是将该决定作为裁判说理的参考，并未直接援引作为判决的依据”。尽管实质上法院是将其作为裁判依据，但在形式上没有承认其裁判依据的地位。

（二）司法见解分歧的焦点研判

被征地农民参与权是公权力在土地征收领域的具体体现③，与其相应的，公权力主体须为对待给付义务。公权力主体的义务供给主要由三个部分组成：立法主体的义务、执法主体的义务、监督与救济主体的义务（如图1所示）。从上述司法裁判现状来看，公权力行使主体的义务供给模式以“实定法接纳过于谨慎 + 义务履行存在偏差 + 救济系统倾向于循环与拒斥”为特征。

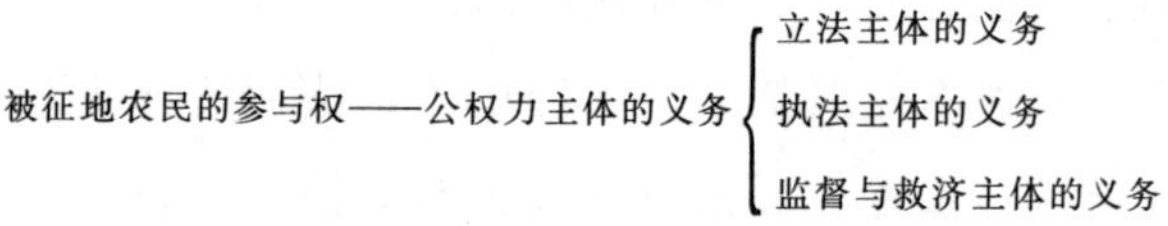

被征地农民的参与权——公权力主体的义务 { 立法主体的义务；执法主体的义务；监督与救济主体的义务 }

图1　参与权与公权力主体义务的对应状况

1. 实定法对农民参与土地征收决定需求的接纳过于谨慎

在上述判例中，法官之所以能够以各种理由将参与权的救济诉求排除在司法审查的大门之外，首先在于法律及行政法规等高位阶法规范对农民参与权利接纳较晚：1998年以前，《土地管理法》及《土地管理法实施条例》未对农民参与土地征用决定作出规范，《土地管理法实施条例》于1998年修订后规定，被征用土地农民可对土地

① 参见广西壮族自治区高级人民法院〔2016〕桂行终157号行政判决书。

② 参见百色市右江区人民政府诉黄建云征收案，广西壮族自治区高级人民法院〔2017〕桂行申225号行政裁定书。

③ 德国学者 Bühler 认为，公权力是指人民基于法律行为或以保障其个人利益为目的而制定的强行性法规，得援引该法规向国家为某种请求或为某种行为的法律地位。参见叶百修《行政上损失补偿之意义》，载《翁岳生教授七秩诞辰祝寿论文集——当代公法新论》（下），元照出版公司，2002，第20页，转引自王锴《行政法上请求权的体系及功能研究》，《现代法学》2012年第5期。

征用/征收决定提出意见，其后一直延续到 2019 年，《土地管理法修正案（草案）》才吸纳了农民对土地征收决定提出意见的权利。其次，法律对权利实现方式过于笼统的规定——发表意见——使参与权长居于参与层级中的浅表层，几乎无法对土地征收决定产生影响，无法使其成为农民有效参与的武器。最后，法律冲突给法律适用带来障碍，这种冲突阻滞了低位阶法规范中参与权的实现。《行政复议法》第 30 条以及《行政诉讼法》第 13 条被绝大多数法官认定为“土地征收决定属于终裁决定，不能向法院起诉”的依据。《行政复议法》、《行政诉讼法》以及《土地管理法》同为全国人大常委会制定，分属一般法与特别法，二者冲突时应适用特别法，而优位于《行政复议法》和《行政诉讼法》的《土地管理法》对参与权的保护过于笼统和浅表化，不足以超越行政救济法设置的屏障，且规定于行政法规位阶以下的参与类规范——《土地管理法实施条例》及《国务院关于深化改革严格土地管理的决定》、国土资源部《关于完善征地补偿安置制度的指导意见》——更是无法超越行政救济法设置的障碍，在实践中几乎不被法院作为审判依据，被征地农民的参与权得不到司法保护。

2. 行政系统对法律规范的遵从偏差较大

上述司法判例呈现出行政机关履行义务方面的偏差。上述案例中，被诉行政机关包括土地征收决定申请机关与审批机关。土地决定申请行政机关对法律规范的遵从偏差具体表现为拒绝遵从法律规范，拒绝及时有效地告知农民土地征收决定、伪造土地调查确认书中的农民签名与听证放弃书。土地申请的审批机关对法律规范的遵从偏差具体表现为，其在审批过程中未能对征地目的的合公益性、审查材料的真实性进行有效检查。

3. 救济系统倾向于循环与拒斥

救济系统主要分为行政复议系统与司法诉讼系统。土地征收审批机关在农民申请行政复议的审查过程中也未能及时在行政系统内部矫正申请机关及自身的行为偏差，在二次审查监督过程中，其对土地决定申请机关的申请及自身的审查结果予以支持，使得行政系统内部的监督陷入循环自证之中。

被征地农民参与权的司法裁判中，少数判决表现出规则导向的司法裁判特征，原因在于法官采用的是顺推法，而多数判决呈现出结果导向的司法裁判特征——法官预设“被征地农民参与权不可诉”的结论，而后在法律规范中寻找能够支持这一结论的规则进行适用。[①] 以司法审查领域的接纳与否为分类节点，可将司法审查领域对被征地农民参与权的拒斥分为三个阶段。第一阶段是法官拒绝其进入司法审查领域，将土地

① 参见王彬《司法裁决中的“顺推法”与“逆推法”》，《法制与社会发展》2014 年第 1 期；孙笑侠《基于规则与事实的司法哲学范畴》，《中国社会科学》2016 年第 4 期；钱大军《司法裁判中后果考量的实证研究》，《法律方法》2018 年第 1 期。

征收决定界定为行政机关终裁行为，将其救济领域限定在行政权力系统之内。第二阶段是法官认为其属于司法审查范围，但通过对形式瑕疵的认定来拒绝其进入实体审查领域，法官主要以四种理由来终结案件审理：一为判定土地征收决定是复议前置行为；二为被征地农民参与土地征收程序“不会对权益产生直接/实际影响的过程性行政行为”，没有独立诉讼价值；三为参与权所依据的法律规范效力层级低，不能作为裁判依据；四为否定农民的主体资格，混淆被征地农民与群众性自治组织的地位。第三阶段是法官允许少量参与程序诉讼进入实体审理过程，但其极易由于被判定为对土地征收决定的影响微弱，丧失对行政机关的规训作用和对农民权利的保障作用。

概言之，与被征地农民参与权相对应的公权力主体义务供给模式可以被归结为“实定法接纳过于谨慎+义务履行存在偏差+救济系统倾向于循环与拒斥”模式。行政相对人的权利要求就是行政主体的义务。① 从上述司法判例结果来看，公权力主体的义务供给难以满足农民的参与需求。这种公权力义务供给模式未能满足现实需求的原因何在？义务来源于权利②，公权力主体义务面临着供给乏力的现状，溯及其义务产生的权利源头，公权力主体的义务供给对应着怎样的权利构造？其存在的哪些缺陷使得与其在对公权力机关提出义务供给要求时遇到了上述障碍？又当如何调整？

二　公权力主体义务的权源基础：基于行政行为形式理论的参与权

行政法律关系中的权利主体和义务主体应当享有平等和双向的关系，权利主体所执掌的权利是通过义务主体的义务才拥有实际意义的。③ 权利是一切法律关系的归宿④，义务的供给以权利构造的内容为依据，义务供给存在缺陷时，可以回溯到其源头——权利构造——来寻找补给。在参与权与公权力主体提供的义务这对关系中，公权力主体的义务资源供给模式反射出其所对应的参与权所处的状态，分析义务供给现状可以发现，义务供给的缺失是义务主体对参与权的曲解以及参与权自身存在一定的缺陷所致。

（一）参与权性质的局限性与派生性要素的异化

从上述行政机关的义务履行状况来看，农民参与权的各种要素处于被遮蔽或曲解的状态，包括参与权的性质、目的、主体、作用。具言之，实定法的制定情况与义务履行情况对应参与权中的目的与内容要素，而救济系统遮蔽或曲解了参与权的性质、主体等要素，其中，参与权的性质属于参与权的基础性要素，参与权的目的、内容、

① 参见关保英《论行政主体义务的法律意义》，《现代法学》2009年第3期。

② 参见郑成良《权利本位论》，《中国法学》1991年第1期。

③ 参见关保英《论行政主体义务的法律意义》，《现代法学》2009年第3期。

④ 参见张正钊、韩大元《比较行政法》，中国人民大学出版社，1998，第84页。

主体及方式属于派生性要素，其基础性要素对派生性要素有决定性作用。

1. 参与权的性质自身存在局限

参与权的性质在所有要素中起到决定性作用，但其“程序性权利”的定位在实践中阻滞了其被救济的可能性与程度。理论界普遍将参与权定位为“参与行政过程”或“参与行政程序”的权利[①]，鉴于此，实践层面将其定位为“程序性权利”。这种对参与权的认识局限于外在程序工具主义的视角，因此，只能感知行政参与权的程序性面纱，而难以透过这层面纱发掘参与权的内在属性，割裂了程序与实体之间的紧密联系，只能浅窥行政参与权对行政权力的程序制约价值，而难以洞察和深识行政参与权对公共行政具有的实质性价值与功能。[②] 基于此定位，溯及我国一贯的“重实体、轻程序”的传统，公权力主体形成了“程序性权利并不重要”的观念，并在此观念指导下进行实践：在立法层面，相关法律依据失之于笼统；在执法层面，行政主体倾向于效率优先，怠于履行其认知上居于次位的农民参与程序；司法系统形成了“程序性权利原则上居于司法审查系统之外”的审理习惯。此外，官僚主义的遗风并未去除，使得公权力主体与农民都容易混淆“走程序”与“保障程序权利”[③]，轻视参与权。程序性权利与实体性权利的分类是权利类型中的分类之一，但其更多应当成为学理上的考量，而非实践中保障的区别，因为实体权利的保障正是通过程序性权利的实现而得来，如诉讼中的回避申请权、管辖权等程序性权利都得到了广泛的认同与保障，但行政程序中的参与权屡屡由于这一定位，被立法系统忽视，行政系统轻视，司法系统排斥。

2. 参与权的派生性要素遭到曲解与遮蔽

参与权的目的、内容、主体及方式遭到了曲解与遮蔽。农民参与土地征收决定的目的是实现自身的合法权益，保障其在参与程序中的实体性请求权[④]，但实践中行政机关的义务供给情况使得农民的参与目的变成了“走过场”，使行政决策“看起来民主”，权利实现的目的决定了权利的内容，土地申请机关还可能通过造假来掩盖农民参与的目的与内容，将农民表达的“异议”通过造假等方式转化成“同意”，以便于通过审批。这迫使农民的参与在行政决定中局限于程序进入阶段：农民在土地征收决定中的参与多数止步于表达意见阶段或者知情阶段，甚至零参与，难以触及参与的实质——表达异议。不仅如此，在上述司法判例的归纳中，部分判决甚至反映了有行政

① 参见方世荣等《“参与式行政”的政府与公众关系》，北京大学出版社，2013，第123页。

② 参见邓佑文《论公众行政参与权的权力性》，《政治与法律》2015年第10期。

③ 在行政过程中，“走程序”容易沦为行政机关不作为、慢作为的借口和托词，变成懒政怠政的“挡箭牌”。参见《莫让“走程序”走丢了民心》，搜狐网，http：//www.sohu.com/a/227997627_117621，最后访问日期：2019年3月3日。

④ 参见徐以祥《公众参与权利的二元性区分——以环境行政公众参与法律规范为分析对象》，《中南大学学报》2018年第2期。

机关和司法机关对参与权主体的认识不甚清晰，否定农民作为参与主体的地位。

被征地农民参与程序的决定力空洞使参与权几乎无法发挥实际作用。从当前的案例来看，参与程序与土地征收决定之间并未形成杠杆关系，由于司法系统对诉讼请求具体化等要求，被征地农民参与土地征收程序违法无法使法院作出土地征收决定违法的裁判。

通过上述检视发现，由于自身性质、目标等方面存在缺陷，以及其派生性要素易遭曲解，参与权的权利构造难以对公权力主体的义务供给提出清晰、正确的要求，致使农民对土地征收决定的参与难以深入，始终徘徊于浅表层级。[①] 参与权的缺陷根源上是性质缺陷[②]，因此，探究参与权构造缺陷的成因应从该要素入手。

（二）行政行为形式理论对参与权的限制

1. 行政行为形式理论对行政主体中心论的强化作用

我国的行政法学研究思路深受德国学者 Otto Mayer 所开创的行为形式理论（即以行政行为的研究为行政法学的中心）的影响，并沿用至今。[③] 行政行为形式论的核心在于关注行政行为的形式及其所意图达成的法律效果。[④] 这导致行政行为形式论聚焦于行政主体及其行为，过分看重行政行为的单方性、确定性和强制性[⑤]，忽略了作为行政法律关系的另一重要主体——行政相对人。这种“重行政机关 - 轻行政相对人”的严重失衡结构在长期的方法论应用中形成了固化思维。尽管经过数十年的发展，行政法学理论研究者及实务操作者已经开始重视行政相对人在法律关系中的地位，但仍然需要进一步的努力才有希望摆脱行政行为形式理论强化行政主体中心论的惯性。

2. 行政主体中心论异化了参与权的性质与目的

参与权归属于程序性权利。实体性权利和程序性权利的分类是基于对权利概念的过程与状态（或结果）两个方面进行分析的思路[⑥]，这种对权利划分的初衷在于保护通

① 公众参与阶梯分为八个梯度：第一，操纵（假参与）；第二，训导（假参与）；第三，告知（表面参与）；第四，咨询（表面参与）；第五，展示（高层次表面参与）；第六，合作（深度参与）；第七，授权（深度参与）；第八，公众控制（深度参与）。将参与目的的实现程度与形式与参与阶梯相对照，可以发现，农民参与土地征收决定常常被操控，停留在假参与阶段。参见 S. R. Arnstein，“A Ladder of Citizen Participation”，*Journal of American Institute of Planners*，Vol. 35，1969，pp. 216 - 224。

② 近年来，参与权这一性质的局限性在实践的检验中遭到暴露，如在环境行政公众参与领域，参与权暴露出其参与主体以及参与内容等方面的理论局限。参见徐以祥《公众参与权利的二元性区分——以环境行政公众参与法律规范为分析对象》，《中南大学学报》（社会科学版）2018 年第 2 期。

③ 参见赖恒盈《行政法律关系论之研究——行政法学方法论评析》，元照出版公司，2003，第 136 ~ 139、195 ~ 200 页；张锟盛《行政法学另一种典范之期待：法律关系理论》，《月旦法学杂志》2005 年第 6 期，转引自王锴《行政法上请求权的体系及功能研究》，《现代法学》2012 年第 5 期。

④ 参见张锟盛《行政法学另一种典范之期待：法律关系理论》，《月旦法学杂志》2005 年第 6 期，转引自侯宇《行政法学方法论初探》，《甘肃政法学院学报》2011 年第 4 期。

⑤ 参见李佳《社会变迁与行政法学方法论》，《社会科学研究》2012 年第 2 期。

⑥ 参见王锡锌《行政过程中相对人程序性权利研究》，《中国法学》2001 年第 4 期。

往实体型权利的桥梁——程序性权利[①]，旨在通过行政相对人程序权利的实现去保护其实体性权利。然而这种分类在我国长期以来所使用的行政法学方法论影响下，已经忘却了分类的初衷，向着“重行政主体－轻行政相对人”“重实体－轻程序”的方向倾斜，使参与权作为程序性权利的性质成了行政机关行为偏差与救济系统拒斥其进入的借口。

行政程序的设置，部分是出于提高行政效率的目的，部分是出于保护相对人权利的目的，也存在部分行政程序兼具上述两个目的。[②] 但实践中对程序设置目的的混淆使得程序实践的导向发生偏差，这在参与程序中体现得尤为明显。参与程序的设置初衷是在行政决策中引入行政相对人（或行政相关人等）的意志，但前述“重行政主体－轻行政相对人”的失衡结构所形成的思维定式使参与程序的目的发生扭曲，与用以提高行政效率的其他行政程序混为一谈，这使得包括行政机关在内的各方主体将参与程序与行政主体勾连在一起，将参与程序的“行政相对人权利保护导向”转为“行政机关效率提高导向”。

三 规范进路的转变：基于意思表示理论的异议权

参与权的内在构造自身的限制与行政机关对其理解上的偏差，使其在保护农民权利方面已经捉襟见肘，难以超越义务供给方为该项权利的实现所设置的障碍。参与权应当如何转型才能够突破原有权源基础的瓶颈，以便于对公权力主体重新提出义务供给要求？行政法上的意思表示理论可以为这一难题的破解提供思路。

（一）行政法上的意思表示理论对行政法学方法论的补强

行政法学研究者已经认识到了行政行为形式理论的局限性，提出将行政法律关系论作为新的研究范式以重构行政法学研究方法。[③] 传统行政法律关系理论完成了从“行政主体中心论”的一元结构到“行政主体－行政相对人”二元结构的转变，现代行政法律关系理论基于主体地位的确立，将行政法律关系的生成模式概括为“行政行为＋意思表示”，此中的意思表示仅指行政行为之外的“未型化”行为。[④]

行政法上的意思表示理论现今得到了进一步的发展，其范围也有了更大的延伸。从行政行为概念起源来看，意思表示是贯穿始终的，意思表示是法律行为的固有特征；从行政法律关系的两方主体分析，就行政主体一方而言，行政行为是行政主体依据法律规范所为的意思表示，就行政相对人一方而言，相对人的意思表示在行政行为中的作用

① 如王锡锌《行政过程中相对人程序性权利研究》（《中国法学》2001 年第 4 期）、关保英《行政相对人基本程序权研究》（《现代法学》2018 年第 1 期）等学术成果都表明了该分类的设定是出于保护行政相对人的程序性权利。

② 参见陈振宇《行政程序轻微违法的识别与裁判》，《法律适用》2018 年第 11 期。

③ 参见赵宏《法律关系取代行政行为的可能与困局》，《法学家》2015 年第 3 期。

④ 参见赵宏《法律关系取代行政行为的可能与困局》，《法学家》2015 年第 3 期。

也日益重要。意思表示理论与公众参与理念高度契合，有助于行政法的理念更新。[①]

参与行政可被视为基于同意的行政行为，以这一标准衡量农民参与土地征收决定，会使农民参与土地征收决定中的现实问题暴露得更为明显——土地征收决定中农民同意要件与否定要件的混淆。农民在土地征收决定中的意思表示，可以根据表示形式"明示-默示"与意思内容"同意-不同意"两个维度被归入四种情形之中，分别是"明示同意"、"明示不同意"、"默示同意"与"默示不同意"。这四种模式可以涵摄行政法律关系主体在实践中的意思表示情况。从意思表示的生效要件来看，农民的意思表示符合真实性与合法性的要求即应对行政法律关系产生约束力；从意思表示的失效要件来看，农民的意思表示会因被欺诈、胁迫等而被归为无效。

农民参与土地征收决定的实践中，农民在土地现状确认书上签名表示其同意，拒绝签名表示其不赞同土地现状调查结果，签署听证权利放弃书属于明示同意放弃听证权利，未签署听证权利放弃书属于以明示或默示的方式表明其不同意放弃听证权利（即保留申请听证的权利）。然而，在实践中，土地征收申请主体通过作假等方式，将农民未在土地现状确认书上签名应然的意思表示状况扭曲为其默示同意行政机关组织作出的土地现状调查状况[②]，将农民明示或默示其不放弃听证权利的意思曲解为默示同意放弃其听证权（见表1）。这种扭曲是对作为行政法律关系主体的农民的真意的不尊重，处于弱势的农民容易遭到村委会、土地征收申请机关的欺诈或胁迫而作出不真实的意思表示，这种不真实的意思表示本不应成为土地征收决定的生效要件，然而其在实践中却几乎不会对土地征收决定产生影响。

表1　意思表示的应然表现与实然状态

	应然表现		实然状态	
	表示形式	意思内容	表示形式	意思内容
农民在土地现状确认书上签名	明示	同意	明示	同意
农民未在土地现状确认书上签名	明示/默示[①]	不同意	默示	同意
农民签署听证权利放弃书	明示	不同意	明示	不同意
农民未签署听证权利放弃书	明示/默示[②]	不同意	默示	同意

注：①由于极可能不知情，农民在土地现状确认书的确认一事上采取消极的行为，体现在行为形式上即未确认。

②由于极可能不知情，农民在听证会申请一事上采取消极的行为，体现在行为形式上即未申请听证会也未提交听证会放弃申请书。

① 参见王学辉《行政法意思表示理论的建构》，《当代法学》2018年第5期。

② 需要注意的是：(1) 此处的异议权缺失，导致农民即使不同意，也难以得到即时有效的救济；(2) 农民对自身权利认知的不清晰，导致实践中其不知道土地征收具有确认步骤，自己有确认权利，拖延到实际拿到补偿款的时候，才知道自己的土地状况被错误估计，但此时异议发声渠道的缺失，导致其异议之声难以发出及有效开启救济程序。

意思表示理论在行政法律关系中的引入是行政法学对基础范畴和体系结构的整体调试，是行政法学为了因应纷繁复杂的实践作出的尝试①，其意义在于：首先，在行政主体作出行政行为时，行政相对人作出的行为也被纳入考察视野，实现对公权力与相应义务之间的对等性的考量；其次，以意思表示为考察基点，不仅有利于确认行政主体与行政相对人之间建立的法律关系的着力点，细化和剖解相对人的权利，更容易探寻相对人权利受到侵害的原因，而且对行政相对人参与行为的真实性的考察就有了法学化的考量标准——行政相对人的意思与行政相对人的表示的一致性；最后，对行政相对人意思表示本体的关注，再延伸至其效力，使行政相对人的意思表示在法律上受到尊重和肯认，得到法治保障。

（二）异议权的提出及其构成

参与权到异议权语词使用的转变，代表着研究重心与研究方法的转变。为打破“参与权”空泛化的僵局，本文尝试以行政相对人的意思表示为基点，深入研究行政相对人参与行政过程的需求，提出以异议权为核心开展研究，并对其权利内容进行重构。

1. 异议权的定义及定位

异议权，是指行政相对人在参与行政决定过程中表达异议的权利，其建立以保护行政相对人的意思表示为中心，强调相对人真实意思与表示形式的一致性，促使行政相对人的意思表示融入行政机关的决策意志之中，对土地征收决定产生实效。该项权利的核心要素在于保障行政相对人意思表示的真实性、合法性和实效性。

异议权为异议表达请求权的简称，处于行政决定参加请求权的核心地位。② 与原有的程序参加请求权和参与权相比，行政决定参加权不再单纯强调程序，而是试图弥合行政程序与行政实体之间的罅隙，勾连起程序与实体，强调行政相对人从程序之门步入行政决定实体，以保护自身权益和公共利益为目的，视程序为通道，以自身的意思表示影响行政机关。行政决定参加权更适用于行政法律关系理论构建的行政主体与相对人之间对等的法律关系，向行政主体提出与公权力对等的义务，也能够为其核心权利——异议权——的发展奠定基础。行政决定参加权中的信息公开请求权、获得回应请求权等权利皆围绕异议权建立。

2. 异议权的属性与内容

从属性上看，异议权是复合型权利，是积极受益权与消极自由权的权利集。积极自由意味着权利的行使具备现实可行性，消极自由意指权利主体实施某种行为应不受妨害③，异议权的复合权利属性一方面要求其向公权力机关提出义务履行要求，要求相应制度支

① 参见赵宏《法律关系取代行政行为的可能与困局》，《法学家》2015年第3期。

② 本文所指的行政决定参加请求权，是狭义的行政决定参加请求权，其主体仅涵盖行政决定的利害关系人。

③ 参见宋慧献《论文化权利的构成与属性》，《中国政法大学学报》2017年第5期。

撑作为权利实现的保障，另一方面要求其权利实现不得受到包含公权力主体在内的任何主体的干预与阻碍。从目的上看，异议权既有个人利益也有公共利益的属性。[①] 因此，异议权既能够针对权利人的个人利益提出，也能够出于保护公共利益的目的而提出。

异议权包含双重面向，提出异议申请是异议权的积极面向，放弃异议是异议权的消极面向。行政相对人在行政过程中使用其抵抗权并提出异议，属于行政相对人积极作为，是异议权的积极面向。行政相对人放弃权利的承受对象和受益者都是行政主体，行政相对人放弃权利引出其与行政主体之间易被忽视的消极面向。在行政法中行政相对人与行政主体之间的关系是在不对等的基础上形成的，这个基本的行政法定理要求行政主体必须谨慎对待，查清行政相对人放弃权利是否基于自觉自愿[②]，并以明示为其表示外观，不能为默示所代替。

3. 异议权的派生性权利

以异议权为原权，以行政决定参加权之内外为分界，异议权所派生的救济型请求权应当包含自力救济型请求权以及公力救济型请求权。

纯粹居于行政决定参加权之内的救济型请求权为抵抗权，其可被视为行政决定形成过程中的自力救济型权利，抵抗权的实施是为了保障农民能够顺利表达其对征地目的与土地状况的异议。行政主体负有法律规定的程序义务，但其在未履行程序义务的情况下继续实施特定行为，行政相对人拒绝服从或合作的权利即抵抗权。[③] 尽管抵抗权的实施可以发生在行政过程的任何环节[④]，但有学者认为公民的抵抗权的范围不应涵盖行政主体所为的违反正当程序原则的行为，如征求意见、说明理由、告知权利等，理由在于：其一，正当程序原则下辖规则过多，内涵宽泛，如一一遭到反抗，则易破坏行政秩序的安定性；其二，如行政机关违背上述规范，后续可寻求行政复议和行政诉讼的救济。上述的两则理由对于异议权来说并不能成立。首先，针对正当程序原则下辖规则泛化的考量，正如上文一再强调，异议权所包含的对土地现状调查结果和合公益性表达异议等权利属于正当程序原则中的核心部分，而非不产生实质损害的程序。[⑤] 其次，针对

---

① 参见杨小君《试论行政作为请求权》，《北方法学》2009年第1期。

② 参见关保英《行政相对人放弃权利研究》，《江汉论坛》2017年第2期。

③ 需要说明的是，此处的抵抗权是狭义解释上的抵抗权，是多数学者所使用的狭义抵抗权，仅仅包含能够在行政过程中不服从乃至抵抗的权利，如杨解君《实施中的“软”“硬”之法：规则的服从与不服从》，《行政法学研究》2012年第4期；肖萍《论行政抵抗权的实现》，《江西社会科学》2012年第11期。而非将知情权、听证权、申请回避权等权利囊括在内的广义的权利束，如谭宗泽《反思与超越：中国语境下行政抵抗权研究》，《行政法学研究》2010年第2期。

④ 参见何海波《公民对行政违法行为的藐视》，《中国法学》2011年第6期。

⑤ 《最高人民法院关于适用〈中华人民共和国行政诉讼法〉的解释》第96条对“重要程序性权利”的解释，在“重要程序性权利”之前加上了“听证、陈述、申辩等”情形描述，侧重于对异议的有效表达，只有微小限度内的超期处理这样的行政行为，才可被视为对程序性权利不产生实质损害的行政行为，（转下页注）

事后救济，在土地征收决定中，本文的第一部分已经证明土地征收决定中针对违法程序提出的行政复议基本陷入了行政机关的循环自证中，大部分行政诉讼以“裁定驳回”为终结。概言之，农民在土地征收决定中的异议权至关重要，且难以获得事后救济，应当赋予农民以抵抗权。

防御请求权、确认请求权和损害填补请求权这三种救济型请求权可能居于行政决定参加权之内①，更多地居于行政决定参加权之外，也就是指农民的这三项请求权既可能向土地征收申请机关提出，也可能向土地征收审批机关提出，抑或是进入司法系统。② 首先，根据防御时机的差别，防御请求权可分为不作为请求权和排除请求权。不作为请求权意指行政相对人要求行政机关消极不为发动妨害其权利的行为，旨在预防权利受到侵害，如农民发现土地征收申请机关向审批机关提交的土地现状调查确认书上的签名为伪造，抑或是行政机关尚未为之，农民已经感受到此种危险，农民可请求行政机关将来不为此种行为；而排除请求权是行政相对人请求行政机关或司法机关积极地排除侵害行为（侵害行为排除请求权）的权利，或除去已经作出的违法干涉行为的现实结果（结果除去请求权）的权利，用以恢复至受侵害前的权利圆满状态，如农民发现土地征收申请机关伪造听证权利放弃书后，即请求行政机关或法院积极除去此违法行为及其结果，使其听证申请权或者听证放弃权恢复到圆满状态。其次，确认请求权是行政相对人请求行政机关对其确认利益进行确认的权利，违法的具体行政行为使行政相对人被迫承受“事实上的负担效果”，因此行政相对人可向行政机关请求确认，也可向法院提起确认之诉，以除去该项负担。确认判决是对被诉行为的合法性之判定，是其他判决的前提。③ 最后，损害赔偿请求权是指，行政机关的违法行为给行政相对人造成损失后行政相对人要求行政机关填补该损失的权利。例如，行政机关实施前述违法行政行为，给被征地农民带来损失，但土地征收已经执行完毕，难以恢复原状，难以靠补正等方式予以补救，或是撤销该行政行为将导致更大的利益损失的情况下，被征地农民可以请求赔偿。

四　以异议权为权源基础的制度构建

异议权的制度构建以行政相对人真实、合法、有效的意思表示为驱动，对公权力

(接上页注⑤)即程序轻微违法。参见陈振宇《行政程序轻微违法的识别与裁判》，《法律适用》2018年第11期。

① 参见王锴《行政法上的请求权体系与功能研究》，《现代法学》2012年第5期。

② 关于指向行政机关的请求权，参见杨小君《试论行政作为请求权》（《北方法学》2009年第1期）、徐以祥《行政法上请求权的理论构造》（《法学研究》2010年第6期）。关于指向法院的请求权，参见程琥《行政法上请求权与行政诉讼原告资格判定》，《法律适用》2018年第11期。

③ 王锴认为给行政相对人带来“事实上的负担效果”的具体行政行为是无效行政行为，作者认为确认之诉不仅包含对无效行政行为的确认，实践中更多的是对违法具体行政行为的诉讼。参见王锴《行政法上的请求权体系与功能研究》，《现代法学》2012年第5期。

系统提出义务供给要求，并以此权利为依据寻求救济。以异议权为权源基础的制度构建，重在以农民权利与公权力机关权力的“链接”为出发点，通过权利的行使撬动公权力的运行，向公权力主体提出义务履行要求。

（一）前提：内部程序外部化

公权力的运行应当受到监督，尤其是对公民权利产生直接影响的行政权力更应当被置于阳光之下。在土地征收决定中，农用地转为建设用地审批程序和土地征收审批程序（下文称为“两审批”）却始终保持神秘，农用地转为建设用地审批程序是将“农业用地”转为“建设用地”的审批程序，旨在改变土地性质或用途；土地征收审批程序是土地从“集体所有”转为“国家所有”的审批程序，其功能是变更土地所有权关系。① 公共利益认定程序是农用地转为建设用地审批程序的任务之一，从《国土资源听证规则》的认定来看，行政机关在具体认定公共利益时应组织听证，以听取权利人对征收目的合公益性的异议，而其却与该程序现有的“内部程序”定位存在矛盾。②

内部程序至少有如下三个特征：(1) 没有行政相对人参与其中；(2) 该程序没有涉及行政相对人的权利和义务；(3) 该程序对行政相对人不产生法效力。③ 以该标准衡量土地征收决定中的“两审批”程序，可以发现，由于审批程序涉及被征地农民的用益物权，且由于土地征收申请行为获批而使被征地农民承担土地交付义务，其改变了被征地农民对土地的权利，因此，“两审批”事实上是牵涉被征地农民的权利义务的程序，不应当以其为“内部程序”为由使其进入行政操作的暗箱之中，应当按照《国土资源听证规则》的思路，将“两审批”行为外部化，为农民参与土地征收决定提供平台。

（二）土地征收决定的程序设计与异议权的行使规则

在“两审批”外部化的前提下，土地征收流程可调整为“征地前评估程序—农地转用审批程序—土地现状调查程序—土地征收审批前置程序—土地征收审批程序”。征地前评估程序的实施主体为土地征收申请机关，其应对征地是否符合法律规定、公共利益需要、土地利用规划等标准进行评估④，评估期间，农民可向土地征收申请机关以

① 参见章剑生《行政征收程序论——以集体土地征收为例》，《东方法学》2009 年第 2 期。

② 参见刘飞、谭达宗《内部行为的外部化及其判断标准》，《行政法学研究》2017 年第 2 期。

③ 参见章剑生《作为担保行政行为合法性的内部行政法》，《法学家》2018 年第 6 期。

④ 需要说明的是，本文的评估不同于《〈中华人民共和国土地管理法〉修正案（草案）》提出的社会稳定风险评估。社会稳定风险评估并非以被征地农民保护为主要目的，其制度外观与精神内核之间的张力使得现代行政程序的诸多构造装置无法发挥令人期许的法定钳制功能，并且以防范信访与群体性事件为核心目标展开，群众动员与维稳的政治蕴涵远远多于法律意味。参考卢超《“社会稳定风险评估”的程序功能与司法判断——以国有土地征收实践为例》，《浙江学刊》2017 年第 1 期。本文提出的评估属于合法性与可行性评估。

口头方式或书面方式提出异议。

由于农用地转用审批程序是公共利益具体认定的表现①，所以可将公共利益认定听证程序置于农地转用审批程序之中。农用地转用决定作出后，土地征收申请机关组织土地现状调查程序，调查结果须经农民签字方可提交，农民如对土地现状调查结果表示异议，可以向土地征收申请机关或土地征收审批机关申请重新调查或要求其重新指派调查机构。其后，土地征收申请机关与农民等利害关系人共同协议协购土地。经历上述程序之后，土地征收审批决定作出前，土地征收审批机关须对征地申请材料进行核查，农民如质疑其异议权遭到扭曲，可以通过向征地审批机关提出异议，启动针对个人的土地现状确认签名、听证权利放弃书的核查程序（见表2）。

表2　土地征收决定运行流程

<table>
<tr><td>土地行政主体</td><td colspan="2">土地征收申请机关</td><td colspan="2">土地征收审批机关</td><td colspan="2">土地征收申请机关</td><td colspan="2">土地征收审批机关</td></tr>
<tr><td>土地征收决定程序</td><td colspan="2">征地前评估程序</td><td colspan="2">农地转用审批程序</td><td>土地现状调查程序</td><td>土地征收审批前置程序</td><td colspan="2">土地征收审批阶段</td></tr>
<tr><td>土地征收决定具体运行程序</td><td>公告</td><td>合法性与可行性评估</td><td>听证程序</td><td>农用地转用决定</td><td>拟征地调查程序</td><td>农民与政府协议协购</td><td>核查土地征收申请材料</td><td>公告</td></tr>
<tr><td>农民异议表达形式</td><td></td><td>口头或书面表达异议</td><td>申请或放弃听证</td><td></td><td>确认或提出异议</td><td>协商</td><td>提出异议</td><td></td></tr>
</table>

土地征收决定运行规则设计以专业化、回应性以及公开化为设计原则。

1. 异议权代理规则

被征地农民限于自身能力与条件，常常难以准确、完整地表达其意图，因而异议（抗辩）代理制的设立就成为一种现实需求。② 从网络搜索记录来看，被征地农民已经萌发了权利保护意识，并开始积极寻求律师等专业人员的帮助。专业人士代农民行使异议权，能够提高行政机关与农民的辩论质量、降低沟通成本。我国在异议权代理方面已经有了尝试，如《行政处罚法》第42条规定，当事人可委托1～2人代理听证。

2. 反馈规则

为使农民的异议（输入）与行政机关的反馈（输出）形成相互对应的“闭环式”结构，应建立反馈机制对农民的诉求予以回应。反馈机制分为两种：一种是说明理由模式，这种方式针对的是须阐明征地目的的异议，面向公众利益，一般采取归类方式进行回应；另一种是一对一模式，主要针对土地现状调查情况的异议，此类异议仅与提出异议的农民个体利益相关，因此必须使用一对一式反馈，既可以公告形式进行说

① 参见高飞《集体土地征收程序的法理反思与制度重构》，《云南社会科学》2018年第1期。

② 参见吕尚敏《行政相对人的抗辩困境与出路》，《河南社会科学》2010年第6期。

明，也可单独反馈给农民个体，但不能如前述模式采取归类模式予以应答。

3. 公开规则

就公开内容而言，不仅应当公开征收范围、土地现状、征收目的、补偿标准等《土地管理法修正案（草案）》业已提出的内容，还应包含征地流程、申明农民的异议权，在公告上指明农民理性表达异议的法定途径、方式与期限，以及农民如何行使其抵抗权。此外，土地征收程序中的土地现状调查结果也应当公开，有利于确认和村民之间相互监督，防止土地调查中有失公平和客观的现象出现。就公开范围而言，土地征收决定的公开不应局限于村组范围，还应当在社会范围内公开，吸纳社会公众为监督主体。就公开介质而言，不仅在拟征收土地所在的乡（镇）和村、村民小组范围内张贴纸质公告，而且应当在土地行政机关网站上进行公告，这也能使公告的及时性有据可查。而且，在公众自发建立并依赖基层群众网络社群治理的当下，政府执政应当将“集即时通信功能、展示功能、娱乐功能、社交功能于一身的自媒体”纳为重要治理工具。[①] 积极尝试使用政务微博与政务微信公众号等已经较为成熟的平台进行土地征收信息公开，微博公开有利于将拟征土地范围外的公众吸引至微博平台上进行公开评论，成为拟征地农民的智囊团，政务微信公众号有利于公告的精准化投放，将公告信息精准推送给拟征地农民等主体，设置“已读回执”，运用技术实现精准送达，实现即时沟通与反馈。

4. 档案查阅规则

被征地农民向行政机关提出异议，多为口头抗辩，由于口头抗辩的即时性等特征，该异议提出及反馈的记录，应采用执法记录仪进行保留。土地征收过程中矛盾突出而尖锐，事后裁判需要更充足、更客观的现场执法证据，因此亟须电子记录保留证据。由于土地现状调查结果的确认以及听证权利放弃书需要被征地农民签字，因此，土地征收过程中产生的纸质档案也应当成为可供查询的对象。

5. 抵抗与救济规则

为了应对实践中屡次出现的土地行政机关未经任何程序即拆迁农民房屋、强行征收土地的情况，应赋予农民抵抗权以对抗行政机关征收土地中的非法行为。抵抗权的实施应当尽量选择较为柔和的方式，总体上，农民能够消极违抗的就不采取积极抵抗的方式，在积极抵抗中，如能用言词拒绝的就不应诉诸肢体，可以用肢体抵抗的就不应诉诸器械。[②] 农民作出口头抵抗、沉默抵抗或防御等行为前后，应当同时或者立即要求行政机关启动异议权的救济机制。在行政系统内，农民可向土地行政机关提出行政

① 参见王栋《基层群众网络社群自治：现状、困境和突破》，《电子政务》2018 年第 12 期。

② 参见何海波《公民对行政违法行为的藐视》，《中国法学》2011 年第 6 期。

调解、监察、督查、信访、复议申请[①]；在司法系统中，农民可以提起诉讼；在监察系统中，农民可向监察委员会进行举报。

异议权的救济逻辑，应当遵循效率原则，农民应优先选择直接与土地行政机关进行沟通，拒绝配合行政行为，并要求启动听证会或确认程序；如遇到阻碍，则可以信访作为争议解决入口，利用其疏导职能，与上述两级机关进行沟通，而后以行政系统内部的行政调解、土地监察和土地督查为主要的纠纷解决方式，向土地部门所属政府或上级机关请求裁断和救济；如争议仍未化解，则可将纠纷沉淀至行政复议途径，在行政复议系统中，为了避免前述循环自证的情况，应当尽快推广行政复议委员会试点。

从行政系统到司法系统的异议权救济，须澄清土地征收决定不可能是终裁行为，“我们既无法从行政复议法第 30 条第 2 款的原意中获知这一判断，同时这一类推解释性质的判断也并不符合终裁行为的本质属性和设定法则”[②]，理论上的澄清需要实务机关加以实践证明，以摆脱救济系统间的阻碍。疏通行政复议到行政诉讼的障碍后，农民可采取诉讼方式救济异议权。异议权救济在救济型请求权的类型上应当有所发展，法院不应以“裁定驳回”的单一判决类型保护行政机关免遭败诉判决的影响，而应依照递进式的救济逻辑——不作为请求权（第一层保护）、侵害行为排除请求权或确认请求权（第二层保护）、结果除去请求权（第三层保护）、损害填补请求权（第四层保护）[③]，作出确认行政机关侵犯农民异议权的判决、撤销判决、变更判决、履行判决、撤销并责令补救判决、确认违法并责令赔偿判决等，以多样化的司法判决类型保护农民的异议权。

此外，被征地农民参与土地征收决定的过程中，其异议权等权利受到侵蚀时，可以启动国家监察机器，开启对行政程序的监察。监察机关依法对违法公职人员作出政务处分决定，对履职不力、失职失责的领导人员进行问责。

（三）异议权的法律规范模式

在异议权的法律规范重构之时，应当以权利实现与保护为导向，分别从法律层级以及规范模式两个方面对其进行规范上的重构。就法律位阶选择而言，相关规则应选择法律层级及行政法规层级。法律文本皆应以“基础规范 + 辅助规范 + 对立规范”为权利规范模式。

关于异议权的基础规范，可将前文所述运行流程与运行机制有机地置于土地管理

---

① 为了因应行政系统内部的监督需要，在国家监察体制改革后，我国部分基层行政机关对土地监察职能部门作出了改革，如深圳市罗湖区规划土地监察局等。

② 熊樟林：《土地征收决定不是终裁行为——以行政复议法第 30 条第 2 款为中心》，《法学研究》2017 年第 3 期。

③ 参见王锴《行政法上请求权的体系及功能研究》，《现代法学》2012 年第 5 期。

类法律和行政法规之中。在法律层级，未来可将基础规范拟定为“市、县人民政府拟申请征收土地的，应当开展拟征收土地现状调查，并将征收范围、征收流程、土地现状、征收目的、补偿标准、安置方式和社会保障等内容在拟征收土地所在的乡（镇）和村、村民小组范围内以及政府网站等平台上进行公告，并公告被征收人依法享有的权利。被征地的农村集体经济组织及其成员、村民委员会和其他利害关系人有权进行抗辩，行政机关必须充分听取上述利害关系人的意见，核查其提出的事实、理由和证据，经核查，证实上述事实、理由或者证据成立的，行政机关应当采纳”。在行政法规层级，基础规范可拟为“市、县人民政府开展拟征收土地现状调查须经被征地农村集体经济组织和农户确认。征地依法报批前，国土资源部门应告知被征地农村集体经济组织和农户，对拟征土地的征收目的、补偿标准、安置途径等事项有申请听证的权利”。

辅助规范应当紧随基础规范之后，规定：“土地征收行政机关在作出土地征收决定之前，不依照规定告知被征地农村集体经济组织及其成员、村民委员会和其他利害关系人土地征收的事实、理由和依据，或者拒绝听取当事人的抗辩，土地现状调查结果未经被征地农村集体经济组织和农户确认的，土地征收决定不能成立。”该辅助规范申明行政机关侵犯行政相对人的行政决定参加请求权之法律效果，即土地征收决定不成立。关于异议权的对立规范，可设置为“被征地的农村集体经济组织及其成员、村民委员会和其他利害关系人以书面形式放弃陈述、申辩或听证权利的除外”，据此，行政机关可阻碍农民的抗辩和听证的法律效果发生。需要说明的是，对立规范的建立是农民不能参加土地征收决定的唯一原因，如出现行政机关伪造农民放弃权利的文件情况，或农民在作出放弃听证权利书时受到行政机关的欺诈和胁迫，造成农民的内心意思与外观行为不一致，从伪造的行为外观上无法推知农民真实的意思，应适用异议权的辅助规范，判定土地征收决定程序违法。

结　论

当前《土地管理法修正案（草案）》第 47 条赋予农民表达意见的权利，并增设社会稳定风险评估制度。表达意见的权源是陈述权，与异议权有本质上的差别，无法满足农民的真实需求，更难以言及将农民的意思融入行政决策之中。社会稳定风险评估制度系服务于行政机关的维稳目的，其加入为农民在土地征收决定中安装了新的消音器，农民表达异议的空间不断限缩，令人担忧。因此，在行政过程与行政法学研究中引入意思表示理论，使农民以异议权为基础，向公权力主体提出义务供给要求，有利于拓展民主空间，维护自身合法权益，符合行政法治从行政主体作为单一主体作出行政行为的单方型行政过渡到行政相对人介入行政行为的复合型行政的发展趋势。农民在救济其异议权的过程中，是否应当停止执行土地征收，哪些救济途径可以停止执行，哪些不适合，停止执行与不停止执行机制在各个救济规则中如何安置，是下一步需要解决的问题。

城市存量规划视角下公众参与的功能重塑与路径优化*

马　勇**

摘　要： 随着城市发展由“增量时代”进入“存量时代”，城市规划的更改必然会引发大量分散的私有业主及利益相关者之间的冲突，故必须借助公众参与机制来寻求共识、弥合分歧。但是，我国的城乡规划法对公众参与的相关规定非常笼统，在制度落实中存在明显的机制运行不畅问题，导致相关公众难以通过正常渠道影响规划决策。因此有必要深入检讨当前公众参与城市规划的不足，保障相关公众的组织化参与、完善社区规划的相关立法、明确听证会的法律效力、强化人民代表大会的监督权，建立健全决策权、执行权、监督权既相互制约又相互协调的城市规划运行机制。

关键词： 公众参与；存量规划；听证会；利益平衡

从1978年到2018年改革开放40年来，我国的城镇化率从17.92%迅速上升到59.58%，大量的农村土地转变成为城市土地。① 在此新城新区遍地开花的过程中，城市规划很大程度上是在一张白纸上作画，公权力的意志处于绝对的主导地位。然而，这种大拆大建式的城市增量发展模式也存在农业用地流失严重、建设用地使用率低下等问题。《深圳市城市总体规划（2007—2020）》是我国第一个以存量为主的城市规划。这部规划编制的背景是深圳市在经历了超常规的快速发展后，率先遭遇严重的土地和空间瓶颈约束，不得不转向提升存量土地利用效率的发展模式。《上海市城市总体规划（2017—2035年）》更是提出“坚持规划建设用地总规模负增长”的边界约束目的，对城市建设用地采取“严控增量、挖潜存量”的管制立场，成为“逆生长”的城市存量规划。十九大报告明确指出要“完成生态保护红线、永久基本农田、城镇开发边界三条控制线划定工作”。在此大背景下，原来单纯依赖增量土地进行城市发展扩张的模式难以为继，以严格控制城市边界为前提的存量规划时代已然来临。然而，我国城乡规划法赋予公众参与城市规划的相关规定非常笼统，在各地的落实中存在明显的机制运行不畅问题。这导致相关公众难以通过正常渠道影响规划决策，在维权策略上往往选

* 本文系2016年度重庆市社会科学规划项目“规划管理视域下重庆市土地储备制度的反思与重构”（2016QNFX47）的阶段性成果。

** 马勇，西南政法大学教师，中国农村经济法制创新研究中心研究人员，法学博士。

① 参见国家统计局《中华人民共和国2018年国民经济和社会发展统计公报》，《人民日报》2019年3月1日，第10版。

择正式制度渠道以外的群体压力来倒逼政府撤回对他们不利的规划方案，阻碍了城市的有机更新。在城市存量规划时代，有必要深入检讨当前公众参与城市规划的不足以及探寻完善路径，以便为公众利益的表达和协调提供规范化的制度渠道。

一　从增量规划到存量规划：公众参与的演进规律

（一）城市规划的增量与存量之维

城市规划是城市建设的龙头，不同的城市发展模式下城市规划的内涵也大不相同。多年来，地方政府主要依靠不断扩大城市边界，通过低价征收、高价出让的方式大搞新城新区建设，城市规划的主要任务是打造“增量”。这种主要面向新增建设用地，同时土地上没有他人产权负担的城市规划，亦被称为“增量规划”。其主要特点是产权单一，基本由政府主导，规划内容充分体现了城市管理者的意志。

与之相对，主要针对城市存量土地的规划则被称为“存量规划”。其目的并非扩大城市范围，而是着眼于通过提升城市建成区内的低效建设用地来实现城市更新，注重城市建成环境的综合容量对于城市发展的承载以及城市问题不断地通过空间优化予以解决的方法和路径。① 尤其是通过城市规划来对旧工业区、旧商业区、旧住宅区、城中村及旧屋村的综合整治、功能改变或者拆除重建等。② 与增量规划不同，城市存量规划面对的土地存在产权分散、利益关系复杂等情况，因此实施难度大。当然，城市规划通常需要同时应对“存量发展”和“增量发展”带来的问题，本文对二者分类的基础是城市土地的主要开发模式。详言之，城市“增量规划”对应的是将农地先国有化再市场化的城市开发模式；“存量规划”则对应的是在严格限定城市新增建设用地的前提下，通过城市点滴更新的方式提升旧城的土地利用效率。

（二）公众参与的阶梯式发展

1969年，美国规划学者阿恩斯坦在美国规划师协会杂志上发表了著名论文《市民参与的阶梯》。③ 她认为公众参与本质上是一种市民权力，其功能在于将被政治和经济过程排斥在外的无权者，通过权力的再分配纳入未来的规划中，从而影响信息的共享、政策目标的设定、税负的分配、项目的实施方式，以分享社会发展的红利，促进社会

---

① 参见王世福、沈爽婷《从“三旧改造”到城市更新——广州市成立城市更新局之思考》，《城市规划学刊》2015年第3期。

② 参见耿卓、于凤瑞《我国城市更新中的用益物权确权问题研究》，《西南民族大学学报》（人文社会科学版）2019年第1期。

③ 参见 Sherry R. Arnstein，“A Ladder of Citizen Participation”，*Journal of the American Institute of Planners*，Vol. 35，No. 4，1969，pp. 216－224。中译文可参见〔美〕阿恩斯坦《公民参与的阶梯》，载贾西津主编《中国公民参与：案例与模式》，社会科学文献出版社，2008，第245～262页。笔者认为，此文译为《市民参与的阶梯》，更为贴切。

的重大改革。以美国为样本，这种市民权力在规划过程中体现为三个层次：最高层次是“市民控制性参与”，参与者在知情权得到保障的情况下，全程参与城市规划建设，与政府共同决策；第二个层次是“象征性参与”，公民虽然有权参与，但是最后决策权仍然在于政府①；第三个层次是“无参与”模式，政府通过公民参与的形式达到训导或者安抚的目的。依照这一理论，公众参与是利益相关人解决公共利益分配的一种程序和途径，是城市发展到一定阶段后的规律性要求。当代西方规划的公众参与大致呈现出从“象征性参与”到“市民控制性参与”的发展图景（见图 1）。

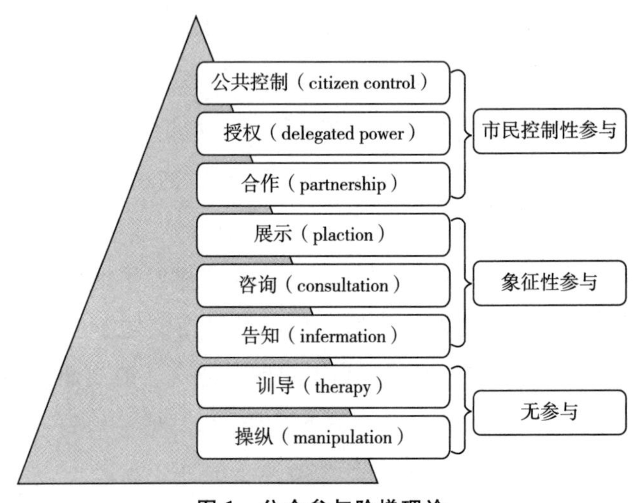

图 1　公众参与阶梯理论

从各国的实际经验来看，城市规划从“增量发展”到“存量提升”，公众参与的内在动因也逐渐增强，相关法律制度也呈现出“无参与→象征性参与→市民控制性参与”的演化轨迹。现代意义的城市规划的雏形诞生于 19 世纪的英国。当时因为工业化和城市化的发展，卫生和住房问题成为社会关注的焦点，于是通过立法对城市建设进行有目的的管制成了重要的政策工具。二战后，英国政府在 1947 年颁布了《城乡规划法》（Town and Country Planning Act, 1947）。该法首次规定编制规划需要有一定形式的公众参与，并设立规划委员会体制，将其会议向公众开放。但此时的规划更加强调规划师的专业性，公众参与更多是征询意见。② 1965 年英国政府的“规划咨询小组”（the Planning Advisory Group）发布研究报告《发展规划的未来》，提出“公众应该全程参与规划”的理念，认为规划体制应当同时兼顾规划政策和公众参与城市规划两项宗旨。1968 年，修订后的英国《城乡规划法》要求地方规划机构在编制地方规划时，必须向公众提供评议或质疑的机会，使公众参与有了更好的制度保障。在德国，1970 年

① 象征性参与中，又可以由弱到强分为“知情”、“咨询”和“纳谏”三个等级。

② 参见张京祥《西方城市规划思想史纲》，东南大学出版社，2005，第 203 页。

代末的柏林克罗伊茨贝格（Kreuzberg）地区爆发了著名的居民反对政府更新规划的大规模抗议行动后，德国城市更新工作者开始思考通过公众参与的方式改善目前的社会状况，并于 1985 年前后出台了“谨慎的城市发展手段的 12 项指导原则”，正式将公众参与机制纳入城市更新的法规之中。1996 年，为应对城市萎缩产生的种种问题，德国联邦政府启动了“社会城市”（Soziale Stadt）计划，鼓励所有机构和利益相关群体开展合作，并动员社区中的居民共同参与城市和社区更新。① 在美国，公众参与很大程度上源于联邦政府要求市民参与政府对地方项目投资经费开支的决策。“为了保证公众参与的力度，联邦政府将公众参与的程度作为投资的重要依据，并制定了相应的法规。从 1956 年的联邦高速公路法案，到 70 年代的环境法规，再到 90 年代的新联邦交通法，对公众参与城市规划的程度、内容进行了不断深化。”②

综上而言，有效的公众参与的前提条件是存在与规划内容相联系的利益相关者。在增量规划下，城市如何建设其实是缺乏利益相关的一般公众的。因为增量规划的实施，主要是通过征收农村集体土地，将其变成没有产权负担的“净地”。这种情况下，与“净地”利害关系最紧密的主要是城市的管理者和项目的投资者。正因如此，城市的增量规划很大程度上实行的是地方政府与开发商二元化的决策模式。③ 缺少了利益相关者的公众参与是缺乏内在驱动的，他们既“不欲”参与也“不能”参与。这也就意味着，为了满足《城乡规划法》要求组织编制机关必须征求专家和公众意见的程序性要求，公众的参与只能是被动员的象征性参与。但是随着城市更新成为时代的新命题，城市规划着眼于城市建成区的效益提升（存量发展），不得不直面分散在不同主体名下的各式产权。这也就意味着规划的变更必然会影响到大量的利益相关者，引发利益冲突和社会矛盾。公众参与机制是解决这种冲突与矛盾的重要制度工具。

二 城市规划中公众参与的制度反思

（一）城市规划体制的封闭化

1978 年以前，城市规划在我国只是一种纯粹的政府行为，公众无法过问。“城乡规划被认为是一个技术问题，参与其中的主要是政府部门和相关的技术人员，社会和公众基本处于事后被告知的地位。”④ 2008 年实施的《城乡规划法》虽然对公众参与进行

① 参见李斌等《城市更新中公众参与模式研究》，《建筑学报》2012 年第 8 期。

② 陈志诚等：《国外城市规划公众参与及借鉴》，《城市问题》2003 年第 5 期。

③ 但是，这种城市发展模式也造成了城市规划过度商业化、资源浪费严重和地方债务膨胀。参见马勇《集体经营性建设用地入市背景下土地储备范围的收缩》，载刘云生主编《中国不动产法研究》第 17 卷，法律出版社，2018。

④ 全国人大常委会法制工作委员会经济法室等编《中华人民共和国城乡规划法解说》，知识产权出版社，2008，第 35 ~ 36 页。

了明确赋权，但由于我国城市规划体制仍然沿用计划经济时代以来的一套自上而下的封闭式审批模式，政府处于绝对主导和独自决策的地位，不同意见仍然很难实质性地影响到规划的最终结果。

具体而言，城市规划是市政府或者规划管理部门委托规划设计部门编制的。“规划管理部门提设计要求，建筑部门做方案，交规划管理部门初审，最后由分管城市建设的副市长审定并付诸实施。从规划的编制到实施，自始至终仅是少数几个规划设计人员作为技术权威和少数领导作为政府权威的事。”① 尽管从理论上说，城市规划师的专业性判断和设计方案既可以发挥其专业优势，又可以制约管理者滥用权力。但实际上，城市规划师真实的角色从来不是设计师，而是咨询师，并以获取“甲方”的酬金立足于市场。正因如此，规划师基本上是单方面地服务于政府，同时兼顾开发商的市场需要。就我国的现实情况来看，没有任何一座城市完全是规划师设计的。“换一届领导、改一次规划”，规划的专业性往往不受尊重，甚至被随意支使。正如曾担任住建部副部长的仇保兴先生指出的那样：“规划常常受到长官意志的影响，领导说变就变。规划的实施性很差，不过是图上画画、墙上挂挂，过几年谁都忘记了。”②

这种封闭的城市管理方式，造成规划工作具有很强的内向型特征，向上级交代和负责是第一位的。城市规划的目标过度重视政绩指标，经济效益往往被优先考虑。一些地方政府在制定城市规划时为了尽可能多地获得土地出让收入，无视生态环境的长远利益，甚至不断压缩教育、消防、绿地等城市公共空间。2017年底，中央第四环境保护督察组在对海南省开展环境保护督察后指出：“一些市县重经济发展、轻环境保护，热衷于搞‘短平快’的速效政绩工程，财政过分依赖房地产，房地产企业指到哪儿，政府规划跟到哪儿，鼓了钱袋、毁了生态。”③ 这种情况造成社会公众多元化的价值追求难以进入规划决策过程，社会公平的问题未能得到充分重视。与此相对应的情况则是，公众参与停留在消极性的、象征性的层面上。

（二）公众参与的渠道不畅通

第一，在城市规划的编制阶段，公众参与门槛过高，知情权缺乏实质保障。公众参与城市规划的前提是能够了解规划的内容，这就需要公众的知情权有相应的配套举措来真正予以落实。当前，政府公布的城市规划草案，主要内容都是以高度技术性的文本和图示来表达，无专业基础的普罗大众只能知晓经过美化处理的效果图，至于具体内容则如读天书。如果连规划的内容是什么都不知道，就更遑论参与城市规划了。

---

① 邵任薇：《中国城市管理中的公众参与》，《现代城市研究》2003年第2期。

② 仇保兴：《按照五个统筹要求强化城镇体系规划的地位和作用》，《城市发展研究》2004年第1期。

③ 任明超：《海南172条整改措施落实中央环保督查要求》，《中国青年报》2018年5月30日，第5版。

第二，《城乡规划法》更多强调的是城乡规划在制定和修改中必须依法公示，但对于公众如何真正参与规划决策缺乏制度渠道和配套措施。即使是各地方出台的实施办法，对于公众参与也停留于价值宣示的层面，普遍缺乏可操作实施的具体措施。《城乡规划法》第 26 条第 1 款规定："城乡规划报送审批前，组织编制机关应当依法将城乡规划草案予以公告，并采取论证会、听证会或者其他方式征求专家和公众的意见。"但是现实中，规划部门大多是通过网站或展览馆发布规划方案来征询意见（即"其他方式"），很少采用"听证会"的方式。即使在城市规划听证会中，为了满足法定要求，行政机关选择性挑选和邀请代表现象也较为普遍。这都表明规划部门收集公众意见方式基本上是单向的，不足以自下而上地表达公众利益需求。[①] 而且城乡规划到了报送审批的阶段再予以公开，基本上已是"生米煮成熟饭"，公众即便有反对意见也很难对最终结果有实质性改变。

第三，由于公众参与的制度渠道不通畅，有较强利害关系的公众亦经常被排除在规划决策过程之外，往往只能以对抗的姿态推动规划决策纳入社区居民意志、实现参与影响。[②] 如果公众不能主动参与，只是消极地接受规划的制度性安排，他们就很容易将自己与他人简化成受害者与受益者，然后在这种简单的标签化思维中把自己的立场变得"非黑即白"。而这样的简化，同时把公众意见的正常表达扭曲成了表态式的混乱。这种表态式的参与也隐藏着某种危险，因为它孕育着一个烦躁不安的公共空间，并且呈现出每个人追逐自身利益最大化的单一维度。人们急于表态，却听不进无用的意见，公共参与的内涵和理性也在此过程中流失殆尽了。

三　城市存量规划下公众参与的功能重塑

（一）城市规划的正当性基础：技术理性与价值理性

城市规划既是政府进行空间治理的依据，也是对城市空间利益的权威分配和对不动产权能的具体界定，其通过城市管理辐射到以空间为载体的一切社会经济活动之中。城市规划一旦依法公布生效，便会具有许可效果和形成效果。在许可效果上，此后的建设活动必须满足规划要求方能得到批准；在形成效果上，因城市规划的制定与实施具有利害关系的不特定相对方，其与政府的公法关系因此被单方面地确定。[③] 但是，如若城市规划的决策不当，必然会造成巨大的社会经济损失。正因如此，这种权力本身

---

① 参见陈晓勤《邻避问题中的利益失衡及其治理》，《法学杂志》2016 年第 12 期。

② 参见王顺等《城市邻避设施规划决策的公众参与研究——基于参与兴趣、介入时机和行动尺度的分析》，《城市发展研究》2015 年第 7 期。

③ 参见翁岳生主编《行政法学》（上册），中国法制出版社，2009，第 779 页。

的正当性就非常值得关注。

权力的正当性是法学关注的核心问题，即权力的行使者能否为其行为提供合理的依据。“只是出于对权力的服从，这样的统治便至多只有合法性（legality）而不具备长治久安之保障的正当性（legitimacy）。”[①] 城市增量规划的主要任务是在政府组织之下通过规划师的专业技术来设计和新建城市，其决策的正当性基础主要源自规划专家所掌握的技术理性。然而专家的技术理性本身也存在很大的局限性，不少优秀的城市设计也饱受社会争议。[②] 但是，在以建造新城为主要目标的增量规划中，具有利害关系的市民大众尚未出现，公众参与不过是镜花水月，自然只能处于无参与或者象征性参与阶段。因此，虽然专家的技术理性本身也存在缺陷，但公众在无法有效地参与前提下，也只能更多地倚重专家的话语权来制约公权力的滥用。

着眼于城市更新的存量规划面对的情况则大不相同。由于居民及企业私有物业大量出现，规划的变动往往牵一发而动全身，必然会影响既有的财产利益分配格局。与此同时，市民生活不断衍生对公共空间的需求，这种非财产性的空间利益也是公众参与的重要基础。[③] 这就要求城市规划应当推动基本设施建设，有意识地取向于公益并负有形成符合社会正义的生活关系。城市规划如果不能从市民的经验、情感、思想和行动出发，则必然会遭遇他们的抵制，造成规划的失败。[④] 归根结底，空间规划本质上是一种取向于价值选择的公共政策，规划技术则不过是实现这些目的的工具。城市规划“不应该只是政治家的政治抱负，也不完全是规划师的技术理想，寻求最大公约数才是规划的基本逻辑，应该把社会接受程度作为衡量规划优劣的重要依据”。[⑤]

（二）公众参与城市规划的制度机能

公共参与本质上是一种协商民主的实践方式，即通过政府机构和社会公众的对话交流，达成城市更新的公私合作。其主要功能在于通过民主化的方式，增强城市规划的价值正当性，同时提升行政过程中的专家理性，使过分集中的行政权力“回归”大众。

首先，公众参与可以提升城市规划的民主性。《宪法》第 2 条第 3 款规定：“人民依照法律规定，通过各种途径和形式，管理国家事务，管理经济和文化事业，管理社

---

① 吴冠军：《正当性与合法性之三岔路口——韦伯、哈贝马斯、凯尔森与施米特》，载许章润主编《清华法学》第 5 辑，清华大学出版社，2005，第 47 页。

② 巴西首都巴西利亚就是一个典型的例子。这座城市完整地体现了拉美建筑大师尼迈耶与科斯塔的设计方案，并且因卓越的设计入列“世界文化遗产”。但是，这座处处彰显着理性和秩序的城市，过分强调功能分区和设计性，并不宜居。无论是低收入者还是高收入者，很多人宁可住城市边缘的贫民窟或在郊区另外建造别墅，以致造成了严重的郊区化问题。

③ 参见朱芒《论城市规划听证会中的市民参与基础》，《法商研究》2004 年第 3 期。

④ 相关研究可参见〔加拿大〕简·雅各布斯《美国大城市的生与死》，金衡山译，译林出版社，2010；〔美〕兰德尔·奥图尔《规划为什么会失败》，王演兵译，上海三联书店，2016。

⑤ 石楠：《“人居三”、〈新城市议程〉及其对我国的启示》，《城市规划》2017 年第 1 期。

会事务。”城乡管理作为政府重要的公共行政职能，涉及城乡居民的日常生活和切身利益，公众参与空间规划决策的制定、实施和监督应得到法律保障。如其不然，将会堵塞各种具体利益的表达机制，城市规划也容易脱离公众的需求。因此，公众参与不仅对保障城市规划的民主性具有实质意义，而且对制约公共权力和保证政策满足公共利益具有程序性意义。

其次，公众参与有助于提升城市规划的科学性。一方面，缺乏公众参与容易导致规划决策权的过分集中，从而使得专家难以独立地发表专业意见，成为利益团队的寻租对象，甚至成为行政官僚推行非理性社会政策的盾牌。① 另一方面，城市规划“是在一个具有市场理性的经济体系内运作……分歧和冲突的产生不是因为非理性，而是因为不同的利益主体都在各自理性地寻求其不同的目标”。② 缺乏了公众的有效参与，没有对规划知识的检讨和纠错机制，规划师的个人有限理性很容易陷入致命的专家自负。毕竟城市规划面对的是未来，必然是想象力的作品，不可能避免和现实需要相脱节的可能性。不同的利益主体都带着自己的愿景以及个别性知识参与进来，有助于使规划的错误降到最低，同时打开封闭式的政府 - 专家二元决策体系。因此，城市规划应当建立适当的机制，使利益相关者能够影响资源配置，实现对自身权益的追求，同时关注公共利益的实现。③

最后，公众参与有助于达成官民共识，避免社会冲突。公众参与是不同群体的利益得以提出、比较和协调的汇集平台，有助于避免缺乏社会认同造成的官民对立。公众的参与可以汇集不同的诉求，形成公共利益的表达机制，将公众在专业、社会和市场三个层面的零碎的个体知识进行有机融合。城市规划制定中如果缺少了公众参与，就容易产生“共识断裂”，埋下社会冲突的隐患。如果相关公众的权利得不到尊重，诉求得不到满足，其意见也得不到制度化的表达，便容易简单地把自己等同于受害者，通过阻碍城市规划的方式进行维权。比如 2007 年开始在厦门等地引发极大争议的 PX 项目，2012 年在什邡爆发的反对钼铜项目，2014 年杭州余杭居民抗议规划中的垃圾焚烧发电厂，等等。2018 年，辽宁省朝阳市等五地因为群众强烈反对，取消了五处氧化铝项目。④

综上，唯有公众参与的制度化，才能保障城市规划目的的公共性，提升规划技术

① 参见王锡锌、章永乐《专家、大众与知识的运用——行政规则制定过程的一个分析框架》，《中国社会科学》2003 年第 3 期。

② 〔英〕巴里 · 卡林沃思、文森特 · 纳丁：《英国城乡规划》，东南大学出版社，2011，第 1 页。该书作为经典教材，自 1964 年出版以来，已再版 14 次，对英国城乡规划的原理作了非常精辟的阐释。

③ 参见赵光勇《参与式治理的实践、影响变量与应用限度》，《甘肃行政学院学报》2015 年第 2 期。

④ 参见黄晏浩、杨睿《因环保民意反对 辽宁五市叫停氧化铝项目》，财新网，http：//science. caixin. com/2018 - 08 - 06/101312212. html，最后访问日期：2019 年 8 月 6 日。

的科学性，避免官民冲突，为行政决策合法性提供坚实的支撑，由此形成“共建共治共享”的城市治理格局。

（三）公众参与城市规划的限度

美国行政法学者杰瑞·马肖对行政过程中的大众参与的研究结论表明，过度的大众参与并不能带来行政的理性，对于利益当事人自己也未必有利。[①] 对于城市规划而言，公众参与并非解决所有社会矛盾的万灵丹，亦有其自身固有的功能局限。唯有充分知悉公众参与的局限性，才能在制度设计上更好地权衡利弊，避免浪漫主义的制度幻想。公众参与城市规划的局限性主要体现在以下三个方面。

第一，参与者的局限性。对于一项公共政策而言，唯有利益相关者才能进行有效的参与。这也是城市增量规划中，公众参与机制难以有效运行的根本原因。事实上，大部分市民对于城市发展战略等宏观问题并不感兴趣，只会在影响其切身利益的情况下参与到规划过程中。越是与切身利益相关，公众的参与性就越高，比如门前修一条马路、周边建垃圾焚烧厂等。因此公众参与应当重点放在公共设施建设等与大众利益密切相关的民生问题上，并且是比较微观的部分。总之，越是宏观的规划，公众参与的实质性意义就越小；越是微观的规划，越离不开利益相关者的参与。

第二，公共理性的局限性。公众参与城市规划的主要出发点是如何增进其个体利益，但由于不同群体的共同利益日趋划分，能否理性地达成共识亦存在很大的不确定性。以老旧小区加装电梯为例，因为不同楼层的住户有着不同的利益诉求，以至于很难在相关住户中达成共识。许多地方政府虽有心推动这一民生工程，但因居民矛盾的复杂性而作罢。由此可见，相关公众由于缺乏一致性的利益诉求，达成决策共识的成本很高。

第三，公众决策的局限性。公众参与本质上是空间问题的一种民主化解决办法，“公众参与本身，并不能保证集体利益的最大化。好的制度，有时反而是对公众参与依赖最少的制度”。[②] 全民公投显然不是选择最佳城市规划的有效办法，较好的办法是“大众无需‘行动’，只需针对政治精英所提出的政策动议或决策做出‘反应’”。[③] 城市规划本质上是对以空间为平台的相关公共资源的行政化配置。公共资源必会有利益博弈，公众参与的意义就在于确认这些利益相关方的不同需求，由行政机关来尽力协调，在无法协调的情况下居中作出裁量，然后通过规划设计来安放经济、社会和环境

① 参见 Jerry Mashaw，“Administrative Due Process：The Quest for a Dignitary Theory”，61 *B. U. L Rev.*，1981，p. 885。

② 赵燕菁：《公众参与：概念 · 悖论 · 出路》，《北京规划建设》2015 年第 5 期。

③ 王锡锌：《公众参与：参与式民主的理论想象及制度实践》，《政治与法律》2008 年第 6 期。

方面的重要价值。总之，公众参与的制度完善必须同政府组织、专家领衔的原则有机衔接，才能够真正发挥其在城市存量规划时代的积极作用。

四 城市规划中公众参与的路径优化

（一）保障公众的组织化参与

由于城市管理体制的限制以及我国社区组织发展迟缓，现阶段公众参与的主要方式体现为街道办及其辖区内的有关单位和居委会代表作为基层公众角色参与城市规划的制定。但是这种参与方式很容易变成走过场，因为参与者往往被人为选定，而不是基于真实的参与需求。

从参与需求来看，相关公众主要包括两种情况。其一是规划所涉及的财产性权利人，尤其是不动产的业主。"对城市的空间拥有财产权的人希望在城市规划制度的形成过程中能获得表达意志的机会，以此实现这种权利的内涵。"① 其二是规划所涉及的公共利益的不特定公众。对于前一种情况，个人的参与意愿非常强烈，规划的变动与其财产权益存在直接关系。对于后一种情况，个人的参与非常困难，需要依托社会公益组织才能发挥其影响力。因为"一些行政决定充满着如此技术性和复杂性的问题，受到影响的公民需要克服很多的困难和花费许多时间才能理解作出决定的过程，更不用说参与决定作出的过程了"。② 但恰恰是这种意义上的公众参与，对促进社会公共利益、维护环境利益具有重要作用，尤为需要制度上的支持。

"地方政府和市民组织的网络应该形成它们自己的战略同盟，以避免允许有权力者进行'分配和统治'的'群体'分化。只有通过集体的行动才能使公民对未来城市的景观产生影响。"③ 在城乡规划制度较为成熟的英国和美国，公众以个人身份参与规划并不是主流，更多的时候是通过发达的社会组织参与规划，比如各种环保组织、历史文化保护组织、动物保护组织、社区组织及专门基金会。我国的公众参与制度也应当为合法成立的社会组织提供入口，允许公众在法律框架下"组团"参与规划的编制，实现"自下而上"的公众参与。上下对接，可以实现政府治理和社会调节、居民自治的良性互动。

（二）完善社区规划相关立法

如前所述，公众对于城市规划的参与兴趣主要源自自身的利益连接。从这个角度

① 朱芒：《论我国目前公众参与的制度空间——以城市规划听证会为对象的粗略分析》，《中国法学》2004 年第 3 期。

② 〔美〕乔治 · 弗雷德里克森：《公共行政的精神》，张成福等译，中国人民大学出版社，2003，第 97 页。

③ 〔英〕安东尼 · 吉登斯、菲利普 · 萨顿：《社会学》（上）（第 7 版），赵旭东等译，北京大学出版社，2015，第 203 页。

来说，社区规划是最应当强化公众参与的规划层面。其原因在于，社区内部有着居委会、物业小区等多重组织关系和产权利益、居住利益形成的天然联系，故建立在社区尺度上的集体行动，更有可能协调冲突、聚焦利益诉求，从而推动对话和交流，真正实现有效的规划参与。结合北京、上海和深圳的实践经验，社区规划中应当建立起常态的公众参与渠道，尤其是可以充分利用互联网的信息技术建立电子化平台，实现规划意图和公众意见的及时沟通。同时，基层政府可以通过委任社区责任规划师，辅助社区意愿传达和实施行动，将居民零碎、感性的诉求，进行专业、理性的梳理，吸纳进最终的规划成果。①

此外，公众有效参与规划有赖于对其知情权的充分保障。但公众知情权的行使实际上面临着非常高的专业门槛。这首先需要对政府信息公开义务予以更有针对性的规定。有关部门应当简化规划文本，采用模型、图片等直观通俗的表现方式，尤其是把披露的重点放在城市规划涉及的重大民生问题上。考虑到城市规划中充满大量专业性表述，政府还可以通过组织专业人员帮助周边居民理解规划工作和公共空间的重要性，以提升公众的理性判断能力和对话能力。这也是“推进社区工作人员专业化和职业化”的重要内涵。这种事前的信息披露，促进了相关公众的积极参与，同时划清了双方的责任界限。

2015 年 7 月，中办国办《关于加强城乡社区协商的意见》明确提出：“开展形式多样的基层协商，推进城乡社区协商制度化、规范化和程序化。”但目前社区规划仍体现为一次性行动，尚未形成规范化的社区规划制度。为推动日后社区规划的发展，建议将社区规划与城镇体系规划、总体规划和详细规划一起纳入法定规划体系，制定社区规划编制规范以及公众参与社区规划的具体指南。在社区规划中应当以问题为导向，提出并分析社区未来发展中的核心的问题以及扩展性问题。相关利益群体的参与，需要引向这些问题的具体解决，就社区的最重要问题寻求最大程度的共识。②

（三）明确听证会的法律效力

依据《城乡规划法》，公众参与虽然是法定程序，但由组织编制机关决定采取论证会、听证会或者其他方式来征求公众意见。目前的公众参与很少采用听证会，而且听证结果对规划决策没有太大影响。政府采用公众参与的实际作用主要是规划内容的告知和各方意见的了解。

实际上，听证制度是听取公众意见的重要形式，应当通过完善这一制度实现规划权力的适度分享，实现公私之间的合作式参与。“对公众参与的反馈是取得参与实效和

① 参见刘艳丽等《我国城市社区规划的编制模式和实施方式》，《规划师》2014 年第 1 期。

② 参见刘淑妍《当前我国城市管理中公众参与的路径探索》，《同济大学学报》（社会科学版）2009 年第 3 期。

建立公众对参与的信心的关键。没有反馈参与效果会大为减损。”[①] 只有公众的意见被重视、利益各方达成的共识能够融入最后的规划结果之中，公众参与才能获得认真对待。[②] 因此，在听证会上经过各种意见之间的交锋和协调，如果可以达成各方都能接受的方案，只要其内容不违背法律的强制性规定或上级规划的强制性要求，那么这个结论原则上就应当作为定论而得到尊重，不应该在事后由政府部门进行修改甚至在审批时被否决。否则听证会将毫无意义，而且还严重损害规划结果的权威性和正当性。即使是未被采用的意见，有关部门也应当回应公众的关切，公开决策理由。

鉴于听证会耗时费力、成本巨大，其召开的前提应当是利害关系人提出申诉。在无人申诉的情况下，可以通过线上线下平台征集各方意见，以便完善规划方案。但如果有人申请听证，无论是维护自身权益还是保护社会公共利益，都应当给予其陈述意见的机会，同时听取其他当事人的反驳。在此过程中，组织编制社区规划的基层政府及其相关部门实际上已经成为当事人，不宜再担任听证会的组织者。更好的方式是由具有专家知识的中立第三方来进行最终裁定。为保障听证程序的公信力，有学者建议设立省级的独立（不属于任何部门，直接向省人大负责）、半司法性质的听讼团，并给予听讼专家终决权。[③] 申言之，听讼团对各方当事人的意见进行权衡之后，其裁决意见应当作为规划方案的修改依据。最终，正式的社区规划则由具有审批权的政府批准并公布实施。笔者认为这种方式具有现实可行性，也有助于防止地方政府在土地财产的冲动下恣意作出规划决策，更好地确保上级规划的贯彻实施。

听证会在公众参与社区规划中的程序性位置，见图2。

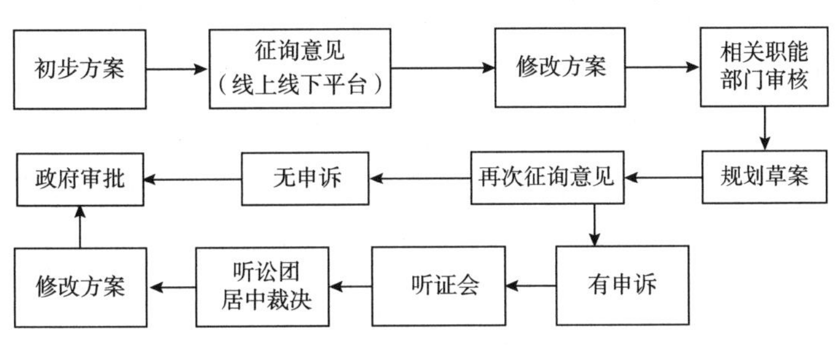

图2　社区规划方案制定中的公众参与

（四）强化立法机关的监督权

依照《城乡规划法》，直辖市以及省、自治区人民政府所在地的城市总体规划和国务院确定的城市的总体规划，报国务院审批。其他城市的总体规划，由市人民政府报

---

① 蔡定剑主编《公众参与：欧洲的制度和经验》，法律出版社，2009，第19页。

② 参见孙施文、朱婷文《推进公众参与城市规划的制度建设》，《城市发展研究》2010年第5期。

③ 参见梁鹤年《西方规划思路与体制对修改中国规划法的参考》，《城市规划》2004年第7期。

省、自治区人民政府审批。同时，城市规划在上报规划审批机关之前，须经本级人大常委会审议，并且审议意见和根据该意见修改规划的情况亦须一并报送。城市的控制性详细规划，经本级人民政府批准后，报本级人大常委会和上一级人民政府备案。早在《城乡规划法》起草审议时，就有人大常委会的委员提出，人大常委会对城乡规划的“审查”同意与上级政府的“审批”之间的关系不清，因为经过人大常委会审查同意上报的规划如果上级政府不批准，会出现体制不协调的问题。全国人大常委会法制工作委员会同财政经济委员会和国务院法制办研究认为，“城乡规划的制定属于政府的行政管理职责，应当由政府组织编制并报上级政府审批”，同时城市规划在此之前应当享有本级人大常委会审议和听取意见，同时对本级政府的规划编制及实施工作进行监督。① 笔者认为，城乡规划对民众财产权具有形塑功能，并且施加持续而具有普遍性的管制效力，相当于地方性法规，应当由本级人大或其常委会进行审批。《城乡规划法》的完善，从长远来看应当强化人大的监督权。尤其是城市的总体规划和控制性详细规划都应当先经本级人民代表大会或其常委会通过后，再报上一级人民政府审批。

五　结语

国家的治理是一个上下互动的管理过程，城市规划是其中一个极为重要的物质载体，但长期以来过于强调自上而下的单向管制，已经不能满足“人民日益增长的美好生活需要”。随着社会主义法治建设的稳步推进，私权意识的勃兴和权力保护的加强，都增强了公众基于对自身财产权的诉求参与城市规划的动机。在此背景下，唯有健全公共参与机制，城市规划才能真正建立健全决策权、执行权、监督权既相互制约又相互协调的权力结构和运行机制。十九大报告指出：“加强协商民主制度建设，形成完整的制度程序和参与实践，保证人民在日常政治生活中有广泛持续深入参与的权利。”公众参与是社会主义协商民主理念的重要体现，是创新社会治理体制机制的重要载体，需要通过不断完善和创新法律制度，推动理念和现实的适配性。

① 参见全国人大常委会法制工作委员会经济法室等编《中华人民共和国城乡规划法解说》，知识产权出版社，2008，第58页。

"三权分置"背景下农地污染修复责任主体研究*
——以《土壤污染防治法》第45条为重点分析对象

杨昌彪**

摘　要:《土壤污染防治法》第45条确立"污染责任人"与"土地使用人"为法定土壤污染修复责任主体，前者承担首要责任与终局责任，后者承担补充责任。农地作为土地的重要类型之一，污染问题亟待解决。引入"状态责任"对及时管控污染风险与修复污染农地有所裨益，但应契合本国既有的经济制度与现行法律规范体系。就农地而言，其污染管控与修复责任主体应与建设用地等有所区别，应对农地使用权人作类型化区分，设计不同的责任承担规则。一方面，有利于促进农村污染地块的风险管控与及时修复，保护脆弱的农村生态环境，推进农村生态文明建设；另一方面，有利于保护"三权分置"农地改革中土地使用权人的可期待利益，提高经营积极性，实现农地资源的最优化配置。

关键词: 三权分置；农地污染；土壤修复；行为责任；状态责任

一　问题的提出

2016年中共中央办公厅与国务院办公厅联合发布《关于完善农村土地所有权承包权经营权分置办法的意见》，提出将农村的土地承包经营权分为承包权和经营权，实现所有权、承包权、经营权并行（简称农地"三权分置"），推行农业现代化改革。农地产权改革也在学界掀起一波新的研究浪潮，主要聚焦于农地"三权分置"的基本内涵、功能作用、法权内容、土地承包权制度重构、经营权增益分配等问题①，对我国农地本

---

*　本文为教育部人文社会科学重点研究基地重大项目"生态环境损害责任追究制度研究"（JJD82007）、中国法学会部级项目"不同主体提起的环境公益诉讼的功能界分和相互衔接研究"（CLS2018D134）、重庆市研究生科研创新项目"环境民事公益诉讼裁判执行问题研究"（CYB18147）的研究成果。

**　杨昌彪，西南政法大学西部生态法研究中心研究人员，西南政法大学博士研究生。

①　参见孙宪忠《推进农地三权分置经营模式的立法研究》，《中国社会科学》2016年第6期；高圣平《农地三权分置视野下土地承包权的重构》，《中国法学》2018年第4期；刘俊《土地承包经营权性质探究》，《现代法学》2007年第2期；单平基《"三权分置"理论反思与土地承包经营权困境的解决路径》，《法学》2016年第9期；刘云生、吴昭军《政策文本中的农地三权分置：路径审视与法权建构》，《农业经济问题》2017年第6期；马俊驹《农村集体土地所有权的分解与保留》，《法律科学》2017年第3期；杨青贵《农村土地"三权分置"对集体所有权制度的冲击与调适》，《求实》2017年第4期；徐超《承包地"三权分置"中"三权"的权利属性界定》，《西南民族大学学报》（人文社会科学版）2019年第7期。

身现状的研究着墨不多。大地之父威廉 · 佩第在论述土地之于社会发展的基础作用时提出，土地是财富之母，劳动是财富之父和能动要素。① 土地具有不可替代性、有限性及多用性的特征②，是农地“三权分置”改革的资源性基础。我国土壤污染较为严重，国务院 2014 年 4 月 17 日公布的《全国土壤污染状况调查公报》称全国土壤总的超标率为 16.1%，其中耕地土壤点位超标率为 19.4%，草地土壤点位超标率为 10.4%，林地土壤点位超标率为 10.0%。农地污染管控与治理成为立法亟须因应的问题，其中农地污染风险管控与修复责任主体的界别问题尤为重要，对农地“三权分置”改革中的承包权人及经营权人的影响尤为重要。

2019 年 1 月 1 日实施的《土壤污染防治法》第 45 条规定，土壤污染责任人承担风险管控和修复义务；污染责任人无法认定的，由土地使用权人承担修复义务；地方政府和有关当事人可自愿组织实施土壤修复。该条看似从立法上明确了农地污染风险管控与修复责任主体，但该条的具体适用仍需回应以下问题。

第一，农地污染责任人与农地使用权人承担管控与修复责任的理论基础问题。当农地污染行为人与农地使用权人不是同一人时，立法规定由农地使用权人承担修复责任的理论基础与目的是什么？如何平衡农地生态环境整体利益与农地使用权人的经济利益？

第二，“污染责任人无法认定”的标准和路径问题。土壤污染具有潜伏性、累积性和修复成本高等表征，加之空气污染、水污染、固废污染等都会沉降至地表进而污染土壤，使得污染责任人的识别难度大、归责成本高。认定污染责任人难度大或成本畸高的情形是否属于《土壤污染防治法》第 45 条规定的“无法认定”的情形？

第三，农地污染风险管控与修复责任竞合的问题。农地污染责任人之间、农地使用权人之间的修复责任竞合如何界别与厘定？污染农地修复责任人免责规则是否具有正当性和现实必要性？

此外，《土壤污染防治法》实施前“历史遗留污染”的修复责任主体规则如何设计？农地污染的风险防控与修复不仅关乎我国生态文明建设，同时影响农地“三权分置”改革的成败。③ 虽然《土壤污染防治法》第 45 条已规定土壤污染的风险管控与修复责任主体，但该条的具体适用尚存在诸多问题亟须回应。

① 参见〔英〕威廉 · 佩第《赋税论》，陈东野译，商务印书馆，1963，第 66 页。

② 参见刘俊《中国土地法理论研究》，法律出版社，2006，第 46 页。

③ 参见李兴宇《主体区分视角下的土壤污染整治责任承担规则》，《山东社会科学》2019 年第 8 期；党国英《土地制度与生态文明》，《中国生态文明》2016 年第 6 期；鄢斌、王玥《论状态责任人的土壤污染修复责任》，《中国土地科学》2017 年第 11 期。

二 农地污染风险管控与修复责任主体厘定的理论思辨

《土地管理法》第 4 条第 3 款规定，农用地是指直接用于农业生产的土地，包括耕地、林地、草地、农田水利用地、养殖水面等。2019 年 1 月 1 日《土壤污染防治法》实施前，我国对农地污染风险防控与修复的规制散见于《环境保护法》《水污染防治法》《农业法》《森林法》《草原法》《畜牧法》《渔业法》《固体废物防治法》《土壤污染防治行动计划》《污染地块土壤环境管理办法》《农用地土壤环境管理办法》等规范性文件中①，农地污染风险管控与修复的责任主体范围包括污染行为人和县级人民政府，由污染行为人承担首要污染管控及修复责任；"污染行为人"不明或灭失的，由县级人民政府承担相关责任。②《土壤污染防治法》颁布实施前，我国农地污染管控与修复责任立法主要采"行为责任"模式，《土壤污染防治法》第 45 条的重大突破是引入德国行政法的"状态责任"。但有关状态责任内容与范围并不明确，条款相对抽象。③笔者认为我国立法移植"状态责任"重塑责任主体范围并未充分考量我国既有的政治与经济制度、历史因素及社会现实。如农村土地所有制结构、农村土地家庭联产承包责任制、农地"三权分置"改革实践；又如我国农村土壤污染发生的历史缘由与制度因素，农村农业作为城市发展的缓冲区以及劳动力、原料、市场的来源地，农地污染是自身积累与城市输入的综合后果，立法移植"状态责任"规定由农地使用权人承担农地污染风险管控与修复责任并不公平。④

（一）外部成本内部化的理想规制模式——污染者负担

以科斯为代表的交易成本学派认为，环境问题是理性的经济人利用环境产生的负外部成本。达到社会效率标准需要控污的社会边际收益等于控污的社会边际成本，有效的污染水平通过"成本－效益"衡量予以确定。对社会而言，"无风险"或"零排放"都是无效率的，唯有控污的边际成本与控污的边际收益相当时，才能达到"帕累托最优"。⑤ 对上述外部效应规制的另一种替代方案是政府的直接管制，政府不是建立市场交易秩序而是直接强制性规定人们从事"环境友好"的行为。科斯认为，政府行政机制本身成本高昂，且没有任何理由认为屈从于政治压力的、不受任何竞争机制制

---

① 《环境保护法》第 49 条，《农业法》第 58、65 条，《森林法》第 44 条，《草原法》第 66、67、68、69 条，《渔业法》第 47 条，《水污染防治法》第 85 条，《畜牧法》第 46 条，《固体废物防治法》第 15、18 条，《土壤污染防治行动计划》第 7 条，《污染地块土壤环境管理办法》第 10 条，《农用地土壤环境管理办法》第 8、9、10、11、12 条均对污染行为人提出了污染防治要求。

② 《土壤污染防治行动计划》第 7 条、《污染地块土壤环境管理办法》第 10 条。

③ 参见李兴宇《主体区分视角下的土壤污染整治责任承担规则》，《山东社会科学》2019 年第 8 期。

④ 参见肖腾《土壤污染防治立法的效果导向及其实现》，《华南农业大学学报》（社会科学版）2017 年第 2 期。

⑤ 参见〔美〕保罗 · 萨缪尔森、威廉 · 诺德豪斯《经济学》，萧琛等译，商务印书馆，2016，第 457 ~ 458 页。

约的、易犯错误的行政机构指定的限制性的区域性的管制，将必然提高经济制度运行的效率。他提出如果交易成本为零，通过“协商谈判”的方式解决因利用环境产生的外部成本问题是最有效率的。[①] 由污染者与被污染者之间就排污费达成一致，污染者支付排污费，包括对人身财产的损害，也包括诸如大气、水、土壤等环境要素及生态系统的损失，这是以科斯为代表的交易成本学派解决污染成本内部化的市场化方案。[②]

在环境污染场域，交易成本学派主张的外部成本内部化的法律表达是“污染者负担原则”，经济合作组织（OECD）于1972年首次提出该原则，后被广泛接受。在此原则规范下，任何人针对其对环境资源的利用，而造成的费用及负担都须负责，即希望社会在此支付的外部成本内部化，由使用环境者自行负担成本，特别是可预期的成本。该原则最重要且最原始理论根据的来源是经济学上的“使用者付费的理念”。[③] 在自由的市场经济条件下，环境的无形价值易被忽视，因无法区分和界定环境的所有权，故不可能存在体现环境价值的市场，从而使市场这只“看不见的手”在环境利益上失灵。经济学家认为，可通过外部费用内部化的方式扭转“企业获利，社会埋单”的吊诡局面。[④]

“污染者负担原则”在内涵上存在不同类型的具体化方式。我国1979年《环境保护法（试行)》第6条规定了“谁污染谁治理原则”，2014年《环境保护法》第5条将其表述为“损害担责原则”，试图从“环境责任主义”出发，只要有环境污染和生态破坏行为即损害，而不以损害结果为必要条件。《土壤污染防治法》第3条规定土壤污染防治应坚持污染担责原则。世界多数国家立法规定了该原则，规定由污染者负担环境预防及修复责任。如美国《综合环境反应、赔偿与责任法》（CERCLA）第107条（a）款[⑤]，法国《环境法典》第L110－1条第2款第3项、第541条第3款[⑥]，瑞典《环境法典》第2章第8条、第10章第3条[⑦]，比利时《土壤治理法》第10条第1款[⑧]，荷兰《土壤污染法》第13条等均有类似规定。[⑨]

（二）外部成本内部化理想规制模式的修正——场地控制者负担

“有限理性”（bounded rationality）理论的提出颠覆了传统经济学关于“理性人”

① 参见〔美〕科斯《企业、市场与法律》，盛洪、陈郁译校，格致出版社，2014，第90页。

② 参见〔美〕波斯纳《法律的经济分析》（上册），蒋兆康译，中国大百科全书出版社，2003，第245页。

③ 参见陈慈阳《环境法总论》，中国政法大学出版社，2003，第175页。

④ 参见汪劲《环境法学》，北京大学出版社，2018，第58页。

⑤ 参见张辉《美国环境法研究》，中国民主法制出版社，2015，第365页。

⑥ 参见曾晖、吴贤静《法国土壤污染防治法律及其对我国的启示》，《华中农业大学学报》（社会科学版）2013年第4期。

⑦ 参见《瑞士环境法典》，竺效等译，法律出版社，2018，第6～45页。

⑧ 参见《比利时土壤污染立法》，赵小波译，全国环境资源法学研究会论文，兰州，2007，第827页。

⑨ 参见刘静《预防与修复：荷兰土壤污染法律责任及资金保障机制评析》，《法学评论》2016年第3期。

的共识，"有限理性"是西蒙在 20 世纪 50 年代提出的，他认为人们进行信息加工的能力是有限的，人们试图按理性行事，但达到理性选择的能力是有限的，这一思想与经济学长期坚持的"理性人"的假设大相径庭。威廉姆森在 1975 年《市场与等级制度》一书中继承了西蒙"有限理性"的观点，并进一步批评传统经济学"充分理性"的论述。威廉姆森提出人们行为的投机性倾向（opportunism），即相较于充分理性的衡量成本与效益，包括社会成本与社会效益，人们偏好于追求个人利益的最大化。① 威廉姆森的观点与哈耶克的论断不谋而合，哈耶克很早就提出人们在市场协调机制下只关心自己的私利，而对此之外的他人利益与社会公益冷漠至极。② 在利用诸如空气、水、土壤等公共资源时凸显出极度的"贪婪"，对公众公用物的保护则漠不关心，"搭便车""囚徒困境""公地悲剧"等现象不断涌现。"污染者负担原则"一定程度上抑制了经营者膨胀的理性，但在因应农地污染风险防控及修复时尚存在不足。

第一，环境污染违法成本低，无法有效激励污染者守法。所谓环境违法成本，指企业违反环境法律所应承担的负担和损失。环境违法成本 = 违法的责任后果 × 违法责任承担的概率（查处概率）。③ 经济合作组织认为，环境守法保障体系由三类主要工具构成：守法促进、守法监测与严格执法。其中守法监测与严格执法是为了及时搜集和发现违法行为并予以补救或制裁。④ 由污染者负担其违法成本是"污染者负担原则"的核心内涵，但由于违法责任后果与违法收益不匹配，经营者"有限理性"的投机性心理诱导其继续从事污染环境的行为。即便如此，如果违法查处概率高，足以发现违法行为，也会在一定程度上抑制经营者的非理性行为，违法责任承担的概率与执法部门查处的效率直接相关。相较于市场失灵，政府失灵也是各国规制环境违法行为的主要障碍，比如我国科层制的国家治理结构存在"权威体制"与"有效治理"的二元冲突，有些基层政府为完成污染减排指标，存在"上下合谋""权力寻租"的现象。⑤ "污染者负担原则"在违法成本低与查处概率低的双重"激励"下成为一个乌托邦式的规制原则。

第二，农地污染行为责任归责难度大，难以及时有效修复污染地块。农地土壤污染因具有潜伏性、累积性、复杂性特点而愈发难以证明其因果关系之存在，进而追究污染者的行为责任。被污染农地因此无法及时有效修复，其司法效益和社会价值本身

① 参见 Oliver E. Williamson, *The Economic Institutions of Capitalism*, New York: Free Press, 1985, pp. 31 - 36。

② 参见周雪光《组织社会学十讲》，社会科学文献出版社，2003，第 36 页。

③ 参见徐以祥、刘海波《生态文明与我国环境法律责任立法的完善》，《法学杂志》2014 年第 7 期。

④ 参见 OECD 编《环境守法保障体系的国别比较研究》，曹颖、曹国志译，中国环境科学出版社，2010，第 24 页。

⑤ 参见周雪光《权威体制与有效治理：当代中国国家治理的制度逻辑》，《开放时代》2011 年第 10 期。

的损失是难以估量的[①]，而且被污染农地所产出的农渔产品直接威胁社会公众的生命与健康权益。

正如美国著名环境法学者彼得·温茨所言，基于成本效益分析论下的污染者负担，造成了物种灭绝、荒野保护区的消灭、湖泊河流的污染。[②] 为因应“污染者负担原则”的不足，有国家立法制定了由污染地块的实际控制人承担风险预防及污染修复责任，即“状态责任”。通说认为，“状态责任”指对于物或动物有事实上的管领力之人或所有权人的责任。至于义务人对危险之发生是否有故意或过失，或有无意思能力，或是否具备足以苛责能力，均非所问。所谓“对物有事实上之管领力”者，包括民法上的占有人、占有辅助人、使用人、承租人、管理人，乃至无权占有人。“状态责任”之有无，取决于物本身具有的危险性，而非物具有危险性的原因。[③] 有学者提出，状态责任并非结果责任，仍以具备责任条件为前提，系以具备排除危害可能性为重要考量。状态责任之追究仍应以构成故意、过失为前提，而非有此身份者即当然有此责任之“结果责任”。其重点在于排除危险、恢复安全之义务。[④] “状态责任”的正当性基础是财产权的社会义务。如农地的治理会使农地所有者等实现土地将来可期待的经济利益，理应对其可支配的土地承担风险管控及修复责任。[⑤]

以德国为代表，《联邦土壤保护法》第4条第2款规定，土地所有人与对土地事实上有管领力之人，基于财产权有义务对土地所面临的有害土壤变化，采取必要的风险预防及污染修复措施。[⑥] 荷兰、韩国、瑞典等均在本国环境立法中确立了“状态责任”。日本则更为激进，其《土壤污染对策法》第8条第1款确立了土地所有人承担土壤污染防治的第一顺位责任。[⑦]

（三）移植“场地控制者负担”需考量既有制度与规范的融合性

场地控制者负担理论下的“状态责任”有助于弥补“污染者负担原则”之不足，但我国立法移植“状态责任”确立多元农地污染责任体系，还须考量“本土资源”，包括既有的土地所有制度、规范体系以及历史与现实需求等因素。首先，以土地所有制度为例，根据我国《宪法》第10条规定，城市的土地归国家所有；农村和城郊的土

① 参见秦天宝、赵小波《论德国土壤污染立法中的“状态责任”及其对我国相关立法的借鉴意义》，《中德法学论坛》第15辑，法律出版社，2018，第273～274页。

② 参见〔美〕彼得·S. 温茨《环境正义论》，朱丹琼、宋玉波译，世纪出版集团，2007，第278～279页。

③ 参见李建良《“状态责任”概念的辩证与运用：〈台中大里区段征收土地掩埋物清理案之一〉》，《台湾法学杂志》2014年总第8期。

④ 参见吴志光《论财产权的社会义务——以环境法上的状态责任为核心》，《海峡法学》2017年第3期。

⑤ 参见龚宇阳《污染场地管理与修复》，中国环境科学出版社，2012，第30页。

⑥ 参见李兴宇《主体区分视角下的土壤污染整治责任承担规则》，《山东社会科学》2019年第8期。

⑦ 参见赵小波《日本土壤污染防治立法研究》，法律出版社，2018，第277页。

地，除法律规定归国家所有的，属集体所有。与其他国家相比，我国农地责任承担主体范围的确定需考量是否将农村集体所有权人作为"状态责任"人。自农村家庭联产承包经营制改革以来，我国农村集体所有权长期处于"虚化"状态①，若以农村集体组织为所有权人承担农地污染"状态责任"，可能使"状态责任"的追责落空，农地的污染风险无法及时防控，污染农地也无法及时得以修复。其次，我国农地污染的现状有农村自身原因，但更多是城乡发展地位失衡、城市发展向农村输出污染等综合原因。因此，抛开农地污染形成的历史因素，由土地承包人承担农地污染的"状态责任"有失公平。再次，"状态责任"的确立应对场地控制者进行类型化区分，同时建立与既有责任规范的衔接机制。与多数发达国家相比，我国农村农民收入普遍偏低。国家统计局《中国农业统计资料》显示，2016 年我国农民年人均可支配收入为 1.24 万元，2017 年为 1.34 万元，2018 年为 1.46 万元，相应城镇居民人均可支配收入分别为 3.36 万元、3.64 万元、3.93 万元，城乡收入比均约为 2.7∶1。② 农村农民收入普遍偏低，生活收入来源主要集中于土地。农民作为土地承包经营权人，是农地实际控制者，根据"场地控制者负担原则"承担"状态责任"，在法律责任承担上并无太大争议。但其根本无力承担土壤污染治理的高昂费用，即使责令其承担修复责任亦难以实现立法目的。立法在移植"状态责任"时应充分考量法的可实施性与安定性。在立法时，应以我国农地污染形成的历史背景及社会现实为根据，制定适应我国"本土资源"的良法。

三 《土壤污染防治法》第 45 条农地污染风险管控与修复责任主体范围审视

（一）农地污染行为人承担首要责任和终局责任

《土壤污染防治法》第 45 条将农地污染行为人规定为承担农地污染风险管控与修复责任的第一顺位主体。该条规定贯彻了本法第 3 条提出的"污染担责原则"，与《环境保护法》第 6 条关于"企事业单位和其他生产经营者应当防止、减少环境污染和生态破坏，对所造成的损害依法承担责任"的规定保持一致。同时，农地污染责任人对其他相关当事人实施农地土壤污染防治所支出的费用负终局责任。

农地污染责任人应包括自然人、法人及其他组织。《土壤污染防治法》第 4 条规定，任何组织和个人都有保护土壤、防治土壤污染的义务。该法第 27 条、第 29 条、第

① 参见马俊驹、宋刚《合作制与集体所有权》，《法学研究》2001 年第 6 期；童列春《中国农地集体所有权的虚与实》，《农村经济》2011 年第 10 期。

② 参见国家统计局编《全国年度统计公报》，http：//www.stats.gov.cn/tjsj/tjgb/ndtjgb/，最后访问日期：2019 年 7 月 20 日。

45条、第47条等规定与《环境保护法》及其他污染防治专门立法所采用的“企事业单位和其他生产经营者”不同，与我国其他部门法保持一致，避免在法的实施过程中出现漏洞。例如，行政执法实践中有地方环保部门因农村畜禽散养个人违法排污无直接处罚依据，不愿根据《环境保护法》的抽象原则，对违法排污行为作出处罚。[①]《土壤污染防治法》摒弃了此种立法技术，明确了责任主体范围为自然人、法人及其他组织，避免出现缺漏。

（二）农地使用权人作为“场地控制者”承担状态责任

《土壤污染防治法》的一个亮点是有条件地移植了德国法上的“状态责任”。该法第45条规定，土壤污染责任人无法认定的，土地使用权人应当实施土壤污染风险管控和修复工作。日本《土壤污染对策法》将土地所有人等列为第一顺位责任主体，德国、美国、荷兰、比利时、韩国等将土地所有人及其他事实管领力人列为连带责任主体。笔者认为，我国的“状态责任”实质上属于“补充责任”。第一，只有在第一顺位责任主体“无法认定”时，土地使用权人方承担补充责任。第二，承担“状态责任”的主体仅限于“土地使用权人”，相比德国、荷兰等将土地管理人、占有人（包括不法占有人）、占有辅助人等事实管领力人列为连带责任范围，我国的“状态责任”范围采限缩立法模式，仅规定了“土地使用权人”的责任。

随着农地“三权分置”改革方案的落实，承包地实行所有权、承包权、经营权分置并行，农地使用权人的范围拓展为承包主体和经营主体。《土地管理法》第4条规定，农用地指直接用于农业生产的土地，包括耕地、林地、草地、农田水利用地、养殖水面等。根据《农村土地承包法》第2条规定，农村土地是指农民集体所有和国家所有依法由农民集体使用的耕地、林地、草地，以及其他依法用于农业的土地。可知，农地包括农民集体所有的用于农业的土地与国家所有依法由农民集体使用的用于农业的土地两种类型。根据上述法律规定，《土壤污染防治法》第45条确定的土地使用权人应包括集体所有的土地上的农地承包主体与经营主体，以及使用国家所有的土地用于农业的主体。

（三）政府及其职能部门以及其他相关当事人可主动承担相关责任

1. 地方政府及其职能部门可以根据实际情况主动实施土壤污染风险管控和修复

2016年5月国务院发布《土壤污染防治行动计划》，提出在责任主体灭失或责任主体不明确时，土壤污染的修复责任由所在地县级人民政府承担。2016年12月原环境保

---

① 根据我国《环境行政处罚办法》《畜牧法》等规定，调整对象是企事业单位及其他生产经营者，对于何为“其他生产经营者”，立法没有明确规定，一般认为包括个体工商户和其他组织。《畜牧法》《畜禽规模养殖污染防治条例》明确“养殖场”“养殖小区”的阈值，农村的一般畜禽散养户不属于上述调整范围。

护部发布《污染地块土壤环境管理办法（试行）》，该办法第10条规定，责任主体灭失或者责任主体不明确的，由所在地县级人民政府依法承担污染地块修复及相关责任。2017年原环境保护部与原农业部联合发布的《农用地土壤环境管理办法（实行）》明确农地污染的预防主体包括排污单位、其他生产经营者以及县级以上地方环境保护主管部门。该办法第8条规定，排污单位和其他生产经营者应采取预防措施，确保废水、废气排放和固废排放符合国家有关规定，防止对周边农用地土壤造成污染。2018年8月31日全国人大常委会第五次会议审议通过《土壤污染防治法》，该法第45条规定，地方政府及其有关部门可以根据实际情况组织实施土壤污染风险管控和修复。相较于国务院颁布的“土十条”和原环境保护部与农业部发布的行政规章，《土壤污染防治法》第45条摒弃了在土壤污染责任主体不明确时，由县级以上地方政府承担修复责任。《立法法》第88条规定，法律的效力高于行政法规、地方性法规、规章。第92条规定，同一机关制定的法律、行政法规、地方性法规、自治条例和单行条例、规章，特别规定与一般规定不一致的，适用特别规定；新的规定与旧的规定不一致的，适用新的规定。针对污染责任主体不明确时的责任分配这一问题，国务院及其职能部门、全国人大常委会先后制定不同规则，应遵循“上位法优先原则”优先适用《土壤污染防治法》第45条之规定。

2. 鼓励和支持有关当事人自愿实施土壤污染风险管控和修复

与大气、水等属于公共物品的环境要素不同，土壤附属于土地，具有私有性质。土地使用权可以交易，甚至具有升值的空间。因此，土壤污染治理责任的承担与水、大气污染有所不同，应当允许土地的开发者根据实际情况，主动实施土壤污染风险管控和修复，可起到防治土壤污染、提高社会效率的积极作用。①

农地“三权分置”改革方案实施后，农村土地得到进一步合理利用，农村土地资源的附加值将进一步增大。鼓励和支持相关当事人主动实施土壤污染管控与修复，既可提升农地本身的财产价值，增加相关主体收入，又可促进农村污染地块的治理与修复。

（四）农地污染管控与修复责任主体立法评析

1. 立法有条件地确立“状态责任”有利于及时填补损害

《土壤污染防治法》第45条规定“损害担责原则”，有利于敦促潜在损害行为人守法，从源头预防污染风险，修复受损的生态环境；有利于实现外部成本内部化，保护其他守法者的利益，实现矫正正义。但笔者认为，污染农地修复工程浩大，修复成本

① 参见生态环境部法规与标准司编《〈中华人民共和国土壤污染防治法〉解读与适用手册》，法律出版社，2018，第108页。

高且修复难度大，“污染者负担修复费用，承担终局责任”相较边际利益而言，有可能会迫使企业规避风险进而放弃生产和经营，正如萨缪尔森所言，“无风险”和“零排放”于社会而言均是无效率的。因实践中土壤污染的累积性、潜伏性，确定具体的“污染者”难度较大，同时对污染者的违法查处概率存在偏差，“污染者负担”往往无法实现农地土壤的修复和生态利益的整体保护，使其仅成为一条“警示性”原则。

因应上述问题，《土壤污染防治法》第 45 条移植了德国法上的“状态责任”，规定土壤污染责任人无法认定的，土地使用权人应当实施土壤污染风险管控和修复。如前文所述，根据《土地管理法》第 4 条、《农村土地承包法》第 2 条之规定，农地使用权人包括承包集体所有的农地的承包农户与经营主体，以及使用国家所有用于农业的集体组织。使用国家所有用于农业的集体组织是否属于我国立法规定的承担状态责任的主体？笔者认为，《土壤污染防治法》规定的土地使用权人不包括使用国家所有用于农业的集体组织。《农村土地承包法》第 3 条规定，国家实行农村土地承包经营制度，农村土地承包采取农村集体经济组织内部的家庭承包方式。根据《农村土地承包法》的规定，承包给集体经济组织成员的土地包括集体所有的土地以及国家所有的由集体使用且用于农业生产的土地，这两类土地的实际使用权人是集体经济组织内部的家庭承包户，集体经济组织并不直接使用上述两类土地。所以，在农地“三权分置”改革方案实施前，实际的土地使用人是承包集体所有或者使用的农村家庭承包户。

2. 应对承担“状态责任”的土地使用权人进行类型化区分

《土壤污染防治法》第 45 条的一个亮点是确立了“状态责任”作为“行为责任”的补充。不过，在明确“状态责任”主体范围时，应从农地污染历史因素及农地“三权分置”改革实践思考，兼顾衡量农地风险管控与修复的及时性与有效性。笔者认为，应对《土壤污染防治法》第 45 条中的“土地使用权人”及其承担的不同责任进行类型化区分，设计不同的适用规则。

首先，应对土地使用权人中的承包主体和经营主体作类型化区分。在农地污染责任人无法认定时：（1）土地承包权人和经营权人不是同一人（户）的，土地使用权人应指实际经营权人；（2）土地承包权人和经营权人是同一人（户）的，应区分使用土地的主要目的和收益情况，若以生活为主要目的，应排除其承担该法第 45 条规定的修复责任；如以经营为主要目的，则可视为该法第 45 条规定的“土地使用权人”。土地使用权人作为土地的“场地控制者”，承担污染管控与修复责任的理论基础是财产权的社会义务，即土地使用权人应合法善意地占有、使用与处分其财产，而不损害他人及社会公共利益。土地使用权人作为财产的实际控制者，享受财产利益的同时应承担相应的社会义务，包括生态环境保护义务。排除以农地收入为生活主要来源的承包权人的污染修复责任，是基于《土壤污染防治法》的目的解释。在实践中，由于土壤污染的隐蔽性、滞后性和积累性，加上企业的历史变迁，可能出现土壤污染责任人无法认定的情况，为及时开展土壤污染防治工作，推定土地使用权人承担责任。① 我国农村农民收入微薄，无力开展农村污染地块修复工作。以 2018 年为例，我国农民年可支配收入为 1.46 万元②，根本无力承担动辄上千万的农地修复费用。况且，我国农地污染多是城乡发展地位失衡、城市发展向农村输出污染等所致。笔者认为，该法在适用时应排除这一群体的农地污染修复责任。

其次，应根据不同类型的土地使用权人设计不同的责任范围，区分农地污染风险管控责任与农地污染修复责任。排除以承包农地为主要生活来源的承包人的修复责任并不意味着排除其污染风险管控责任。作为农地的实际控制人，承包人与经营权人应承担管控所控制地块污染风险的责任。相较成本高昂的农地修复费用，土地使用权人的风险管控注意义务成本较低。农地承包户因积极追求农作物产量，过量使用农药与化肥，加剧了我国农地污染的严重程度。立法规定农地承包权人与经营权人承担农地风险管控义务，有助于从源头上降低农地污染发生的概率。

3. 取消县级以上政府承担农地污染风险管控与修复责任并不是排除政府防治污染责任

首先，政府及其职能部门仍然是农地污染防治的主要责任主体。虽然《土壤污染防治法》第 45 条取消了县级以上政府直接承担污染风险管控与修复的责任，但政府仍负有改善环境质量的国家义务。根据《环境保护法》第 28 条规定，地方政府负有保持与改善地方环境质量的责任，即地方政府有责任采取有效措施，改善其管辖范围内包括污染农地在内的环境质量。就责任承担方式而言，政府主要通过制定科学的农地利用规划、及时监测与评估污染风险、积极监管直接责任人实施的风险预防与修复活动等履行防治污染的政府责任。比如《土壤污染防治法》第 46 条规定农用地分类管理制度，将农用地划分为优先保护类、安全利用类和严格管控类。对上述三种类型的农用地实施不同标准的风险管控措施，以严格管控类农用地为例，地方政府农业农村、林业草原主管部门应采取以下风险管控措施：第一，提出划定特定农产品禁止生产区域的建议；第二，开展土壤和农产品协同监测与评价；第三，对农民进行技术指导和培训。

---

① 参见生态环境部法规与标准司编《〈中华人民共和国土壤污染防治法〉解读与适用手册》，法律出版社，2018，第 107 页。

② 参见国家统计局《中华人民共和国 2018 年国民经济和社会发展统计公报》，2019 年 2 月 28 日，http://www.stats.gov.cn/tjsj/zxfb/201902/t20190228_1651265.html，最后访问日期：2019 年 12 月 19 日。

其次，政府通过建立基金的方式补充承担农地污染风险管控与修复责任。当农地污染行为人和农地使用权人无力承担修复责任时，通过社会化分担的方式，分散风险与修复成本是较为有效的立法选择。我国借鉴美国《综合环境反应、赔偿与责任法》“超级基金”的方式，建立土壤污染中央专项资金和省级土壤污染防治基金，用于农用地土壤污染防治和土壤污染责任人或土地使用权人无法认定的土壤污染风险管控和修复。① 关于中央专项资金，2016 年财政部、原环保部联合发布《土壤污染防治专项资金管理办法》作了较为明确的规定。例如，该办法第 7 条规定，中央专项资金采用因素法分配专项资金，由财政部会同环境保护部综合考虑，根据调查、修复治理工作任务量等因素，考虑东、中、西部财力差异，确定专项资金分配方案。但是该办法对资金的筹集、适用和管理还没有具体的制度，需进一步完善。以筹集来源为例，可借鉴美国“超级基金”的筹集办法。“超级基金”的来源分为两部分：一是基金创设资金来源；二是转移支付的“超级基金”。其包括 5 种：税收收入、根据 CERCLA 收取的费用、根据《清洁水法》收取的费用、CERCLA 规定的罚款、CERCLA 规定所收取的惩罚性赔偿。②

四 《土壤污染防治法》关于土壤污染责任人“无法认定”的解释

《土壤污染防治法》第 45 条规定，土壤污染责任人无法认定的，土地使用权人应当实施土壤污染风险管控和修复。但是，对“无法认定”如何判断存在争议。土地使用权人的责任承担规则影响“三权分置”改革的顺利开展，需对承担责任的条件予以明确，以增强法的可期待性，保护善意的土地使用权人，鼓励土地使用权人积极合法开发利用土地，实现农地资源的最优化配置。

（一）污染责任人“无法认定”可能情形的类型化分析

广义的“无法认定”应包括责任人不存在，比如灭失；污染责任人存在，只是介于证据不足无法明确。《土壤污染防治法》第 45 条偏向于狭义的“无法认定”，即只要缺少足够证据证明污染责任人存在，就推定由土地使用权人实施土壤污染风险管控和修复。实施完毕后，土地使用权人根据该法第 46 条规定，享有向污染责任人追偿已支付的管控与修复费用的权利。

1. 污染责任人灭失

污染责任人包括直接污染责任人和间接污染责任人，直接污染责任人包括实施污染行为并造成损害结果应承担污染责任的自然人、法人和其他组织。间接污染责任人主要指直接污染责任人的承继人，《土壤污染防治法》第 47 条规定，土壤污染责任人

---

① 参见《土壤污染防治法》第 71 条。

② 参见张辉《美国环境法研究》，中国民主法制出版社，2015，第 380 ~382 页。

变更的，由变更后的承继人承担责任。污染责任人灭失，包括直接污染责任人和间接污染责任人的灭失，即自然人死亡或者法人、其他组织破产。在直接污染责任人灭失前，责任人变更的，直接污染责任人灭失不影响间接污染责任人承担污染防治责任。

2. 污染责任人不明

由于土壤污染的累积性、潜伏性及复杂性特点，认定具体的污染责任人存在困难。在无证据证明具体的污染责任人之前，推定由现行的土地使用权人承担责任。污染地块的潜在责任人可能包括曾经存在的若干土地使用权人，抑或是使用权人之外的实施污染农地行为的第三人。

狭义的"无法认定"的立法选择，无疑加重了土地使用权人的责任。对"无法认定"的判断标准，该法并未明确，而是交给行政机关自由裁量。未来立法应对此予以明确，比如可将污染行为与损害结果之间是否存在"因果关系"作为判断标准。

（二）污染责任人"无法认定"时土地使用权人的免责事由

为防止行政机关滥用权力或怠于履行权力，保护土地使用权人的信赖利益，应赋予土地使用权人作为状态责任人特定的免责事由。例如，德国立法虽然尚未规定所有权人或事实管领力人的免责规则，但德国联邦宪法法院认为，土地所有者免除修复责任的条件是购买土地时不知道土地受污染的情况。日本《土壤污染政策法》第 8 条明确规定，土地所有者等状态责任人只有在知道另有他人是污染者时，才免于担责。我国台湾地区规定尽了善良管理义务的污染土地关系人，不必与污染行为人、潜在责任人承担连带责任。① 美国《综合环境反应、赔偿与责任法》规定了三种免责事由：（1）不可抗力；（2）战争行为；（3）第三方作为或不作为，同时被告必须证明，已经尽了善意所有人、善意购买人等义务，方可免责。② 如上所述，"状态责任"承担与否的衡量基准有两个：一是物的联系；二是物遭受损害危险的"紧迫性"。因此，农地使用权人承担"状态责任"应以上述要件为限，行政机关应恪守比例原则。同时，鉴于我国特殊的土地所有权制度、农地污染的历史成因与农地产权改革的现实需要，应对"土地使用权人"作限缩解释，其范围不包括以务农换取生活资料的普通农户；主要由经营性土地使用人承担状态责任，同时规定以下免责事项：（1）不可抗力；（2）战争；（3）第三人损害，土地使用人已尽善良管理义务。

五　结语

《土壤污染防治法》第 45 条对"三权分置"农地改革影响较大，该条的具体适用

① 参见胡静《污染场地修复的行为责任和状态责任》，《北京理工大学学报》（社会科学版）2015 年第 6 期。

② 参见张辉《美国环境法研究》，中国民主法制出版社，2015，第 391 ~ 393 页。

直接关系到农地承包权人和经营权人的核心利益。责任主体范围及责任承担规则的明确，不仅于农地污染风险管控与修复有益，而且促进相关权利主体守法，合理利用农地资源。关于法的溯及力问题，建议可溯及既往，由于土壤污染具有积累性和滞后性，当发现农地被污染时，该污染已较为严重，而且修复成本高昂，因此，“历史遗留污染”修复责任应适用本法之规定。此外，对农地污染的防治，《土壤污染防治法》不仅有条件地规定“状态责任”，而且该法第49条规定了农用地分类管理制度，按照土壤污染程度将农用地划分为优先保护类、安全利用类和严格管控类。不同类型的农用地在开发与保护标准上存在较大区别，对农地使用权人亦有不同影响，尚需作进一步的研究。

冼村旧城改造中的治理模式冲突与和解*

——以《土地管理法》最新修订为背景

庞　琳**

摘　要：最新修订的《土地管理法》取消了集体建设用地不能直接进入市场流转的障碍，为农村集体土地入市提供了合法性基础，旧城改造亦会成为最为重要的入市渠道。然而在具体实践方面，集体土地入市的核心问题不仅限于合法性，更重要的是入市进程中所关涉的各方主体如何进行权利义务的重新配置，如何实现公司治理与基层社会治理之间的衔接、过渡与转换。本文以此为视角探讨现行旧城改造拆迁制度的利弊得失，并结合冼村案例对政府、投资人、被拆迁人的各自利益关系进行梳理和分析，揭示出旧城改造僵局的法律困境与治理冲突，并在信托的构架下，通过公司制的方式达致旧城改造中相关决议与协议效力的确定性问题，解决公司治理与基层社会治理的冲突问题，在合法性支撑下实现制度与身份的衔接。

关键词：旧城改造；公司治理；基层社会治理；农村集体

一　问题的提出

2019年8月26日，第十三届全国人大常委会第十二次会议表决通过的关于修改土地管理法的决定，删去了现行《土地管理法》关于从事非农业建设必须使用国有土地或者征收为国有的集体土地的规定，同时增加了“农村集体建设用地在符合规划、依法登记，并经三分之二以上集体经济组织成员同意的情况下，可以通过出让、出租等方式，交由农村集体经济组织以外的单位或个人直接使用”“使用者在取得农村集体建设用地之后，还可以通过转让、互换、抵押的方式，进行再次转让”等内容。可以说，这是《土地管理法》的一个重大制度创新，取消了集体建设用地不能直接进入市场流转的传统二元土地所有权结构，为农村集体土地入市提供了合法性基础，也为城乡一体化发展扫除了制度性障碍。然而在具体实践方面，各地问题远远不是一个合法性基础所能解决的，甚至可以说，很多地方政府很早就绕过了这些合法性问题而先试先行。

---

*　国家民委部级项目“民事案件中民族民间习惯规范的司法适用研究”（2019－GMB－033）、中国法学会部级项目“财产上的人格利益私法保护研究”（CLS2017D71）的阶段性成果。

**　庞琳，西南政法大学人工智能法学院讲师，法学博士。

换句话说，集体土地入市的核心问题不仅在于合法性，还在于具体操作，或者说在于具体实践中的不确定性问题的解决。

具体来说，这种不确定性有以下几点。其一，由于旧城改造中我国土地所有权在二元结构下具有其复杂性，相应的法权模型并未明确规定，关涉的权利义务关系并不明晰，各方主体即政府方、被拆迁方、投资方、其他关联方到底在法律上是一个什么样的地位，我们在既定的法律关系中很难找到依据，新修订的《土地管地法》同样未能解决此问题。其二，拆迁僵局频繁发生，使得就算是已经确定的法律关系（如拆迁合同的签订），也会由于被拆迁户的群体效应与群体事件使得政策导向左右摇摆、模棱两可，已确定的法律关系无法产生法律上期待的效果与救济。其三，诸多旧城改造的模式，通常为村委会一端设立一个公司主体来进行，由资方加入，但基于公司法下的公司治理架构、股东会与董事会权利行使等方面的规定与运作，不可避免地与既有关于基层组织的架构、议事规则的法律规范以及城中村改造事项中的村民权利行使、决议生效的政策与规则发生冲突。事实上，这是公司治理与基层社会治理，特别是旧城改造背景下的基层社会治理的冲突，而且这些冲突目前很难在法律上获得一个终局的、合法的解决方案。其四，在我国的土地双重所有权架构下，旧城改造中的土地往往不再采取传统招拍挂的模式，利益空间大，同时带来了巨大的寻租空间，这种寻租空间所对应的决策方式往往是“不透明”的，极易产生村集体官员的“寻租行为”与村民的“寻租猜测”，其往往会拖延整个旧城改造的进程。其五，旧城改造的规模大①，资金需求大②，投资收益亦大，但政府如何匹配相应的政策、这些政策如何落地等问题往往很难得到落实或清晰界定，所以高收益背后所伴随的高风险，让很多民营资本难以介入。

这些不确定性及其原因，体现了地方政府、投资方、被拆迁人各自不同的利益诉求，更凹显了旧城改造问题的主要矛盾和当事人之间权力、权利、利益的博弈，如何在法律上进行分析，在我国现行双层土地所有权架构下能否进行权利义务的重新配置，如何在法律与中央地方政策上得以完善从而更好地把控与规避风险。基于这一视角，下面笔者将以广州冼村改造为例，深入剖析各方主体之间的利益关系以及行为模式，揭示旧城改造中矛盾冲突现象的发生机理与打破僵局的途径。

---

① 住建部巡视员倪洪波在 5 月份提及旧改，全国共有老旧社区 16 万个，建筑面积约 40 亿平方米。参见《4 万亿旧改来袭！上亿人的资产大变革》，搜狐网，http：//www. sohu. com/a/323315995_ 825181，最后访问日期：2019 年 8 月 10 日。

② 据各地初步摸查，目前全国需改造的城镇老旧小区涉及居民上亿人，根据国务院参事仇保兴此前的预估，投资总额或可达 4 万亿元，如改造期为 5 年，每年可新增投资 8000 亿元以上。但现有调查数据显示，投入资金仅占需求总额的 5%，尚有 95% 的缺口。参见《国务院参事仇保兴：对城镇老旧小区改造正当时》，新浪网，https：//finance. sina. com. cn/roll/2019 - 03 - 13/doc - ihsxncvh2242079. shtml，最后访问日期：2019 年 8 月 10 日。

二 冼村旧城改造的路径探索

旧城改造进程中牵涉利益巨大，各主体之间的诉求不一，法权模型与法律关系不清晰，这使得该问题的不确定性风险严重，成为阻碍旧城改造的重要原因。与此同时，为解决不确定性问题，无论是政府还是集体组织、投资者都做了诸多的努力，结果却并不理想。这需要我们回头来考虑这些减少不确定性的努力是否在方向上存在问题，在冼村旧城改造的历史中我们是否有更好的选择。诺斯曾指出，为减少不确定性，我们会不断对生活施加约束，这些约束是“命令、禁止的累积以及作为这一累积的一部分不断演化的人工制品”，是“正式约束和非正式约束的一种复杂混合”①，我们可循此进入冼村旧城改造的历史中。

（一）撤村改制的冼村

20 世纪 90 年代冼村撤村改制，村集体资产全部股份化到村民手中，2001 年广州市天河区“村改居”将城中村居民划分为社区股东和社会股东，以至于 4000 多名冼村居民中有半数以上成员因在外务工、经商变成了社会股东，其使得村事务的决策相对高效、可确定性加强，但同时剥夺了部分村民参与村内重大事项决策的权利，埋下了隐患。2009 年，广州市启动旧城改造工作，《广州市人民政府关于加快推进“三旧”改造工作的意见》（穗府〔2009〕56 号）及广州市“三旧”改造工作办公室《关于天河区冼村改造方案的批复》（穗旧改函〔2010〕11 号），将冼村列在广州市全面改造“城中村”的名单中，提出对城镇、厂房、村庄进行改造，冼村改造规划总用地面积 18.49 万平方米。② 广州市《关于加快推进“三旧”改造工作的意见》附件二《关于广州市推进“城中村”（旧村）整治改造的实施意见》③ 明确规定，在全面改造原则上以所在村的集体经济组织为主体，并按照“改制先行，改造跟进”的原则，将农民转为居民，将村委会转为居委会，将村集体经济组织转为股份制企业。冼村的三旧改造方案在此通过，设立广州市冼村实业有限公司，形成以村出资为主、

---

① 〔美〕道格拉斯·诺思：《理解经济变迁过程》，钟正生、邢华译，中国人民大学出版社，2013，第 2 页。目前大多译为“诺斯”，正文表述用“诺斯”，脚注中保留图书出版时的“诺思”。

② 广州市天河区城市更新局通告：冼村本次改造规划范围东起猎德路、西至冼村路、南至金穗路、北至黄埔大道，总用地面积 18.49 万平方米。参见广州市天河区城市更新局《关于征求〈关于全面开展冼村改造的通告〉意见的公告》，广州市天河区人民政府网，http://www.thnet.gov.cn/thxxw/qtgg/201610/04eb83b4792b49db8f215f351e04a3d2.shtml，最后访问日期：2019 年 9 月 1 日。

③ 参见《广州市人民政府关于加快推进“三旧”改造工作的意见》（穗府〔2009〕56 号）附件二《广州市人民政府关于广州市推进“城中村”（旧村）整治改造的实施意见》、《中共广州市委办公厅广州市人民政府办公厅关于“城中村”改制工作的若干意见》（穗办〔2002〕17 号）、《中共广州市委办公厅广州市人民政府办公厅关于完善“农转居”和“城中村”改造有关政策问题的意见》（穗办〔2008〕10 号）。

以政府支持为辅的自主改建模式。但此时冼村实业有限公司享有或承担什么样的权利或义务、未来如何运营、具有怎样的功能并不清楚，一切都在摸索之中。

（二）第三方投资者的引入

冼村实业有限公司因改建拖得太久，村公司前期向银行、市财政局借贷的拆迁资金已消耗殆尽，银行借贷资金的还款期限即将届满，村公司面临破产。2011年6月，经冼村街道办事处证实及天河区人民政府同意，冼村撤村改制后，由广州市冼村实业有限公司承接原沙河镇冼村村民委员会所有的土地、物业、资产及有关债权债务和职能。冼村实业有限公司作为冼村撤村改制后权利义务的承接者，成为旧村改造的主体。2011年12月，冼村集体经济组织、广州市冼村实业有限公司召开股东大会，对引入合作参与冼村旧城改造的企业进行集体表决，由保利房地产股份有限公司（简称“保利公司”）获投中标承接旧改。

前面提到，由于撤村改制时将冼村居民分为社区股东和社会股东，一半以上社会股东丧失管理村内重大事项的权利，减少了政府与村委会征地改造时来自民众的程序阻力，但同时使得推动冼村旧城改造的股东大会决议进程并未公平、公开、公正透明地让冼村所有股民尽知，而通常以冼村实业有限公司48位股东代表投票的形式通过并得以实施。此外，受到拆迁安置、增加公共服务设施等因素的影响，冼村启动改造以来，拆迁工作开始接连遭到村民的阻挠和对抗。直至2015年初，冼村改造工程首期回迁房复建开工；2016年6月，冼村回迁样板房正式开放。2019年3月，广州市城市规划委员会城市更新专业委员会第一次会议全票通过了《冼村地块控制性详细规划》，冼村改造似乎逐渐步入正轨，结果拭目以待。①

（三）小结

冼村在旧城改造的进程中，以“公司”为载体，把传统基层社会治理中与经济相关的方面，试图以“公司治理”的方式予以实现，增加了对传统村集体经济组织的“结构约束”，减少了不确性，但该公司运营、内部治理等方面的问题，改造推进速度缓慢，公司濒临破产。保利公司一方之引入，既带来资金的投入，也对公司治理、各方主体约束提出了新要求；同时，伴随着新的矛盾与新的利益诉求，产生了新的不确定性。当然这种不确定性的不可消除性是正常的，因为“我们对环境的理解是不完美的，同样，

① 规划显示，冼村改造范围总建筑面积保持107.7万平方米不变，但将放宽限高和密度；同时，扩大公共服务设施规模，调整后规划中的商务办公、居住、公共服务设施建筑量比例为33:69:5，冼村小学由原来的18个班扩至30个班。参见广州市规划和自然资源局《广州市规划和自然资源局关于公布实施〈冼村地块控制性详细规划〉成果的通告》，广州市规划和自然资源局网，https://www.gzlpc.gov.cn/gzlpc/ywpd_cxgh_tzgg/201907/613be127a5cb4ab4bdc70d367d25eb46.shtml，最后访问日期：2019年8月15日。

我们用来实施这些约束的正式规则和非正式规则也是不完美的”。[①]

三　公司治理与基层治理：冼村旧城改造背后的治理冲突

从严格意义上来说，冼村改造进程中公司治理与其原来的社会基层治理的模式并不抵触，公司治理往往只涉及与经济相关职能之处理。然而，冼村实业有限公司的公司治理无论是在财产继受、股东身份还是股东代表产生等方面皆与原来社会基层治理的村民身份、村委会职能等关系密切。一旦这种治理转换的过程出现瑕疵，就会对公司治理本身的有效性产生重大的影响，从而导致两种治理模式之间的冲突。

（一）改造主体设立的正当性问题

在冼村旧城改造初期，冼村实业有限公司股东代表大会就“是否同意进行旧村自主改造”以及“是否同意以冼村实业有限公司作为旧村改造的主体去办理相关规划、用地、施工、验收等手续”两个事项进行表决，到会股东一致举手同意，两个事项获得通过。虽然冼村实业有限公司作为主体，承接村民委员会所有的土地、物业、资产及有关债权债务和职能，进行旧村改造，但是冼村实业有限公司能否代表冼村村民集体行使所有权？成立冼村实业有限公司是否具有正当性？如果答案是肯定的，那么以何种方式及程序代表才具有正当性？我国集体土地的所有权人缺位，是立法至今没有解决的一个问题。[②] 我国《宪法》第 10 条第 2 款对“集体所有”有所规定，然而“宪法上‘集体所有’中的‘集体’，根本就不是民法上所讲的一个‘团体’或者一个‘组织’，它是个经济学上或者所有制意义上的概念，讲的是公有的一种形式”。[③] 申言之，《民法通则》第 74 条第 2 款与《物权法》第 59 条、第 60 条使用了“集体所有的土地依照法律属于村农民集体所有”“农民集体所有的不动产和动产”“村集体经济组织或者村民委员会代表集体行使所有权”等表述，《民法总则》规定了农村集体经济组织特别法人，是否意味着将集体经济组织作为集体所有权归属？农村集体经济组织与农民集体的法律关系到底如何定性？如何理解《物权法》第 60 条规定的“代表集体行使所有权”？所有这些问题并没有直接为冼村实业有限公司主体的成立提供正当性依据。

（二）公司股东代表产生的正当性

如果村民皆是股东，那整个股东会与股东代表大会是何种关系？股东代表大会中的代表是如何产生的？其又是如何行使股东表决权的？股东代表到底由股东选举产生

---

① 〔美〕道格拉斯 · C. 诺思：《理解经济变迁过程》，钟正生、邢华译，中国人民大学出版社，2013，第 2 页。

② 参见王克稳《我国集体土地征收制度的构建》，《法学研究》2016 年第 1 期。

③ 参见尹田《民法思维之展开》，北京大学出版社，2008，第 257 页。

还是村委会指定或者内定，从目前的资料来看，后者的可能性应该是非常大的。与此同时，公司治理中重要的权利为股东表决权，由于股东与公司意思决定的结果具有直接的利害关系，意思决定承担风险者拥有对该意思决定的决定权，是风险分配的一般原则，因而股东大会表决权必须分配给公司股东，成为股东共益权的重要内容。① 依据资本平等原则，只要不是没有表决权的优先股，相同出资的股权享有的权利是一样的。② 因而每一股享有一票表决权，这是各国公司立法的普遍做法，也是股东表决权平等原则的体现。③ 冼村实业有限公司在公司决策上实行一人一票而非一股一票，公司股东是否能够代表冼村村民的意思表示？特别是不少村民站在拆迁的对立面或者不愿意拆迁、对拆迁持怀疑态度时，上述的问题将会引发村民与村委会及其主导下的冼村实业有限公司的对立与冲突。

（三）地方政策与股东会决议的效力冲突

《广州市人民政府关于广州市推进“城中村”（旧村）整治改造的实施意见》提出，“城中村”全面改造专项规划、拆迁补偿安置方案和实施计划应当充分听取改造范围内村民的意见，经村集体经济组织 80% 以上成员同意后，由区政府报请市“三旧”改造工作领导小组审议。其中，涉及完善征收土地手续的，须在市“三旧”改造工作领导小组审定后，报请省人民政府批准。作为一个地方政府的实施意见，显然该意见对于城中村的改造具有重要的规范意义。然而，如果未获得 80% 以上成员同意，而后续又通过股东代表大会一致同意通过了旧改相应方案，那么能否以前一条件未成就，而否认后续股东代表大会决议的效力？事实上，冼村村民卢某、冼某等人向广州市中级人民法院、广东省高级人民法院提起行政诉讼。〔2014〕穗中法行终字第 210 号行政判决书、〔2014〕粤高法行终字第 1007 号行政判决书等多份法律文书显示，冼村村民卢某、冼某等人曾以涉案的规划许可行为未经冼村 80% 以上的村民通过，旧村改造的实施基础根本不存在为由，请求确认广州市规划局作出对冼村城市更新核发穗规地证〔2011〕84 号“建设用地规划许可证”的行政行为违法，广州市中级人民法院、广东省高级人民法院均不予支持，以“冼村实业有限公司于 2010 年 2 月召开股东代表大会，参会的 48 位股东代表一致表决同意以该公司作为旧村自主改造的主体去办理相关规划、用地等手续”为由予以驳回。广东冼村改造案例背后实际涉及社会基层治理与公司治理两种不同逻辑构架之间的矛盾与冲突，农村集体经济与公司治理有着迥然相

① 参见李建伟《“实质性剥夺”股东知情权的公司意思效力研究〈公司法解释四〉第 9 条的法教义学分析及展开》，《中外法学》2018 年第 5 期。

② 参见朱慈蕴、〔日〕神作裕之、谢段磊《差异化表决制度的引入与控制权约束机制的创新——以中日差异化表决权实践为视角》，《清华法学》2019 年第 2 期。

③ 参见赵旭东主编《新公司法制度设计》，法律出版社，2006，第 91 页。

异的制度逻辑，这是产生冼村僵局的一个重要因素。

四 进与退：两种治理背后的投资者逻辑与选择

（一）政府主导还是投资者主导？

广州等市的城市更新文件基本上规定了“政府主导”的原则，政府的主导有限，其所进行的工作往往限于前期的数据摸查、成本认定、文件发布、方案审批等，对于后期及其产生问题的动迁基本没有涉及，很多仅仅在于动迁僵局时出面进行“适度”的协调。也就是说，在旧城改造项目中动员搬迁、签订搬迁补偿协议等环节，所谓“政府指导”并没有更多实质性的作为。在实际中，更多采用的模式是投资方主导型模式，属于一、二级联动开发模式，投资方可以直接介入一级土地出让阶段，整个过程政府只需要进行一次招标，即在一级开发前就已经确定旧城改造项目的实施企业，既负责项目的拆迁安置补偿，也负责项目的二级开发销售。政府在提供改造方案的基础上，将改造用地和安置用地捆绑进行统一招标，完全交给开发商自行规划改造。① 在招标时，为了刺激开发商参与的积极性，政府不断释放红利，提供一些优惠政策，如税费减免、返还优惠等，开发商中标后，应自行通过渠道融资，独立进行项目拆迁补偿、安置、回迁和商品房建设，即开发商独自完成旧城改造项目的一、二级联动开发。② 投资商在旧城改造中获得政策红利与市场诱因，但同时直接面对旧城改造中的被拆迁方，被搬迁人与改造主体按市场规律自由协商。这样的协商式动迁，效率极低。③ 这种巨大的不确性也带来了高昂的交易成本，旧城改造不是简单涉及一个拆迁补偿的民事行为，政府的参与往往在动迁中会提高效率、减低成本，否则旧改中的投资者所获“刺激与报酬”同样会在动迁的拉锯战中变得无利可图，最后半途而废。④

（二）村民“不确定性”与拆迁成本

冼村改造中，通过征地拆迁，冼村村民可以获得相应的利益补偿，表面上看他们似乎是旧城改造中的利益主体之一，但实际上存在三种情形：第一，希望拆迁获益者，这一部分在冼村占多数，也是冼村整个动迁与旧城改造中影响进程的绝对因素；第二，

① 参见何芳、张青松、王斯伟《旧城改造投融资模式创新案例与分析借鉴——以政府债务风险控制为背景》，《中国房地产》2017 年第 36 期。

② 参见姚佐军《供给侧改革研究之三：供给侧改革中的热点问题笔谈》，《河南社会科学》2016 年第 5 期。

③ 另以广州市的前进路旧改项目与鱼珠新城旧改项目为例，该项目已近十年，据悉目前的动迁签约率不足 60%。参见瑞威资本《大湾区土地金融专题（上）——破解“三旧”改造工程中的动迁僵局》，搜狐网，http：//www. sohu. com/a/336988194_ 668672，最后访问日期：2019 年 8 月 18 日。

④ 巴泽尔曾指出，私人产权对私有制成分与公有制成分是同样必要的，因为这二者的区别并不在于是否存在私人产权。它们的区别在于采用何种组织形式，特别是给予生产者何种刺激和报酬。参见〔美〕Y. 巴泽尔《产权的经济分析》，费方域、段毅才译，上海人民出版社，1997，第 147 页。

拆迁附和者，这一部分在前期与冼村的关联已经较小，多在外谋业，所以我们也看到冼村在改制时的社区股东与社会股东划分，社会股东区别于留在冼村没有外出务工的“社区股东”，“社会股东在集体物业的股权分红上明显少于社区股东，而且没有选举权和被选举权，不能参与村务管理”①，而大多数拆迁附和者便属于该类；第三，不愿拆迁者，这一部分村民占少数，主要长期生活在冼村，以老者居多，拆迁导致对熟悉环境的依赖性也有可能被打破，生存成本也较之前增多，同时失去了赖以生存的土地以及依附于土地之上的诸如土地收益权、处置权等权益，他们的社会关系也会受到一定的影响，对未来不确定性的担忧使得他们不愿拆迁。

正如斯密德认为的，具有参与权的人愈多，给行事者带来的成本也愈大。② 上述的三类群体之间会有冲突。例如，希望拆迁获益者多为社区股东，而附和拆迁者多为社会股东，前者显然具有更多的权利，后者为了获得相同的权利自然会与之有所冲突。又如，希望拆迁者与不愿拆迁者，后者的子女多为希望拆迁获益者，使得他们之间的诉求有所不同，当然往往后者会随着前者的诉求而妥协。但是，这些所有的群体之间的利益冲突和诉求均不尽相同。在村委会官员贪腐的情况下，缺乏信息公开导致严重的信息不对称。③ 利益驱动促使村民自然而然地走在一起，超越简单的群体利益冲突，相对一致地对外，因为在此情况下所有人都变成了受害者。“拖”与“闹”的利益表达行为频繁实施，演变成诉讼、插红旗、上访、暴力、群体性事件等各种形式的维权和抗争性活动，村民以非正常的方式表达反对签约（或者反对不公平的签约）以及背后贪腐行为的利益诉求。④ 而拆迁者在这一过程中，有可能是旁观者，亦有可能是贪腐背后“不得不为之”的参考者，但最终的结果皆是拆迁的拖延与搁置。

（三）村民与投资者的耦合

动迁的僵局导致整个拆迁成本增加，文件中的“政府主导”与现实中的“投资者主导”，使得投资者在面对僵局时的举措有限，一方面通过政府来进一步协助动迁基本上不太现实，政府往往希望更少介入与被拆迁村民的直接对抗之中；另一方面，村委会的贪腐与村民的不信任，使得群体事件似乎变得更加理直气壮地、正当地、频繁地产生，而拆迁合同的拘束、公司治理的约束在此面前都变得孱弱。于是，地产商或者说投资者缺少自身保护的工具，却催生了村民与投资者在一定程度上的耦合，一种无

① 钟本章、李健民：《城中村改造中的“捆绑式抗争”——以广州冼村为例》，《广州大学学报》（社会科学版）2018年第10期。

② 参见〔美〕A. 爱伦·斯密德《财产、权利和公共选择——对法和经济学的进一步思考》，黄祖辉等译，上海三联书店、上海人民出版社，1999，第11页。

③ 参见陈若英《信息公开——强制征地制度的第三维度》，《中外法学》2011年第2期。

④ 参见钟本章、李健民《城中村改造中的“捆绑式抗争”——以广州冼村为例》，《广州大学学报》（社会科学版）2018年第10期。

奈下又各得其利的耦合。

在旧城改造过程中，政府的土地出让收益和开发商的给付报价（包括土地出让金和补偿费用）之间建立起直接联系。在拆迁成本相对不变的情况下，开发商支付给被拆迁户的相关补偿费用越低，就越有可能向政府支付更多的土地出让金。尽管开发商并不必然将剩余资金全部上交政府，但政府仍可以通过税收等其他方式获得收益。因此，从总体上看，地方政府的经济立场与投资者（开发商）的利益偏好相关，并与之结成利益共同体，一同推进拆迁改造工作。然而在实践中，政府并没有在动迁中发挥其应有的作用，拆迁进程缓慢，推进拆迁无非是要投资者释放更多的红利，提高补偿标准，于是对投资者而言，与其向政府支付更多的土地出让金，不如给予村民更多补偿。

进言之，这种给予村民更多的补偿并不足以使投资者获得更多的收益，不过是在给付上的“此起彼伏”，而更多的损失弥补显然需要另辟蹊径。我们看到，冼村村民的要求往往不仅是赔偿标准的提高，还在于人口规模、配套服务水平等方面的扩大与提升。[①] 例如要求扩大居住人口规模，同时要求升级并扩大集体产业，完善公共服务设施，又如要求新增两条道路，并建设地铁 13、18 号线冼村站，新建立交桥，建立共享地下停车场，等等。不仅如此，村民还要求扩大教育规模，即提升用地与招生指标，而这也对应着紧缺教育资源背后的“学区房”。

所有这些要求，对于投资者而言却是有利的。因为公共服务的设施由政府提供，人口规模、教育用地等指标亦由政府来调控，通过投资者向政府提出调整要求并不容易，但对于被拆迁的村民而言，这些要求也显然具有正当性且顺理成章。投资者作为负责整个旧城改造的公司股东，显然会极大地获益于这些政府的指标调整，投资者与村民在这一点上达成了耦合。

五　《土地管理法》修订的功能与局限

新修订的《土地管理法》删除了原第 43 条“任何单位或个人需要使用土地的必须使用国有土地”的规定，同时将第 63 条修订为，“土地利用总体规划、城乡规划确定为工业、商业等经营性用途，并经依法登记的集体经营性建设用地，土地所有权人可以通过出让、出租等方式交由单位或者个人使用，并应当签订书面合同，载明土地界址、面积、动工期限、使用期限、土地用途、规划条件和双方其他权利义务”，增加规定“集体经营性建设用地出让、出租等，应当经本集体经济组织成员的村民会议三分

① 参见杨华、罗兴佐《农民的行动策略与政府的制度理性——对我国征地拆迁中“闹大”现象的分析》，《社会科学》2016 年第 2 期。

之二以上成员或者三分之二以上村民代表的同意”，同时规定了通过出让方式取得的集体经营性建设用地使用权“可以转让、互换、出资、赠与或者抵押”。该规定为集体经营性建设用地入市提供了合法性支撑，但很多方面的问题仍未得到解决。

（一）功能：“三分之二”效力标准的意义

前面提及《广州市人民政府关于广州市推进“城中村”（旧村）整治改造的实施意见》提出，“城中村”全面改造专项规划、拆迁补偿安置方案和实施计划应当“经村集体经济组织80%以上成员同意”，这显然与我们通常的三分之二表决权并不一致，这种不一致也正是后来冼村村民提起诉讼的重要原因。2010年2月4日，天河区城改办、冼村街道办事处及冼村实业有限公司股东代表48人举行股东大会并表决，作为权利实际享有人的村民对此并不知情，通过的该表决也未进行公示、通知与宣布，在村民看来，表决程序存在瑕疵。尽管广州市中院与广东省高院皆支持“公司治理模式”下的多数决效力，判决村民败诉，但正如前面论述所指出，其本质是“公司治理”与“基层社会治理”的逻辑冲突。① 在严格意义上，政府提出的80%以上成员同意，超出了三分之二的要求，这个比例的产生也缺乏应有的依据与支撑，更缺少与现行法律法规的衔接。新修订的《土地管理法》明确了三分之二的要件，一方面使得各地政策所规定的比例有据可依，另一方面至少在表面上也与《公司法》关于重大事项经三分之二有表决权股东同意生效的一般规定有所应照，是不是为在旧城改造中以村集体成立公司来进行运营的模式奠定基础，我们不得而知。② 但是如果依此执行，可以将各地试点所规定的不同比例条款进行统一，在某种程度上衔接公司治理与基层社会治理在决策通过的效力上的差异。

（二）局限：具体执行中的疑问与偏差

《土地管理法》作为公法，亦涉及诸多与私法关联、协调的内容，这就要求“《土地管理法》的修订应坚持兼顾土地的资源与资产双重属性原则、物权平等或一体保护原则、民事权利对行政权力制约原则、行政管理手段与市场调节手段协调使用原则、平衡多方主体利益原则、相关法律彼此衔接的原则”③，从目前修订后的《土地管理法》来看，其对公共利益进行了界定，增加了宅基地户有所居的规定，特别在集体建设用地入市上的突破更是意义深远，但实际运行中很多方面仍待完善。

---

① 参见周庆智《基层社会自治与社会治理现代转型》，《政治学研究》2016年第4期。

② 集体建设用地使用权投资入股作为集体建设用地使用权流转的又一形式，已为部分地方立法所确认。参见《广东省集体建设用地使用权流转管理办法》第12条第1款、《安徽省集体建设用地有偿使用和使用权流转试行办法》第2条、《湖北省农民集体所有建设用地使用权流转管理试行办法》第2条。

③ 陈小君：《我国〈土地管理法〉修订：历史、原则与制度——以该法第四次修订中的土地权利制度为重点》，《政治与法律》2012年第5期。

1. 表决主体的疑问

新修订《土地管理法》关于“村民会议三分之二以上成员或者三分之二以上村民代表的同意”的规定实施问题存疑。根据《村民委员会组织法》的规定，村民会议由 18 周岁以上的村民组成，而村民代表由村民按每五户至十五户推选一人，或者由各村民小组推选若干人。也就是说，村民会议与村民代表的三分之二是完全不同的范畴，依文本之表达，应当是两种表决方式择一即可，两者具有同等之效力，但相较于村民会议，显然村民代表的形式具有更多的可操作空间，特别是在前期以村委会为主要对接主体的旧城改造模式中，存在诸多信息不对称的情形，中间庞大的利益空间完全可能导致为通过相应出让、出租方案，在村民代表的产生与方案表决程序上出现预置性的安排，如何进行规避需要进一步的规定。

2. 村民到股东的角色转换问题

新修订的《土地管理法》规定集体建设用地通过出让、出租等方式交由单位或者个人使用，签订在书面合同中。那么合同的主体是谁？一方应当是受让或承租的单位与个人，那另一方呢？根据《宪法》的规定，我国集体所有权是指农民集体对集体财产享有的占有、支配、使用、收益和处分的权利——集体土地所有权属于其中之一种，并未明确什么是农民集体。如以我国之地域界分，主要是村，当然也包括村小组与乡镇，其在法律上并没有独立之主体资格，所以在之前的实践上，更多的是由村委会来履行这个职责。① 进言之，如果涉及旧城改造，往往需要新的治理模式，甚至需要新的投资者，故通过公司来进行集体财产的运营就变得尤为必要。然而如果成立公司，村民的身份又是如何，直接成为该公司之股东吗？显然法律对于这一块没有规定。因为就逻辑上而言，集体所有权属于村民集体/农民集体，而不是村民个人，如果成立公司，那么也仅仅是村民集体成了其中的股东，而非村民个人，村民个人并不当然地成为其中的股东。而在公司中所选出的股东代表，其本身在法律关系上代表的是村民集体，而不是村民个人。

回到第一个关于表决主体的问题。显然，旧城改造中的股东代表并非村民代表，如何建立村民代表或者村民会议与股东、股东会、股东代表在法律上的关系值得思考，也是在冼村旧改中，村民提起行政诉讼之原因，其关系到整个程序正当性的问题，也是解决旧城改造进程中基层社会治理与公司治理的关键事项。

3. 决议内容的模糊

新修订的《土地管理法》第 63 条第 2 款明确规定集体建设用地的出租、出让等，

① 参见曲相霏《消除农民土地开发权宪法障碍的路径选择》，《法学》2012 年第 6 期。

需“村民会议与村民代表的三分之二”通过，而第 63 条第 1 款指出，出租、出让需签订书面合同，合同中应载明土地界址、面积、动工期限、使用期限、土地用途、规划条件和双方其他权利义务。关于此条的规定，不免有如下模糊之处：第一，村民会议与村民代表的三分之二规定所指向的决议内容，仅仅限于“出租、出让”，还是包括整个书面合同关于面积、期限、规划条件、其他权利义务等内容，不无疑问；第二，如果决议内容仅限于“出租、出让”，那么后续条件的谈判应当由谁来参与、参与者通过什么样的方式产生；第三，如果整个决议内容包括书面合同之全部条款，这些复杂烦冗的条款若经此程序逐一表决，是否也会存在效率上的问题。

4. 合同之间的重叠问题

由农村集体所签订之出租、出让协议，不论是以农村集体为基础成立的公司，还是以村委会为主体，与旧城改造作为投资者一方与每个村民所签订的拆迁补偿协议之间亦存在冲突。如果农村集体经过集体表决同意出租、出让，亦达成了相应的出租、出让协议条款，但涉及后续拆迁协议未能达成，出租、出让协议之目的亦不能实现。换句话说，所有出租、出让之协议真正能够实现，并不在于其本身签订，而在于拆迁协议的顺利签订。回到《广州市人民政府关于广州市推进“城中村”（旧村）整治改造的实施意见》，其规定“经村集体经济组织 80% 以上成员同意”所涉内容为“城中村”全面改造专项规划、拆迁补偿安置方案和实施计划，如是，所谓的三分之二出租、出让协议完全可能虚置，难以得到执行。如果是以农村集体为基础成立公司的模式来运行，亦经过《土地管理法》三分之二的合法程序来达成出租、出让协议，但补偿诉求不一、动迁受阻必使该出租、出让协议形同虚设，背后仍是公司治理与基层社会治理之间的冲突。

六　和解：信托架构下旧城改造的制度安排

旧城改造中的治理模式的探索与演进伴随着制度的变迁，诺斯将制度变迁的过程描述为，一种相对价格的变化使交换的一方或双方感知到：改变协定或契约将能使一方甚至双方的处境得到改善，因此，就契约进行再次协商的企图就出现了，然而，契约是嵌套于规则的科层结构之中的，如果不能重构一套更高层面的规则，再协商或许就无法进行。在此情况下，希望改进自身谈判地位的一方就极有可能投入资源去重构更高层面的规则。① 回到冼村案例中，我们不难理解，那些拆迁合同同样是“嵌套于规则的科层结构”之中的，因为不管是投资者也好、政府也好、被拆迁村民也罢，都在

① 参见〔美〕道格拉斯 · C. 诺思《制度、制度变迁与经济绩效》，杭行译，上海人民出版社，2008，第 119 页。

寻求重构更高层面的规则与制度，“通过建立一个人们互动的稳定（但不一定是有效的）结构来减少不确定性”。[①] 显然，此次《土地管理法》的修订并没有，也不可能形成这样一个“减少不确性”的结构，其仅仅在于通过制度设计允许农村集体建设用地入市的合法性问题，而这一问题是一个在各地实践中早被绕开、避而不谈、被默认的问题，未来需要更多投入的仍旧在于如何通过公司制的方式达至旧城改造中相关决议与协议效力的确定性问题，核心也是要解决公司治理与基层社会治理的衔接问题，在合法性支撑下实现制度与身份的衔接——从村委会到公司、从村民到股东的衔接问题，否则强行引入公司制，不过是在具体运作中让所有问题与矛盾回到了原点，公司经过法定程序作出的所谓“确定性”的决议效力一样可能被推翻。显然，在这一问题中，政府的角色仍待加强，所有权归属于所谓的农村集体，但利益配置的权力在政府。除此之外，以信托来构建整个旧城改造中的法律关系，也是一个可能的路径。

第一，以信托之方式来构建与明确旧城改造载体公司的股东。目前以公司为旧城改造的载体的模式，很多以村委会、居委会为股东，其作为股东，在法律上是可行的——根据《公司登记管理若干问题的规定》（国家工商行政管理局令〔1998〕第 83 号）第 18 条、第 19 条，村民委员会、居民委员会可以作为有限责任公司的股东——但是村委会、居委会作为群众自治之组织来运营公司，不仅与其设立目的相悖，也超越了其能力，还滋生腐败，似有不妥。也有以村委会、居委会关联之人员为股东来设立公司的，更是缺乏正当性。除此之外，还有以更上一级政府所设的平台公司来专司旧城改造相关项目的，其决策本身仍需受相关被拆村民意见决策，完全可能虚设。本文认为，旧城改造的村民本为实际之受益人，但以其为股东无论在前期操作中，还是后期治理中皆不现实，可考虑通过信托来集合村民之利益，以委托人与受托人（托管人）之关系重构旧城改造所涉法律关系，以受托人为公司股东代表委托人（村民）之利益来行使股东之权益。至于受托人与委托人之间的权利义务关系，包括委托人对受托人的约束可以相应的信托合同进行约定。

第二，以信托之方式可解决决议主体的正当性与合理性问题。前面提及现行《土地管理法》将“村民会议与村民代表的三分之二同意”作为农村建设用地出租、出让有效之要件，该条并没有解决谁作为出租、出让之主体问题；就算其后成立公司，如前所述，仍旧面临从村民身份到股东身份如何进行转换，如何进行表决、运营、治理的问题。但是若以上述信托模式为基础，我们可以将整个出租、出让分为两个关系：村民会议与村民代表的三分之二同意解决的是出租、出让的合法性问题，其体现了基

① 〔美〕道格拉斯 · C. 诺思：《制度、制度变迁与经济绩效》，杭行译，上海人民出版社，2008，第 7 页。

层治理的民主性与稳定性要求，同样其通过三分之二来决定信托的架构、决定委托谁、如何行使相应权限，从而实现了间接的公司治理目的①；作为受托人，也是旧城改造运营公司的股东，其代表了村民的利益，也实现了公司治理所需要的效率性、管理性、权益的清晰性、决策的有效性等要求。这两层关系，使得原来混在一起的身份关系区分开来，村民仍是村民，其享有相应权益，委托更为专业的人来管理自己的权益，而不必强行将村民变为股东；如果受托人有损村民之利益，一样可通过“三分之二”条款来解除相应的委托。

因此，在本文看来，信托的架构在旧城改造中可以厘清诸多法律关系的问题，特别能够在很大程度上理顺公司治理与基层治理的冲突问题，让整个公司治理由基层治理更为合理、合法地延展出来，而非突兀地由外在于村民利益的第三方通过公司治理的方式侵害村民利益，最后导致治理的无效性。当然，具体操作中如何执行，受托人如何选择、如何撤换、如何承担责任，利益如何分配等，仍需我们进行更为深入的探讨与分析。

① 在信托架构下，很多政府规定的旧改专项方案往往超过了三分之二的比例，如广州市的规定为“经村集体经济组织 80% 以上成员同意”，这些比例完全可以变更为三分之二的标准。因为受托人，而不是村委会或其他第三方来代表村民的利益之时，通过超高比例所欲达到的保护村民利益、维护基层治理的目的，就显得没有必要了，毕竟受托人由村民会议或代表的多数来决定。

农村土地制度改革

承包地“三权”分置中土地承包权的法解释*

谭贵华**

摘　要：理论界对于承包地“三权”分置中土地承包权的法律构造的分歧，很大程度上源于对土地承包权的语义持不同理解。《农村土地承包法》将土地承包权解释为土地承包资格进而定性为成员权，不仅符合文义解释、体系性解释的逻辑要求，而且同样能够实现相关制度安排的政策目标，还能避免增加理解上的负担，可谓最佳的选择。基于其性质进行逻辑阐释，土地承包权主要包括承包土地请求权、承包地征收补偿权、土地承包权退出补偿权三项权能。

关键词：三权分置；土地承包权；土地承包经营权；农村土地承包法

承包地“三权”分置是党的十八大以来我国农村改革的一项重大制度创新。根据2016年中共中央办公厅、国务院办公厅印发的《关于完善农村土地所有权承包权经营权分置办法的意见》（以下简称《三权分置意见》），“三权”分置是“将土地承包经营权分为承包权和经营权，实行所有权、承包权、经营权分置并行”。2018年修订的《中华人民共和国农村土地承包法》（以下简称《农村土地承包法》）以立法的形式确认了“三权”分置的基本制度安排，其第9条规定，“承包方承包土地后，享有土地承包经营权，可以自己经营，也可以保留土地承包权，流转其承包地的土地经营权，由他人经营”。第二章“家庭承包”专门设置一节对土地经营权作了较为详细的规定。但值得关注的是，对于“三权”分置政策提出的另一项“新型”权利——土地承包权，该法除了第9条有明确但也极为简单的规定外，其他条文未再见土地承包权概念及相应的直接性规定。这样一种立法构造给妥适理解土地承包权带来了困境。尽管自“三权”分置政策提出以来，学界就土地承包权的法律构造，如性质、权能等展开了不少研究，但观点纷呈，至今仍未完全达成共识。这意味着仍有必要作进一步探讨，而且随着《农村土地承包法》的修订出台，我们需要站在一个新的起点上展开解释性研究。

---

* 本文系作者主持的国家社科基金项目“土地经营权入股的风险管控与制度构造研究”（19BFX148）的阶段性成果。

** 谭贵华，西南政法大学与贵州省社会科学院联合培养博士后研究人员，西南政法大学中国农村经济法制创新研究中心研究人员，法学博士。

一　土地承包权的语义歧义与法律语义厘定

“三权”分置中的土地承包权，究竟是按文意理解为农村集体经济组织成员取得承包土地的资格（承包资格说），还是理解为土地承包经营权或是派生出土地经营权的土地承包经营权的简称（承包经营权说），这在学界尚存争议。诚如有学者指出，2018 年修订的《农村土地承包法》在法律话语的选择方面持续纠结、摇摆、模糊的立法心绪，致使法律术语使用上芜杂难辨，导致土地承包权是财产权还是承包资格不明等问题，从而导致立法设计整体逻辑体系有失严谨，制度表述背离常理。[①] 意欲廓清土地承包权的内涵，首先需要厘定其语义。

（一）土地承包权的语义歧义问题

无论是承包资格说还是承包经营权说的持有者，基本上认同，就文义而言，土地承包权是指本集体经济组织成员依法承包土地的资格。在此意义上，2002 年制定的《农村土地承包法》第 5 条即已经规定了此种权利[②]，尽管其没有明确使用“土地承包权”的概念。[③]《农村土地承包法修正案草案初审稿》第 6 条第 2 款对土地承包权进行界定，并将其定义为“农村集体经济组织成员依法享有的承包土地的权利”。不过后续的修改方案又将其删除，最终版本亦未予以明确界定。2018 年修订的《农村土地承包法》第 5 条延续了旧法的规定，就此，全国人大法工委专家组织编写的《释义》明确指出，该条的一项基本含义是“每个农村集体经济组织的成员都享有土地承包权”。[④]

各方的分歧在于是否需要对“三权”分置中的土地承包权进行重新界定或者说赋予其新的含义。在探讨政策转化为法律规则的构造论中，一派观点主张，土地承包权理应是独立于土地承包经营权的一种权利类型，应将其作为一种独立的权利予以法律构造。[⑤] 而另一派观点则指出政策中的“土地承包权”不同于 2002 年《农村土地承包

① 参见陈小君《土地改革之“三权分置”入法及其实现障碍的解除——评〈农村土地承包法〉修正案》，《学术月刊》2019 年第 1 期。

② 2002 年制定的《农村土地承包法》第 5 条规定：“农村集体经济组织成员有权依法承包由本集体经济组织发包的农村土地。任何组织和个人不得剥夺和非法限制农村集体经济组织成员承包土地的权利。”

③ 参见丁文《论“三权分置”中的土地承包权》，《法商研究》2017 年第 3 期；高圣平《农地三权分置视野下土地承包权的重构》，《法学家》2017 年第 5 期；高海《“三权”分置的法构造——以 2019 年〈农村土地承包法〉为分析对象》，《南京农业大学学报》（社会科学版）2019 年第 1 期。

④ 黄薇主编《中华人民共和国农村土地承包法释义》，法律出版社，2019，第 25 页。

⑤ 参见高飞《土地承包权与土地经营权分设的法律反思及立法回应——兼评〈农村土地承包法修正案（草案）〉》，《法商研究》2018 年第 3 期；丁文《论“三权分置”中的土地承包权》，《法商研究》2017 年第 3 期；丁文《论土地承包权与土地承包经营权的分离》，《中国法学》2015 年第 3 期；谭贵华《农村土地“三权分置”的法律表达》，《北方法学》2018 年第 5 期。

法》等立法规定的土地承包权，也不是“三权”分置后新生的一种权利，实际上对应的是法律上的“土地承包经营权”，或者说，它“只是发生了土地经营权流转的土地承包经营权的简称”，不过，无须也不宜重新确定其名称，沿用“土地承包经营权”概念予以指称较为妥当。① 另有学者虽然认为政策上的土地承包权应理解为土地承包经营权，或者说特指派生出经营权的土地承包经营权②，但指出为便于区分，“分置出土地经营权的土地承包经营权称为土地承包权”。③

2018年修订的《农村土地承包法》第9条在确认“三权”分置的法律表达时，将“土地承包权”与“土地承包经营权”并行规定其中。就此，究竟是将二者理解为相互独立的权利类型，还是将土地承包权解读为土地承包经营权的简称或代称？有学者指出，“这里的‘土地承包权’，就是派生出土地经营权之后的土地承包经营权的简称，并不表明承包地产权结构中还存在一个土地承包权。否则，法典中应当对土地承包权的性质和内容作出规定”。④ 全国人大法工委专家组织编写的《释义》没有直接、明确回应土地承包权的含义问题，但指出，之所以规定承包方流转土地经营权后“保留土地承包权”，是为了消除承包农户“担心流转期限或者承包期限届满后是否还享有土地承包经营权”的顾虑。⑤ 这似乎暗指第9条中的土地承包权应理解为土地承包经营权。全国人大农业与农村委员会专家组织编写的《释义》亦基本上作出了类似的阐释。⑥

另有学者基于“体系化解释”明确指出，新法确立了两种土地承包权：一是蕴含于第5条的成员权性承包权；二是规定于第9条的用益物权性承包权。第9条规定的“土地承包权”不应理解为承包资格，而是指实际取得承包地的权利，是承包方流转土地经营权后剩余的土地承包经营权的简称或代称，主要有两点理由：其一，成员权性承包权基于成员资格享有或丧失，不因土地经营权流转而受影响，不需要立法特别强调；其二，新法第44条规定承包方流转土地经营权后，其与发包方的承包关系不变⑦，表明其仍然享有土地承包经营权，这即对应“保留土地承包权”。⑧

---

① 参见高圣平《农地三权分置视野下土地承包权的重构》，《法学家》2017年第5期；高圣平《承包地三权分置的法律表达》，《中国法学》2018年第4期。同类观点，还可参见李国强《论农地流转中“三权分置”的法律关系》，《法律科学》2015年第6期。

② 参见蔡立东、姜楠《农地三权分置的法实现》，《中国社会科学》2017年第5期。

③ 蔡立东：《土地承包权、土地经营权的性质阐释》，《交大法学》2018年第4期。

④ 高圣平、王天雁、吴昭军：《〈中华人民共和国农村土地承包法〉条文理解与适用》，人民法院出版社，2019，第45～46页。

⑤ 参见黄薇主编《中华人民共和国农村土地承包法释义》，法律出版社，2019，第44页。

⑥ 参见何宝玉主编《中华人民共和国农村土地承包法释义》，中国民主法制出版社，2019，第28～29页。

⑦ 2018年修订的《农村土地承包法》第44条规定：“承包方流转土地经营权的，其与发包方的承包关系不变。”

⑧ 参见高海《“三权”分置的法构造——以2019年〈农村土地承包法〉为分析对象》，《南京农业大学学报》（社会科学版）2019年第1期。

从当前各方的认知来看，土地承包权在《农村土地承包法》这一语境中被人们主观地赋予了一种新的含义，使其成为一个不确定的法律概念，出现了语义歧义，即一个法律概念与多种不同的语义发生关联，而且属于“在同一语境中拥有不同的意义”的“不连贯”情形。在此情形下，不同的受众在同一语境中可以不同的方式来运用同一个概念，而它们之间又彼此不相容，从而造成逻辑矛盾。① 有关制度设计被批评存在“整体逻辑体系有失严谨、制度表述背离常理”的问题，很大程度上也正是因为如此。

（二）基于法律逻辑厘定土地承包权的法律语义

总的来看，在立法构造论中，承包资格说和承包经营权说的分歧导源于认知依据和解释路径存在差异。大体上，前者侧重通过法律解读找依据，并立足已有立法规定和尽可能降低修法成本进行构造；后者则主要从政策解读找依据，并试图进行重构。例如，作为承包经营权说的代表性学者，高圣平教授一方面认可《农业法》和2002年制定的《农村土地承包法》规定了土地承包权，其指的是承包土地的资格，但另一方面指出，根据《深化农村改革综合性实施方案》《“三权分置”意见》等文件的表述，政策上的土地承包权“绝不仅仅只是《农业法》和《农村土地承包法》意义上的‘土地承包权’，不仅仅蕴含着本集体成员所拥有的承包土地的资格，而且是具有‘使用、流转、抵押、退出承包地等各项权能’的财产权”。其由此提出政策上的土地承包权对应的并不是现行法上的土地承包权，而是土地承包经营权。②

事实上，根据上述两个政策文件的相应表述，并不能当然得出其中的土地承包权“明显就是‘土地承包经营权’”的结论。例如，就其援引的《深化农村改革综合性实施方案》中“稳定农户承包权，就是要依法公正地将集体土地的承包经营权落实到本集体组织的每个农户”。从文意来看，“落实”一词表明从“承包权”到“承包经营权”有一个实现的过程，即农户基于享有承包权而有权依法取得土地承包经营权，发包方有义务依法将承包地发包给农户。由此，将土地承包权解读为承包土地的资格更为恰当。至于《“三权分置”意见》指出的“土地承包权人对承包土地依法享有占有、使用和收益的权利”，同样可以甚至宜解读为，土地承包权人在依法取得承包地后享有相应的权利，这里亦有一个从“承包权”到“承包经营权”的转化过程，相应的占有、使用和收益权利应归入土地承包经营权的范畴。

退一步来讲，即便可对有关政策表述作出不同的解读，在《农村土地承包法》中予以落实时也应尊重法律的逻辑，而不是通过对土地承包权进行重新界定的方式硬植入立法中，即不宜在《农村土地承包法》中明确引入另赋含义的“土地承包权”概

① 参见雷磊《法律概念是重要的吗》，《法学研究》2017年第4期。

② 参见高圣平《农地三权分置视野下土地承包权的重构》，《法学家》2017年第5期。

念，形成承包地产权的复杂结构。[①] 当下，既然2018年修订的《农村土地承包法》第9条已经明确规定了“土地承包权”，从法解释学的角度，则宜努力将其解释为承包资格，与第5条蕴含的土地承包权一致。应当说，作出此种理解，不仅可以避免逻辑矛盾，而且同样能够契合政策目标。

概念的塑造和使用应尽可能清晰和方便地说明制度设计的逻辑关系，同时减轻思维者的工作负担。[②] 一个概念在不同语境中拥有不同语义并无不可，但在同一语境中则应避免此种情形，否则会造成逻辑矛盾。[③] 2002年《农村土地承包法》出台以前，理论界与实务界很多时候使用“土地承包权”指称今日所谓之“土地承包经营权”，立法确立“土地承包经营权”这一表述后，虽然受惯性影响，这种概念混用情况并未完全消失[④]，但至少在立法层面，这二者的区分基本为各界共识。事实上，明确区分土地承包权和土地承包经营权，并以前者指称承包资格，而以后者概括指称权利人享有对承包地占有、使用、收益和流转等权利，这更符合语义逻辑和人们理解习惯。而2002年制定的《农村土地承包法》对于土地承包权和土地承包经营权的立法构造，很大程度上反映了此种考量。若现在于《农村土地承包法》中又重新赋予土地承包权指称土地承包经营权的含义，将出现同一部立法中有两种不同表征和含义的土地承包权、土地承包经营权，这反而会增加理解上的混乱。

按前述有关学者的解释，承包资格本来就不因土地经营权流转而受到影响，没有必要规定“保留（成员权性）土地承包权”来特别强调，它真正要表达的是承包方流转土地经营权后依然享有土地承包经营权，以打消农户的后顾之忧。循此逻辑，立法不如直接表述为“保留土地承包经营权”更能清晰和方便地说明意图。诚然，如其所言“不强调亦不丧失成员权性承包权”，但这同样适用于土地承包经营权。正如所有权人为承包方设定土地承包经营权并不意味着丧失所有权，土地承包经营权人为他人设定一项土地经营权，并不意味着丧失土地承包经营权。析言之，“不需要特别强调”不意味着不可以强调。只是，既然将立法规定的“保留土地承包权”理解为特别强调某种政策精神，我们同样可以解释为，强调承包方不因流转土地经营权而丧失承包资格，流入方更不因取得土地经营权而取得承包资格，这无疑亦有助于进一步明确相关主体

① 参见高圣平、王天雁、吴昭军《〈中华人民共和国农村土地承包法〉条文理解与适用》，人民法院出版社，2019，第44页。

② 参见黄茂荣《法学方法与现代民法》（第5版），法律出版社，2007，第73页。

③ 参见雷磊《法律概念是重要的吗》，《法学研究》2017年第4期。

④ 例如邓大才《家庭土地承包权所面临的困难》，《农业经济问题》1999年第2期；陈小君等《农村妇女土地承包权的保护和完善》，《法商研究》2003年第3期；陈忠明、姜会明《从耕者有其田到耕者耕其田——基于土地承包权的流转》，《新疆社会科学》2019年第1期。这些研究中的“土地承包权”实为今日所谓“土地承包经营权”。

权利义务关系。将 2018 年修订的《农村土地承包法》第 9 条中的土地承包权理解为承包资格，不仅能够对接第 5 条的规定，而且同样能够衔接第 44 条有关“承包关系不变”的规定。农村集体经济组织成员享有土地承包权（资格），意味着土地承包关系限定在集体和成员之间，非成员与集体不能构成“承包关系”。析言之，承包方流转土地经营权并不影响其与集体的承包关系，其仍基于此种“承包关系”而对集体享有相应权利，承担相应义务，同时受让方并不因流转取得土地经营权而与集体建立承包关系。可以说，将土地承包权解释为承包资格，同样能够契合相应的政策目标（下文进一步展开）。

二　土地承包权的定性分歧与法律性质厘定

理论界对于土地承包权的性质界定主要有两派观点：一是成员权说，诸如资格权、分配权等界说亦均可归入其中；二是财产权说，具体包括用益物权等主张。这种性质界定上的分歧与人们对土地承包权的法律表达持不同态度相关。总体上，主张土地承包权与土地承包经营权相互独立的，一般将其界定为成员权；而主张土地承包权与土地承包经营权对应的，则往往将其界定为财产权。

（一）导源于语义分歧之成员权说与财产权说

1. 成员权说

例如，高飞教授指出土地承包权实为农村集体经济组织成员承包土地的资格，它明显不属于土地承包经营权的内容，而是外在于土地承包经营权的一种权利。在此基础上，其曾经提出在法律上以成员权对接政策上的土地承包权[①]，不过之后其在回应《农村土地承包法》的修法方案时亦提出将“土地承包权作为独立于土地承包经营权的权利”加以法律构造是一个务实之举。[②] 丁文教授指出，土地承包权是一种独立的权利类型，其在 2002 年制定的《农村土地承包法》中已有明确规定和明确含义，指的是承包土地的资格，这种资格的取得，以特定的“成员身份”为前提，具有明显的成员权属性，其定位，应是“具有财产性的成员权”。[③] 朱广新教授认为，土地承包权虽名曰权利，实则是一种承包土地的资格，或者说是一种分配权与资格权，且具有强烈的身份属性，不是一种可持续和长久行使的财产权利。[④]

① 参见高飞《农村土地“三权分置”的法理阐释与制度意蕴》，《法学研究》2016 年第 3 期。

② 参见高飞《土地承包权与土地经营权分设的法律反思及立法回应——兼评〈农村土地承包法修正案（草案）〉》，《法商研究》2018 年第 3 期。

③ 参见丁文《论土地承包权与土地承包经营权的分离》，《中国法学》2015 年第 3 期；丁文《论“三权分置”中的土地承包权》，《法商研究》2017 年第 3 期。

④ 参见朱广新《土地承包权与经营权分离的政策意蕴与法制完善》，《法学》2015 年第 11 期。

2. 财产权说

例如，蔡立东教授等认为，土地承包权对应的是土地承包经营权或者说是其行使受到经营权限制的土地承包经营权的代称，其实质是权利人对承包土地的使用和支配，而不是具有身份权性质的、集体成员承包土地的某种资格。若将土地承包权认定为成员权，可能危及农地承包关系的稳定，必然遮蔽其财产权属性，影响农地资源的配置效率。[①] 李国强教授认为，政策上的土地承包权在立法上应该对应的是土地承包经营权，但又不完全等同于土地承包经营权，“只是因承包经营权的部分权能让渡于经营权而产生新的权利内容，并非单纯承包土地这样一种权利资格”。“不管何种情况从集体获得的土地承包权是农户重要的财产权利，必须逐步凸显土地承包权的财产功能……强化土地承包权的物权功能。”[②]

（二）稳定农户承包权的意蕴与土地承包权的性质界定

基于前文所述，宜将土地承包权构造或解释为承包资格，在立法上将其与土地承包经营权予以明确区分。而鉴于土地承包经营权与土地承包权理应而且应当相互独立，自然也就不能基于它们存在所谓的对应关系而将土地承包权界定为财产权或者说用益物权。

此外，从“三权”分置改革特别提出“稳定农户承包权”的意涵来看，也宜将土地承包权的性质界定为成员权。根据前文对《深化农村改革综合性实施方案》有关“稳定农户承包权”表述的文义解读，将土地承包权解读为承包土地的资格更为恰当。而此种权利或者说资格的取得乃以成员身份为前提，自当将其纳入成员权的范畴。

进一步来看，就稳定农户承包权可从静态和动态两个层面来理解。在静态层面，稳定农户承包权的意涵与《农村土地承包法》第5条规定是契合的，即有权承包本集体经济组织发包土地的是本集体经济组织成员（以家庭为单位），由于每个集体经济组织成员在本集体经济组织中均享有成员权，每个成员都享有土地承包权，任何组织和个人不得剥夺和非法限制农村集体经济组织成员承包土地的权利。[③] 就此，2018年农业农村部等六部门联合印发的《关于开展土地经营权入股发展农业产业化经营试点的指导意见》也作了类似意思的重申，其指出“严格保护农户承包权，任何组织和个人都不能取代农民家庭的土地承包地位，都不能非法剥夺和限制农户的土地承包权”。

在动态层面，稳定农户承包权的根本意涵是，无论承包地怎么流转，土地承包权

---

① 参见蔡立东、姜楠《农地三权分置的法实现》，《中国社会科学》2017年第5期。

② 李国强：《论农地流转中“三权分置”的法律关系》，《法律科学》2015年第6期。

③ 参见黄薇主编《中华人民共和国农村土地承包法释义》，法律出版社，2019，第24~25页。

都属于集体成员内部的农户。[①] 若将土地承包权理解或塑造为财产权或者用益物权，按照通行理解，理应强化其可流动性而不是稳定性。我国有关土地经营权抵押的制度安排，如抵押客体是土地经营权而非土地承包经营权或土地承包权，抵押权实现须以“保证农户承包权”为前提[②]，亦体现了将土地承包权作为成员权而非财产权对待的精神。在 2014 年 1 月 22 日国务院新闻办公室就全面深化农村改革加快推进农业现代化举行的发布会上，时任中央农村工作领导小组副组长、办公室主任陈锡文同志即指出：“承包权大家都知道，什么样的农民可以承包本集体的土地呢？就是本村的农户才可以承包，所以它是一个成员权，成员权怎么去抵押呢？”[③]

将土地承包权界定为成员权，更多是要强调其身份性和非流转性，并不否定作为成员权，其权利主体得基于自益权受领或享受财产利益。[④] 诚然，纯粹从理论上讲，若以权利标的物为标准，基于土地承包权而取得土地承包经营权等财产权益，这亦体现出土地承包权具有财产权属性。但是，这种财产权属性更多基于成员权的权利内容而体现出来，在位阶上具有次要性。更为重要的是，在现实语境下，人们将土地承包权塑造为财产权，往往内含了增强其流转性的要求，而这与“稳定”农户承包权的政策精神并不契合。综合来看，从土地承包权的形成逻辑、规范表达和稳定农户承包权的制度意蕴等方面综合考量，宜将土地承包权的性质界定为成员权，或者按有关学者的说法，可界定为具有财产性的成员权。

三　土地承包权的权利内容廓清

土地承包权的权利内容与性质界定紧密关联。总的来看，由于对土地承包权的定性存在分歧，各界对其权利内容的认知也莫衷一是。大体上，将土地承包权界定为成员权时，往往强调其具有封闭性和不可交易、流转性[⑤]；而主张承包权为财产权，虽然也强调其封闭性，但一般不否认其可交易、流转性。[⑥] 不过，即便对土地承包权性质的看法基本一致，不同学者对其权利内容的认知也不完全相同，甚至存在对土地承包权的性质界定与权利内容的认知前后逻辑不够周延的问题。站在应将土地承包权定性为

---

① 参见农业部产业政策与法规司《准确把握农业农村经济运行新动向——对相关重要问题的分析与判断》，《农业经济问题》2012 年第 7 期。

② 参见 2018 年修订的《农村土地承包法》第 47 条，《国务院关于开展农村承包土地的经营权和农民住房财产权抵押贷款试点的指导意见》（国发〔2015〕45 号）。

③ 《国新办就全面深化农村改革、加快推进农业现代化举行发布会》，中国网，http：//www. china. com. cn/zhibo/2014 - 01/22/content_ 31249745. htm? show = t，最后访问日期：2019 年 8 月 16 日。

④ 参见王泽鉴《民法总则》，中国政法大学出版社，2001，第 188 页。

⑤ 参见叶兴庆《从“两权分离”到“三权分离”——我国农地产权制度的过去与未来》，《中国党政干部论坛》2014 年第 6 期。

⑥ 参见蔡立东、姜楠《承包权与经营权分置的法构造》，《法学研究》2015 年第 3 期。

成员权的立场，严格遵循这一逻辑起点进行阐释，土地承包权应包含以下三个方面的内容。

（一）承包土地请求权

承包土地请求权，也可称土地承包请求权或承包请求权[①]，是指就土地承包依法要求农村集体经济组织为特定行为（含作为和不作为）的权利。土地承包权作为一种承包土地的权利或者说资格，具有承包土地请求权这项内容，当属其应有之义。有学者甚至指出“所谓的承包权即为农村集体组织成员权中的承包土地请求权”。[②] 不过，一般认为“请求权乃权利的表现，而非与权利同属一物”[③]，或是站在区分权利与权利内容（权能）的立场，将承包土地请求权作为土地承包权的权利内容更为恰当，而且承包土地请求权只是土地承包权所应包含的最为核心但不是唯一的内容。

具体来看，根据不同的适用情形，可将承包土地请求权进一步细化为如下内容。（1）初始发包时的承包土地请求权。主要表现为在初始发包时，依法表示参与土地承包、讨论通过承包方案、签订承包合同等权利。（2）延包或者说续期时的承包土地请求权。按有关学者的说法，可称为继续承包权，即承包到期后，依法继续承包（延期）的权利。[④]（3）承包地调整时的承包土地请求权。主要表现为依法申请或反对发包方调整承包地的权利。承包地调整在性质上属于土地承包而非流转的范畴，宜将相应请求权纳入土地承包权而不是土地承包经营权或土地经营权的内容之中。（4）承包地收回时的承包土地请求权。主要表现为要求发包方不得违法认定丧失农村集体经济组织成员身份进而据此收回承包地的权利。如果不涉及成员身份而以其他事由收回承包地，实际上侵犯的是土地承包经营权，权利人乃基于土地承包经营权寻求救济。

承包方流转承包地的土地经营权后仍保留土地承包权，此时土地承包权所蕴含的承包土地请求权实际上指向的是后面三种请求权。强调承包方流转土地经营权后仍享有这些权利内容，有助于防止发包方“趁虚而入”，在承包地延包、调整和收回中滥权，以确保“土地承包关系稳定并长久不变”政策的实施。[⑤] 承包土地请求权可以放弃，但这属于权利行使环节的放弃，不等同于放弃土地承包权（资格），只是因为放弃行使相应的权利而可能无法获得现实的利益。

---

① 参见丁文《论“三权分置”中的土地承包权》，《法商研究》2017 年第 3 期。

② 高飞：《土地承包权与土地经营权分设的法律反思及立法回应——兼评〈农村土地承包法修正案（草案）〉》，《法商研究》2018 年第 3 期。

③ 王泽鉴：《民法总则》（修订本），北京大学出版社，2009，第 75 页。

④ 参见肖鹏《农村土地“三权分置”下的土地承包权初探》，《中国农业大学学报》（社会科学版）2017 年第 1 期。

⑤ 参见管洪彦、孔祥智《“三权分置”下集体土地所有权的立法表达》，《西北农林科技大学学报》（社会科学版）2019 年第 2 期。

值得关注的是，有学者一方面将土地承包权定性为成员权，但另一方面指出承包农户流转土地经营权，流转到期后承包期仍未届满，农户享有承包地返还请求权，这系承包土地请求权的一种具体表现，属于土地承包权的消极权能范畴。[①] 笔者以为，此种理解值得商榷。在逻辑上，既然将土地承包权的性质界定为成员权，则其所蕴含的承包土地请求权应是针对农村集体经济组织的请求权，由此，不宜将此种针对受让方的承包地返还请求权纳入承包土地请求权的内容之中。在现有农村土地制度框架下，作为成员权的土地承包权不具有流转权能。根据承包地“三权”分置改革精神和《农村土地承包法》的规定，承包方享有“依法流转土地经营权”的权利，可“流转”的是土地经营权。学界一般认为，土地经营权是土地承包经营权人为他人设定的一项权利。由此对应，针对受让方的承包地返还请求权应属于土地承包经营权的权利内容。捎带提及的是，既然土地承包权不能流转，自然也不存在基于土地承包权流转而享有流转收益的问题。有学者虽然将土地承包权界定为成员权，但又提出其权利内容包含“承包地转让收益权”，即以转让等物权性流转方式流转承包地时获取流转收益的权利[②]，这亦值得商榷。

（二）承包地征收补偿权

根据我国《土地管理法》第 47 条、《土地管理法实施条例》第 26 条的规定，土地征收补偿费包括土地补偿费、安置补助费和地上附着物及青苗补偿费三项。在这三项费用中，农户基于土地承包权参与土地补偿费、安置补助费的分配。其中有关安置补助费的支付方式需结合具体安置方式确定。

根据现行法规定，土地补偿费归农村集体经济组织所有。其原理是，土地征收的对象为集体所有的土地，征收的权利客体是集体所有权，因此将土地补偿费界定为“对征收造成的土地所有权丧失所给予的补偿”[③]，进而规定“土地补偿费归农村集体经济组织所有”。土地承包权作为成员权，其主体具有农村集体经济组织成员身份，自当有权据此参与土地补偿费分配。承包方流转土地经营权后仍保留土地承包权，据此，承包方享有对农村集体经济组织的土地补偿费分配请求权。在集体作出土地补偿费分配决议之前，该项请求权属于抽象意义上的请求权，附属于土地承包权，与成员资格不可分离，不能单独转让，即便土地经营权流转协议约定由受让方享有此项权利，亦不得对抗农村集体经济组织；在集体作出土地补偿费分配决议之后，该项请求权成为具体意义上的请求权，具有债权性质，可以单独转让。

值得进一步探讨的是，在分配土地补偿费时，是以农户为单位，依据农户的承包

① 参见丁文《论“三权分置”中的土地承包权》，《法商研究》2017 年第 3 期。

② 参见丁文《论“三权分置”中的土地承包权》，《法商研究》2017 年第 3 期。

③ 蔡立东、姜楠：《承包权与经营权分置的法构造》，《法学研究》2015 年第 3 期。

地面积，还是以户里面的具有成员资格的个体为单位，依据个体成员数量，来确定具体的分配金额。根据现行法律规定，无论是将农户还是个体成员作为土地承包权的主体，都能找到依据。理论界对于谁作为土地承包权主体，亦可谓莫衷一是。[①] 以户为单位分配，契合“增人不增地、减人不减地”的制度精神，但在一定程度上有违农民的朴素的公平观。以个体成员为单位分配，则反之。不得不说，这里确实存在一个两难困境。笔者倾向于原则上以农户为单位，依据农户的承包地面积来分配土地补偿费。毕竟以农户为土地家庭承包单位已经成为一种基本制度安排，而且土地补偿费的计算亦是以“土地”而非“人口数”为基准，这不同于安置补助费。

安置补助费按照需要安置农业人口数量计算。此外，尽管在计算安置补助费时原则上要结合人均占有耕地数量，但是2004年修订的《土地管理法》第47条亦规定，“土地补偿费和安置补助费，尚不能使需要安置的农民保持原有生活水平的，经省、自治区、直辖市人民政府批准，可以增加安置补助费”。这在一定程度上反映出，安置补助费有较为突出的针对个体成员的社会保障色彩。

（三）土地承包权退出补偿权

土地承包权退出补偿权是指承包权人自愿放弃土地承包权而获得相应补偿费用的权利。依据本文关于土地承包权的性质界定，土地承包权退出，指的是永久性放弃土地承包资格。退出土地承包权不同于一般所谓的退出或者说交回承包地。例如，根据2018年修订的《农村土地承包法》第30条的规定，在承包期内，承包方可以自愿交回承包地，其法律效果只是“在承包期内不得再要求承包土地”，并不意味着失去土地承包权。进一步来说，退出承包地可分为两种类型：一是指单纯的处分土地承包经营权；二是连同土地承包权和土地承包经营权一并处分。

基于以上认知，不应将土地承包权退出补偿权等同于承包地退出补偿权。有学者一方面将土地承包权界定为成员权，但另一方面在分析土地承包权退出时将其与承包地退出等同或混用，把承包地退出补偿权纳为土地承包权的权利内容[②]，这值得商榷。析言之，如果承包地退出不涉及土地承包权（资格）的退出，则相应的补偿属于放弃土地承包经营权的对价，所谓的补偿权应归为土地承包经营权的权利内容。当承包地退出同时涉及土地承包权退出时，其中才发生土地承包权退出补偿的问题。

现实中，承包地退出补偿很大程度上指的是放弃土地承包经营权的补偿，土地承

① 参见高海《“三权”分置的法构造——以2019年〈农村土地承包法〉为分析对象》，《南京农业大学学报》（社会科学版）2019年第1期。

② 参见吴爽《农民土地承包权有偿退出法律机制的建构》，《农村经济》2017年第9期；丁文《论“三权分置”中的土地承包权》，《法商研究》2017年第3期。

包权退出的补偿问题似乎被忽略了。土地承包权与农村集体经济组织成员身份紧密相连。当前，为了推进新型城镇化进程，各地政策总体上是鼓励符合条件的农村户籍人口进城落户、转变身份，但基于各方面的原因，不少人的退出动力不足，即便符合城市落户条件，即使基本上不会再回到农村种地，也要保留农村户口。对此，除了需要进一步健全农村经济组织成员身份强制丧失制度、户籍制度等制度体系外，就土地承包权退出给予一定的补偿，不失为一种激励选项。

四　结语

承包地“三权”分置中土地承包权的法律构造或者解释，需要立足法律逻辑，以尽可能低的修法成本和理解负担来落实相应的政策精神。虽然对于政策上提出的土地承包权的语义所指，在不同语境下可从不同角度予以不同理解，但是，在我国《农村土地承包法》已规定土地承包权且有明确含义的背景下，不宜对其进行颠覆性重构。总之，将土地承包权解释为土地承包资格，不仅符合文义解释、体系性解释的逻辑要求，而且同样能够实现相关制度安排的政策目标，还能避免增加理解上的负担，由此可谓最佳的选择。

土地经营权的改革解读与制度对接*

艾围利**

摘　要：新《农村土地承包法》试图坚持“三权分置”政策，同时继承旧《农村土地承包法》和追求多元化土地经营权流转方式，目标太多但整合不力。新法倾向于将土地经营权定性为一种用益租赁权，但权利定性与权利生成逻辑、“三权分置”政策并不协调，无法自洽。抛开“三权分置”政策，基于多元化流转方式生成的土地经营权可以是用益租赁权，也可以是用益物权，但基于“三权分置”逻辑生成的土地经营权只能是用益物权。可借鉴德国、意大利、我国澳门等国家和地区民法，在《合同法》中专门规定“农地用益租赁合同”；在《物权法》中将用益物权客体扩展至权利，构建权利用益物权；而《农村土地承包法》则对多元化流转方式下土地经营权的共性问题作出规定。

关键词：土地经营权；用益租赁权；权利用益物权

2018年12月29日第十三届全国人民代表大会常务委员会第七次会议通过了《关于修改〈中华人民共和国农村土地承包法〉的决定》。其中比较重大的修改之处是在第二章第五节专门规定了“土地经营权”，将土地经营权由“三权分置”下的政策规定上升为一项法定权利。但土地经营权的生成逻辑是什么，土地经营权是一种什么性质的权利以及如何与民法制度衔接，仍需进一步研究。

一　土地经营权的设立方式

（一）设立方式的概括式规定：新《农村土地承包法》第9条解读

旧《农村土地承包法》（简称“旧法”）并无“土地经营权”概念，虽然政策层面上土地经营权已非新事物，但在立法层面上新《农村土地承包法》（简称“新法”）第一次规定了土地经营权。新法第9条规定：“承包方承包土地后，享有土地承包经营权，可以自己经营，也可以保留土地承包权，流转其承包地的土地经营权，由他人经营。”本条概括式规定了土地经营权设立方式，即通过分割土地承包经营权设立土地经营权。

---

* 本文受上海师范大学校级文科项目资助，特此感谢。

** 艾围利，上海师范大学哲学与法政学院副教授，法学博士。

对于本条规定可以作出如下解读。首先，本条规定位于新法总则部分，在理论上应适用于新法全部。本法条应当既适用于第二章的“家庭承包”，也适用于第三章的“其他方式的承包”，是对土地经营权设立方式的一般性规定。其次，根据本条规定，承包方承包土地后，土地承包人自己经营时，其权利内容为土地承包经营权，而非土地经营权，土地经营权和土地承包经营权是两种不同的权利。因此新法第 49 条规定似有不妥①，将其他承包方式下承包方获得的权利界定为土地经营权，混淆了土地承包经营权和土地经营权。“其他方式的承包”也是承包，承包方享有的应为土地承包经营权而非土地经营权，从《物权法》第 133 条的规定来看也是如此。换言之，土地经营权应由土地承包经营权人设立，作为土地所有权人的农村集体发包设立的应为土地承包经营权而非土地经营权。最后，根据本条规定，土地经营权是土地承包经营权人将承包地流转给“他人”经营时所形成的一项权利。从本条规定来看，土地承包经营权人似乎不能为自己设立土地经营权，这与具体的土地经营权设立方式不协调。

（二）具体的设立方式：新旧法的继承与变革

虽然“土地经营权”在立法上是新事物，但新法第二章第五节“土地经营权”并非都是新内容，诸多法条是对旧法第二章第五节“土地承包经营权的流转”的继承。新法将原属于旧法第二章第五节中转让和互换的有关内容移至第二章第四节“土地承包经营权的保护和互换、转让”中。另外，对于“流转原则”“流转费用”“流转合同条款”“流转登记”“流转不影响原承包关系”等内容虽有修改，但大体内容仍和旧法保持一致，本文在此不进行比较，仅就土地经营权设立方式作出解读。

旧法第 32 条规定：“通过家庭承包取得的土地承包经营权可以依法采取转包、出租、互换、转让或者其他方式流转。”新法区分了转让、互换和出租（转包）、入股等流转方式。新法第 36 条规定：“承包方可以自主决定依法采取出租（转包）、入股或者其他方式向他人流转土地经营权，并向发包方备案。”这两条规定的都是经营权的流转方式，但新法将“土地承包经营权”的互换和转让移至第二章第四节中。变化在于新法认为互换和转让的对象是“土地承包经营权”，而出租（转包）、入股等方式流转的对象是“土地经营权”。这一变化显然并非条款位置的简单变动，实际上是新法认为“转让、互换”与“出租（转包）、入股等方式”存在本质区别。有学者主张前者为物权性流转，后者为债权性流转。② 笔者认为这种区分标准本身并不严谨。物权性流转和

① 新法第 49 条规定：“以其他方式承包农村土地的，应当签订承包合同，承包方取得土地经营权。当事人的权利和义务、承包期限等，由双方协商确定。以招标、拍卖方式承包的，承包费通过公开竞标、竞价确定；以公开协商等方式承包的，承包费由双方议定。”

② 参见张毅、张红、毕宝德《农地的“三权分置”及改革问题：政策轨迹、文本分析与产权重构》，《中国软科学》2016 年第 3 期。

债权性流转是对土地经营权为物权或债权的定性，还是对流转行为为处分（物权）行为或负担（债权）行为的定性？不论哪种界定，“转让、互换”属于物权性流转并无问题，“转让、互换”的对象，即土地承包经营权属于物权，“转让、互换”行为也属于处分行为。但将“出租（转包）、入股等方式”全部界定为债权性流转有待商榷。

出租和转包属于债权行为没有太大争议，但其他流转方式是不是债权行为需具体而论，土地经营权是不是债权也需另当别论。一方面，出资入股行为属于处分行为而非负担行为。处分行为是指“通过转让、废止、变更内容或设定负担等方式直接对某一项既有权利施加影响的法律行为”。[①] 负担行为是指以发生债权债务为其内容的法律行为。[②] 即便将土地经营权界定为债权，入股也是一种对债权的处分行为，不应把债权入股等同于与投资对象形成债权债务关系。前者是将一项既存的债权用于入股，而且一般是以对第三人的债权用于入股，后者是与投资对象创设新的债权债务关系，不应混淆。而且入股后形成的也不是债权债务关系，而是股权或合伙、合作等关系，入股不属于负担行为。入股是对既有权利转让或设定负担的行为，属于处分行为。另一方面，本条使用了“其他方式”，是一种兜底性表述，可包括处分行为。新法第47条规定了土地经营权担保，第53条则更明确规定了土地经营权抵押，这些流转方式属于典型的处分行为。

笔者认为“转让、互换”与“出租（转包）、入股等方式”的本质区别在于前者会导致原土地承包经营权的消灭，而后者原土地承包经营权仍有效。不管转让还是互换，原土地承包经营权均会消灭，只是互换会产生一项新土地承包经营权。新法第44条明确规定：“承包方流转土地经营权的，其与发包方的承包关系不变。”由此可见，在出租（转包）、入股等流转方式下，原土地承包经营权依然有效。

对于上述几种土地经营权流转方式，可分为流转中设立和设立后流转两种情形。所谓流转中设立是指土地承包经营权人无须先为自己设立一项“土地经营权”然后再流转，流转行为本身就是土地经营权设立行为。出租（转包）作为一种负担行为，其直接在流转行为中就为他人创设了一项新的债权——土地经营权。所谓设立后流转是指土地承包经营权人需要先为自己设立一项“土地经营权”然后再流转，流转行为本身不创设土地经营权，而是对土地经营权的处分。土地经营权抵押和入股属于处分行为，而处分行为是对“既有权利”的处分。虽然土地承包经营权包括“经营权能”，但不能混淆权能和权利，不能混淆土地承包经营权和土地经营权，更不能混淆入股、

① Vgl. BGHZ 101，24，26.

② 参见王泽鉴《民法总论》，中国政法大学出版社，2001，第262页。

抵押的行为主体。新法第 47 条同时规定了土地承包经营权人（承包方）和土地经营权人（受让方）以土地经营权担保。承包方以土地经营权担保的，土地承包经营权人需先为自己设立一项“土地经营权”，土地承包经营权人同为土地经营权人，然后方可对该既存的土地经营权进行处分。因为从程序上来说，入股需要验资，需要证明“土地经营权”已经存在。同时，根据物权客体特定原则，“要求物权支配的客体必须特定化，必须与其他物有明确肯定的区分”①，以土地经营权抵押的，要求土地经营权已经特定化。在受让方以土地经营权担保的情形下，土地经营权显然已经设立完成，此时担保属于流转中设立后再次流转，是流转中设立与设立后流转的交叉形态。

二 土地经营权的生成逻辑

（一）新《农村土地承包法》：土地经营权 = 土地承包经营权 - 土地承包权

从新法第 9 条的表述来看，土地经营权是土地承包经营权人“保留”“土地承包权”，通过流转，分离其“土地经营权”而形成。可见，新法上土地经营权的生成逻辑如下：土地经营权 = 土地承包经营权 - 土地承包权。

这是一种明显受到英美法系或经济学界影响的逻辑架构。在英美法上，财产权往往被界定为与物有关的一系列权利组成的“权利束”。② 根据“权利束”理论，“财产所有者享有的是一系列权利、特权、权力和豁免等的复杂的集合”。③ 德姆塞茨进一步提出：“当一种交易在市场中议定时，就发生了两束权利的交换。”④ 在“权利束”理论下，财产权只是权利的集合，被法学家比喻成“一捆棍子”⑤，而不是一个有机整体。而市场交易行为会导致财产权细分的各项权利归属不同的权利主体，具体来说，会出现两种结果。一种情况下，某财产权分割后的各项权利名称与原财产权相同，如英美法上的信托制度下受益人和受托人享有的权利都称为所有权——衡平法上的所有权和普通法上的所有权。另一种情况下，某财产权被分解为数项名称不同的权利，如将财产权分解为占有权、使用权、收益权、转让权、安全权、管理权、剩余索取权等。⑥ 新法第 9 条属于后一种情形，将土地承包经营权界定为土地承包权和土地经营权的集合，即

① 孙宪忠：《中国物权法总论》，法律出版社，2003，第 191 页。

② 参见〔美〕约翰·G. 斯普兰克林《美国财产法精解》，钟书锋译，北京大学出版社，2009，第 4 页。

③ Walter Wheeler Cook, *Fundamental Legal Conceptions as Applied in Judicial Reasoning*, New Haven: Yale University Press, 1919, p. 14.

④ 〔美〕罗纳德·H. 科斯等：《财产权利与制度变迁——产权学派与新制度学派译文集》，刘守英等译，格致出版社、上海三联书店、上海人民出版社，2014，第 70 页。

⑤ 参见〔美〕约翰·E. 克里贝特等《财产法：案例与材料》，齐东祥、陈刚译，中国政法大学出版社，2003，第 1 页。

⑥ 参见李胜兰、于凤瑞《农民财产权收入的土地财产权结构新探——权利束的法经济学观点》，《广东商学院学报》2011 年第 4 期。

土地承包经营权 = 土地承包权 + 土地经营权，基于交易行为分离出土地经营权，形成土地承包权和土地经营权两项独立的权利，流转后土地承包经营权人仅剩下土地承包权。

（二）《物权法》：土地承包经营权→土地经营权

《物权法》将土地承包经营权确定为一种用益物权。《物权法》第 125 条规定："土地承包经营权人依法对其承包经营的耕地、林地、草地等享有占有、使用和收益的权利，有权从事种植业、林业、畜牧业等农业生产。"本条规定的土地承包经营权权能包括占有、使用、收益和从事农业生产。但占有、使用、收益和从事农业生产并非并列关系，严格意义上来说，从事农业生产只是占有、使用和收益的具体表现，是抽象和具体的关系，否则土地承包经营权就超出了物权法对于用益物权的界定。从本条规定来看，土地承包经营权虽然被称为"承包经营权"，但并未明确规定承包或经营权能，不过从解释上来说，在市场经济条件下从事农业生产，可解释为一种生产经营活动。从权能范围上看，占有、使用、收益 > 经营 > 从事农业生产。由此可见，根据物权法的规定，土地承包经营权包括经营权能，但不包括承包权能。

根据大陆法系及我国目前通行的物权法理论，物权虽然包括各种权能，但物权不是各项权能之和，而是各种权能有机统一的整体。所有权包括占有、使用、收益、处分四项权能，"但所有权非此各种支配权能之集合，而系各该权能所由派生之单一体，为浑然整体之权利"①，"近代的所有权全面支配权，并不是各种机能的综合，它的内容是混而为一的东西"。② 基于物权的整体性，不能将物权的一项或几项权能从物权中割裂出来形成独立的权利而剩余的权能形成其他权利。换言之，根据权能分离理论，物权的部分权能分离出来形成新权利后，原物权作为一个整体仍存在，只是分离出来的权能受到限制暂时无法行使而已。

在权能分割理论下，原物权和新权利是母权和派生权的关系，派生权对母权的特定权能构成了限制。土地承包经营权与土地经营权的关系同样如此，土地承包经营权为母权，土地经营权为派生权，分离后土地承包经营权作为一个整体仍然存在，只是其经营权能受到限制。在土地承包经营权立法之初就有学者主张使用"农地使用权"的概念③，因为土地承包经营权本就不包括承包权能，因此土地承包经营权无法派生出土地承包权。由此可见，根据《物权法》规定和物权基本理论，土地经营权生成逻辑为派生关系：土地承包经营权→土地经营权。

（三）《三权分置办法》：土地所有权→土地承包经营权→土地经营权

如果将承包权理解为承包合同关系，则按照物权设立理论，承包合同属于土地承

① 谢在全：《民法物权论》（上册），中国政法大学出版社，1999，第 120 页。

② 〔日〕田山辉明：《物权法》，陆庆胜译，法律出版社，2000，第 155 页。

③ 梁慧星主编《中国民法典草案建议稿附理由 · 物权编》，法律出版社，2004，第 249 ~ 253 页。

包经营权设立的基础行为或原因行为。而用益物权不同于担保物权，属于主物权，不具有从属性，因此土地承包经营权一旦设立就独立于承包合同，成为一项独立的物权。承包合同作为债权关系，当然不再是土地承包经营权这一物权的内容，这也是当初《物权法》将土地承包经营权物权化的初衷。土地承包经营权作为物权，其权能应遵循物权法定原则，而非承包合同约定。

也有学者将土地承包权界定为“资格权”或“成员权”。丁文教授认为：“土地承包权是指农村集体经济组织成员依法承包由本集体经济组织发包的农村土地的一种资格。”[①] 高飞教授也认为农村土地“三权分置”的权利结构实际上应当是土地所有权、成员权和农地使用权的三权并立，“承包权是农村集体经济组织成员承包土地的资格，是该集体经济组织成员初始取得承包地的资格”。[②] 承包资格是获得土地承包经营权的前提，但享有权利的资格与权利本身就好比“权利能力”和“权利”的关系，两者不应混淆。土地承包经营权一旦形成就独立于承包资格，并不能认为承包资格是土地承包经营权的权能或内容。

由此可见，如果将土地承包权界定为土地承包合同关系或者资格权、成员权等权利，则土地承包权并非土地承包经营权的权能，不能通过保留土地承包经营权中“土地承包权”而形成“土地经营权”。

中共中央办公厅和国务院办公厅 2016 年 10 月 30 日印发的《关于完善农村土地所有权承包权经营权分置办法的意见》（简称《三权分置办法》）对土地承包权进行了详细规定。[③] 将《三权分置办法》关于土地承包权的规定和《物权法》第 125 条[④]、新法第 17 条[⑤]关于土地承包经营权的规定进行比较可以发现，“三权分置”下的土地承包权大体上与土地承包经营权是相同的，仍然为对承包地进行占有、使用和收益的用益物

① 丁文：《论土地承包权与土地承包经营权的分离》，《中国法学》2015 年第 3 期。

② 高飞：《农村土地“三权分置”的法律阐释与制度意蕴》，《法学研究》2016 年第 3 期。

③ 在“严格保护农户承包权”部分规定，“土地承包权人对承包土地依法享有占有、使用和收益的权利”，“在完善‘三权分置’办法过程中，要充分维护承包农户使用、流转、抵押、退出承包地等各项权能。承包农户有权占有、使用承包地，依法依规建设必要的农业生产、附属、配套设施，自主组织生产经营和处置产品并获得收益；有权通过转让、互换、出租（转包）、入股或其他方式流转承包地并获得收益，任何组织和个人不得强迫或限制其流转土地；有权依法依规就承包土地经营权设定抵押、自愿有偿退出承包地，具备条件的可以因保护承包地获得相关补贴。承包土地被征收的，承包农户有权依法获得相应补偿，符合条件的有权获得社会保障费用等。不得违法调整农户承包地，不得以退出土地承包权作为农民进城落户的条件”。

④ 《物权法》第 125 条规定：“土地承包经营权人依法对其承包经营的耕地、林地、草地等享有占有、使用和收益的权利，有权从事种植业、林业、畜牧业等农业生产。”

⑤ 新法第 17 条规定：“承包方享有下列权利：（一）依法享有承包地使用、收益的权利，有权自主组织生产经营和处置产品；（二）依法互换、转让土地承包经营权；（三）依法流转土地经营权；（四）承包地被依法征收、征用、占用的，有权依法获得相应的补偿；（五）法律、行政法规规定的其他权利。”

权，甚至还规定了比土地承包经营权更为丰富的权能。换言之，土地承包权并非新的权利，其本质上仍是土地承包经营权，是进行了更完整赋权的土地承包经营权。在土地经营权的生成上，《三权分置办法》使用的是“派生”一词，即“在土地流转中，农户承包经营权派生出土地经营权”。《三权分置办法》所谓的“分置”并非机械的权能分裂，而是在稳定原权利的基础上“派生”新权利。从所有权派生出土地承包经营权的过程不是将所有权一分为二的过程，从土地承包经营权派生出土地经营权的过程也不是将土地承包经营权一分为二的过程。

综上所述，“三权分置”政策的总体宗旨可总结为：明晰产权，完善赋权；稳定原权，派生新权。具体来说就是稳定并巩固集体土地所有权，通过分离所有权中的占有、使用和收益权能形成土地承包经营权；稳定并巩固土地承包经营权、完善土地承包经营权赋权，通过分离土地承包经营权中的经营权能形成土地经营权，即土地经营权的生成逻辑为派生关系：土地所有权→土地承包经营权→土地经营权。

（四）立法与政策的生成逻辑比较

通过上述分析可以发现，新《农村土地承包法》、《物权法》和《三权分置办法》在土地经营权的生成逻辑上并不一致。《三权分置办法》中的土地经营权生成逻辑与物权法基本理论一致，遵循的是权能分割理论或派生理论。而新法采取的是“权利束”理论，是一种机械的权能分割。新法将土地承包经营权分割为土地承包权和土地经营权，虽然在名称上可以与《三权分置办法》形成对应关系，形式上采纳三权分置，但与《三权分置办法》中的土地经营权生成逻辑存在根本区别。

三　土地经营权的定性：用益租赁权与用益物权的统一

（一）立法倾向：物权化用益租赁权

与德国、瑞士等境外国家和地区将租赁区分为使用租赁和用益租赁不同，我国《合同法》第13章规定的租赁合同都是用益租赁。① 从土地经营权的设立来看，新法第36条规定了出租（转包）方式，也规定了土地经营权包括占有、自主开展农业生产经营、收益等内容，此时土地经营权在本质上属于租赁权，是一种债权性的用益租赁权。用益租赁权与用益物权都包括对他人之物占有、使用和收益权能，那么在租赁权物权化的背景下用益租赁权和用益物权还有区别吗？所谓租赁权物权化，是指租赁权突破了传统的合同相对性原则，具有对抗第三人的效力。② 租赁权物权化主要体现为“买卖

① 《合同法》第212条规定：“租赁合同是出租人将租赁物交付承租人使用、收益，承租人支付租金的合同。”

② 参见王利明《合同法》，中国人民大学出版社，2009，第340页。

不破除租赁”、第三人事实上侵害租赁权时的损害赔偿请求权和排除妨害请求权等对抗效力。但对抗效力并非物权的本质属性，因此也只能说租赁权“物权化”，而非物权。[①]根据《物权法》第2条第3款的规定，物权具有排他性和支配性，但排他性只是物权的消极属性，支配性才是物权的本质属性。正如瓦锡特所言：“对物权的本质特征并不在于其不受限制的针对第三人的可诉性上，而是权利的支配性，即由于这种权利，物直接服从于人的意思和支配，从而人可以直接针对该物自行行使自己的权利。”[②] 所谓支配，是指无须第三人的参与，支配权人仅凭其单方意思即可在客体上独自实现自己的权利。为了实现对物的单方意思支配，必然要求排除第三人的干涉。可见，排他性只是从实现支配性、保护权利的角度要求任何人不得干涉他人物权。物权因其支配性而必然具有排他性，但具有排他性的权利不一定具有支配性，因此某项权利具有排他性并不能推导出其属于支配权或物权。债权通过公示也可以获得一定的排他性，如房屋买卖中的预告登记。

在日本学者我妻荣看来，租赁权物权化并非租赁权权利属性使然，而是两次世界大战后各国立法政策推动的结果。大部分人不是利用自己的不动产居住和农耕，而是在他人不动产上进行，脆弱的租赁权会阻挠社会生活的安定和进步[③]，需要特别保护。租赁权物权化只是对处于相对弱势的承租人的一种法政策保护，使其租赁权获得某些对抗属性以增强保护效力。物权化用益租赁权并未改变其性质，其本质上仍为债权，而非物权。

新法第37条规定了在合同约定的期限内土地经营权包括占有、生产经营、收益权能，第41条通过登记赋予土地经营权对抗性，第42条规定了土地经营权流转合同的解除条件，第43条规定只有经承包方同意，土地经营权人才可以改良土壤，建设农业生产附属、配套设施，第46条规定只有经承包方书面同意，受让方才可以再流转土地经营权，第47条规定受让方以土地经营权担保需经承包方同意。从这些规定来看，新法第36条虽然规定了多元化土地经营权设立方式，但第37、41、43、46、47条在内容上是一元化的。新法将多元化设立方式下的土地经营权统一界定为一种基于合同关系对他人土地进行占有、生产经营、收益的权利，是一种债权性质的权利，本质上就是用益租赁权，只是通过登记赋予对抗性等措施加强了对土地经营权的保护。

（二）政策倾向：用益物权

如果将土地经营权界定为一种土地用益租赁权，那么旧法虽有不足，但尚可适用。

---

① 参见 Oertmann, Vorb. 3 z. § §571 – 579；Larenz, ibid。

② Carl Georg Wächter, Handbuch des im Königreiche Württemberggeltenden Privatrechts, Zweiter Band, Allgemeine Lehre, Stuttgart 1842, S. 296.

③ 参见〔日〕我妻荣《债法各论》（中卷一），徐进、李又又译，中国法制出版社，2008，第188页。

从理论上来说，就算不专门规定土地经营权，土地承包经营权人也可依据旧法和《合同法》实施出租（转包）行为。旧法“土地承包经营权的出租（转包）”是从出租方的角度来说的，新法“土地经营权出租（转包）”是从承租方的角度说的，只是换了一个表述角度而已。将旧法以出租（转包）方式流转“土地承包经营权”修改为新法以出租（转包）方式流转“土地经营权”，对承租方所获得的权利内容而言并无实质区别。新旧法第二章第五节的继承关系可以很好地证明这一点。轰轰烈烈的农地“三权分置”改革和《农村土地承包法》修改就演变为更换概念的游戏了，换汤不换药无任何实质意义。

新法将土地经营权定性为用益租赁权导致权利定性与权利生成逻辑无法自洽。新法在形式上遵循分置的思路，通过保留土地承包权而形成土地经营权，但实质内容上仍为旧法上的用益租赁权，只是借了“分置”的壳而已。加之有学者将土地承包权界定为承包合同关系或资格权，那么新法第9条的逻辑关系就变成：物权（土地承包经营权）=债权（土地经营权）+债权（承包合同关系）或资格权（承包资格）。这显然在法理和逻辑上都无法说通。

物权和债权的本质区别决定了用益租赁权和用益物权虽然都包括占有、使用和收益权能，但存在根本性区别。物权为支配权，“在无须他人的意思和行为介入的情况下，物权人就能够依据自己的意志依法直接占有、使用其物，或采取其他支配方式”。[①] 一旦形成用益物权，物权人在法定范围内无须他人意思参与，仅凭单方意思就可对物进行占有、使用、收益。用益物权人可在法定范围内自行对物进行改良、修缮。我国还有学者认为用益物权人可处分用益物权本身。[②] 用益物权一旦形成，就独立于设立关系，设立人一般不能通过解除设立合同而使用益物权消灭。这些都反映出用益物权下的占有、使用、收益是支配性法定权能。而承租人的占有为出租人的授权占有，其本权为租赁权。承租人使用、收益租赁物除了需按照物权法等强制性规定的要求外，还需取得出租人的同意，需按照双方协商约定的方式对租赁物进行使用、收益。租赁物不符合使用、收益状态的，承租人可请求出租人维持租赁物可使用、收益状态。承租人对租赁物的改良和重大修缮需经过出租人同意。未经出租人同意，承租人一般不得转让或转租。用益租赁权设立后，出租人可通过解除合同而使用益租赁权消灭。由此可见，用益租赁权人无法仅凭单方意思对租赁物进行占有、使用、收益，用益租赁人享有的占有、使用和收益权能仍然是请求权和相对权意义上的权能。基于用益物权和用益租赁权在占有、使用、收益等权能方面存在的本质区别，无法通过权能分割理论

① 王利明：《物权法研究》（上卷）（第3版），中国人民大学出版社，2013，第11页。
② 参见房绍坤《论用益物权的内容》，《山东警察学院学报》2006年第2期。

将支配性权能分割出来而形成请求权、相对权性质的债权。土地承包经营权是物权，其包含的占有、使用、收益、经营等权能皆具有支配属性，而《三权分置办法》下的土地经营权正是通过分割土地承包经营权之经营权能派生而来，那么“三权分置”政策下土地经营权只能是物权。

债权性质的土地经营权也无法与“三权分置”中的其他两权形成鼎足之势。《三权分置办法》要求对三权进行“平等保护”，但如果土地经营权为用益租赁权，则即便其物权化，仍无法将之与另外两权平等对待。租赁权对物权的对抗性仅仅是一种债权性限制，物权仍优先于债权。《瑞士债法典》第 281（C）条甚至例外规定了农地用益租赁中“买卖可破除租赁”的情形，只有第三人接受时租赁合同才对其有效。①

（三）应然状态：多元化生成方式对应多元化定性

从世界范围来看，利用他人土地进行农业耕作主要有债权和物权两种模式。意大利、日本、加拿大魁北克省等国家和地区民法典物权编规定了永佃权制度，我国台湾地区亦有此规定，同时债编中的租赁合同一般也适用于土地租赁。《葡萄牙民法典》曾同时规定过永佃权制度和农用房地产租赁，现均已废除。荷兰民法典物权编规定了租赁权，其中也包括农业租赁权，荷兰民法典租赁合同部分明确规定农业租赁不属于租赁合同，而适用租赁权制度。法国、德国、瑞士、奥地利、我国澳门地区等国家和地区民法典并未规定永佃权制度，虽然这些民法典规定了一般性的利用他人之物的用益权制度，例如《德国民法典》第 1055 条就是对农地用益权的规定②，但由于用益权的人役权属性，其并未广泛适用于利用他人土地进行农业耕作的情形。德国法上的土地用益权主要表现为供养用益权和担保用益权。③ 利用他人土地进行农业耕作在法国、德国、瑞士、奥地利、我国澳门地区等国家和地区民法主要采取债权模式。《德国民法典》和《瑞士债法典》规定了一般性的用益租赁合同，同时《德国民法典》专门规定了“农地用益租赁合同”。④ 《法国民法典》专门规定了“有关土地租赁的特别规则”。⑤ 修订之前的《奥地利普通民法典》第 25 章规定了租赁合同和永佃合同⑥，现永佃合同已废除，但租赁合同也分为使用租赁和用益租赁，可适用于土地租赁。《澳门民法典》专门规定了“农用不动产租赁之特别规定”。可见，各国和地区对于利用他人土地进行农业耕作有多种模式，尤其意大利、日本、我国台湾地区等国家和地区允许当

① 参见《瑞士债法典》，吴兆祥、石佳友、孙淑妍译，法律出版社，2002，第 70 页。

② 参见《德国民法典》，郑冲、贾红梅译，法律出版社，1999，第 244 页。

③ 参见〔德〕鲍尔、施蒂尔纳《德国物权法》（下册），申卫星、王洪亮译，法律出版社，2006，第 698 ~ 699 页。

④ 参见杜景林、卢谌《德国民法典——全条文注释》，中国政法大学出版社，2015，第 468 ~ 485 页。

⑤ 参见《法国民法典》，罗结珍译，中国法制出版社，1999，第 396 ~ 398 页。

⑥ 参见《奥地利普通民法典》，周友军、杨根红译，清华大学出版社，2013，第 179 ~ 186 页。

事人自主选择物权模式或债权模式，值得借鉴。

新法在土地经营权的生成方式上坚持多元化，但实质内容仅规定了租赁一种方式；在形式上追求土地承包权与土地经营权的“分置”，但实质上并未遵循“三权分置”逻辑，这正是症结之所在。新法第36条规定了土地经营权的多元化生成方式，这些生成方式有负担行为，也有处分行为，因此土地经营权的定性也应当是多元化的。

如果遵循“三权分置”政策，则土地经营权由土地承包经营权分割权能派生而来，应当定性为用益物权。将土地经营权定性为物权，则根据其物权属性就能够为土地经营权人提供可靠的保障，而无须额外加强保护。首先，土地经营权作为物权一旦设立，土地承包经营权人一般无权解除设立合同而消灭土地经营权；其次，土地经营权是以土地承包经营权为基础权利的派生物权，基于限制物权优先于基础物权的原理，土地经营权甚至可以优先于土地承包经营权获得保护；最后，土地经营权是以土地承包经营权为客体的物权，不论通过转让、互换还是其他方式处分土地承包经营权，除非第三人构成善意取得，否则土地经营权始终构成对土地承包经营权的限制而无须取得第三人同意。“三权分置”改革的一个重要目的就是给予土地经营权人一个长期稳定利用土地的预期，只有物权模式才能更好满足土地经营权人的需求。

抛开三权分置政策，土地承包经营权人仍可基于负担行为创设债权性用益关系，此时土地经营权是基于负担行为创设的新的债权关系，而不是基于权能分割理论由土地承包经营权派生而来。此时土地承包经营权人仍保留支配属性上的占有、使用、收益权能，支配性权能未进行分割，土地承包经营权仍然是一项物权权能未受到限制的整体性物权。土地承包经营权仅受到债权性质的负担，权利人完全可以通过解除流转合同或承担赔偿责任而排除该负担。一如房屋所有权人出租房屋而所有权人享有的所有权仍然完整，其并未受到物权性限制，仅形成债权性负担。因此，债权性质的土地经营权对于土地承包经营权人是较为有利的选择。

入股、抵押等方式中，土地承包经营权人为自己设立的土地经营权既可以是债权也可以是物权，这在境外也有类似立法先例。《奥地利普通民法典》第1093条规定：“所有权人，得作为其动产、不动产及权利的出租人，亦得作为属于自己所有但已由第三人取得使用权之物的承租人。”① 换言之，在自己的财产上为自己设立租赁权并无不可。《瑞士民法典》第733条规定：“同一所有人拥有两宗土地，他有权在一宗土地上为自己的另一宗土地设定地役权。”② 换言之，可以在自己的财产上为自己设立用益物权。根据我国法律规定，债权和物权均可作为股本入股，因此不管土地经营权是债权

① 《奥地利普通民法典》，戴永盛译，中国政法大学出版社，2016，第209页。

② 《瑞士民法典》，于海勇、赵希璇译，法律出版社，2016，第267页。

还是物权，均可入股。在抵押上，如果将土地经营权界定为用益物权，根据《物权法》第 180 条第 7 款设立抵押并无障碍。也有学者认为可用作抵押的只能是物权，债权无法满足抵押要求①，债权只能质押。新法第 53 条规定的是土地经营权“抵押”，但第 47 条规定的是土地经营权“担保”，包括质押。土地承包经营权人可根据需要选择物权模式或债权模式。

四　基于多元化定性的民法制度对接

（一）制度对接的必要性

基于土地经营权的多元化设立方式和多元化定性，以及对“三权分置”政策的回应，需要对民法相关部门法作出相应调整，以便新设的土地经营权与民法制度实现顺利对接。《农村土地承包法》虽然对土地承包方面的民事权利义务关系作出了规定，但《农村土地承包法》并非单纯的民事法律，包含大量的管理性规范，是一部带有较强管理色彩的法律规范。这就决定了《农村土地承包法》不可能对民事权利义务关系作出非常详尽的规定，需要民法其他制度来配合《农村土地承包法》实施。

土地经营权改革涉及几亿农民的切身利益，应当得到足够重视。而新法对土地承包合同和土地经营权流转合同的规定却十分简要，仅规定了合同的一般条款、合同生效、合同解除等几个有限的条款。《合同法》分则也没有规定这两类有名合同。基于对几亿农民利益保护的考量，在合同法上规定土地承包合同和土地经营权流转合同完全有必要。此外，根据物权法定原则，物权的类型和内容必须法定，否则不具有物权效力。根据这一原则，由于三权分置下的土地经营权为物权，因此必须在物权法上确立其类型，并对其权能、效力等作出详尽规定。

（二）建议《合同法》增设“农地用益租赁合同”

之所以建议增设农地用益租赁合同，是因为租赁自古就是利用他人土地进行农业耕作的最重要方式。在罗马法上，对于农地的利用就存在永久租赁、长期租赁、短期租赁等多种方式，罗马法对于农地的利用形成了“多元所有权—以租赁为中心的农地利用”的双层农地权利结构。② 从当今世界范围来看，利用他人土地进行农业耕作主要采取租赁模式。此外，农地租赁相对于一般租赁而言具有较强的特殊性。土地制度往往涉及一国根本性的政治、经济、法律制度，土地作为万物之母，具有不可再生性。农业耕作受气候、环境、农作物类型等影响较大。基于农地租赁的特殊性，很多国家和地区在一般租赁合同外又特别规定了农地用益租赁合同。

---

① 参见孙宪忠《推进农地三权分置经营模式的立法研究》，《中国社会科学》2016 年第 7 期。

② 参见李俊《罗马法上的农地永久租赁及其双重影响》，《环球法律评论》2017 年第 4 期。

比较来看,《德国民法典》在一般性地规定了用益租赁合同后,又使用了31个条款对"农地用益租赁合同"进行了详尽的规定。《法国民法典》在规定了租赁的一般规则后,用16个条款对土地租赁作出了特别规定。《埃塞俄比亚民法典》用一整节44个条款对土地租赁作出了详尽规定。《澳门民法典》也用7个条款专门规定了"农用不动产租赁之特别规定"。各国家和地区在农地用益租赁立法上比较关注以下内容。第一,农地用益租赁合同的形式,尤其未采取书面形式订立合同的相关规范。第二,土地具体情况。法国规定了土地面积及其与租金关系,德国要求制作租赁物说明书。第三,土地的开发、保持、修缮和改良以及抛荒等问题。第四,土地用途、用法变更及租赁合同的其他变更。第五,租赁期限问题。《法国民法典》着重强调了非书面形式的乡村土地租赁契约要按照农作物的收获周期、轮作、季节等来确定租赁期限。第六,租金计算和减免等问题。埃塞俄比亚、我国澳门地区等规定了农产品分成制、固定租金制等租金计算方式和最高租金限额。《法国民法典》规定了冰雹、雷击等意外事故导致损失时承租人减租的问题。《日本民法典》和《澳门民法典》也规定了农用地租赁中不可抗力导致歉收时的租金减免和合同解除。第七,转让、转租、移转等问题。《瑞士债法典》规定了农地用益租赁中"买卖破除租赁"的例外情形。《澳门民法典》规定了因离婚或死亡而发生之农地租赁移转。第八,租赁关系的终止和延长。德国尤其重视租赁关系终止时的通知义务,共有8个条款涉及各种情形下的通知义务。法国、德国都规定了提出终止租赁的通知时间要求和给对方必要的准备期限。第九,租赁关系的延续。《德国民法典》第595条用大量篇幅浓墨重彩地对农地用益租赁关系的延续作出了详尽的规定。第十,租赁物的返还。

相比较而言,我国《合同法》仅对租赁合同作了一般性规定,农地租赁的重要性和特殊性无法体现。各国和地区之所以对农地租赁合同作出特别规定,如《德国民法典》在1985年大幅扩充农地用益租赁的内容,甚至不惜重复规定许多与使用租赁法相同的内容①,原因正是如此。新法虽倾向于将土地经营权定性为用益租赁权,但并未言明,且规定较为简要。因此,建议在借鉴境外立法的基础上,在《合同法》上增设有名合同"农地用益租赁合同",对农地用益租赁合同的特殊性作出更详尽的规范。

(三)建议《物权法》增设"权利用益物权"

"三权分置"下土地承包经营权人创设土地经营权的行为属于典型的处分行为。根据处分行为理论,法律上的处分行为只能针对权利而非物,因此土地承包经营权人无

① 参见〔德〕迪特尔·梅迪库斯《德国债法分论》,杜景林、卢谌译,法律出版社,2007,第219~220页。

权处分土地。根据有效的处分行为以具有处分权为前提的基本理论，由于用益物权人对物不享有所有权，用益物权本身也不包括处分权能，因此用益物权人不能处分物的所有权，也不能处分用益物权。虽然有学者认为用益物权人可处分用益物权，但笔者认为用益物权人处分的不是用益物权本身而是用益物权所有权，即鲍尔、施蒂尔纳所谓的“权利的所有权”，因为所有权是包含处分权能的。鲍尔、施蒂尔纳认为：“由于典型的用益形式以及担保形式在物的所有权情况下，与在‘权利的所有权’情况下是同一的：常用的用益形式是用益权，通常的担保形式是质权，所以法律将权利上的用益权（第1068条到1084条）以及权利上的质权（第1273条到1296条）规定在‘物权法’的范围内。”① 如同处分“土地”所有权，形成的是以“土地”为客体的用益物权一样，处分“土地承包经营权”所有权，形成的应当是以“土地承包经营权”为客体的用益物权，即权利用益物权。

在境外，在权利之上创设用益物权并不鲜见。《德国民法典》《瑞士民法典》明确规定权利可作为用益权客体。结合《法国民法典》第526条和第581条来看，法国法上的用益权可以在不动产使用收益权上设立。法国学者弗朗索瓦·泰雷和菲利普·森勒尔甚至认为可以在用益权上再设置用益权。② 为了与“三权分置”政策相协调，可借鉴法国、德国、瑞士等国家和地区立法，将用益物权的客体范围扩展至权利，构建权利用益物权。

（四）《农村土地承包法》规定土地经营权的共性问题

如果坚持多元化流转方式和“三权分置”政策，土地经营权就不会只是一元化的用益租赁权，那么《农村土地承包法》就不应该仅规定用益租赁相关规范。根据上文分析，土地经营权是对他人土地进行占有、使用（生产经营）、收益权利的统称，是一种“土地用益权”。当然这里的“用益权”不是罗马法及其继承者德国、法国等所规定的用益权，而是用益物权和用益债权的上位概念，是对他人财产进行占有、使用、收益的权利总称。③

新法第36、38、39、44、45条，第40条第1款和第47条部分规定属于中性条款，能同时适用于债权模式和物权模式，可以予以保留。第41、42、43、46、47条受让方以土地经营权担保需经承包方同意的规定属于用益租赁性质的条款，建议转移至《合同法》“农地用益租赁合同”部分。对第37条则需要进行修改。首先，可将本条修改

① 〔德〕鲍尔、施蒂尔纳：《德国物权法》（下册），申卫星、王洪亮译，法律出版社，2006，第718～719页。

② 参见〔法〕弗朗索瓦·泰雷、菲利普·森勒尔《法国财产法》（下），罗结珍译，中国法制出版社，2008，第933页。

③ 参见隋彭生《用益债权——新概念的提出与探析》，《政法论坛》2008年第3期。

为，“土地经营权人有权按照合同约定或法律规定占有农村土地，自主开展农业生产经营并取得收益”，使其兼容债权模式和物权模式。其次，明确规定土地经营权可以为承包人自己或者他人设立，以适应入股和抵押等担保需求。最后，赋予当事人对土地经营权模式的自主选择权，规定当事人有权自主决定选择债权模式或物权模式，或者为了便于操作和管理，可规定由村集体统一选择采取何种模式。

农村社区股份合作社的股份设置研究*

綦　磊　张洪钊**

摘　要： 农村社区股份合作社担负着“资源变资产、资金变股金、农民变股东”的使命，应设立集体股和集体成员股。为了实现城乡土地、资金、技术要素的优势组合，还需设立非集体成员股份。集体股的比例由集体成员决议确定，收益专门用于集体公益和成员福利，主要包括占有、收益、出质权能。集体成员股包括身份股和资源股，集体经营性资产的价值在合作社总资产价值中的比例减去集体股的比例即身份股的比例，资源股的比例按照集体成员入股的宅基地使用权和农地经营权价值在合作社总资产价值中的比例确定。身份股包括占有、收益、出质权能，资源股还包括继承权能。非集体成员凭借资金和技术可有偿取得合作社股份，非集体成员股份的比例主要按资金和技术的价值在合作社总资产价值中的比例确定，技术股包括占有、收益、出质权能，资金股还包括转让和继承权能。

关键词： 农村社区股份合作社；股份设置；股份比例；股份权能

引　言

农村社区股份合作社在坚持集体所有制的前提下，通过集体资产量化折股，将成员对集体资产的权利转变为股权，把传统的农村社区改组为具有法人资格的经济体。农村社区股份合作社是我国农民在农村产权改革过程中创造的商主体，“集体股”“年龄股”“农龄股”“资源股”“身份股”“享受股”反映了农民朴素的公平观念与农村产权制度改革的需要，但未必都具有法律依据。农村社区股份合作社的股份未必是成员投资的对价与参与合作社治理的依据，与公司股份具有不同的权源与权能。本文对实践中出现的股份予以梳理，明确法律予以认可的股份，在此基础上厘定各类股份的设立依据与权能。

一　集体股的设置依据与权能

中央政策文件并未明确农村社区股份合作社是否设置集体股的问题。农村社区股

---

*　本文是青岛社科规划 2016 年项目“青岛市农村社区股份合作社法律制度构建研究”（QDSKL1601127）的阶段性成果。

**　綦磊，青岛科技大学法学院副教授，法律系主任，民商法学博士；张洪钊，西南政法大学商学院本科生。

份合作社是否设置集体股、设置多少比例的集体股、集体股的权能在理论和地方实践中尚存在较大争议。

（一）是否设置集体股

十八届三中全会《中共中央关于全面深化改革若干重大问题的决定》与《乡村振兴战略规划（2018—2022年）》要求发展股份合作制，将集体经营性资产折股量化到农户，赋予农户对集体经营性资产的占有、收益、抵押、担保、继承权。按照上述政策的文意，集体经营性资产应当折股量化到农户，不应设置集体股。《中共中央国务院关于稳步推进农村集体产权制度改革的意见》并未强制设置集体股，而是将设置集体股的自主权交给集体经济组织。农村社区股份合作社是否设置集体股，在理论和实践中都存在较大争议。上海市规定：未撤制的村可以设置一定比例的集体股用于公益事业，撤制村原则上不设集体股。① 广东省南海区的股份合作社不设集体股，通过提取公益金维持集体公共支出。② 苏州市的农村股份合作社大多将集体经营性资产全部折股量化到农户，不设集体股。③ 支持设置集体股的学者主张：集体股体现了集体资产所有权人的权利，并有助于提升乡村治理水平与保障无地或少地农民的权益。④ 反对者的依据主要包括两点：第一，通过提取公益金即可保障集体公益事业，没有必要设置集体股⑤；第二，本次农村产权制度改革的初衷在于明晰集体经营性资产的归属与收益问题，而集体股的持有与受益主体不明，有可能产生集体股的二次分配问题。⑥

集体经营性资产是农村社区股份合作社财产的重要组成部分。这类资产主要包括集体经营性建设用地和以其他方式发包的承包地、整理集体建设用地与荒地等获得的新增建设用地指标、集体开办的企业和建造的营利性建筑物、集体享有的知识产权和股权等。可见，这些资产归集体所有，并不直接分配给集体成员。“权利必须有所附丽，始能存在，是谓权利的主体。”⑦ 集体经营性资产需由具有法人资格的经济体管理和经营，对内保障集体经营性资产的运营符合本集体成员的共同意志与利益，对外保

① 参见上海市人民政府《关于推进本市农村集体经济组织产权制度改革的若干意见》（沪府发〔2014〕70号）第2条。

② 参见蒋省三、刘守英、李青《中国土地政策改革——政策演进与地方实践》，上海三联书店，2010，第274页。

③ 参见陆晓华《苏州新建社区股份合作社取消“集体股”》，《苏州日报》2015年4月8日，第7版；苏菁《昆山七成富民合作社退出集体股》，《苏州日报》2006年10月13日，第B02版。

④ 参见刘云生《农村土地股权制改革：现实表达与法律应对》，中国政法大学出版社，2016，第231页。

⑤ 参见孔祥智《农村社区股份合作社的股权设置及权能研究》，《理论探索》2017年第3期；高海、杨永磊《社区股份合作社集体股改造：存废二元路径》，《南京农业大学学报》（社会科学版）2016年第1期；钟桂荔、夏英《农村集体资产股份权能改革的关键问题——基于8县（市、区）试点的调研观察》，《农业经济问题》2017年第6期。

⑥ 参见王玉梅《农村社区股份合作社的商主体制度构建》，《中国政法大学学报》2016年第2期。

⑦ 李宜琛：《民法总则》，中国方正出版社，2004，第46页。

障其意志的稳定性与独立性，不因其成员的变更使受让人的权利受到干预。基于此，安徽、深圳等地对集体经济组织进行了公司化改造，由具有法人资格的集体经济组织经营管理集体经营性资产。① 山东省与重庆市等地将集体经济组织改造为具有法人资格的股份合作社，由其经营管理集体经营性资产。② 农村社区股份合作社是集体经济组织的实现形式，按照《民法总则》第 99 条的规定享有法人资格，可以经营管理集体经营性资产。农村社区股份合作社虽然可经营管理集体经营性资产，但集体经营性资产的所有权人仍是集体。集体是成员的集合，既要实现成员个体的利益，也要维护成员共同的利益。基于此，集体可以参与农村社区股份合作社的收益分配，而集体股正是集体参与农村社区股份合作社收益分配的依据与手段。由此，从维护集体所有制、保护集体财产所有者权利的层面考虑，应当设立集体股。

按照《民法总则》第 96 条的规定，农村社区股份合作社属于特别法人，既要从事经营活动，又要为集体公益事业和成员共同福利筹集资金。虽然《乡村振兴战略（2018—2022 年）》提出“城乡公共服务均等化”的政策目标，然而在政府资金投入有限的现状下，集体公益、成员福利等需要的资金主要依靠集体自身筹措。有学者指出：集体资产被冠以“集体”的名义，它的收益应当用于集体社区内公共品的投资。③ 在农村产权改革的试点地区，部分农村社区股份合作社通过提留公益金等方式实现集体公益。然而这些地方实践存在以下问题。第一，福利费用占比过高，压缩了集体成员的收益分配比例。如广东省夏西村农村社区股份合作社用于医药补助、养老补贴、乡村学校补贴、入学补贴的公益金多达 4000 万元，广东省南海区下柏村股份合作社利用公益金报销成员 80% 的住院费用。④ 第二，地方政府过度干预。与旧《公司法》强制规定公积金、公益金的比例如出一辙，部分农村产权改革试点地区的规范性文件强制性规定了公益金的比例和用途。如广东省南海区政府规定，农村社区股份合作社的纯收益中，预留 10% 专用于集体福利，再预留 51% 用于集体发展。⑤ 中山市规定：集体资产增值收益中的 10% 用于发展集体经济，10% 用于集体公益设施建设。⑥ 第三，公益金被用作村行政支出。如无锡市陈巷村股份合作社将集体股的收益用于村委会成员的工

---

① 参见阚宁《对安徽省农村集体经济组织股份制改造的思考》，《中国集体经济》2011 年第 4 期；张洪松《地权改革与农村社区集体经济组织重塑》，《经济体制改革》2013 年第 4 期；崔建中、宋旭超、刘家顺《农村集体经济组织公司化改造模式构建研究》，《农村经济》2013 年第 5 期。

② 参见《山东省农村经济（社区）股份合作社工商登记意见》第 3 条、《重庆市推进农村新型股份合作社发展实施方案》第 1 条。

③ 参见王利明、周友军《论我国农村土地权利制度的完善》，《中国法学》2012 年第 1 期。

④ 参见蒋省三、刘守英、李青《中国土地政策改革——政策演进与地方实践》，上海三联书店，2010，第 258 页。

⑤ 参见高圣平、刘守英《集体建设用地进入市场：现实与法律困境》，《管理世界》2007 年第 3 期。

⑥ 参见《中山市农村集体建设用地使用权流转管理暂行办法》第 49 条。

资与办公经费，广东省南海区平南村股份合作社用于社会治安的费用达 100 多万元。[①] 按照《民法总则》的规定，村民委员会和集体经济组织虽然都是特别法人，但村民委员会属于公法人，集体经济组织属于私法人，两者分属独立的民事主体，互不隶属。随着农村经济体制改革的推进，农村“政经分离”的趋势越发明显，如《中共中央国务院关于稳步推进农村集体产权制度改革的意见》提倡：“村民委员会事务和集体经济事务分离。”村级行政费用是国家及其代理人履行公共管理职能的费用，与集体经济的性质与功能无关，不应从农村社区股份合作社收益中提取，而应由财政划拨。可见，公益金具有较强的行政管理色彩，与农村社区股份合作社的私法人地位、农村“政经分离”的趋势不相容。集体股是集体凭借产权参与分配农村社区股份合作社收益的私法手段，遵循私法自治原则。集体通过设立集体股，既可预留集体公益事业和集体成员福利资金，又可避免公益金的弊端。集体公益和福利与社会公共利益不同，其本身是集体成员的共同利益，集体成员需要哪些公益和福利、哪种程度的公益和福利，应由集体成员自主决定。集体股就属于集体自治的产物，通过集体股筹集集体公益和成员福利资金，可由集体成员对所需公益、福利的金额进行预算，确定集体股在农村社区股份合作社股份中所占的比例，从而克服公益金的刚性。集体股是收益分配的依据，具有可流通性，集体成员的公益、福利需一次性大额资金投入时，可将集体股质押融资。集体股与集体成员股是博弈关系，集体成员基于自身利益考虑，可通过集体决议的方式将集体股控制在适宜的范围之内，既可避免集体公益和福利过高限缩集体成员收益分配额的问题，又可避免公益金被用于村级行政支出的问题。由此，从为集体预留公益和福利资金，克服公益金弊端方面考虑，应当设立集体股。

（二）集体股的比例

山东东平县规定了集体股与集体成员股的比例，集体股不高于 30%，集体成员股不低于 70%。[②] 虽然这种规定有公法不当干预私法自治之嫌，但也呈现给我们一个现实问题：按照什么标准确定集体股在农村社区股份合作社股份中所占的比例？是按照集体资产在整个农村社区股份合作社资产中的比例确定，还是由集体成员通过集体决议的方式确定？前已述及，集体股体现的是集体财产所有权人的权益，是集体凭借产权参与农村社区股份合作社收益分配的依据。集体是成员的集合，既要实现集体共同利益，又要实现集体成员个体利益。利益的双重性决定了集体股不能按照集体资产在农

① 参见蒋省三、刘守英、李青《中国土地政策改革——政策演进与地方实践》，上海三联书店，2010，第 259 页。

② 参见赵新龙、杜田华《农村集体资产股份制改革中股权设置的实践及其完善》，《荆楚理工学院学报》2018 年第 3 期。

村社区股份合作社总资产中的比例确定，部分集体资产的收益也要分配给集体成员。例如，集体经营性建设用地属于集体资产，然而上海市、中山市、苏州市等进行集体经营性建设用地流转实践的地区，都将部分流转收益分配给集体成员。[①] 集体共同利益与集体成员个体利益之间没有明确的比例，集体股所占的比例更宜由集体成员以决议的方式确定。前已述及，集体股的收益主要用于集体公益与成员的福利，由此，集体成员以决议方式确定集体股的具体比例，不仅体现了私法自治的精神，也可避免过度公益与福利压缩集体成员收益分配额的问题。集体股的比例虽然由集体成员通过决议方式确定，但不得超过集体经营性资产在农村社区股份合作社总资产中的比例，避免侵犯集体成员、非集体成员的权利。

（三）集体股的权能

十八届三中全会《中共中央关于全面深化改革若干重大问题的决定》与《乡村振兴战略规划（2018—2022年）》等中央政策文件均要求明确农民对集体资产股份的占有、收益、有偿退出及抵押、担保、继承等权能，未明确集体股的权能。有学者主张，集体股应属于优先股，主要包括收益权能。[②] 集体股主要用于筹集集体公益与成员福利所需的资金，由此，集体股应包括占有与收益权能。有学者认为在农村社区股份合作社内部监督机制失范的情况下，集体股可能被村干部或部分集体成员控制，异化为其控制农村社区股份合作社的工具。[③] 假设集体股没有表决权能，其自不能异化为村干部和部分集体成员控制农村社区股份合作社的工具，然而这种制度设计是否具有法律依据？按照《民法总则》《物权法》《土地管理法》的规定，农村社区股份合作社是集体经济组织的实现形式，具有法人资格，有权以自己的名义代表集体独立经营管理集体资产。股东权中的表决权是股东的共益权，表决权仅意味着股东可以参与法人决策并使自己的意见转变为法人意志，并不能直接管理处分法人财产。由此，代表权与股东权中的表决权性质不同，不能并存。正是基于这一法理，《公司法》第103条规定，公司持有自己的股份的，该股份没有表决权。集体股是集体财产收益分配权的股份化实现形式，即便是为集体公益和全体成员福利担保融资，也属质押，而非抵押。通过上述分析可知，基于为集体公益和成员福利筹集资金的需要，集体股应具有占有、收益、出质权能，为了避免集体股异化为村干部和部分集体成员控制农村社区股份合作社的

① 参见《关于上海市农村集体土地使用权流转的试点意见》第6条第2款、《中山市农村集体建设用地使用权流转管理暂行办法》第49条、《苏州市关于开展城镇规划区内集体建设用地使用权流转试点的实施意见》第4条。

② 参见高海、杨永磊《社区股份合作社集体股改革：存废二元路径》，《南京农业大学学报》（社会科学版）2016年第1期。

③ 参见张建、诸培新、王敏《基于内生交易费用的农村集体资产股份制改革》，《华南农业大学学报》（社会科学版）2016年第5期。

工具，也为了避免代表权与表决权的冲突，集体股没有表决权能。

二 集体成员股份的种类与权能

农村社区股份合作社在坚持集体所有制的前提下，通过集体资产量化折股，将成员对集体资产的物质化、实体性分配权转变为股权。基于此，农村社区股份合作社应当设立集体成员股份。部分农村社区股份合作社设立了“人头股”“农龄股”“资源股”等股份，虽然这些收益分配标准被称为“股”，但与公司股份具有不同的衍生逻辑与权能。

（一）身份股

十八届三中全会《中共中央关于全面深化改革若干重大问题的决定》与《乡村振兴战略规划（2018—2022年）》等中央政策文件要求构建兼顾国家、集体、个人的集体经营性资产收益分配规则，将集体经营性资产折股量化到农民，适当提高农民的分配比例。集体经营性资产的所有权人是集体，集体是成员个人利益与共同利益的集合。集体成员权既包括知情权、参与权、表决权等共益性权利，也包括集体经营性资产收益分配权等自益性权利。基于此，农村社区股份合作社应设立集体成员身份股，保障集体成员凭身份获得收益。实践中，农村社区股份合作社形成了两种并行的集体成员身份股设置标准。第一，“人人平等”的成员权标准。在广东省南海区，这种股份被称为“基本股”，在苏南等地区则被称为“人头股”。第二，劳动贡献的标准。其将集体成员在集体的劳动时间折算成股份。上海、北京、江苏、浙江等地设置了“农龄股”，广东省南海区设置了“年龄股”。“农龄股”“年龄股”反映了集体成员要求承认其对集体财产贡献的诉求，将成员在集体的同质性劳动时间折算为股份，以体现按劳分配规则。① 按成员身份平均分配股份体现了共同富裕的要求，符合集体所有制的本质要求。“年龄股”“农龄股”不同于《合伙企业法》第16条所规定的劳务出资，是否属于《宪法》第6条规定的按劳分配也有争议。法律是否认可该股份？有学者指出：按成员身份设立的股份应当恪守成员平等原则，不应区分年龄、性别等因素设置不同的股份。② 也有学者认为“农龄股”“年龄股”体现了成员对集体的贡献，契合了农村产权制度改革的要求，具有广泛的文化基础。③ “年龄股”“农龄股”是由农村社区股份合作社通过决议行为设立的股份。决议行为与双方民事法律行为不同，其效力判断标

① 参见蒋省三、刘守英《土地资本化与农村工业化——广东省佛山市南海经济发展调查》，《管理世界》2003年第6期；方志权《农村集体经济组织成员资格界定与农龄统计研究》，《科学发展》2013年第4期。

② 参见韩松《论农民集体成员对集体土地资产的股份权》，《法商研究》2014年第2期。

③ 参见方志权《农村集体经济组织成员资格界定与农龄统计研究》，《科学发展》2013年第4期。

准包括合法性要件与成员的平等参与性要件。罗尔斯指出："如果缔结协议的程序能保障所有利益相关者的平等参与，在结果上为成员创造了平等的机会，这就是一项公平的协议。"[①] "年龄股""农龄股"的衡量标准是同质性的劳动时间，平等赋予了每个成员获取更高收益分配的机会，这两种股份也不违反法律的强制性规定与公序良俗原则，法律可以认可。身份股是集体成员凭借身份分享集体经营性资产收益的股份，集体经营性资产收益既分配给集体，也分配给集体成员。由此，集体经营性资产的价值在农村社区股份合作社总资产价值中的比例减去集体股的比例即身份股的比例。

（二）资源股

北京市、上海市、佛山市、苏州市、深圳市等地开展了承包经营权和宅基地使用权换股权的实践，即农户将土地承包经营权、宅基地使用权入股农村社区股份合作社，合作社整理成规模化的土地，通过出让或出租获取收益，并将收益按股分配给农民。[②] 随着"承包地所有权、承包权、经营权三权分置"的实施，农地经营权成了可为非集体成员取得的用益物权。[③] 农地经营权可以入股农村社区股份合作社。宅基地"三权分置"政策虽不意味着宅基地使用权成为可流转的财产权，然而农户将宅基地使用权入股农村社区股份合作社，由农村社区股份合作社整理成集体经营性建设用地或复垦成耕地换取新增建设用地指标，仍是在集体内部进行的改革，符合"盘活空闲宅基地""建设用地指标跨区调剂"等中央政策。农村社区股份合作社并非集体土地所有权人，农户以农地经营权和宅基地使用权入股者，农村社区股份合作社也仅取得了使用权，而非基于所有权的"弹力性"规则恢复了完整的集体土地所有权。基于此，农村社区股份合作社应设立资源，作为农地经营权、宅基地使用权的对价。资源股的比例应当按照农民入股的农地使用权、宅基地使用权在农村社区股份合作社总资产中的比例确定。

（三）集体成员股份的权能

十八届三中全会《中共中央关于全面深化改革若干重大问题的决定》与《乡村振兴战略规划（2018—2022 年）》等中央政策文件均要求明确农民对集体资产股份的占有、收益、有偿退出及抵押、担保、继承等权能。有偿退出属于消灭集体成员权的方式，不属于集体成员股份的权能。按照中央政策的文意，集体成员股份主要包括占有、收益、抵押、担保、继承权能。按照政策的规定，集体成员股份与公司股权不同，主

① 〔美〕约翰·罗尔斯：《正义论》，何怀宏、何包钢、廖申白译，中国社会科学出版社，2009，第 139 页。

② 参见吴越、吴义茂《农地赋权及其土地承包经营权入股范式》，《改革》2011 年第 2 期；刘守英等《土地制度改革与转变发展方式》，中国发展出版社，2012，第 63 页。

③ 参见孙宪忠《推进农地三权分置经营模式的立法研究》，《中国社会科学》2016 年第 7 期。

要是集体成员收益分配的依据，不包括表决权，这种规定是否恰当？在实践中，关于集体成员股份能否抵押、担保、转让、继承的规定差异较大，需予以厘清。

1. 集体成员股份不具有表决权能

集体成员股份主要是集体成员收益分配的依据，不包括表决权能。公司股份的收益权与表决权统一，虽有助于提高公司经营决策效率、明确风险承担，但也存在侵害中小股东利益的弊端。集体成员股份与公司股份的设计初衷不同，是集体成员收益分配权的股份化实现形式，主要保障集体成员在农村社区股份合作社中的平等收益分配权。《乡村振兴战略规划（2018—2022 年）》等中央政策文件要求防止部分集体成员和外部资本控制集体资产。若集体成员股份包括表决权能，部分股份较多的成员可凭借该种股份控制农村社区股份合作社的经营、管理、收益分配，有违农村产权制度改革的初衷。中央政策允许集体成员流转股份，若集体成员股份包括表决权，可能出现外部资本通过收购集体成员股份控制农村社区股份合作社的情况。农村社区股份合作社成员与集体成员具有重合性，农村社区股份合作社对财产进行的重要处分也属集体应当进行民主决策的事项，集体成员股份不包括表决权也不影响集体成员按照《物权法》《承包法》《村民委员会组织法》等法律规定的决议方式和程序管理农村社区股份合作社。基于此，集体成员股主要是集体成员参与分配农村社区股份合作社收益的依据，不包括表决权。

2. 转让权能

现行中央政策并未规定集体成员股份的转让权能。浙江省、青岛市、绍兴市、顺德区、广东省南海区允许集体成员转让其股份，但对受让人是否仅是集体成员规定不一。[①] 无论身份股抑或资源股，都仅是集体成员分享农村社区股份合作社收益的依据，并非专属性的权利，集体成员转让其股份也不会丧失集体成员资格和除收益权外的其他成员权。集体成员股不包括表决权能，集体成员转让股份，也不会引发外部资本和部分集体成员通过收购集体成员股份控制农村社区股份合作社的问题。基于此，集体成员股份可以转让，受让人也可是非集体成员。《公司法》第 27 条、《合伙企业法》第 42 条规定有限责任公司股东或合伙人转让其股份者，其他股东或合伙人有优先受让权。按照《民法总则》第 96 条的规定，农村社区股份合作社也是具有法人资格的经济体，是否参照上述两条法律的规定，赋予集体成员优先受让集体成员股份的权利？优先受

① 参见《浙江省农村集体经营性资产管理条例》第 30 条、《青岛市关于推进农村集体经济组织产权制度改革的意见》第 5 条、《中共绍兴市委绍兴市人民政府关于推进农村社区股份合作制改革的意见》第 4 条、《关于开展规范和完善顺德区农村股份合作社组织管理试点工作的指导意见》第 4 条、《南海区村（居）集体经济组织成员股权（股份）管理交易办法》第 7 条。

让权旨在维护团体关系与生产资料的稳定，主要存在于具有较强人合关系的组织体中。农村社区股份合作社吸纳了本集体的全体成员，集体成员加入农村社区股份合作社并非基于出资与契约等信任关系，而是基于户籍、出生、政策等因素。由此，农村社区股份合作社成员并不像有限责任公司与合伙企业的成员一样具有信赖关系，并且集体成员股份不包括表决权，非集体成员受让股份也不影响农村社区股份合作社的治理。由此，农村社区股份合作社成员转让其股份者，其他成员不应享有优先受让权。

3. 出质权能

集体成员股份是集体成员收益分配的依据，若作为自身或第三人债务的担保也属于权利质押，而非抵押、担保。资源股是集体成员出资的对价，可以出质。身份股是具有现实财产收益内容的独立债权，在集体成员身份存续期间可以出质，债务人不履行债务者，质押权人可直接收取股份收益。按照《担保法》与《物权法》的规定，集体成员股份出质，须践行法定的公示方式。现行权利质权的公示方式主要分为交付与登记两种，并且权利不同，登记机关也不相同。那么，集体成员股份出质采用哪种公示方式？集体成员股份虽然没有表决权，但是集体成员也是按股取得收益，由此，集体成员进行股份出质的，应当登记。《关于开展农村集体经济组织登记赋码工作的通知》规定各级农业农村管理部门是集体经济组织的登记机关。那么，集体成员股份的质押的登记部门是农业农村管理部门，还是参照《物权法》第 226 条的规定由工商管理部门担任集体成员股份质押的登记机关？集体成员股份质押登记是系统性工程，需明确登记机关、完善登记程序、建立登记系统、明确查询人员等。权利质权区别于动产质权，在债务人不能履行主债务时，质权人可以直接收取债权收益。在登记制度完善之前，集体成员股份质押的公示方式应当以便利质押权人收取收益为基础进行设计。集体成员股份做成“股权证”者，质押人应当将“股权证”交付给质押权人，并在农村社区股份合作社收益分配文件中记载质押事项。尚未做成“股权证”者，应签订质押合同，并在农村社区股份合作社收益分配文件中记载股份质押事项。

4. 继承权能

有学者指出：集体成员凭借成员权获得的具体、已量化且可分配的财产性收益权属于独立的债权，可以继承。[①] 身份股是集体成员凭身份取得的股份，与集体成员的身份具有牵连关系，其按股取得的收益以集体成员的身份为前提，若集体成员身份丧失，不应再获得股份收益。基于此，身份股不应具有继承权能。资源股是集体成员以宅基

① 参见王利明、周友军《论我国农村土地权利制度的完善》，《中国法学》2012 年第 1 期；刘云生《农村土地股权制改革：现实表达与法律应对》，中国政法大学出版社，2016，第 173 页。

地使用权、土地承包经营权入股获得的对价，可以继承。

三 非集体成员股份的种类与权能

有学者指出：农村社区股份合作社具有社区性，只有集体成员方能取得农村社区股份合作社的股份。①十八届三中全会《中共中央关于全面深化改革若干重大问题的决定》《乡村振兴战略规划（2018—2022年）》等政策文件允许外界工商资本参与农村产权制度改革，但要求防范外来工商资本侵占集体资产并且明确工商资本参与分配的上限。从实践来看，部分农村社区股份合作社设置了非集体成员资金股、技术股、享受股。这些股份是否都被现行法律所允许，非集体成员的资金股和技术股在农村社区股份合作社股份中所占比例如何确定，非集体成员资金股和技术股的权能包括哪些，需予以厘清。

（一）非集体成员股份的种类

北京、上海等地允许外部资本投资农村社区股份合作社。②青岛市农村社区股份合作社只设有"人头股"、"农龄股"、农户凭资金与承包地获取的"资源股"，没有外来资金股份。广东省南海区的部分农村社区股份合作社也没有外来资金股份。③《乡村振兴战略规划（2018—2022年）》与《中共中央国务院关于稳步推进农村集体产权制度改革的意见》等中央政策文件要求引导和撬动社会资本投入农村，发展规模化和现代化农业，但需明确外部资本参与收益分配的上限并且防止外部资本侵占集体资产。集体资产抵押融资与社会资本入股农村社区股份合作社是社会资本投入农村的两个主要渠道。虽然中央政策文件倡导集体经营性建设用地和农地经营权抵押融资，然而囿于集体经营性建设用地与农地经营权的地价难以衡量、防范农民与集体的失地风险，以及受让人的范围受限等因素，农地抵押融资的前景不容乐观，并且农村社区股份合作社需承担集体经营性建设用地与农地经营权抵押融资的风险。农村社区股份合作社接受外部投资，是实现土地与资金两个要素优势组合、促进农业经营市场化与规模化的重要渠道。然而允许外部资本投资农村社区股份合作社，需防范外部资本利用资金优势控制集体资产，稀释集体成员的权利。前已述及，农村社区股份合作社的股份与公司股份不同，仅是收益分配的依据，并不包括对集体资产的管理权能。外部资本投资

① 参见孔祥智《农村社区股份合作社的股权设置及权能研究》，《理论探索》2017年第3期；王玉梅《农村社区股份合作社的商主体制度构建》，《中国政法大学学报》2016年第2期。

② 参见《北京市农村股份合作企业暂行条例》第2条、《关于推进本市农村集体经济组织产权制度改革的若干意见》第4条。

③ 参见刘宪法《南海模式的形成、演变与结局》，载北京天则经济研究所主编《中国制度变迁的案例研究》，中国财政经济出版社，2011，第84页。

农村社区股份合作社，也仅能凭借投资获取收益，无法通过“多数资本决”的方式控制与侵占集体资产。综上所述，农村社区股份合作社接受外部投资利于促进农业经营的市场化与规模化，也不会引发外部资本控制农村社区股份合作社的问题，由此，农村社区股份合作社可以设置非集体成员资金股，作为外部资本参与农村社区股份合作社收益分配的依据。《乡村振兴战略规划（2018—2022年）》等中央政策要求：完善涉农股份合作制企业利润分配机制，明确资本参与利润分配上限。在芭莎苗寨、皇都侗族文化村、官坝苗族山寨等地的集体资源开发利用中，存在外部资本控制收益的问题。[①] 上述政策有合理性。但是，农村社区股份合作社虽是社区性的经济组织，也需平等保护集体、集体成员、外来投资者的利益。明确外部资本参与利润分配比例上限的政策应通过限制外部投资在农村社区股份合作社总资产中的比例实现，不能限制非集体成员资金股的收益，避免“异股异权”“异股异利”的问题。

《乡村振兴战略规划（2018—2022年）》指出：推动人才、土地、资本等要素双向流动，为乡村振兴注入新动能。学者调研发现，部分“名村”通过集体讨论决定的方式赋予引进的管理人员与专业技术人员集体成员资格和集体资产收益分配权。实践中，农村社区股份合作社成员的技术性劳动并不都属于知识产权的范畴，也未必具有可估价性与可转让性。那么是否允许农村社区股份合作社设置非集体成员技术股？专业技术人员的技术劳动虽不能直接形成法人的责任财产，但有助于实现土地、资金、技术要素的优势组合，提升农村三大产业融合发展水平。商事主体的收益分配标准，直接决定了其成员的出资方式。以资本投入为主要收益分配标准的公司只接受可估价并且可转让的非货币财产出资。允许章程约定收益分配规则的农民专业合作社允许合作社章程约定出资方式，允许合伙协议约定利润分配方式的合伙企业可以接受劳务出资。农村社区股份合作社并非资本的集合，而是劳动者的联合，出资也并非农村社区股份合作社的唯一分配依据。基于此，经农村社区股份合作社成员大会决议，可以配给专业技术人员非集体成员技术股。虽然现行中央政策和地方性规范文件没有设定非集体成员凭技术参与农村社区股份合作社收益分配的上限，然而技术股的客体若估价不当，也会损及集体成员的利益。由此，为了防止技术股的虚高估价侵害集体成员的利益，应严格技术出资的估价与集体成员确认程序。以知识产权出资的，知识产权股的比例是知识产权的评估价值在合作社总资产价值中的比例。以不具有可估价性的技术出资的，技术股的比例可由农村社区股份合作社章程约定，但需经法定比例的集体成员同意。

① 参见綦磊《少数民族地区集体经营性建设用地流转法律规则论纲》，《贵州民族研究》2017年第6期。

在宁波等地，某些原长期生活在某一集体并为集体资产积累作出贡献，但现已脱离集体的返城知青、企事业单位工作人员、随子女养老者也被分配了农村社区股份合作社股份。农村社区股份合作社是集体经济的实现形式，集体经济虽具有区域性，但并非封闭的产权结构。《物权法》第59条、《承包法》第48条等法律允许非集体成员有偿取得集体资产并获取收益。基于此，股份合作社给予外来投资者和专业技术人员股份具有法律依据。而将集体资产股份无偿配置给非集体成员，虽然体现了成员朴素的公平观念，但既没有法律依据，也无助于发展集体经济，应予以禁止。

（二）非集体成员股份的权能

占有、收益、抵押、担保、继承权主要是十八届三中全会《中共中央关于全面深化改革若干重大问题的决定》和《乡村振兴战略规划（2018—2022年）》等中央政策文件赋予集体成员股份的权能。那么，非集体成员股份的权能是否与之相同？资金股是出资的对价，非集体成员资金股应包括占有、收益、出质、转让、继承权能。非集体成员技术股以专业技术人员在农村社区股份合作社从事技术劳动为前提，由此，技术股主要包括占有、收益、出质权能，不得转让和继承。为了避免外部资本控制和侵占集体资产，也为了实现集体股、集体成员股、非集体成员股三股“同股同权”，非集体成员股份也不应包括表决权能。然而表决权不仅是股东管理法人的依据，也是股东维护自身权益的手段。集体成员股不包括表决权，不妨碍集体成员按照“一人一票”的集体决议方式管理农村社区股份合作社和维护自己的权益。既然非集体成员股不包括表决权，那么，非集体成员如何保护自己的权益？与农村社区股份合作社同为集体经济组织现实形式的农民专业合作社通过附加表决权的方式维护投资者的利益。集体成员、非集体成员都是农村社区股份合作社成员，应平等享有管理农村社区股份合作社的权利，非集体成员有权参加农村社区股份合作社的成员大会，通过不足以控制农村社区股份合作社的特定比例的附加表决权维护自己的权益，避免“一人一票”的表决方式侵犯非集体成员的利益。非集体成员或其代表也有权参加农村社区股份合作社的理事会，通过“一人一票”的方式维护自己的权益。在此基础上，还需设立和完善非集体成员的知情权、监督权、诉权、退出权等机制，维护非集体成员的权益。

结　语

与自然人人格的伦理性不同，法人人格旨在实现特定目的。农村社区股份合作社是农村集体产权制度改革的产物，法律赋予其人格旨在通过土地、资金、技术要素的优势组合，对外实现集体资产的规模化与市场化，对内明确各主体参与收益分配的依据与比例。基于此，农村社区股份合作社股份包括集体股、集体成员股、非集体成员股三种。集体股体现了集体所有权人的利益，主要为集体公益和成员福利筹集资金，集体公益和成员福利属于集体自治的范畴，集体股的比例应由集体成员通过决议方式确定。集体成员股是集体成员对集体资产收益分配权的股份化实现形式，包括依据成员平等规则设立的身份股、集体成员以宅基地和承包地出资获得的资源股。身份股是集体成员凭借身份参与集体经营性资产增值收益的依据，身份股的比例按照集体经营性资产的价值在合作社总资产价值中的占比减去集体股的比例确定。资源股是集体成员入股的对价，资源股的比例按照成员入股的宅基地使用权和农地经营权价值在合作社总资产价值中的比例确定。非集体成员股是非集体成员可凭资金、技术投入有偿获得的股份。公司股份的收益权与表决权统一，虽有助于提高决策效率，但也存在侵害中小股东权益的弊端。在中央政策要求防范部分集体成员或外部资本控制农村社区股份合作社的背景下，为了保障集体、集体成员、非集体成员平等的收益分配权，集体股、集体成员股、非集体成员股不包括表决权。集体股、集体成员股、非集体成员股都包括占有、收益、质押权能，集体成员的资源股和非集体成员的资金股还可转让、继承。农村社区股份合作社股份的收益权与表决权分离虽然符合中央政策的倡导、农村产权制度改革的现实、集体与成员之间的利益联结，却无助于提高农村社区股份合作社决议效率，而决议的效率决定了市场主体的效益与活力。故需进一步研究如何以灵活高效的决议机制弥补农村社区股份合作社股份收益权与表决权分离的问题，使农村社区股份合作社脱离社区性的藩篱，成为真正的市场主体。

不动产融资

论民法典时代的抵押物转让规则之建构[*]

——以公示公信原则为基础

张　力　张翠萍[**]

摘　要： 民法典物权编应从利益衡平的角度和公示公信原则的内在法理要求出发，全面放开对抵押物转让的不当桎梏，允许抵押物得以自由转让的同时对已登记的抵押权的权利人利益之保障应通过抵押权的追及力来实现。对于未登记的抵押权，由于缺失显在的权利外观而不得对抗善意的受让人，抵押权人可向抵押人主张之于转让价金的优先受偿权以保障自身权益。同时，应赋予受让人代为清偿权以缓和抵押权之追及力。受让人提出代为清偿债务时，抵押权人不得拒绝，受让人代为清偿债务后，可向债务人而非抵押人追偿。

关键词： 抵押物转让；利益衡平；公示公信原则；追及权；代为清偿权；对价金的优先受偿权

抵押物之转让问题，从《最高人民法院关于贯彻执行〈中华人民共和国民法通则〉若干问题的意见（试行）》（以下简称《民法通则意见》）至民法典物权编（草案）以来①，历经30余载仍备受我国学者们的热议。究其原因，是抵押物的转让不仅直接触及抵押权人、抵押人、交易相对人三方的利益诉求，而且关乎市场资源能否得以合理配置、物的效用能否得以最大限度发挥以及物权法的宗旨能否得以实现或在多大程度上得以实现的问题。而无论立法者、司法者还是理论者对于抵押物转让问题争议的实质都可概括为：在涉及抵押物转让的问题中，选择何种转让模式以及设计哪套规则组合可尽量衡平抵押权人、抵押人、交易相对人三方可能冲突的利益需求，若其中两方当事人存在不可调和的矛盾，应优先保护哪方当事人的利益需要以及在使一方当事人利益优位的前提下，宜采取何种制度设计来最大限度地减少对另一方当事人的不利负

---

* 本文系国家社科基金项目“民法典物权编中公共地役权的制度构建与体系融人研究”（18BFX123）的阶段性成果。

** 张力，西南政法大学民商法学院教授，博士生导师，法学博士；张翠萍，西南政法大学2017级硕士研究生。

① 本文涉及的相关法律规范的全称与简称分别是：《最高人民法院关于贯彻执行〈中华人民共和国民法通则〉若干问题的意见（试行）》（简称《民法通则意见》），《中华人民共和国担保法》（简称《担保法》），《最高人民法院关于适用〈中华人民共和国担保法〉若干问题的解释》（简称《担保法解释》），《中华人民共和国物权法》（简称《物权法》），2018年8月27日，民法典各分编（草案）已提请十三届全国人大常委会第五次会议审议。

担，即需使良好的既定规则符合比例原则。在此之上，设计的抵押物转让规则还得顺应市场经济发展的规律，契合物权法“充分发挥物之效用”的立法旨趣以及当然遵循支撑民法大厦的传统理论基础。

一 抵押物转让规则的制度流变

我国对于抵押物转让的成文规则始于《民法通则意见》，发展于《担保法》《担保法解释》，定格于《物权法》，未来即将重生于民法典物权编。其间经历了不可谓不坎坷的进程：未经同意，转让行为无效—未通知或未告知，转让行为无效—未通知或未告知，已登记的抵押权不受影响，未登记不具对抗力—未经同意，不得转让—抵押财产转让的，抵押权不受影响。可以说，我国立法关于抵押物转让问题历经了从民法通则意见的“严格限制”到担保法的“相对限制”到担保法解释的“相对宽容”再回到物权法的“严格限制”再到如今民法典物权编意欲采取的“完全宽容”态度的曲折过程。无论是法学研究者还是法律工作者，在已尘埃落定的实在法或成文规则面前，都应尽量克制站在事后人的角度对于既定规则的任意挑剔与肆意批判，而应秉持法律人谦逊严谨的态度通过法解释工作或法续造工作来最大限度地承认实在法的效力，维护其权威。然而，正逢民法典编纂的时代契机，再度回顾我国抵押物转让规则的制度演进，重新审视现行有效规则与自然法所推崇的公平、正义、效率等价值理念的契合度，进而从源头上矫正在抵押物转让问题中可能已经失衡的利益天平，确不失为一个明智且具实益的选择。

（一）前物权法时代

1.《民法通则意见》：严格限制抵押物的转让

《民法通则意见》第 115 条①对抵押物转让的规则内核可提炼为：抵押期间对抵押物实行转让必须经抵押权人同意，否则行为无效。无论将“行为无效”解释为转让合同的自始无效、绝对无效②还是将其解释为买卖行为不引发物权变动的法律效果③，都无法否认抵押物的转让严格受限于“抵押权人的意志”的客观事实。而将抵押物能否有效流通完全倚赖抵押权人单方的意志，至少默认了以下三个预设：（1）抵押物的转让将可能损及抵押权人对抵押物价值之圆满性的利益追求；（2）“抵押权人同意”是抵押物转让中保障抵押权人利益需求的有力门径；（3）“抵押权人同意”是抵押物转让中

① 虽然该条文已被《最高人民法院关于废止 2007 年底以前发布的有关司法解释（第七批）的决定》废止，但是并不影响其作为我国抵押物转让规则的制度流变中的“一流”之身份。

② 参见《最高人民法院关于如何认定中国农业银行湖北省分行国际业务部申请宣告武汉货柜有限公司破产一案中两份抵押合同效力问题的复函》（法函〔1995〕33 号）。

③ 参见《最高人民法院〔2008〕民一终字第 122 号民事判决书》，《中华人民共和国最高人民法院公报》2009 年第 4 期。

平衡各方当事人利益的最佳方案。然而，上述前提性的预设不得不面临以下质疑。首先，抵押物的转让并不必然损及抵押权人之利益，也即抵押物的转让与抵押物的交换价值的圆满性之受损不存在必然的因果关系。[①] 其次，即使抵押物的转让有损及抵押物交换价值之圆满性的可能性，是否就需要通过“抵押权人同意”这般严格的限制措施来阻碍抵押物的流转。最后，采取“抵押权人同意”此严苛方式是否就可真正保障抵押权人的利益得以实现也不无疑问，更勿论该方式是否可兼顾他方当事人的利益诉求。

2.《担保法》：相对限制抵押物的转让

《担保法》第49条对抵押物转让设计的规则可总结出以下几层意涵：（1）已办理登记的抵押物的转让，应通知抵押权人，否则转让行为无效；（2）转让价款明显低于抵押物价值的，抵押权人可要求抵押人提供担保，否则不得转让；（3）抵押权人对转让价款的受偿权。虽然学者对该条是否在抵押物转让的问题上反于大陆法传统而用“物上代位”取代了“物上追及”的认识不一，但是在将抵押物的有效流转由“抵押权人同意”转向“通知抵押权人”，抛弃《民法通则意见》坚持的之于抵押物转让的严酷枷锁转而只是相对限制抵押物转让的态度上形成共识。正因为《担保法》的规定给学者对于抵押权人是否可行使物上追及力此问题留下了解释的空间，且尚未明晰“物上代位”与“物上追及”在抵押物转让中的功能定位，当然对他方以及公共利益的考量也呈现出不足，故随后出台的《担保法解释》试图填补上述缺陷。

3.《担保法解释》：相对宽容抵押物的转让

《担保法解释》第67条对抵押物转让的规定可概括为以下三层意思：（1）抵押物转让未通知抵押权人的，已登记的抵押权具有追及力；（2）受让人可代为清偿债务而消灭抵押权人的追及权；（3）未登记的抵押权不具追及力。显然，《担保法解释》在未通知抵押权人之抵押物转让的效力问题上改变了《担保法》的规定，正面回应了在抵押物转让中抵押权追及力的有无问题，因为肯定了已登记的抵押权的追及力也就意味着肯定了未通知抵押权人的已登记的抵押物转让行为的效力。从这个角度上来说，《担保法解释》释放出了在规则制定者层面已经关注到抵押物转让中“物上代位”与“物上追及”的制度关系并试图以“登记”为限对抵押权的追及力进行界分的信号。无论是将《担保法解释》解释为对《担保法》关于抵押物转让规则的彻底改变还是有限修正[②]，都无法否认抵押物转让的规则呈现出的相对宽容的态势。

---

① 参见徐洁《论动产抵押物的转移与抵押权的效力》，《中国法学》2002年第6期。

② 有学者认为担保法与担保法解释关于抵押物转让的规定并非完全冲突、非此即彼的，相反，可通过法解释学来缩小物权法、担保法以及担保法解释的差异，并进而主张应依担保法解释的规定来处理未经抵押权人同意的抵押物转让的效力。参见刘贵祥、吴光荣《论未经抵押权人同意之抵押物转让的效力》，《比较法研究》2013年第5期。

（二）物权法时代

《物权法》第191条对于抵押物转让的规定相当简略，可总结为三层意思：（1）一般情形下，抵押财产的转让需经抵押权人的同意，除非受让人代为清偿债务；（2）经抵押权人同意后，抵押财产转让所得的价款应向抵押权人提前清偿债务或提存；（3）未经抵押权人同意，且受让人未代为清偿债务的，不发生抵押财产所有权变动的法律效果。[①] 如果说从《民法通则意见》到《担保法解释》这一路，是关于抵押物转让的愈渐宽松之路，那么《物权法》的规定则是把这条宽松之路送上了终点。其将抵押物的有效转让又重新纳入抵押权人的权利范畴，不但是项低效率的规定，难以充分发挥抵押物的使用价值及交换价值[②]，而且将极大限制抵押人与受让人之间本可通过合同关系来实现利益平衡的意志自由。[③] 况且还不得不面临以下责难。（1）抵押人在抵押财产上为他人设定抵押权的事实并不改变其仍为抵押财产之所有权人的身份，身为所有权人的抵押人对抵押财产实行法律上的处分行为——转让，本为所有权权能的涵摄范围，为何需经抵押权人同意？（2）如果说规定抵押财产的转让需经抵押权人同意是为了确保抵押权人到期实现抵押权的安全，那么又回到这个让人不易回答的问题：纵然抵押财产的流转可能损及抵押权人的利益，法律是否就需设计“经抵押权人同意，抵押财产方可有效流转”此单方主导规则？（3）经抵押权人同意而为的抵押财产转让所得的价款需向抵押权人提前清偿债务或提存之法理何在？尚不论抵押权人对于抵押物交换价值享有的是一种期待利益、或然利益，单从经抵押权人同意此角度考虑，既然抵押权人认可抵押物的转让，也即对抵押财产流转所带来债权到期不能实现的风险等情事进行了综合考量，法律是否还有必要为抵押权人设置在转让价金上的利益？（4）根据文义解释、体系解释等解释学方法，不难推导出物权法在抵押物转让问题上对抵押权人抵押权的保障用物上代位取代了物上追及。问题不仅在于否定抵押权的追及力[④]有挑

---

① 本文认为在理解《物权法》“抵押人未经抵押权人的同意，不得转让抵押财产”之规定时应严格遵循物权法确立的“区分原则”的精神，对于抵押人和受让人达成的转让抵押财产的合意——抵押财产转让合同与抵押财产的所有权变动应区别看待。未经抵押权人同意，不得转让抵押财产是法律鲜明的立场表达，最直接的法律后果是不发生抵押财产所有权从抵押权人处移转于受让人。至于抵押财产转让合同的效力，则应根据民法总则及合同法确立的有关规则判定。对于未经抵押权人同意的抵押财产转让的合同效力的不同看法如下。一是认为转让合同无效，参见王利明《物权法研究》（下卷）（修订版），中国人民大学出版社，2013，第467页；杨明刚《新物权法——担保物权适用解说与典型案例评析》，法律出版社，2007，第118页；高圣平《担保法论》，法律出版社，2009，第352页。二是认为转让合同效力待定，参见江平主编《中国物权法教程》，知识产权出版社，2007，第451页。

② 参见周林彬《物权法新论——一种法律经济分析的观点》，北京大学出版社，2002，第674～675页。

③ 参见叶金强《物权法草案中存在的重大理论问题探析》，《政治与法律》2005年第5期。

④ 学界对《物权法》第191条之规定是否承认了抵押权之追及力存在争议。否定说，参见麻锐《抵押财产转让规则的模式选择——我国〈物权法〉第191条抵押物限制转让模式的解释论证成》，《政治与法律》2017年第12期；冉克平《论抵押不动产转让的法律效果——〈物权法〉第191条释论》，（转下页注）

战传统民法理论——物权具有对世性、追及力——之嫌，还在于用对转让价金的物上代位取代抵押权的物上追及力来衡平当事人各方利益之方案本身的正当性、合理性存疑。

（三）民法典时代

2018 年 8 月底，民法典各分编（草案）提请全国人大常委会第五次会议审议，其中民法典物权编（草案）第 197 条旗帜鲜明地表达了对抵押物转让的“完全宽容”态度——抵押期间，抵押财产可自由转让。然而，对于该草案所创设的全新的抵押物转让之规则，是否就无可指摘之处也并非没有疑问。

民法典物权编（草案）对于抵押物转让的规定可从以下几方面理解：（1）抵押期间，抵押财产的转让不受到来自抵押权人方的限制；（2）抵押权具有追及力；（3）抵押财产转让可能损及抵押权的，抵押权人可得请求对转让价款提前受偿或提存；（4）抵押人转让抵押财产的应当通知抵押权人。此乃抵押人负担的法定义务，抵押人未履行通知义务给抵押权人造成损害的应承担赔偿责任，但通知与否不影响抵押财产的转让及抵押权追及力的效力。显然，民法典物权编对于抵押物的流转问题采纳了极为开放与宽容的立场，充分尊重抵押人为抵押财产所有权人的法律事实，顺应市场交易的发展需要，对于抵押财产的转让问题摒弃以往所坚持的受抵押权人意志干扰的思维，使之重回抵押人与受让人双方可控的格局内，实为迈出了继往开来的一步。不过，该草案之规定也并非尽如人意。笔者认为，尚且存在以下可资追问或商榷之处。

商榷之一：承认抵押权的追及效力本是回归传统民法理论的值得肯定之举。可问题在于，草案对于抵押权追及力的赋予未区分动产与不动产、登记与未登记之不同情形，不仅与以公示公信原则为支撑的追及力得以存在的法理基础相悖，而且会与现行《物权法》第 188 条〔民法典物权编（草案）第 194 条〕规定的采取“登记对抗模式”的动产抵押权变动规则相冲突。因为一旦一概承认抵押财产具有追及力，在动产抵押物转让的场景中，无论抵押财产历经数次转让而辗转落入何人之手，无论受让人知情与否、善意与否，抵押权人均可追及最后手的买受人对之行使抵押权，岂非使“未经登记的动产抵押权不得对抗善意第三人”之规定徒有虚名？

商榷之二：抵押财产转让可能损及抵押权的，抵押权人享有的对转让价金的提前受偿或提存请求权的现实意义有多大？首先，抵押财产的转让有损抵押权之虞的事实之证明对于抵押权人而言就是一个诉讼法上的难题，因为若抵押权人欲证明抵押物的转让会损及抵押权，也就需要证实抵押人与受让人之间的买卖行为会对抵押物未来的

（接上页注④）《当代法学》2015 年第 5 期。肯定说，参见刘贵祥、吴光荣《论未经抵押权人同意之抵押物转让的效力》，《比较法研究》2013 年第 5 期。模糊说（认为物权法未正面否定抵押权的追及力），参见高圣平、王琪《不动产抵押物转让规则的解释论：〈物权法〉第 191 条及其周边》，《法律科学》2011 年第 5 期。

交换价值产生不利影响，以现实的情事去预估将来的或然事件，且需使得裁判者信服，这难道没有使得抵押权人的“转让价金受偿请求权”存在形同虚设之嫌？其次，在抵押权人证明转让抵押财产将使得抵押权有到期不能实现的风险之时，通常也是抵押人明知抵押财产的流转会损及抵押权人的利益而仍与受让人为转让行为的场合，此时授予抵押权人转让价金的请求权之制度功能将会大打折扣。

商榷之三：抵押权人的利益可由对抵押财产的追及效力保障，而受让人期望终局地取得抵押财产的利益诉求如何安放？在抵押权人行使追及权之时赋予受让人可得消除抵押财产存在的权利负担的选择自由如代为清偿权，不仅不会损及抵押权人的利益，还能庇护买受人的初衷，最大可能地促进资源的合理配置，最大限度地增强市场交易的公信力与保障交易安全。而相应的制度设计不仅在域外立法例中可作考察①，且早已显见于我国《担保法解释》及《物权法》的规定中，如今面世的民法典物权编（草案）却对之置若罔闻，实在耐人寻味。

二　抵押物转让中的利益分析

在 21 世纪中国民法典的编纂过程中以及在我国社会主义的法治进程中，发现问题仅仅是第一步，提出具有可行性、合理性的建设性意见才是最终追求。故整理我国关于抵押物转让规则的立法脉络，其功能是言明将来/现行规则（可能存在）的不足之处，而对抵押物转让中所涉的利益冲突的分析及解决方案的探寻才是本文的目的所在。

（一）对抵押物转让中所涉利益的梳理

1. 抵押人的抵押物自由转让的需求

一般来说，在抵押财产为了担保债权人的债权而被设定抵押权之后，抵押人并非就此将之束之高阁，而是尽可能地发挥抵押物的使用价值或交换价值以增进收益或避免负收益。法律规定抵押权的设立不转移抵押物的占有，使得抵押人葆有抵押财产之使用价值名正言顺。而抵押人利用抵押财产的交换价值常见于以下情形：（1）抵押人为筹措资金，需要转让抵押物以达到融资的目的；（2）抵押物于抵押人而言已无实际的使用价值，继续占有抵押物只会徒增抵押人的管理成本，将之转让他人是抵押人增加消极利益的方案之一②；（3）因市场等，若抵押物的平均价值不但上升无望还有遭贬

① 法国民法典为维护受让人的利益，赋予其涤除权以消灭抵押权所带来的威胁，参见〔日〕近江幸治《担保物权法》，祝娅、王卫军、房兆融译，法律出版社，2000，第 174 页；德国民法为缓和抵押权的追及力，承认抵押人的除去抵押权请求权以及第三人的代为清偿请求权，参见《德国民法典》第 434 条、第 439 条第 2 项、第 1142 条；日本民法典为保证受让人取得无负担的抵押物，不仅设计了涤除权制度，还规定了抵押权人的代价偿还制度，参见〔日〕我妻荣《新订担保物权法——我妻荣民法讲义Ⅲ》，申政武、封涛、郑芙蓉译，中国法制出版社，2008，第 345 页。

② 参见梁上上、贝金欣《抵押物转让中的利益衡量与制度设计》，《法学研究》2005 年第 4 期。

损之风险，此时及时转让抵押物是市场交易中理性经济人之选。

2. 受让人的抵押物自由受让需求

通常而言，受让人有买受抵押物的意愿乃是基于抵押物所能带来的使用价值抑或交换价值会超过其所支付的对价，这是绝大多数买受人在接手抵押财产时的考量。作为特殊情形，即使抵押财产所带给抵押人的物质价值还不足其所支付的抵押物的受让价金，但是源于受让人特殊的喜好或追求，其仍渴望成为抵押物所有权的继受取得人。如古玩爱好者或玉石收藏家基于对古玩、玉石的偏爱，在市场物价下跌的时期仍然掷重金将之收入囊中。如果将前者称为受让人对抵押物所载负的经济利益的需要，那么后者似乎可称为受让人对抵押物所载负的精神利益的需要，而无论是基于何种利益需求，无特别干预的理由存在时，受让人的意愿都需得到尊重。

3. 抵押权人的保全抵押物价值的需求

抵押权作为一种价值权，其本身并不直接对抵押物进行占有和使用，而是通过对抵押物交换价值的优先受偿权来保证债权的实现，所以说抵押物最终何去何从并非抵押权人真正关心之处①，其更在意的应是在抵押物流转过程中是否会损及抵押物的交换价值以及是否存在保全抵押权的必要。至于通过何种制度设计来保全抵押权则是法律在综合各方利益需求的基础上应作的价值判断。故在此需澄清的是，在抵押物转让中抵押权人的利益需求凝结于抵押物交换价值的圆满之上，抵押物能否转让以及转让于何人并非抵押权人最终的关切点。所以，禁止或者严格限制抵押物的转让不但不合乎抵押人、受让人的利益维度，也偏离抵押权人的真实意图。

由上分析可知，站在抵押人和受让人的角度观察以及从增进社会公共利益的视角考量，允许抵押物的自由转让或至少不对抵押物的转让苛以太多的羁绊乃为大势所趋。事实上，我们可清楚地发现允许抵押物的转让自由也是世界各国立法的潮流，如法国、德国、日本、美国等国家均未在抵押物能否流转问题上有过犹豫，不同的是各国立法在允许抵押物转让的前提下对抵押权人与受让人的利益保护设计了不同的规则：法国民法采取“自由转让+追及权+涤除权”模式②，德国民法采取“自由转让+追及权+抵押人除去抵押权或第三人代为清偿债务以消灭抵押权”模式③，日本采取“自由转让+追及权+价金物上代位+涤除权+抵押权人的代价偿还请求权”模式。④而从抵押权人的立场出发，完全放任抵押物的流转且不配套任何制度设计的确会使其心生抵押

① 参见朱庆育《抵押物转让效力之比较研究——兼评我国担保法第49条》，《政法论坛》2000年第2期。

② 参见尹田《法国物权法》，法律出版社，2009，第524~525页。

③ 参见《德国民法典》第434~439、1142条；史尚宽《物权法论》，中国政法大学出版社，2000，第313页。

④ 参见《日本民法典》第304、372条；〔日〕我妻荣《新订担保物权法——我妻荣民法讲义Ⅲ》，申政武、封涛、郑芙蓉译，中国法制出版社，2008，第345页。

权将会被损及之忧虑，不过对其担忧的消除和利益的维护不应通过否定抵押物的流通性或如我国《民法通则意见》《物权法》设定的单方主导规则来实现。因为禁止抵押物的流通不仅严重忽视抵押人的利益诉求，还彻底剥夺抵押人的处分权能，而该处分权能已为我国《物权法》第 39 条①、第 40 条②明确载明，故可以说为了抵押权人的利益保障便否定抵押物的转让，无疑落入了舍本逐末的窠臼。而若采取“严格限制”的转让模式，如规定抵押物的转让需经“抵押权人的同意”，不仅会严重压缩抵押人和受让人意思自治的空间而与私法精神相悖③，还会大大阻碍市场交易的发展，限制社会经济的活力。且从利益衡量的思维着眼，将抵押物的有效流转完全依托于抵押权人的意志，将会出现以下我们本不愿看到的情景：抵押权人很大程度上将会“过度”使用“同意权”，为了可能的风险或微不足道的风险而不同意抵押人转让抵押物。因为抵押权人首要考虑的不是抵押人的利益需要，追求的也不是抵押物的增值效益或利用效率，更无谓着眼资源是否得以优化配置而有利公益，抵押权人关注的仅是转让抵押物是否会损害自身抵押权的实现、是否会加重自身债权有到期不能实现的风险以及是否会增加自身行使权利的不利负担。故抵押权人的权益需要保护，但是对其的保护应在充分肯定抵押物得以自由流转的基础之上进行。

（二）抵押物转让中的利益平衡

1. 公益优先、多方利益优先：抵押物得自由转让

虽然前文已经用较多的笔墨对抵押物得以自由转让的正当性进行了论证，但是基于此论点在整个抵押物转让制度设计中起着基石作用，故在此仍有必要对之重申。无论是从抵押人的利益考虑还是从受让人的需求出发，抵押物的转让都不应当受到“歧视”。我国在之前的立法中为了绝对地保障抵押权不受侵害，分别采用的“同意生效”“通知生效”等模式，不但过度建筑了抵押权人的优势地位，严重侵蚀了其他当事人的合法权益，而且与抵押权的设立意图南辕北辙。况且，正如学者所言，“公共利益是得以限制民事主体行为自由的足够充分且正当的理由”。④ 在物之效用的有效发挥、资源配置的整合优化等公益诉求面前，再继续坚守严苛的抵押物转让制度实在有将私益凌驾于公益之上的嫌疑。民法是市民社会的基本法，物权法作为一部支架性的民事基本法，在开篇第 1 条便明确了“发挥物的效用”乃为立法宗旨之一。抵押物的转让不仅是抵押人和受让人意思自治的范畴，也是实现抵押物从无用之人到有用之人，从有用

① 《物权法》第 39 条：“所有权人对自己的不动产或者动产，依法享有占有、使用、收益和处分的权利。”

② 《物权法》第 40 条：“所有权人有权在自己的不动产或者动产上设立用益物权和担保物权。用益物权人、担保物权人行使权利，不得损害所有权人的权益。”

③ 参见史尚宽《物权法论》，中国政法大学出版社，2000，第 45 页。

④ 王轶：《民法价值判断问题的实体性论证规则》，《中国社会科学》2004 年第 6 期。

之人到善用之人的移转轨道。① 对于整个社会而言，肯定抵押物的流转是毋庸置疑的。原因一方面在于固化抵押物极有可能会造成资源的闲置或浪费②，另一方面允许抵押物的自由流转与后续开发利用，将会在一定程度上贡献国家税收进而增进公共利益。③ 故本文坚持我国抵押物的转让应在“自由”的大原则下进行规则设计以衡平各方之利益。

2. 动态交易安全优先：受让人有消除抵押权负担的权利

无论是从抵押权的追及力④角度考虑还是从受让人通过继受取得抵押物应当承受已存在的权利负担之原理来推导，似乎都可得出受让人有遭受抵押权人追及抵押物之所在而行使抵押权的风险。一旦债务人到期未清偿债务，抵押权人便会利用抵押物所蕴含的交换价值来实现债权，而此时受让人面临的是失去本已取得的抵押物之境遇。这种令受让人不安的境遇若无配套解决机制，将会使得受让人在交易时踌躇不前，严重妨碍交易安全与发展。⑤ 而源于罗马法的静的理论让位于源于日耳曼法的动态理论的合理性已被社会利益优先于个人利益所证明⑥，故赋予受让人以消除抵押物上存在的抵押权负担的权利不仅契合受让人的利益需求，也与交易安全的需要及市场经济的发展和谐一致。

3. 追及力受阻时：抵押权人的利益优先于抵押人的利益

虽然笔者并不认同在受让人的利益与抵押权人的利益发生冲突时，抵押权人的利益必然优位的观点⑦，但是在抵押人与抵押权人之间作利益衡量时，保证抵押权人的利益优先则不需多言。因为无论抵押人是债务人还是第三人，其在与抵押权人的关系中始终饰演的是“为人作嫁衣”的角色，其存在的使命便是确保抵押权人债权的实现。故在抵押权人不能对抵押物行使追及权之时，以抵押人于抵押物转让中所获利益，如转让价金，来填补抵押权人的利益缺口，方符合抵押权设

① 参见曹兴权、胡永龙《再论抵押物“不得转让”》，载刘云生主编《中国不动产法研究》2018年第1辑，法律出版社，2018，第46页。

② 参见廖焕国《我国不动产抵押物流转的制度安排——以〈物权法〉第191条为中心的考察》，《法学》2009年第4期。

③ 正如学者所说，使取得不动产财产权又尚未对该不动产加以利用的人，因支付对价给国家或他人产生财富外溢的效果，对公众而言是有利的。参见谢哲胜《不动产财产权的自由与限制——以台湾地区的法制为中心》，《中国法学》2006年第3期。

④ 在我国传统理论看来，作为物权的抵押权具有追及力似乎是理所应当的命题，且大陆法系国家采抵押物自由转让的模式也是通过抵押权的追及力来保障抵押权人之利益的。

⑤ 参见文琦《意思自治与市场经济》，《当代法学》2001年第12期。

⑥ 参见孙鹏《民法上信赖保护制度及其法的构成——在静的安全与交易安全之间》，《西南民族大学学报》（人文社科版）2005年第7期。

⑦ 有学者认为在抵押物转让中即使是对善意受让人的保护，也应以不损害抵押权人之利益为前提。换言之，在受让人与抵押权人之间作利益衡量之时，坚持抵押权人利益优位的原则。参见徐洁《论动产抵押物的转移与抵押权的效力》，《中国法学》2002年第6期。

定的初衷。

三 我国民法典上抵押物转让的制度展开

通过前文的论述，不难发现笔者主张在完全放开抵押物转让的同时，对抵押权人利益的维护主要借助抵押权的追及力来实现。但是笔者并不认可所有的抵押物均具备强大的追及效力，这也是本文在作抵押物转让的利益衡量时作出的“追及力受阻时：抵押权人的利益优先于抵押人的利益”这一论断的前提性条件。事实上，抵押权的追及力是通过“物权是对标的物直接支配并排他的权利，抵押权作为担保物权是物权类型之一，当然也就具备对世性、排他性、追及性”的三段论导出的。看似理所当然的推论就真的应该被信赖吗？在市场交易愈发频繁和灵活的今天，在可设定抵押的客体范围进一步扩张的当前，对抵押权追及力的当然性作出反思与质疑，是当下热切关注民法典分编编纂工作的法律人不容迟疑的事情。

（一）抵押权追及力的限制性实现

在得出抵押权具有追及力的推论中，大前提是“物权是对物直接支配和排他的权利，追及力为其应有之义”。[①] 这里首先要回应的是为何物权具备如此强大的对世性，可以无视标的物现在或将来到底被何人取得而直接享有对物的权利，而这样的功力并非所有的权利都具有，如债权。

通说认为，“抵押权为对物之权利”的理念来源于罗马法[②]，经萨尔维之诉[③]赋予抵押权人可以追及抵押物之所在行使抵押权。此案件或许是抵押权追及力的发源地，但其本身并未澄清抵押权具备追及力的本质原因。抵押权乃至物权具备强大的对世性进而衍生不凡的追及力，最为根本的原因在于权利人对物权的享有可为他人所知悉，权利人对物权的行使可为他人所预测，他人可根据权利人享有的物权对为或不为一定行为作出合理的安排，即使权利人行使物权的追及效力也不会超出理性经济人的合理信赖范畴而损及其利益。故正如学者有言：“债权与物权的区分并非来自于其权利本身及内容，而是在于由其权利内容所决定的公示的可能及方式。”[④] 而在抵押权的客体从传统的不动产扩张到一般的动产，且抵押人仍得保有抵押物的使用价值而继续占有该动产时，第三人便很难知悉抵押权的存在，也无法在交易中将标的物已存在的权利负

① 彭诚信、祝杰：《实现抵押关系内在平衡之制度设计》，《当代法学》2004 年第 2 期。

② 参见周枏《罗马法原论》（上），商务印书馆，1996，第 297 页；〔意〕彼德罗 · 彭梵德《罗马法教科书》，黄风译，中国政法大学出版社，1992，第 194 页。

③ 罗马法时期创设的一种非转移占有担保，规定仍由佃农保留农具和牲畜的占有权，但作为保障，债权人可在佃农违约时，提起“对物诉讼”或者是“抵押权诉讼”，它使得该制度有了对抗第三人的效力，保护了债权人债权的实现。

④ 黄茂荣：《债法总论》（第 2 册），中国政法大学出版社，2003，第 273 ~ 274 页。

担之情事加之考量，此时再一味坚守抵押权具有追及力的立场便无法站得住脚。

事实上，经“萨尔维之诉”确定的农民可用农具、家畜抵押的规定，也因欠缺抵押权的公示手段而日渐式微，直至被法、德民法典完全否定。① 且我国现行《物权法》第 188 条也规定，以动产设定抵押权的，未经登记不得对抗善意第三人。之所以作出这样的规定，很大可能性也是基于欠缺公示手段的动产抵押权无权利外观的彰显，从保护善意第三人的角度出发不得不否定其对抗力。是故，通过对物权具有对世性、排他性、追及性的内在原因进行剖析，我们可知晓蕴含在其身后的法理基础乃是于公示手段下滋生的强大公信力，而未登记的动产抵押权由于缺失必要的公示手段，其具备追及力的结论受到质疑也就不足为奇。同时，这很好地回答了在前述如“斯芬克斯之谜”的三段论的推论中，得出的结论——抵押权具有追及力并非完全可靠的原因，因为传统民法对于抵押权规则的设定基本上是以不动产抵押物为前提，由于其具备较为便捷和稳妥公示的手段（登记）②，肯定其追及力理当如此。但是由于交易往来的发展需要，将抵押权的客体延伸到一般动产之上，由于动产抵押权不具备权利的公示性，所以由之创建的动产抵押权与传统意义上的不动产抵押权不可作同等对待，即具备公示手段的抵押权（不动产抵押权、登记的动产抵押权）具有追及力，未作登记的动产抵押权因缺失权利公示手段而不得行使追及权以对抗善意的受让人。

（二）不动产抵押物转让的规则组合：自由转让 + 追及权 + 代为清偿权

正如学者所言，抵押权制度之所以在现代社会中能得到世界各国的普遍青睐并日渐显现出强大的生命力，乃是因为其将抵押物的使用价值和交换价值完美地统合了起来③，此良好的制度设计极大地激发了市场交易的活力，有效地增加了社会净收益。④ 在我国有关原则和制度（如公示公信原则、登记制度）已经得到充分确立和完善的前提下，如何设计抵押物转让的有关规则以进一步促进不动产抵押的上述功能尽可能地发挥和施展，笔者认为可从以下角度加以考虑。

首先，全面放开对抵押物转让的限制是对不动产乃至动产抵押转让进行制度设计的前提性条件。无论是我国早前立法采取过的“同意生效”还是“通知生效”的抵押物转让模式，其出发点一是站在抵押权人的立场，通过严格限制抵押物的转让，以期避免对抵押权可能造成损害的风险，二是自以为是地扮演起受让人保卫者之角色，认为抵押物的转让会加重受让人的负担——或使其受让的财产被追及，或使其付出两份

① 参见张力《论抵押物转让中物上代位与物上追及的制度关系》，《甘肃社会科学》2003 年第 6 期。

② 参见李永军《对〈物权法〉第一编的反思》，《当代法学》2010 年第 2 期。

③ 参见罗思荣、梅瑞琦《抵押权追及效力理论之重构》，《法学家》2006 年第 2 期。

④ 参见许明月《抵押物转让制度之立法缺失及其司法解释补救——评〈中华人民共和国物权法〉第 191 条》，《法商研究》2008 年第 2 期。

资金利益。然而，前述限制抵押物流转的两个视角都并非真实。第一，抵押权作为价值权，其对于抵押权人的功能在于其蕴含的交换价值，抵押物的流转只要不贬损其交换价值的圆满，抵押权人的利益便不会被损及。① 事实上，在不动产抵押中，由于不动产物理状态和价值形态都相对稳定，对其的转让将损及抵押物交换价值的可能性并不凸显，且若因可能的风险便阻止不动产抵押物的转让无异于因噎废食之举止。第二，从受让人的角度出发限制不动产抵押物的转让更是无稽之谈。在我国推行不动产物权变动和不动产抵押权的设立都采“登记生效”模式的背景下，受让人完全可以通过查询登记簿以知晓标的物的权利负担情况，其在了解抵押情况后是否进行交易或以何种条件进行交易，是受让人“自甘冒险”的行为，民法不应打着“父爱”主义的旗号行着侵蚀当事人意思自由的作为。正如学者所言，不动产受让人的知情权是寄托于出卖方（抵押人）告知和查询登记簿的两端而不是一端②，要求受让人负担查询登记簿的义务以明确不动产的权属情况，是对交易中人基本审慎义务的要求，况且此规定并不会对受让人增加过重的交易成本。故无论从哪个角度考量，允许抵押物的自由转让都有理可循。

其次，在允许抵押物得以自由转让的背景下，对抵押权人利益的保障应主要通过不动产抵押权的追及力来实现。从逻辑层面上看，不动产的追及力是在物权公示公信原则下自然衍生的产物，不动产抵押权人行使追及力来保障自身权益不会遭受任何法理责难。从实效层面上看，不动产抵押物由于物理位置和价值状态的相对固定，通过追及力的行使便足以满足抵押权人对抵押物的利益需求。当然，还值得一提的是，在抵押权人行使追及力之前（如债权还未届清偿期），如若发现受让人有不当行为将损及抵押物交换价值的圆满进而危及抵押权的实现，抵押权人可以根据《物权法》第 193 条的精神，要求受让人停止其不当行为，抵押物财产减少的可要求受让人恢复相应价值或提供等值担保，否则抵押权人可提前行使对抵押物的追及权。

最后，应赋予受让人代为清偿权以缓和抵押权的追及效力。不动产抵押权强大的追及力确会危及买受人利益和造成其心理上的不安，特别是该不动产对买受人而言具有较大的物质或精神利益之时。一般认为，对于抵押权追及效力的缓和有三种立法例：抵押人的除去抵押请求权，抵押权人的代价清偿请求权，受让人的除去抵押请求权。③ 抵押人的除去抵押请求权发生在抵押人和抵押权人之间，无论其是不是抵押物转让的条件之一，都并非本文此处要讨论的问题；抵押权人的代价清偿请求权以物保的不充

① 参见孙鹏、王勤劳、范雪飞《担保物权法原理》，中国人民大学出版社，2009，第 171 页。

② 参见罗思荣、梅瑞琦《抵押权追及效力理论之重构》，《法学家》2006 年第 2 期。

③ 参见邹海林《论抵押权的追及效力及其缓和——兼论〈物权法〉第 191 条的制度逻辑和修正》，《法学家》2018 年第 1 期。

分性为前提，受让人根据抵押权人提示的价额（一般低于债权额）支付一定数额的金钱，以消除抵押物上的抵押权负担。[①] 其本质是抵押权人行使追及力的替代手段，多发于抵押权人对抵押物的交换价值不信赖，又想脱离抵押物拍卖的繁杂程序和高额费用之情形。可以说，在抵押权人的债权到期未得到清偿时，抵押权人通过行使代价清偿权请求受让人支付一定量金钱以消灭抵押权仍在抵押权人和受让人意思自治的范畴之内，法律自无过多约束的必要；至于受让人的除去抵押请求权乃是站在受让人的方位，赋予其直接对抗抵押权人追及权的权利。

事实上，我国《担保法解释》以及《物权法》都已明确受让人的“代为清偿权”，未来立法也应延续此优良传统。因为其不仅保障了抵押权人债权的最终实现，也符合受让人的意志追求，还利于卸下拍卖等复杂程序带来的负担而节约社会资源，可谓一举三得。只是值得注意的是，受让人的此“代为清偿权”与传统立法例缓和抵押权追及效力的“受让人的除去抵押请求权”并非同一概念，不能等同视之。两者不仅在利益基点和内在逻辑上存在差异。前者以受让人利益为基点，后者以抵押权人利益为基点。前者通过实现债权而消灭抵押权，后者是直接消灭抵押权，其债权是否得以完全实现在所不问。更为重要的是“代为清偿权”应在制度设计上定性为形成权，即一旦受让人提出代替债务人清偿全部债务以抗拒追及权的行使，抵押权人不得拒绝。因为受让人不是代为清偿行为中的无关第三人而是利益相关人，且代为清偿权的行使对抵押权人（债权人）利益的实现一步到位，不存在其可得拒绝的正当理由。

至于作为传统立法中“受让人除去抵押请求权”项下的涤除权是否应被信赖也不无争论，甚至不少的学者及司法人员认为前述《担保法解释》和《物权法》规定的“受让人代为清偿债务消灭抵押权”实质就是涤除权的化身。冉克平对两者作过十分精细的界分。[②] 我国立法上规定的并非传统大陆法系国家曾推崇的涤除权，而是债法上的代为清偿制度，且未来立法也不宜规定涤除权。因为正如我妻荣教授所言，涤除权制度的运行机理（受让人向抵押权人提出一定价额以期消灭抵押权负担，抵押权人如若不接受，将会面临增价拍卖、提供担保等风险）会对抵押权人产生较大的压制，使得抵押权人在多数情况下不得不接受受让人提出的价额，即使该价额并非合理。[③]

（三）动产抵押物转让的规则设计

1. 动产抵押物转让的一般规则组合：自由转让 + 转让价金的优先受偿权

允许抵押物的转让自由仍是动产抵押物转让规则设计的大前提，其论证思路与不

① 参见冉克平《论抵押不动产转让的法律效果——〈物权法〉第 191 条释论》，《当代法学》2015 年第 5 期。
② 参见冉克平《论抵押不动产转让的法律效果——〈物权法〉第 191 条释论》，《当代法学》2015 年第 5 期。
③ 参见〔日〕我妻荣《新订物权法》，有泉亨补订，罗丽译，中国法制出版社，2008，第 344 页。

动产抵押物基本一致。唯应值得注意的是，由于动产抵押权的设定不要求抵押物占有的移转，故在公示公信原则的逻辑推演下，抵押权人的追及效力将就此被中断，除非受让人在交易时知晓抵押权的存在。虽然有学者从分析“占有”和“对物的事实上的掌握”入手，认为两者并非完全对应关系，如间接占有人对标的物无事实上的掌握力；占有辅助人对物有事实上的掌控力，但其不是占有人；直接占有人也并非一定对标的物可得事实上的管控[①]，进而得出占有无法成为物权存在的公示手段之结论。[②] 但其本身并不反驳本文主张的动产抵押权不具追及力的观点，因为笔者认为即使认可传统民法理论所持的占有为动产物权的公示方式之论断，由于动产在设定抵押权之后仍然在抵押人的掌握之中，对善意受让人而言该抵押权无任何公示手段，不值得被信赖，更无须论即使抵押权人占有抵押物却仍不构成有效的公示手段之情形了。

在动产抵押物得以自由转让且抵押权之追及力又被否定的情景下，抵押权人的利益又当如何维护？虽然从抵押人方、受让人方乃至社会公共福利的角度出发，肯定抵押物的自由流转，又从公示公信原则的内在法理逻辑着眼推导出动产抵押物追及力的不真实，但是无论如何我们都无法忽视抵押权人的利益诉求——抵押物价值的优先受偿权。换言之，在动产抵押物流转之前，抵押权人用于担保债权实现的抵押权的利益蕴含于抵押物的交换价值之中。在动产抵押物流转以后，抵押权人又不得通过追及力对抵押物的价值进行优先受偿，此时法律必须对可能遭受严重损害的抵押权人的利益进行救济，不能顾此失彼。问题在于，该设计怎样的救济规则以保障抵押权人的利益。笔者认为可通过为抵押权人于抵押物转让价金上设定优先受偿权此方案来解决。

事实上，国内不少学者如徐洁、朱庆育等都主张可通过“价金的物上代位”来保障动产抵押权人的利益实现。[③] 从利益衡量的角度观察，由于对善意受让人的信赖保护，抵押权的追及力受阻，也正是由于善意受让人的不知情（不知受让标的物存在权利负担），其支付于抵押人的价金往往接近抵押物的完整价值或远远超出抵押物价值与债权额之差额，在这个过程中，抵押人实际上获得了本不应得的价金利益。如若不对此已经失衡的利益格局进行矫正，不但将使抵押权人的抵押权诉之无门，还会助长抵

① 参见 Westermann, Gursky, Eickmann, Sachenrecht: ein Lehrbuch. 7. Aufl., 1998, §9 II 5, S. 74; Palandt, Bassenge, in: Biirgerliches Gesetzbuch, 68, Aufl, 2009, §854, Rdn. 5;〔德〕鲍尔、施蒂尔纳《德国物权法》（下册），申卫星、王洪亮译，法律出版社，2006，第 17 页。均转引自纪海龙《解构动产公示、公信原则》，《中外法学》2014 年第 3 期。

② 参见纪海龙《解构动产公示、公信原则》，《中外法学》2014 年第 3 期。

③ 徐洁教授主张对动产抵押权的保障应借鉴日本的“重叠并存说”，即抵押权人在向抵押人主张价金的代位权无果时，可根据抵押权的追及力对善意受让人的抵押物行使抵押权。参见徐洁《论动产抵押物的转移与抵押权的效力》，《中国法学》2002 年第 6 期。参见朱庆育《抵押物转让效力之比较研究——兼评我国担保法第 49 条》，《政法论坛》2000 年第 2 期。

押人此等不诚信的行为（为了脱离担保身份的桎梏以及获取高额的转让价金，抵押人往往在转让抵押物之时故意隐藏标的物已经被抵押的事实），实违民法所倡导的公平正义之理念。为了更好地理解抵押人取得的转让价金应被用来保障抵押权人的利益实现，可以作如下形象的表述：通常情况下抵押物的完整价值 = 担保债权实现的那部分价值（抵押权人享有）+余下价值（抵押人享有），在抵押人可自由转让抵押物且抵押权人不得追及抵押物之情景下，实际上抵押人在处分抵押物的同时处分了负载在该抵押物上的抵押权人的利益，故一旦债务人到期不偿还债务，抵押权人（债权人）的利益面临严重受损的风险时，赋予抵押权人于转让价金上的优先受让权的正当性显现。我国物权法以及民法典物权编草案虽然对转让价金的物上代位已有涉及，但其仍是在对价金的债权请求权的范畴内设计的，一旦抵押人收取转让之价金而混入其一般责任财产，抵押权人再想对之主张权利便不是件易事，抵押权人作为担保物权权利人也便名存实亡。故笔者认为应借鉴德国立法的规定，为抵押权人在价金请求权上设定法定的债权质权，即抵押权人得在抵押权所担保的债权的范围之内对转让价金主张优先受偿权，方可在剔除抵押人多受领之利益的同时较为有力地保障抵押权人利益之圆满。

2. 已登记的动产抵押物转让的规则：自由转让+追及权+代为清偿权

虽然在传统民法理论看来，动产物权的公示方式为占有而非登记，但采取登记手段昭示动产物权的效果理应不逊于采取占有的公示方式。理由不仅在于受让人通过较少的查询成本便可知晓受让标的物的权利负担情况，还在于受让物于登记簿上记载的情况的真实性有国家登记机关作保，从而避免在占有的公示方法下会出现的占有人非事实上的管领人之尴尬境地。故当动产抵押权披上“登记”的外甲时，也就意味着其在公示手段上的缺憾得到强力补正，已登记的动产抵押物在转让于受让人之后，抵押权人可行使追及权而对抵押物的价值优先受偿。当然，此时受让人为终局地保有抵押物的所有权，可得代替债务人清偿债务以缓和抵押权之追及力。易言之，已登记的动产抵押权由于具备显在的权利外观，受让人可通过有效渠道获取抵押物的相关情况，故而不必再对受让人之“信赖”（信赖受让标的物无权利瑕疵）予以保护，进而对已登记的动产抵押物转让的规则设计应遵循不动产抵押物转让制度的思路，采取“自由转让+追及权+代为清偿权”的模式。究其原因，盖如日本学者近江幸治先生所作的考察那般：知情且理性的买受人，在受让抵押物之时所支付的对价往往是抵押物的价值与债权额的差额。抵押物的价值小于所担保的债权额之时，受让人所支付的对价则是从购买到被追及期间的用益评价额的剩余。[①] 由此，我们可进一步作如下总结：由于

① 参见罗思荣、梅瑞琦《抵押权追及效力理论之重构》，《法学家》2006年第2期。

一般动产抵押权欠缺公示手段，为了保护不知情受让人的合理信赖，维护交易安全，抵押权的追及力受阻，抵押权人只得向抵押人要求行使对转让价金的优先受偿权以保障自身权益。但当动产抵押权如同不动产抵押权一般作了登记时，其追及效力是在公示公信原则下自然导出的产物，受让人不存在值得法律保护的合理信赖，抵押权人在债权届期未得到清偿时可追及至受让人的抵押物对之价值进行优先受偿。当然，对于未经登记的动产抵押权，如果受让人在进行交易之时已经知晓抵押权存在的，抵押权人仍得行使追及力以维护自身权利，即此时适用的规则组合亦为“自由转让 + 追及权 + 代为清偿权”。

四　结语

在信用经济时代，抵押物转让的情景将愈发层见叠出，法律作为调整当事人行为、塑造当事人利益格局的社会治理工具，理应对抵押物转让中涉及的各方利益作出妥善安排。从尊重抵押人对于抵押财产仍为所有权人的身份出发与回应“物尽其用”的物权法宗旨考量，立法不应压缩抵押人与受让人交易抵押物的意思自治空间而肆意对抵押物的转让作出严苛的规则限制，而应全面放开抵押物的自由流转。在不动产抵押物以及作登记的动产抵押物流转之时，对抵押权人利益的保障应借助抵押权之追及力来实现，肯定抵押权人于债权到期不得实现之时可对抵押物之价值优先受偿的权利，其不仅使得抵押权人、抵押人与受让人三者间的利益需求达到较为精致的平衡，更是于公示公信原则下自然推演出的逻辑结果。而对于未登记的动产抵押权，由于其权利外观并不显现，在抵押人不告知的情况下，受让人无法或很难知晓受让标的物上存在的权利瑕疵情况，故从公示公信原则的反面推导，从保护善意受让人的合理信赖角度酌量，不宜再赋予动产抵押权之追及力，除非受让人在交易时已知晓抵押权的存在，此时抵押权人的利益维护应诉诸对转让价金的优先受偿权之上。此外，在抵押权人得行使追及权之场景，肯定受让人代为清偿债务以缓和抵押权之追及力从而实现其得以终局保有抵押物的意图，不仅从根本上保障了抵押权人的利益实现，还避免拍卖等复杂程序的烦扰而裕公共福利。还需澄清的是受让人代为清偿债务之后能否追偿以及向何人追偿的问题。对于该问题，《担保法解释》规定受让人可向抵押人追偿，《物权法》则对之采取了回避的态度，已面世的民法典物权编（草案）则直接未规定受让人的代为清偿权。本文认为，受让人代为清偿债务以消灭抵押权的场合也就是抵押权人行使抵押权追及效力的场合，而这也正是受让人知晓或应当知晓受让标的物负担权利瑕疵的情形，在此情形下进行交易，受让人支付的对价往往已经扣除了该权利负担所对应的价值，抵押人在此过程中并无额外收益（如为担保债务人对债权人 50 万元的金钱债务，第三人以价值 100 万元的房屋进行抵押，在知情且理性的买受人受让该抵押房产时，支付的对价肯定远远少于 100 万元，此时抵押人已付出了资金代价），真正的受益人应为债务人，故受让人在代为清偿债务后，可得向债务人追偿。综上，笔者建议未来民法典物权编关于抵押物转让的规则应作如下修改：

> 第××条　抵押期间，抵押人转让抵押财产的，应当通知抵押权人。当事人另有约定的，按照其约定。
>
> 已登记的抵押财产转让的，抵押权不受影响。取得抵押物所有权的受让人，可以代替债务人清偿其全部债务，使抵押权消灭。受让人清偿债务后可以向债务人追偿。
>
> 未登记的抵押财产转让的，抵押权不得对抗善意受让人，但抵押权人可以向抵押人就转让价金主张优先受偿。转让的价款超过债权数额的部分归抵押人所有，不足部分由债务人清偿。

我国农村土地信托之困境检视与出路探索*

林少伟**

摘　要： 农村土地信托作为土地流转的创新机制，符合“三权分置”大背景下“放活土地经营权”的要求，在保持农村土地所有权不变的情况下，将农村土地经营权从农村土地承包权中析出作为信托财产，可提高土地利用效率。但农村土地信托制度存在权利保障缺位、监督制度以及登记制度缺失等困境，检视这些问题与困难，并厘清农村土地信托法律关系，可从重视受托人的权利保障、平衡信托当事人的利益、建立健全信托财产登记和信托监督机制等入手，完善农村土地信托制度，并畅通农村土地流转之道路。

关键词： 农村土地信托；土地经营权；土地流转；信托登记

一　问题的缘起

2016年，中共中央办公厅、国务院办公厅印发《关于完善农村土地所有权承包权经营权分置办法的意见》，将农村土地产权中的土地承包经营权进一步划分为承包权和经营权，实行所有权、承包权、经营权分置并行。该文件的颁发，可谓继家庭联产承包责任制后农村改革又一重大制度创新。此后，党的十九大报告也提出要巩固和完善农村基本经营制度，深化农村土地制度改革，完善承包地“三权”分置制度。以“三权分置”为核心的新一轮土改拉开帷幕。2018年12月29日，全国人大常委会通过《中华人民共和国农村土地承包法》（简称《农村土地承包法》）的修订，修改后的《农村土地承包法》对土地经营权也作出了明确的规定。

在放活土地经营权的背景下，土地信托作为农村土地流转的创新形式，正在逐渐进入农村土地流转的市场，“草尾模式”、“益阳模式”、“宿州模式”以及“沙县模式”等各地土地信托实践模式纷纷涌现。尤其在2013年以后，土地信托发展加快，但实践中暴露出越来越多的问题，例如农民权益难以维护、受托人缺乏激励机制、监督部门不明确等，以至于土地信托普及率低、发展缓慢，尤其既有信托和农村土地制度无法

* 本文是西南政法大学校级项目“新时代背景下中国公司法制度变迁路径检讨与展望”（2017XZZXQN－10）、西南政法大学“公司法规则演变之检视”的阶段性成果。

** 林少伟，西南政法大学民商法学院副教授，爱丁堡大学博士。

满足其发展需要，土地信托发展陷入瓶颈。有鉴于此，本文认为，在现有土地信托制度模式研究较为成熟的情况下，梳理实践中的问题并提出应对之道是当务之急。故此，本文在厘清农村土地信托法律关系要素的前提下，通过检视实践中所呈现的问题，试图从制度补充的角度完善农村土地信托制度，回应“三权分置”的改革要求，以期提高农村土地利用效率，推动土地信托的持续健康发展。

二 农村土地信托法律关系之顺通

（一）农村土地信托主体之厘定

1. 农村土地信托中的委托人

委托人作为信托法律关系形成的起点，扮演着至关重要的角色。现行《信托法》第 3 条和第 19 条对“适格”委托人进行了法律上的限定，即委托人需要具有完全的民事行为能力。另外，根据信托设立时委托人转移信托财产所有权的硬性要求，委托人需要对信托财产享有所有权或对可以作为信托财产的权利享有所有权。我国农村土地所有权归集体所有，由农村集体土地所有权中析出的土地承包经营权，是一项物权性质的权利，权利人能够据此享有对农村土地的使用、管理及相应的处分权，因此土地承包经营权人当然成为农村土地信托的适格委托人。[①] 但在土地信托实践中作为土地承包经营权的农户很少单独作为委托人存在，取而代之的是政府、村委会以及农村土地合作社等。

政府或村委会作为委托人时，大多采取“二次代理”的模式，层层委托，最终与受托人成立土地信托。例如，在安徽宿州与中信信托的土地承包经营权的信托计划中，首先，农户将其土地承包经营权通过转包合同转包给当地村委会，村委会在集合了一定的土地的经营权后又与镇政府签订了土地委托管理合同，然后以同样的方式，镇政府将委托管理权转让给区政府，最终区政府作为委托人将相关权利转移给了中信信托。[②] 名义上虽然政府或村委会自称委托人，但实质上其作为委托人并不“适格”，通过签订转包合同和土地委托管理合同，无论是政府还是村委会在实践中均扮演着代理人的角色，代理农户与信托公司为法律行为，法律后果仍然由实质的委托人农户承担。其次，政府并非拥有土地承包经营权之主体，由其作为委托人转移委托财产不符合《信托法》的强制性规定[③]，使得公权力强行介入了自由的市场交易，在具体的法律政策出台之前难以对其介入之“度”进行标准衡量，容易架空作为实质委托人的农户的

---

① 本文涉及的土地承包经营权人不包括以拍卖等方式取得土地承包经营权的个人或集体。

② 参见姜雪莲《农村土地承包经营权流转信托的法律问题——以中信安徽宿州农村土地承包经营权信托为中心》，《北方法学》2014 年第 4 期。

③ 参见袁泉《土地经营权信托的阴阳合同效力问题研究——基于情景化的视角》，《河北法学》2018 年第 9 期。

各项信托法上的权利，使得信托关系复杂化，对维权造成了一定的困难。最后，政府与村委会作为国家意义上的公权机构，主要是为了公共利益和公共事务而存在，作为商业性质明显的土地信托的委托人不符合其职能属性，不排除其利用自身的优势地位进行“权利寻租”，对农民自身的权益造成威胁的可能性。

2. 农村土地信托中的受托人

信托目的能否实现在很大程度上取决于受托人行为的成败，在信托法律关系中，受托人处于控制、管理、处分信托财产的中心位置。[①]《信托法》第 24 条第 1 款对受托人的资格作出了基本要求，即受托人应具有完全的民事行为能力；但并非所有具有完全民事行为能力的人都能成为土地信托关系中的受托人，由于信托行为的特殊性与专业性，法律法规对受托人大多规定了特别的资格要求。土地信托的受托人在实践中，主要出现了两种类型：一种是由政府出资成立的信托公司，例如沙县和益阳、草尾模式；另外一种是作为金融机构的信托公司担任受托人，此种受托人受到《信托法》以及《信托公司管理办法》的规制，是一般意义上的信托公司。

对于政府控制的土地信托公司，大多数以促进农业生产、服务农民、提高土地利用效率为目标，在性质上符合民事信托的特性[②]，且其设立程序和审批也不同于一般的信托公司，具有民事信托上的主体资格，在土地信托发展初期起到了以政府力量带动土地流转的作用，但在市场经济发展的自由时代，以政府为“辅助”，以市场自我调节为“基本”才能尊重市场规律，收到更符合土地流转信托目的的良好效果，因此，笔者认为由政府出资设立的所谓的土地信托有限公司只能作为制度构建前期过渡阶段的产物，政府应当尽可能少地参与到市场竞争中，以监管和激励为主要职能。

作为依法成立的信托公司，其作为土地信托中的受托人符合法律的规定，在性质上是营利信托。考虑到目前土地信托制度普及率不高以及风险性较大，实践中大多信托公司依然对这种信托种类采取观望态度，因此开放土地信托市场，降低信托公司经营土地信托业务的门槛，提供税收或政策优惠非常必要。考虑到土地信托的类型特殊性，注册专门从事土地信托的公司可以降低准入门槛[③]，在注册资金、审批程序等方面予以优化，调动其参与土地信托的积极性和主动性；另外，考虑到土地问题关乎农民的生计，是农民生活的基本保障，而在实践中大多信托公司没有从事农业经营的经验，而是将其事务委托给农业专业合作社或其他农业大户等，这在一定程度上增加了委托人的风险，因此在适度扩宽土地信托准入条件的同时，构建有效的监督和责任机制必不可少。

---

① 参见周小明《信托制度：法理与实务》，中国法制出版社，2014，第 268 页。

② 参见周翔《我国农地信托财产权法律制度研究》，博士学位论文，华南理工大学，2016。

③ 参见李东侠《土地承包经营权信托流转中受托人的法律规制研究》，《河北法学》2015 年第 9 期。

3. 农村土地信托中的受益人

受益人作为信托行为利益的最终归属者，虽然并不亲自参与信托行为，但法律也赋予了其监督信托行为、信托利益请求权等相关权利，以保证受益人信托利益的实现。在农村土地信托中，土地承包经营权人作为信托财产的权利人通过信托获得土地收益符合其信托目的，因而在实践中受益人大多是委托人，为自益信托，例如在安徽宿州的信托项目中，区政府就作为其受益人而存在，农民则要通过再分配程序获得信托收益。[①] 另外，实践中还存在除了委托人之外其他的受益人的情形，例如，为信托项目提供资金的出资人以及提供信托服务的信托公司，虽然在法律上并没有对其作为受益人作出禁止性或限制性的规定，而且以提供出资的出资人为受益人能够为土地信托融到充足的项目资金，有利于信托目的的实现，参照日本的相关规定，其将委托人作为土地信托的唯一受益人，并且将其范围限定为农户[②]；鉴于中国农村的实际情况，即广大农户以土地为其生存的保障以及对土地的天然依赖，将委托人作为唯一的受益人既有利于其监督受托人的信托行为，行使法律赋予的权利，更有利于其积极参与到土地经营权流转的大环境中；对于信托公司和投资人的相关利益，可以通过合同形式来确定。

（二）三权分置下的土地信托财产

作为信托行为的客体，信托财产为《信托法》中的独创概念，但信托财产本身并不是一项新的财产类型[③]，它以现有法定财产类型为基础，包括动产、不动产以及财产性权利，但其特殊性在于信托行为的成立委托人必须将信托财产或财产性权利移转给受托人，由受托人进行管理、运用和处分，因此信托财产必须具有可转移性和独立性。在土地信托中，对于土地信托指向的信托财产究竟为何，学者一直存有争议，主要有三种观点：土地所有权说、土地承包经营权说以及土地经营权说。笔者认为，要明确土地信托财产，必须在现行三权分置的场域下对相关权利进行符合法理和政策的分析。

30 多年前，我国农村土地开始实行家庭联产承包责任制，实现了土地所有权与承包经营权的分离，解放了农村生产力，农村土地开始在农村集体成员间流转，解决了农民的温饱问题，维护了社会稳定。但随着改革开放以及城镇化进程的推进，农民进城务工与土地分离，大量农地抛荒，土地利用效率低下，急需新的改革适应农业现代化和规模化的需求。[④] 在此背景下，中央在 2014 年提出“在落实农村土地集体所有权的

---

① 参见陈敦、张航《农村土地信托流转的现状分析与未来展望》，《国家行政学院学报》2015 年第 5 期。

② 参见姜雪莲《农村土地承包经营权流转信托的法律问题——以中信安徽宿州农村土地承包经营权信托为中心》，《北方法学》2014 年第 4 期。

③ 参见周小明《信托制度：法理与实务》，中国法制出版社，2014，第 47 页。

④ 参见张力、郑志峰《推进农村土地承包权与经营权再分离的法制构造研究》，《农业经济问题》2015 年第 1 期。

基础上，稳定农户承包权、放活土地经营权”。对于土地所有权、土地承包经营权与土地经营权的关系，《关于完善农村土地所有权承包权经营权分置办法的意见》指出，“农村土地集体所有权是土地承包权的前提，农户享有承包经营权是集体所有的具体实现形式，在土地流转中，农户承包经营权派生出土地经营权”。由此可知，土地承包权与经营权的分离，以农村土地集体所有权为基础，在土地承包经营权上析出土地经营权。①

根据现行的《物权法》《农村土地承包法》等法律规定，可知土地承包经营权在法律上被界定为用益物权，并具有一定的身份权性质，在其基础上分离出承包权和经营权，其中土地承包权承继了之前土地承包经营权的完全权能，只不过受到在其上设立的土地经营权的限制，因此其当然的为物权性质，是用益物权。关于新分离出的土地经营权的性质，理论上存在“物权说”和“债权说”两种观点：其中“债权说”认为，根据物权法定的原则，不允许同一个物上存在两个相互冲突的用益物权，另外，土地经营权是根据合同设立的，因此为债权性质②；“物权说”认为，土地经营权派生于土地承包经营权，应继受其作为用益物权的性质，承担促进农业和农村稳定发展的功能，宜确定为物权性质。③ 笔者认为，将土地经营权确定为物权性质，更符合法律和政策要求。第一，“放活经营权”的政策目的是加速农村土地流转，赋予土地经营权以物权性质，能够吸引土地经营者，保障其期待利益，减少经营风险。第二，作为在土地承包经营权上析出的土地经营权，其权能包括对土地的管理、运用、收益和处分，在概念上类似于作为“母权”的土地承包经营权。④ 第三，将其确定为“物权”，对于土地流转的当事人来说关系更为稳定，能够极大地促进农民的土地流转收益。第四，在其他承包方式的承包经营权入股是物权属性的情况下，如果将土地承包经营权认定为债权性质，则也存在逻辑不贯通之问题。⑤

作为同属物权性质的土地承包权和土地经营权，何者作为土地信托财产更为合适？笔者认为，土地承包权作为农村集体经济组织的成员享有的权利，有一定的身份限制，主要承载着农民的生存保障功能，若将其作为土地信托财产则会受到诸多限制⑥，不符

① 参见高圣平《论农村土地权利结构的重构——以〈农村土地承包法〉的修改为中心》，《法学》2018 年第 2 期。

② 参见高圣平《论农村土地权利结构的重构——以〈农村土地承包法〉的修改为中心》，《法学》2018 年第 2 期；高海《论农用地“三权分置”中经营权的法律性质》，《法学家》2016 年第 4 期；李伟伟、张云华《土地经营权流转的根本属性与权能演变》，《改革》2015 年第 7 期。

③ 参见陈敦《土地信托与农地“三权分置”改革》，《东方法学》2017 年第 1 期；孙宪忠《推进农地三权分置经营模式的立法研究》，《中国社会科学》2016 年第 7 期；郑志峰《当前我国农村土地承包权与经营权再分离的法制框架创新研究——以 2014 年中央一号文件为指导》，《求实》2014 年第 10 期。

④ 参见高圣平《论农村土地权利结构的重构——以〈农村土地承包法〉的修改为中心》，《法学》2018 年第 2 期。

⑤ 参见温世扬、张永兵《土地承包经营权入股之法律性质辨析》，《河南财经政法大学学报》2014 年第 1 期。

⑥ 参见张力、郑志峰《推进农村土地承包权与经营权再分离的法制构造研究》，《农业经济问题》2015 年第 1 期。

合作为传统信托财产的自由流转性的要求，也不利于农村集体经济组织的稳定发展；分离后的土地经营权显然不存在此种局限，土地经营权的享有者没有身份上的特定要求，能够通过签订相关的流转协议取得，在权能上有作为土地信托财产的独立的、完整的权能，例如从事生产经营、获得收益以及相应的处分权，因此，以土地经营权为土地信托财产不仅符合信托财产的要求，在政策上也有利于农村土地规模化经营，放活土地经营权，增加农民的土地收益。

三　农村土地信托之困境

（一）受托人权利保障机制之缺失

受托人在信托关系中处于核心地位，因此对于受托人相关权利义务和责任的明晰直接关系到信托目的能否实现。但在我国信托法体系中，对于土地信托委托人相关权利的保障机制以及义务责任的规定乏善可陈。

《信托法》以及相关法律侧重关注委托人及受益人的相关权利保护，学界也对如何更加充分地保护其利益进行了充分的探索，而对于处于平等法律地位的受托人则侧重其义务的履行和责任的承担，对于权利的享有和保障只有《信托法》第35条、第37条和第38条规定了其报酬请求权、补偿请求权以及辞任权，而对于何以保障其相应的权利实现的规定则付之阙如。如今，考虑到自由市场经济的发展以及交易主体权利义务的平等，作为新兴的土地流转机制的土地信托，一味地加重委托人的责任而不适当地给予其相应的激励机制，既阻碍了信托公司参与土地信托发展浪潮的脚步，也不利于三权分置背景下“放活经营权，促进土地流转”的国家政策实现；委托人利益的实现也依赖于受托人有足够的动力认真履职，但激励机制的匮乏，以及政策风险和法律风险的掣肘，使得受托人望而却步。

虽然《信托法》以及《信托公司管理办法》对受托人规定了较为严格的法律义务和责任，但诸如《信托法》第25条和第26条，仅用只言片语就对相关义务作出了规定，规定过于简单和抽象，对于具体义务内容以及违背的后果和责任则无法可依，缺乏判断其是否认真履职的确定性标准，对于违法的民事责任以及相关责任的规定也不充分，给司法判断以及相关权利人维权造成困难。在土地信托实践中，基于作为交易一方当事人的委托人即农户或农业股份合作社处于相对弱势地位、相关经验缺乏以及信托财产对于其的重要性①，在法律上明确受托人的义务和责任意义重大，确立受托人的义务违反的标准底线，类型化相应的义务要件，降低委托人的交易风险和成本，才

① 参见袁泉《中国土地经营权信托：制度统合与立法建议》，《重庆大学学报》（社会科学版）2018年第6期。

能均衡信托双方当事人的利益关系，并为司法判断提供充分的依据。

（二）信托财产登记之缺位

信托财产独立于委托人、受托人和受益人的财产而存在，因此在法律制度上保护其独立性的一个重要措施就在于信托财产登记。[①] 在土地信托中信托财产登记同样至关重要，纵观我国现行法律对于信托财产登记的规定，仅有《信托法》第10条以及《不动产登记暂行条例实施细则》提及了此项制度，但几乎不具有可操作性和可执行性。《信托法》第10条规定设立信托，对于法律、行政法规规定应当办理信托登记手续的，应当办理[②]，同样，对于《不动产登记暂行条例实施细则》第106条，也仅仅将具体的规则制定权赋予其他相关部门[③]，因此，我国并没有对信托财产登记的效力、范围以及具体的程序和要求作出明确的规定，由此产生信托登记无法可依，增加了信托行为的风险。

对于土地信托财产登记的效力，理论上存在两种观点，即“登记对抗主义”和“登记生效主义”，对于土地承包经营权，我国《物权法》采取“登记对抗主义”，土地承包经营权的设立以相应的合同生效为准[④]，但“三权分置”背景下，由土地承包经营权派生的土地经营权，其作为土地信托的客体，笔者认为采用“登记生效主义”，以登记为土地信托生效的必要条件更具有法律上的合理性。对内能够明晰信托当事人相互之间的权利义务，维护交易的安全和稳定，将信托财产与信托当事人的财产相区分，保持了其财产的独立性，降低了交易双方的相关风险；对外来说，考虑到实践中大部分作为受托人的信托公司缺乏农业生产经验，往往将信托土地委托给有经验的农业生产大户或者农业专业合作社进行经营，因此不可避免地与此类第三人进行相关交易，此种第三方主体决定了信托行为的成败[⑤]，此时土地信托财产登记对于第三人来说有着重要的意义，第三人能够通过查询相应的登记信息掌握信托财产的权利状态，增加了信息的透明度，减少了第三人的交易成本，有效避免了相关当事人可能的隐瞒行为，平衡了第三人与交易相对方之间的利益，同时以此减轻其在交易时的顾虑，激发了第三方主体参与土地信托的积极性，为土地信托的健康发展助力。[⑥]

① 参见盛学军《中国信托立法缺陷及其对信托功能的消解》，《现代法学》2003年第6期。

② 《信托法》第10条：“设立信托，对于信托财产，有关法律、行政法规规定应当办理登记手续的，应当依法办理信托登记。未依照前款规定办理信托登记的，应当补办登记手续；不补办的，该信托不产生效力。”

③ 《不动产登记暂行条例实施细则》第106条：“不动产信托依法需要登记的，由国土资源部会同有关部门另行规定。”

④ 《物权法》第127条，“土地承包经营权自土地承包经营权合同生效时设立”；第129条，“土地承包经营权人将土地承包经营权互换、转让，当事人要求登记的，应当向县级以上地方人民政府申请土地承包经营权变更登记；未经登记，不得对抗善意第三人”。

⑤ 参见袁泉《中国土地经营权信托：制度统合与立法建议》，《重庆大学学报》（社会科学版）2018年第6期。

⑥ 参见鄢斌《中国农地信托中的权利失衡与制度重构》，《中国土地科学》2016年第1期。

在土地信托财产登记的效力确定后，与此相关的配套制度的欠缺也阻碍了土地信托的繁荣发展。考虑到目前我国土地确权登记加速推进，在今后达到土地权利全部清晰明确的情况下，农村土地信托作为土地流转的重要形式，宜通过法律确立下来，对于其具体的登记程序、登记部门、登记的内容等细节也应通过相应的实施细则或条例作出规定，以此与土地确权登记的大背景相契合，加速农村土地流转，放活土地经营权，为农村土地流转创造安全稳定的环境。

（三）相关主体缺乏信托知识

近年来，信托业在我国发展迅速，其资金持有量已经成为银行业的第二大金融产业。但回顾我国信托业的发展历程，自2001年《信托法》颁布实施以来，我国正式引入信托制度也仅有10余年①，信托制度作为一项新兴的制度，对于一般大众而言既陌生又神秘。至于农村土地信托，其目前还处在实践探索以及试点阶段，直到2013年，中国第一个农村土地信托计划才成立，即中信信托与安徽省宿州市埇桥区政府合作的信托项目②，相对于信托制度本身而言，土地信托制度在法律规定不完备且产生时间较短的情况下，对作为委托人的农户来说如同“天书”一般。一方面，作为农民本身来说，其文化知识水平较低，加之对土地信托的一无所知，人本身对于陌生事物的天然“恐惧”，使得在“熟人社会”中突然闯入的信托制度无人问津，农民不愿将手中的权利让渡给陌生人并承担未知的失地风险；另一方面，农民容易被处于交易优势地位的受托人利用，信托公司的“逐利性”使其骗取农户的信任并通过一系列不公平的条件与农户签订合同，例如在实践中出现的土地阴阳合同，此种合同在违背一方当事人真实的意思表示以及合同法上自愿原则的情况下订立，存在很大的法律和社会风险，不仅违背了公平自愿的契约精神，还扰乱了土地流转的市场秩序，使土地丧失了其对于农民的保障作用，造成市场秩序混乱，甚至危及社会稳定。③

提供相关的公益性中介服务机构的缺失也是土地信托行业在农村进展迟缓的另一重要原因。在实践中，由政府出资设立的信托公司集合农户的土地与信托公司订立信托合同，在此期间，虽然这种由政府设立的机构设立目的不明确，其本质上也是作为市场交易主体存在的，与政府的公益性和管理性形象相违背，虽然以政府的形象和公信力吸引广大农户加入土地信托在一定程度上有利于土地信托市场的打开，但过多地

① 参见何宝玉《信托法原理与判例》，中国法制出版社，2013，第16页。

② 参见姜雪莲《农村土地承包经营权流转信托的法律问题——以中信安徽宿州农村土地承包经营权信托为中心》，《北方法学》2014年第4期。

③ 参见袁泉《中国土地经营权信托：制度统合与立法建议》，《重庆大学学报》（社会科学版）2018年第6期。

干预市场交易，与现今自由的市场经济精神不吻合。政府相关机构的不作为使得信托知识宣传和教育不到位，阻碍了农户和市场的自由交流，在信托市场中，政府更多地作为市场的监管者和指导者，以公益性的目的为广大农民排忧解难才是当务之急。政府应牵头成立负责土地信托市场的中介机构，作为农户和信托公司交流的平台，并常规化地进行信托知识的宣传和教育，使得农民能够充分了解信托的背景和优势，并提供专业的技术支持①，消除农民对于信托的“恐惧”，使得土地信托走入寻常百姓家，以此从根源上提高农民的积极性，繁荣农村土地信托业。

（四）监督体系之缺憾

良好的监督体系能够促进一项制度的持续健康发展，农村土地信托不仅涉及信托三方主体（即委托人、受托人以及受益人），也关系着农地经营者、政府机构等多方主体，因此全方位的监督对土地信托来说至关重要。虽然我国《信托法》《信托公司管理办法》《农村土地承包法》等法律法规已对一般意义上的信托公司和土地流转作出规定，但对区别于一般信托的涉及多方主体的特殊类型的土地信托，则没有对其监管主体、监管程序以及违法后果作出相关的规定，因此在实践中，有些主体依此法律监管漏洞持着“法无禁止皆可行”的观念钻法律的空子，增加了土地信托的风险，严重阻碍了此制度的持续发展。

在某些政府主导的信托实践中，例如在浙江绍兴和益阳草尾模式中，政府或者设立所谓的信托服务机构作为信托中介，或者直接设立信托公司作为受托人主导信托行为②，农民在此过程中实质上脱离了信托环节，在此过程中没有发言自主权，一旦加入信托，只能任凭其“摆布”，政府在此情况下既作为市场的监管者又是监管的对象，此种矛盾情形造成政府的“权力真空”，对农民的利益以及土地信托的发展都造成了损害；另外，土地作为农民生存的保障，保持其农业用途是必要的，然而实践中由于缺少专门的监管机构，单纯的土地生产周期长、利润低的特点③使得信托中的利益全体开始寻找“歪门邪道”，土地用途存在非农化的倾向与风险。例如在实践中，多数土地信托的受托人或者农业经营者，以“示范园”“生态园”等名目经营受托土地，真实面目却是打着农业生产的名号进行其他衍生经营，虽然大部分能够促进现代农业、循环农业的发展，甚至有些以保护生态环境为目标④，但此种非农业倾向足以引起重视，尤

① 参见郑燕《“三权分置”背景下的农村土地流转信托制模式研究》，《农村经济与科技》2018年第5期。

② 浙江绍兴模式中，县农办牵头，联合有关部门设立县、镇、村三个级别的土地信托服务机构；益阳草尾模式中，受托人为政府投资设立的信托公司。

③ 参见李永东、程岩、李世朝《土地信托业务基本模式、风险分析及监管建议》，《北京金融评论》2014年第1辑，中国金融出版社，2014，第37页。

④ 参见陈敦、张航《农村土地信托流转的现状分析与未来展望》，《国家行政学院学报》2015年第5期。

其在没有严格的监管的情况下，如何保证“耕地红线”以及防止其他非法用地现象的产生都是推进土地信托发展应当考虑的问题。

四 探索土地信托之出路

（一）明确受托人的义务责任，建立受托人权利保障机制

1. 明确土地信托各个阶段受托人的具体义务

受托人参与土地信托的各个环节，需要在各个环节明确其具体义务，将义务核心的谨慎义务和忠实义务贯彻其中①，明确义务标准和底线，从而为交易双方提供安全的交易环境，为司法裁判提供准确的裁判路径。

（1）在土地信托谈判时，受托人应及时准确地披露关于自己资信状况及足以影响信托成立的重大事项，对于交易相对人要求其提供的资料等相关信息，应及时提供；考虑到农户作为交易相对方的弱势地位，受托人在向其展示信托计划时应尽到善良管理人的义务，即以通俗易懂不易引人误解的方式阐明信托计划的详细信息，并且对于信托计划的优势及收益不得作虚假宣传或者夸大的描述，对于其中的风险事项也应阐释清楚。②

（2）在土地信托生效后的信托期间内，受托人应对信托事务以善良管理人的注意谨慎行动，对于具体土地经营者的选任应认真进行事前考察，对于其经营资质、自身信誉等必要条件作详细的尽职调查，并制定出最符合受益人利益的选择方案；对于存在“二次代理”的情形，受托人再次对信托土地进行处分需要取得委托人以及受益人的同意，同时，在某些利益重大的情况下，为了保障土地的用途，需要获得相关主管部门的许可；定期向委托人或受益人公开账目明细并定期作出损益汇报，不得虚报收益或隐瞒重大事项；没有经过受托人或受益人的同意不得为自己的利益谋取利益或是进行自我交易或关联交易；在信托管理过程中获得的商业秘密应尽到保密义务，对违反此义务造成的损失承担赔偿责任③；对于受托人造成信托利益损失时的民事责任指定相应的赔偿标准，具体赔偿数额当事人可在相关合同中约定；设立受托人信用评级机制④，对有欺诈等行为的受托人信誉作官方否定性评价，并限制其经营的范围和规模。

（3）在信托计划完成后，信托行为终止时，受托人应配合受益人转移信托财产，

---

① 《信托法》第 25 条：“受托人应当遵守信托文件的规定，为受益人的最大利益处理信托事务。受托人管理信托财产，必须恪尽职守，履行诚实、信用、谨慎、有效管理的义务。”

② 参见袁泉《中国土地经营权信托：制度统合与立法建议》，《重庆大学学报》（社会科学版）2018 年第 6 期。

③ 参见李东侠《土地承包经营权信托流转中受托人的法律规制研究》，《河北法学》2015 年第 9 期。

④ 参见鄢斌《中国农地信托中的权利失衡与制度重构》，《中国土地科学》2016 年第 1 期。

对于管理土地不善造成的损失，在信托终止后的合理期间内，受托人应对此损失承担相应的赔偿责任；在土地信托结束时，受托人应做好一切善后工作，与受益人进行交接，做好土地财产及其收益的清算工作；此外，虽然土地信托已经结束，但受托人在此过程中对获悉的相关商业秘密的保密义务并没有终止，受托人应继续对此负有保密义务。

2. 重视受托人的权利保障，刺激土地信托市场的发展

在相对严格的受托人义务的环境下，考虑到市场自由背景下，双方当事人交易地位的平等，应注重受托人利益的适当维护，给予其适当的制度支持，另外，“三权分置”背景下，促进土地经营权流转是大势所趋，政府适当介入其中采取制度刺激，能为发展缓慢的土地信托市场带来勃勃生机。

首先，考虑到土地信托业务的特殊性，可以在法律上适当放宽从事土地信托业务的主体的限制，对注册资本、经营资质等硬性条件作出有别于一般信托公司的规定，对于审批程序也可适当简化，可采取事后监督的形式对专门从事土地信托业务的公司进行规制；其次，可以采取有利于受托人的税收优惠政策，美国的土地信托机构都是免税机构，通过减免赋税为其提供更多的资金管理土地，为土地信托创造了相对宽松的环境，因此笔者认为，可以引入“政府的手”，对于符合要求的土地信托经营者进行减税和免税，以此激发起参与土地信托的热情，降低其税收负担①；最后，可以针对土地信托的特殊性制定相应的土地信托责任保险，并由国家承担一部分保险金，以此项保险与农业生产保险相结合，对土地信托中可能存在的风险作出事先的责任分配，减轻受托人的责任负担，使受托人留存更多的精力和资金专注信托事务。

（二）建立农村土地信托登记制度

在全国农村土地确权登记进入收尾阶段的大背景下，补全制度缺失，建立与土地确权制度相配合的土地信托财产登记制度势在必行，以此能够为土地流转提供制度保障，厘清信托财产关系，保障土地信托流转的稳定。

首先，借鉴大多数国家的立法经验，专门由统一的法律规定土地信托登记较为普遍和成功，但是考虑到我国土地信托的实践经验不足，发展时间不长，应以条例或者办法的形式先由相关部门制定专门的土地信托登记相关规定，以强制性规定的形式明确设立土地信托必须进行土地信托登记，在时机成熟时再根据相关经验制定符合现实情况的正式法律，以此与《不动产登记暂行条例》相配合完善我国不动产登记制度，促进土地经营权的有效安全流转。其次，明确我国土地信托采“登记生效主义”，即规

① 参见杨得兵《美国耕地信托保护的经验及启示》，《中国土地》2018 年第 8 期。

定“以土地经营权为客体设立的信托必须进行土地信托登记，未经登记则不生效”，以此加强公示公信效力，维护受益人以及第三人的合法权益；对于土地信托登记的部门，理论上存在设立专门的登记部门和在土地确权的相关登记部门登记，根据《土地管理法》等相关法律由国土资源部门负责土地确权的登记，考虑到便利当事人和登记效率的问题，笔者认为，由负责土地确权登记的部门一同进行土地信托登记更为合适，既有利于政府部门统合资源，也便于信托当事人办理相关登记事宜。

考虑到我国《信托法》只对信托登记作了概念性的抽象规定，在设立土地信托登记制度时，宜对相关的具体程序性要求作出明确规定。对于登记时当事人携带的资料作出详细规定，例如要携带土地信托合同、信托证明文件以及土地确权证书等；对于登记的事项，应包括信托法律关系主体、土地信托合同或计划、信托土地经营权权利负担情况以及相应的权限等；对于登记申请程序，应对申请人要求以及能否代理登记作出规定；对于变更信托登记、注销信托登记的条件和情况可以参照具体的信托特点制定。对以上的登记事项，应制定登记簿以供当事人和利害关系人查阅，对于查阅的程序和申请的条件也要作出相应的规定。①

（三）引入土地信托服务机构，发挥政府的作用

笔者考察部分发达国家的土地信托经验后发现，土地信托服务机构是必不可少的存在，无论是美国的土地信托联盟还是日本的土地信托银行都对其土地信托的发展起到了推动和保障作用。笔者建议，在我国土地信托困境破局时，建立集众多服务功能于一身的土地信托服务机构至关重要。由政府主持设立的土地信托服务机构职能主要如下。

1. 技术咨询和服务

考虑到现今土地信托当事人相关经验不足，作为土地信托服务机构，应聘请专业人员设立服务窗口为有需要的农户或者信托公司提供农业专业知识、法律专业知识等相关问题的解答，对于土地信托登记问题、土地信托合同或计划等相关文件的合法性和合规性提出法律意见；大力培养和引进相关技术人才，推进国内外信托经验技术交流，以此提高我国土地信托发展水平。

2. 信托知识宣传

土地信托服务机构定期举行信托法律知识下乡服务，为广大农民普及信托法律知识，答疑解惑，扫除农户法律知识盲区，并对土地信托的优势进行相应阐述，鼓励农民积极参加土地信托；同时对防骗识骗、维护自己的合法权益作出相应提示。

① 参见李龙浩、张春雨《构建我国土地信托登记制度的思考》，《中国土地科学》2003 年第 4 期。

3. 土地信托流转中介平台和信息公示平台

在土地信托流转过程中，以中介交易平台的身份对双方身份进行核实，协调双方交易，对土地价值等作出官方评估，提供资金贷款和登记程序的便利窗口；对于交易过程中应该披露的相关信息，作出公示，为交易建立公平的竞争机制；当事人申请查阅相关信息时，进行信息审核并提供相关资料。

4. 耕地保护和生态保护

作为非营利性的公益机构，土地信托服务机构应承担起社会责任，对于当地的耕地面积进行定期监控和测量，对改变耕地用途进行违规经营的土地信托行为进行处罚以及降低信用评级的处分，为符合生态环境保护的信托项目提供适当的技术和资金支持；进行生态环境保护监控，创新生态环境监控模式。

5. 建立服务网络平台

信息技术的发展为制度创新提供前提，在互联网技术和人工智能技术发展迅猛的时代，土地信托服务机构应顺应时代潮流，建立土地信托交易网络服务平台，开展相关业务网上办理服务和信息网上公开，使农民足不出户就可以查询相关信息。

（四）多方位构建土地信托监督机制

目前我国信托业的监管职责由中国银行业监督委员会（以下简称“银监会”）履行，根据《中华人民共和国银行业监督管理法》第2条的规定，银监会对全国银行金融机构及其业务活动进行监督管理，其中信托公司就属于“银行业金融机构”；另外，根据《信托公司管理办法》，信托公司需要加入中国信托业协会并受其监督。纵观土地信托的监管体系的不完整，考虑到其涉及利益主体众多，以及与土地的联系密切等特点，多方位构建土地信托监管体制有助于其健康发展。

1. 明确专门机构监督

考虑到实践中土地信托监管混乱的问题，在现有的信托监管体制下明确专门的监管机构和职能不仅有利于相关利益人的维权，也有利于信托业的健康发展，避免政府“权力寻租”。明确农业相关部门对土地信托流转事项、信托土地用途以及生态环境和耕地保护的监管职责；对于新型的从事土地信托业务的主体加入银监会的监管范围，银监会还应当对土地流转中的资金来源、流向等金融问题加强监管，对从事土地信托业务的信托公司在合理的限度内区别于传统信托公司监管，以此促进土地信托业务的开展。

2. 加强行业自律监督

由于信托业在我国迅猛发展，在2005年，由银监会和民政部批准设立了信托业行业自律组织即中国信托业协会，由此，信托公司开始行业自律监管，行业相互协作。

但相对于传统的信托业务融资来说，土地信托更大程度上有对土地的管理和利用等功能，尤其是其较强的技术性和专业性以及与土地的密不可分性，不少专门从事信托业务的信托公司由信托业协会进行监管显得不大“合群”。因此，笔者建议在我国设立农村土地信托业务协会，由其根据行业特点进行行业自律监督，并提供技术和资金支持，促进土地信托受托人间的相互协助，繁荣我国土地信托业务。

3. 引入信托监察人制度

在我国土地信托中，农户既作为委托人又作为受益人，是信托利益的直接享有者，但在土地信托发展的初期，其有着缺乏相关知识和判断能力、经验不足等天然的弱势地位，因此仅靠其自身对受托人的监督不足以有效保障其权利和防范潜在的风险。笔者认为，我国可以效仿其他国家的做法将信托监察人制度引入土地信托中，例如《美国统一信托法》第 808 条规定了“信托人可将指示受托人的权利赋予他人”①；《日本信托法》第 8 条规定了“信托管理人”制度，这种制度使得没有能力对受托人进行监督的受益人权利得到保障。② 考虑到信托目的的公益性质，我国《信托法》目前只在公益信托中设置了信托监察人制度，虽然土地信托一方面是为了受益人的利益，但在一定程度上土地信托也有着社会保障的公益性特征③，另外，考虑到受益人主体的特性，将信托监察人制度引入土地信托中，赋予受益人将其权利委托给监察人的权利，能够有效监督受托人的经营行为，保障其自身利益的实现。

五 结语

一项制度从初创到健全再到成熟，都有一个逐步完善的过程。土地信托制度作为土地流转的创新制度，以实践丰满理论，走在制度的前面，这样一项制度人们从陌生到熟悉再到遵守，必将经历从质疑到修改再到完善的过程，最终将会成为指导实践的良好机制。如今在“三权分置”改革的大背景下，土地信托制度获得了良好的发展环境和前景，但制度的形成不是一蹴而就的，目前实践中土地信托制度仍然面临信托关系混乱、登记制度缺位以及监督机制不健全等诸多困境，探究困境产生的原因，总结实践教训并学习其他国家的成功经验，不断探索有益出路，方能畅通农村土地流转之道路。

---

① 《美国统一信托法》第 808 条。

② 《日本信托法》第 8 条。

③ 参见于霄《农地信托中的监察人》，《清华法治论衡》第 26 辑，清华大学出版社，2018，第 227 页。

买卖型担保的担保效力研究

袁　悦*

摘　要： 买卖型担保在我国融资担保中被广泛适用，遗憾的是理论界及司法实务中为买卖型担保的性质与效力争论不休之时，民法典物权编（草案二次审议稿）仍未对买卖型担保作出立法规定，阻碍了买卖型担保发展。对于买卖型担保的性质，因双方当事人都具有达成让与担保的真意，且买卖型担保与让与担保具有相同的意思表示、表现形式，即使所有权的移转时间不同导致二者产生的效力不同，也不影响对买卖型担保属于让与担保性质的认定。对买卖型担保的效力不应一概而论地肯定其担保物权效力或债权担保效力，而应根据物权区分原则，对已进行预告登记或备案登记的买卖型担保赋予让与担保物权的效力，动产买卖型担保具有登记对抗的效力。对于未公示买卖型担保应赋予让与担保合同以债权性担保效力，并通过无效法律行为转化制度，将第三人提供的无效物权担保转化为连带保证，从而实现买卖型担保的债权性担保效力。

关键词： 买卖型担保；让与担保；流质禁止；无效行为转化制度

一　问题的提出

“伴随着金融交易市场的发展，物权法定主义之下的定限物权担保模式已经无法满足实践的需求，移转标的权利的担保模式渐受重视。”① 买卖型担保是近年来房地产融资热潮的产物，债务人为了获得高额贷款，以自己或第三人的财产所有权为标的与债权人签订买卖合同来担保债权的实现。

我国法律缺乏对买卖型担保制度的相关规定，导致买卖型担保在适用上出现了很多争议性问题。最为典型的为最高院公报案例“朱俊芳案”与最高院的“嘉美案”判决中出现的两种截然相反的观点，最高院在“朱俊芳案”中认为买卖型担保中的买卖合同与借款协议属于两个并存又联立的合同，债权人可以依买卖合同主张取得房屋所有权，而在“嘉美案”中则认为签订买卖合同的目的是担保债务的履行，属于非典型担保方式因违反流质禁止规定而无效，债权人只能就担保财产拍卖

---

* 袁悦，海南大学民商法学硕士，海南第三建设工程有限公司法务部工作人员。

① 高圣平：《动产让与担保的立法论》，《中外法学》2017 年第 5 期。

变卖受偿。[①] 由此引发了学术界与实务界对买卖型担保性质、效力及实现方式的强烈争议，为了评定纠纷，最高院出台了《最高人民法院关于审理民间借贷案件适用法律若干问题的规定》（下文简称《民间借贷司法解释》），结果却适得其反。[②] 该规定回避了买卖型担保的现存争议问题，肯定了买卖型担保案件的性质为民间借贷纠纷，当事人不得提起买卖合同之诉，但又未明确买卖合同的效力。一方面肯定了买卖担保的效力，但又未明确其担保的性质属于债权性担保还是物权性担保；另一方面肯定了债权人可以拍卖变卖受偿却又未明确其是否享有优先受偿权。这导致司法实务出现更多的矛盾判决，最典型的为最高院在“双辽天益房地产开发有限公司诉周红武等民间借贷纠纷再审案”及“王保双诉盂县菩萨崖自然生态风景区开发有限公司等撤销之诉纠纷案”中，将前者认定买卖型担保具有担保物权的效力，而在后者中却否定了买卖型担保的物权性担保效力。[③]

传统担保在实践中具有办理手续繁杂、审核条件严苛、放款速度慢等缺陷，而买卖型担保相较于传统担保优势如下：程序简便，审核条件宽松，放款速度快，债务人能在最短的时间内获较大额度的融资，从而最大限度地释放担保标的物的交换价值等，因而在担保实务中被广泛应用。对于买卖型担保的争议主要体现在以下几个方面。首先，买卖型担保的定性直接影响了其是否具有物权性担保效力，对于买卖型担保的性质主要存在狭义的以物抵债说、代物清偿预约说、抵押权说、附条件买卖说及让与担保说等观点。其中，狭义的以物抵债说、代物清偿预约说及附条件买卖说只能赋予其债权性担保的效力，而抵押权说及让与担保说却可赋予其物权性担保的效力。其次，对于买卖型担保的效力，主要涉及已经过预告登记或备案登记的买卖型担保能否产生担保物权的效力。未进行登记仅具有让与担保合意的买卖型担保是否能产生物权性担保效力，若因其未进行公示而无法产生物权性担保效力，当存在第三人为担保人的情况下，是不是能够借助无效法律行为转换制度将无效的买卖型担保物权行为转化为第三人保证制度，通过拓宽债务人责任财产的方式来提高债务人的清偿能力，保障债权的实现。本文将从买卖型担保的性质、效力等方面入手，对买卖型担保的相关问题进行探讨。

---

① 参见〔2011〕民提字第344号判决书、〔2013〕民提字第135号判决书。

② 《最高人民法院关于审理民间借贷案件适用法律若干问题的规定》第24条规定：“当事人以签订买卖合同作为民间借贷合同的担保，借款到期后借款人不能还款，出借人请求履行买卖合同的，人民法院应当按照民间借贷法律关系审理，并向当事人释明变更诉讼请求。当事人拒绝变更的，人民法院裁定驳回起诉。按照民间借贷法律关系审理作出的判决生效后，借款人不履行生效判决确定的金钱债务，出借人可以申请拍卖买卖合同标的物，以偿还债务。就拍卖所得的价款与应偿还借款本息之间的差额，借款人或者出借人有权主张返还或补偿。”

③ 参见〔2017〕最高法民再335号民事判决书、〔2016〕最高法民申3122号民事裁定书。

二 买卖型担保的性质界定

（一）现有学说之辨析与商榷

明确买卖型担保的担保效力，前提是必须厘清买卖型担保的性质。买卖型担保的性质决定其为债权属性抑或物权属性，从而确定债权人是否享有优先受偿权抑或与其他债权人平等受偿。买卖型担保是指债权人与债务人或第三人通过订立买卖合同约定移转担保标的物所有权的方式来担保债权的实现，当债务履行期限届满，债务人未清偿债务时，债权人即可通过归属清算的方式取得担保物所有权或通过处分清算的方式优先受偿，反之买卖型担保物权即随主债权的消灭而消灭。买卖型担保的表现形式通常为当事人在达成借款合意的同时签订买卖合同，并在买卖合同或借款合同中约定"若债务人不能在债务清偿期届满前清偿债务即履行买卖合同"。目前，我国买卖型担保的设立主要表现为以下几种方式：第一种方式表现为当事人之间签订了买卖合同与借款合同或以担保债权的履行为目的仅签订买卖合同，并办理所有权过户登记手续；第二种方式表现为当事人之间签订了买卖合同与借款合同或仅签订买卖合同担保债权的履行，并办理预告登记或房屋预售备案登记手续；第三种方式表现为当事人之间仅签订了买卖合同与借款合同或仅签订买卖合同担保债权的履行，未办理任何登记手续。第一种情况毫无疑问属于让与担保性质，第二种情况与第三种情况又称为所有权未移转的让与担保（让与担保约定），由于买卖合同签订之时无法对标的物进行所有权变更登记手续，当事人通常只能够通过预告登记或备案登记等方式予以公示来保全其债权请求权。目前学术界与司法实务界争议最大的就是所有权未移转的不动产买卖型担保的性质问题，对此，本文将以未进行所有权移转登记的买卖型担保为对象，对其性质与相关制度进行比较探讨。

对于买卖型担保的性质不仅在理论界百家争鸣，司法实务界的裁判规则也形式各异。关于买卖型担保的性质，学界主要存在代物清偿说、狭义的以物抵债说、附条件买卖说、不动产抵押权说、流质契约说、让与担保说等观点，而在司法实务界主要体现为对《民间借贷司法解释》规定的签订买卖合同担保民间借贷的情形是否属于让与担保存在许多争议，最高院的一种裁判观点认为该担保属于让与担保，具有担保物权效力①；而另一种裁判观点则认为该规定确定的买卖型担保的性质为普通债权，不具有优先受偿性。②

1. 狭义的以物抵债说

我国法律并未对以物抵债协议的定义作出规定，有学者主张我国《物权法》第 195

① 参见〔2017〕最高法民申 510 号民事判决书。

② 参见〔2017〕最高法民申 543 号民事裁定书。

条第 1 款规定的事后折价条款为以物抵债内容在物权法中的体现。[①] 亦有学者认为以物抵债为学理性概念，主张以物抵债与买卖型担保为属种关系，以物抵债就是代物清偿，而买卖型担保属于代物清偿中为担保而提供的给付。[②] 本文赞成以物抵债为买卖型担保的上位概念，买卖型担保为以物抵债的下位概念，并认为以物抵债应分为广义的以物抵债与狭义的以物抵债，广义的以物抵债是指当事人之间以抵销债务为目的，通过转让抵押财产所有权的方式清偿原债务，终结原借款合同关系的约定。广义的以物抵债可以分为事前折价协议与事后折价协议，事前折价协议又包含表现为买卖形式的买卖型担保（即让与担保）及变现为流抵流质形式的流质契约。[③] 事后折价协议又称为狭义的以物抵债协议，是指我国《物权法》第 195 条第 1 款规定的抵押物折价清偿约定，即债务人无法清偿债务时或债务清偿期届满后，当事人之间约定以他种给付替代原金钱给付的方式，抵销原借款合同关系。广义的以物抵债为买卖型担保的上位概念，因此，广义的以物抵债与买卖型担保在设立时间、表现形式以及目的上都有共同特征，设立时间上二者都可以在订立借款合同时约定，也可以在债务履行期限届满后约定；表现形式上二者都表现为履行他种给付消灭原债权债务关系，且二者都是以清偿原债务为目的。狭义的以物抵债与买卖型担保同属于广义的以物抵债的种概念，二者具有显著差异，在此主要围绕狭义的以物抵债与买卖型担保之间的区别进行讨论。

最高院以《物权法》第 195 条为基础建立起了狭义的以物抵债裁判规则，并以此来排斥《民间借贷司法解释》第 24 条关于买卖型担保规定的适用。首先，狭义的以物抵债以债务履行期限届满或债务人无法清偿债务为前提。例如，三鼎公司诉管金荣案中，最高院认为案涉“商品房买卖合同”系在潘光辉欠付颜惠明借款本息的情况下，以提前终止借款合同关系并在双方之间形成买卖合同关系，将借款本息转为已付购房款，应认定以物抵债协议有效。[④] 本案中，虽然债务履行期限尚未届满，在债务人无法清偿债务的情况下，双方当事人达成以物抵债合意提前终止借款关系亦无不可。其次，狭义的以物抵债具有诺成性，双方当事人达成以物抵债合意即可。例如，最高院指导案例 72 号汤龙案中，最高院认为双方当事人就借款达成了以物抵债合意，属于当事人变更民事法律关系性质的意思表示，“尊重当事人嗣后形成的变更法律关系性质的一致

① 参见崔建远《以物抵债的理论与实践》，《河北法学》2012 年第 3 期。

② 参见崔建远《以物抵债的理论与实践》，《河北法学》2012 年第 3 期；王洪亮《代物清偿制度的发现与构建》，《浙江工商大学学报》2018 年第 2 期；王洪亮《以物抵债的解释与构建》，《陕西师范大学学报》（哲学社会科学版）2016 年第 6 期。

③ 本文认为买卖型担保就是让与担保，让与担保应分为所有权移转的买卖型担保（又称为狭义的让与担保）与所有权未移转的买卖型担保（又称为后让与担保或让与担保约定），详见下文对买卖型担保的让与担保属性之分析。

④ 参见〔2017〕最高法民申 4410 号民事裁定书。

意思表示，是贯彻合同自由原则的题中应有之意”。[1] 本案中，即便被告未交付房屋也不影响以物抵债的效力，以物抵债协议自双方当事人达成合意时生效。最后，需经过对账清算程序。如在刘省龙诉江建公司案中，最高院认为刘省龙未提供充分证据证明双方之间已经对账、清算，并就借款合同关系转变为商品房买卖合同关系达成过合意，因此不构成以物抵债。[2] 为避免债权人获得重利盘剥的利益，最高院裁判规则将对账清算程序作为实现以物抵债协议的必经程序。

从上述对狭义的以物抵债裁判规则的总结可知，虽然买卖型担保属于广义的以物抵债的一部分，但买卖型担保与狭义的以物抵债在功能效果的适用上仍然存在显著区别。首先，在成立时间方面，狭义的以物抵债是在债务履行期限届满后债务人无法清偿的情况下达成，此时乘人之危、显失公平等因素已经降至最低。但买卖型担保通常是在借款合同签订时，就同一笔款项再签订买卖合同，存在当事人通过买卖合同将违法高息合法化的可能性。其次，二者的目的不同，狭义的以物抵债中买卖合同的目的在于提前终止借款合同关系并在双方之间形成买卖合同关系，通过买卖方式将借款本息转为已付购房款从而抵销债务，并非为履行案涉“借款合同”提供担保，因此不具有担保功能。而买卖型担保的目的则在于通过买卖的方式为债权提供担保，若债务人到期无法偿还债务则履行买卖合同。再次，二者的法律效果也不同，狭义的以物抵债的效果具有确定性、唯一性，因为是在债务人确实无法清偿债务的情况下达成的，因此买卖合同明确约定了以物抵债的效果。而买卖型担保的效果在于债务人具有选择性，若债务人无法清偿债务，则经过登记的买卖型担保可产生让与担保物权之效果，即债权人取得担保物所有权或就担保物价值享有优先受偿权，反之，则买卖型担保协议失效，当事人之间债权债务消灭。最后，二者的效力不同，狭义的以物抵债属于债权性协议，不能产生物权担保的效力，而买卖型担保只要经过公示即可产生物权性担保效力，更有利于维护债权人的利益。因此，本文认为，买卖型担保与狭义的以物抵债之间存在实质性差异，二者不具有同一性，不能将买卖型担保认定为狭义的以物抵债。

2. 代物清偿预约说（流质契约）

流质契约又称为流抵条款、流押条款、流质流抵，是指担保物权设定时担保物权人与担保权人达成的债务人于债务清偿期限届满时无法清偿债务的，担保权人即可取得担保物所有权的合意。日本学者又将之称为代物清偿预约，即“债权人和债务人可以约定当发生债务不履行时，转移事先指定的某个特定财产来进行

① 参见〔2015〕民一终字第180号民事判决书。
② 参见〔2017〕最高法民申4527号民事判决书。

清偿”。[①] 而流质禁止是指我国《物权法》第186条及第211条之规定，“抵（质）押权人在债务履行期限届满前，不得与抵（质）押人约定债务人不履行到期债务时抵押财产归债权人所有”。流质禁止的目的在于防止债权人利用债务人窘迫的地位，强迫债务人订立流质契约进行重利盘剥。罗马法以来各国为保护经济上处于弱势的债务人，均对流质契约采取否定态度。“而现今，社会情势已然发生变化，往昔作为弱者的债务人往往是经济上的强者，其地位与经济势力大多较债权人为优。”[②] 有些国家或地区对流质禁止的规定也有所缓和，例如法国《担保法》改革时承认了进行处分清算的流质契约的效力。日本在《商法典》及《典当营业法》中规定商主体可以约定流质，以及《临时登记担保法》允许直流抵押。我国台湾“民法”物权编修正条文也对流质契约的效力予以认可并增加了清算程序防止抵押权人获得债权清偿以外的利益。如今正值我国民法典分则编纂之际，废除流质禁止条款的呼声越来越高[③]，全国人大法工委民法室2018年3月审议的民法典物权编（室内稿）采纳了废除流质禁止的意见[④]，但2019年4月公布的民法典物权编（草案二次审议稿）又恢复了禁止流质的规定，由此可见，我国立法目前仍未认可流质契约的效力。[⑤]

有学者认为买卖型担保通过签订买卖合同的形式，预先约定债务人未能如期履行债务则履行买卖合同的义务，转移标的物所有权的行为属于代物清偿预约。而代物清偿预约与流质条款在本质上具有同一性，应受流质禁止的约束。但只要增加一个清算程序即可防止暴利行为的产生，因未违背流质禁止的立法目的，从而产生代物清偿预约的效果。[⑥] 本文对此不敢苟同，认为相对于代物清偿预约，买卖型担保更符合让与担保的性质。让与担保与代物清偿预约虽然都具有担保的目的，但二者仍存在本质上的差别。首先，表现形式上，让与担保更能体现买卖型担保形为买卖实为担保的特征，

---

① 〔日〕我妻荣：《新订担保物权法——我妻荣民法讲义Ⅲ》，申政武、封涛、郑芙蓉译，中国法制出版社，2008，第541页。

② 陈华彬：《论我国民法典〈物权编（草案）〉的构造、创新与完善》，《比较法研究》2018年第2期。

③ 参见高圣平《论流质契约的相对禁止》，《政法论丛》2018年第1期；孟强《〈民法典物权编〉应允许流质流抵》，《当代法学》2018年第4期；王利明《我国民法典物权编的修改与完善》，《清华法学》2018年第2期；陈华彬《论我国民法典〈物权编（草案）〉的构造、创新与完善》，《比较法研究》2018年第2期；程啸《民法典物权编担保物权制度的完善》，《比较法研究》2018年第2期。

④ 民法典物权编（室内稿）第191条规定：“抵押权人在债务履行期届满前，与抵押人约定债务人不履行到期债务时抵押财产归债权人所有的，未经登记，不得对抗善意第三人。”

⑤ 2019年12月审议的民法典（草案）第401条规定：“抵押权人在债务履行期限届满前，与抵押人约定债务人不履行到期债务时抵押财产归债权人所有的，只能依法就抵押财产优先受偿。”第428条规定：“质权人在债务履行期限届满前，与出质人约定债务人不履行到期债务时质押财产归债权人所有的，只能依法就质押财产优先受偿。”似乎又为流质流押契约的解禁留下了可能。

⑥ 参见张海鹏《担保性房屋买卖合同法律性质之探讨——兼析〈民间借贷司法解释〉第24条》，《东方法学》2016年第2期。

而代物清偿只需达成“经债权人同意的他种给付清偿合意”即可。[①] 其次，构成要件上，让与担保往往通过签订买卖契约并办理所有权移转登记（预告登记或备案登记）手续从而实现担保目的，而代物清偿预约往往通过抵押合意与临时登记担保的同时使用来设立。[②] 由于我国目前不存在临时登记制度，所以没有代物清偿预约的存在空间，即使预告登记制度能在一定程度上发挥临时登记制度的功效，仍然无法弥补抵押制度在担保制度中的客体缺陷，这也是目前非典型担保制度被广泛适用的原因之一。最后，移转标的物所有权的时间上，让与担保在设立时即转移标的物所有权，也可以在设立时通过预告登记或备案登记保全所有权移转请求权，而代物清偿预约则是发生债务不履行时才转让标的物所有权。[③] 买卖型担保在当事人签订买卖合同的同时往往会办理登记（预告登记或备案登记），由此可知，当事人旨在买卖型担保设立时即转移标的物所有权或保全移转标的物所有权请求权，而非等到债务不履行时才转移标的物所有权。因此，不能因二者在目的和实现方式上的共性就忽略二者的实质性差别，而将买卖型担保视为代物清偿预约。并且承认买卖型担保的效力还有利于弥补我国目前实施流质禁止的弊端，从而为中小企业提供更多的融资渠道，促进我国经济的繁荣发展。

有学者认为买卖型担保的出现是为了规避流质禁止条款，未来民法典对流质契约解禁则无买卖型担保的适用空间。[④] 本文对此持有异议，认为买卖型担保与代物清偿各自有其适用空间，二者共存并不存在矛盾。即便是在已经认可流质契约的国家和地区（如德国、法国、日本、我国台湾地区等），买卖型担保仍被广泛适用，就一定有其存在的意义。首先，即便是我国民法典对流质禁止解禁，由于代物清偿预约为债权性契约，只能依附于抵押、质押等传统担保方式，借助抵押登记制度予以公示才能实现其物权性担保效力，而流质契约解禁只是在实现方式上解决抵押制度实现程序的繁杂性问题，其仍然无法弥补抵押权在担保制度上的权利空白，对于无法办理抵押登记的情况自然也无法通过代物清偿预约予以保障。而买卖型担保正是因为其客体的广泛性而在抵押制度的空白地带也能发挥抵押制度的担保效益，甚至能更好地发挥担保物的交换价值与使用价值，因而在担保实务中生机盎然。其次，在交易安全方面，买卖型担保比流质契约有更强的保障性。流质契约往往以抵押权、质押权等他项权利为基础，债权人享有的只是他物权。而买卖型担保则是直接移转担保物的所有权或是以保全担

① 参见肖俊《代物清偿中的合意基础与效果研究》，《中外法学》2015 年第 1 期。

② 参见〔日〕近江幸治《担保物权法》，祝娅、王卫军、房兆融译，法律出版社，2000，第 234 页。

③ 参见〔日〕我妻荣《新订担保物权法——我妻荣民法讲义Ⅲ》，申政武、封涛、郑芙蓉译，中国法制出版社，2008，第 556 页。

④ 参见黄芬《以商品房买卖（合同）设定的担保的法律属性与效力——兼评最高人民法院公报案例“朱某与山西某房地产开发公司商品房买卖合同纠纷案”》，《河北法学》2015 年第 10 期；程啸《民法典物权编担保物权制度的完善》，《比较法研究》2018 年第 2 期。

保物所有权移转请求权的方式来设立，债权人直接或间接享有担保标的物所有权，因此买卖型担保相较于流质契约更有利于保障交易安全，激发融资动力。最后，本文认为流质契约的实现方式为归属清算，买卖型担保的实现方式具有更多的选择性，债权人既可以选择归属清算也可以选择处分清算的方式实现。因此，二者同时存在并无冲突，不能因为流质契约的存在而排除买卖型担保的适用。即使我国未来民法典承认流质契约的效力，买卖型担保也有其独立存在的空间。

3. 抵押权说

对于买卖型担保与抵押权的关系，早在物权法立法时学术观点就各执一词，但由于当时让与担保的适用程度不高，再加上动产抵押设立说占据主要地位，因此立法上放弃了让与担保制度。如今，随着买卖型担保在融资领域的广泛适用，这一争议再次风起云涌。主要存在让与担保废除说及并存说两种观点。让与担保废除说认为买卖型担保因我国已经承认动产抵押权，让与担保被抵押权制度取代而失去其独立存在的价值。因此，买卖型担保的实质就是未来物上的抵押权，不能因为其为一种新出现的担保形式而对其予以立法肯定，只有“在穷尽了制度内的努力，仍不能将赋以新鲜名称的担保物权解释为法定担保物权之后，我们才可以将其定性为一种新的担保物权”。[①] 并存说认为两者有其各自的特点，不具有相互替代性，完全可以并行存在。在权利构造上，抵押为定限物权担保模式，让与担保则为所有权担保模式；在实行机制上，动产让与担保相较于动产抵押更具多样性和灵活性；在比较法上，法国和我国台湾地区均在动产抵押之外肯定了动产让与担保的效力。本文赞成并存说的观点，并基于上述理由之外予以补充。

首先，从适用的范围来看，买卖型担保相较于抵押制度有着更广泛的适用空间。对于因债务人无法办理抵押登记的财产，可以通过买卖型担保的设立弥补抵押制度的缺失对债权人债权造成的损害。例如，已取得项目开发资质但缺乏资金无法继续进行项目开发的情况，包括因缺乏资金暂未缴纳土地出让金无法办理土地使用权证、土地规划审批手续、预售许可手续等情况。债务人由于缺乏相关的证件材料而无法通过办理抵押手续获得贷款。[②] 对于抵押权人为自然人而非银行等金融机构导致无法办理抵押登记的情形，原建设部出台的《城市房地产抵押管理办法》规定债权人为提供贷款的银行，实践中有很多登记部门以此规定为依据对于债权人为非银行等金融机构的自然

① 董学立：《也论“后让与担保”——与杨立新教授商榷》，《中国法学》2014年第3期；黄芬：《以商品房买卖（合同）设定的担保的法律属性与效力——兼评最高人民法院公报案例“朱某与山西某房地产开发公司商品房买卖合同纠纷案”》，《河北法学》2015年第10期。

② 参见〔2017〕最高法民申4878号民事裁定书、〔2017〕最高法民申2319号民事裁定书。这些案例都是由于开发商缺乏资金未缴纳土地出让金无法办理土地使用权证，未办理土地规划审批手续、预售许可手续等，无法办理抵押手续，当事人双方只能通过签订买卖合同移转标的物所有权的方式担保债权的履行。

人不予进行抵押登记。[①] 除此之外，对于那些具有财产利益而法律尚未明确其担保物权设立方式的权利客体，例如网络虚拟财产、大数据新型财产权利等，由于法律尚未明确其担保设立方式，而无法通过传统担保方式设立担保物权。当事人只能通过签订买卖合同并办理登记（本登记、预告登记或备案登记）的方式担保债务的履行。不动产抵押制度无法满足社会对不动产担保融资的需求，故此，买卖型担保因无法被抵押制度全部吸收，而有其独立的适用空间。

其次，买卖型担保具有办理程序简单、实现方式灵活等制度优势而有其独立存在的价值。就其办理程序而言，买卖型担保只需当事人之间达成让与担保合意签订买卖合同并办理所有权移转登记（本登记、预告登记或备案登记）手续即可，无须经过银行等金融机构进行评估、审核、公告、权籍调查后才签订抵押合同，办理抵押登记等一系列烦琐而漫长的手续。就其实现方式而言，因为有清算程序的保障，买卖型担保允许当事人在签订买卖合同时约定债务人无法清偿债务时，债权人取得担保财产所有权以抵偿债务。"因为清算程序使得债权人无法因让与担保而获取债权完全受偿之外的不当利益，已无违反流抵约款问题。"[②] 而抵押权因受到流质禁止条款的约束，在债务履行期限届满前，当事人之间不得约定由债权人直接取得抵押物财产所有权。债务人只能在债务履行期限届满后通过拍卖变卖折价等方式实现担保物权。

最后，有学者担心在抵押权之外设立买卖型担保物权，这两种在功能、设立方式和效力规则方面完全雷同的担保制度必然会导致其中一项制度闲置，浪费立法资源。[③] 但本文认为买卖型担保与抵押各自有其制度优势，抵押权虽然融资效率低，但在不转移担保物占有及所有权的情况下，仍由抵押人占有支配，对债务人来说无疑是最安全的融资途径。而买卖型担保虽然融资效率高，但必须事先向债权人移转担保物所有权，债务人在享受融资高收益的同时要承受债权人处分担保物而丧失回赎权的高风险。两种担保方式都各有利弊，至于选择哪种担保方式属于债权人与债务人之间的利益博弈，法律不应加以干涉。诚如动产质押制度并不会因为我国承认动产抵押效力而导致动产质押制度闲置一样，承认买卖型担保的效力，也不会导致抵押制度的闲置。买卖型担保为当事人开放了更多的融资渠道，有利于促进金融流通，使担保制度在融资领域大放光彩。

4. 附条件买卖说

"附条件的法律行为是指以未来的不确定的事实的发生或者不发生，作为法律行为

---

① 《城市房地产抵押管理办法》第 3 条第 5 款规定："本办法所称在建工程抵押，是指抵押人为取得在建工程继续建造资金的贷款，以其合法方式取得的土地使用权连同在建工程的投入资产，以不转移占有的方式抵押给贷款银行作为偿还贷款履行担保的行为。"

② 谢在全：《民法物权论》（下册），中国政法大学出版社，2011，第 1110 页。

③ 参见马俊驹、陈本寒《物权法》，复旦大学出版社，2014，第 304 页。

发生效力或者失去效力的限制条件的法律行为。”[①] 附条件买卖包括附生效条件和附解除条件买卖，条件成就时买卖合同才生效的为附生效条件买卖，条件成就时买卖合同效力即终止的为附解除条件买卖。主张附生效条件买卖论的学者认为买卖合同只有在借款人不履行还款义务时才会启动，债务的不履行是买卖合同生效的条件，并且买卖合同自身以标的物的价格波动实现担保功能，而无须借助让与担保制度来实现。且双方当事人所达成的买卖合意至少在债权人一方属于积极追求的真意，即使债务人不希望发生买卖的效果，那也只是债务人的单方虚伪表示，而不属于双方通谋虚伪表示，不产生买卖合同无效的后果。除此之外，应对流质禁止的调整范围进行目的性限缩解释，仅对抵押和质押担保有约束力，因此买卖合同不属于流质禁止的调整范围，不因属于脱法行为而无效。因此“应当尊重双方当事人之间的意思自治，肯定附条件买卖合同的效力”。[②] 但本文认为附生效条件说忽略了买卖型担保中的买卖合同的从属性，买卖合同与借贷合同属于主从关系，买卖合同以债权关系的存在为前提，债权关系不存在则买卖合同也不存在，即“担保性所有权让与只有随着被担保债权的成立才得以产生”。[③] 而普通附生效条件买卖中的买卖合同虽依附双方当事人意定条件为生效要件，但买卖合同的成立不以借贷关系的存在为前提，只要条件成就买卖合同即可生效，二者不具备主从关系。例如所有权保留买卖以买受人履行支付价款为条件，但买卖合同并不以借贷关系的存在为前提，只要债务人履行支付价款义务即可生效。此外，附条件法律行为之目的在于“通过法律行为的付款控制法律行为的生效或失效时间，冲销未来不确定性所带来的市场风险”[④]，而买卖型担保目的在于担保债权的履行。既然理论界及司法实务界对当事人之间的买卖合意具有争议性，如最高院的立法观点认为当事人签订买卖合同的目的在于担保债务的履行，当事人之间并无买卖的合意，其真实意思在于通过所有权让与担保债务人清偿债务。[⑤] 但对于当事人之间的担保合意无论学术界还是实务界都持肯定态度，一方面，债务人以标的物所有权的移转担保债务履行从而获取融资机会，另一方面债权人也可以在担保债权价值内取得标的物所有权来担保债权的实现，既然当事人之间对担保合意均无异议，那为何不放弃具有争议性的买卖合意，承认当事人的让与担保真意？

附解除条件的买卖又称为卖渡担保，卖渡担保是指当事人通过买卖的方式移转标

① 李永军：《民法总则》，中国法制出版社，2018，第 639 页。

② 参见石冠彬《意思自治原则与担保制度的立法构建》，海南大学第二届中国民法学新锐学者论坛暨民法典青年沙龙第 11 期研讨会会议论文，海口，2018，第 72 页。

③ 〔德〕鲍尔、施蒂尔纳：《德国物权法》（下册），申卫星、王洪亮译，法律出版社，2006，第 607 页。

④ 朱庆育：《民法总则》，北京大学出版社，2016，第 125 页。

⑤ 参见杜万华《最高人民法院民间借贷司法解释理解与适用》，人民法院出版社，2015，第 427 页。

的物所有权融通资金，并在买卖合同签订时作出了附回赎或再买卖的约定，债权人取得标的物所有权，债务人保有回赎权或再买卖预约完结权，但债权人不享有货款返还请求权。附解除条件买卖包括附回赎的买卖（回赎）和再买卖约定，回赎是指当事人签订买卖合同之际作出了附回赎之约定，债务人可以在回赎期间行使回赎权，解除原先的买卖合同，赎回担保标的物。再买卖约定是指当事人签订买卖合同时作出了再买卖约定，债务人在约定期间可以行使再买卖预约完结权，重新从债权人处买回担保标的物。[①] 卖渡担保是因担保目的所做的买卖行为，因此要认可其担保机能，否认买卖的特性。虽然买卖型担保与卖渡担保一样都是以买卖的形式担保债权的实现，但二者仍有显著区别。首先，所有权的移转上，卖渡担保债权人实质上取得了担保标的物所有权，买卖型担保只是形式上取得了担保标的物的所有权，债务人仍保有担保标的物的占有、使用、收益的权利，债权人实际取得的只是被担保债权范围内的标的物的交换价值。其次，清偿义务上，卖渡担保债务人享有回赎权或再买卖预约完结权，取回标的物所有权而不负有清偿债务的义务，而债权人不得在债务人未行使回赎权时主张货款清偿请求权。而买卖型担保债务人负有清偿义务，债权人享有债务清偿请求权，在债务人逾期不履行债务时，债权人得就标的物行使担保物权。最后，清算义务上，卖渡担保中因回赎价金须与最初买卖价金相同，所以买受人无清算义务。买卖型担保债权人实现担保权能时负有清算义务，担保物价值超过担保债权部分应返还债务人，不足以清偿担保债权时，仍得请求债务人清偿。[②]

综上，本文认为买卖型担保本质上仍是担保权，而非买卖。买卖型担保当事人通过所有权让与的方式担保债权的实现体现了双方当事人的担保目的，通过让与担保合意的达成加上所有权移转公示从而产生物权担保效力，当债务人不履行清偿义务时，债权人得以就标的物实现担保物权，从而实现买卖型担保的担保机能。而附条件买卖说弱化了买卖型担保的担保效力，当债务人未履行清偿义务又拒绝履行买卖合同时，债权人只能以普通债权人的身份就债务人的责任财产主张债务人承担违约责任，而无法取得优先受偿权。因此，仅依买卖合同自身的担保作用无法更好地维护债权人的权益，如果将买卖型担保定性为让与担保，债权人则可以获得物权性担保的保护。

5. 让与担保说

对于买卖型担保的让与担保性质的认定存在后让与担保说、让与担保约定说以及折中说（又称让与担保说）。后让与担保说认为双方当事人之间只要达成买卖型担保合意，即可产生担保物权的效力。买卖型担保与让与担保的产生背景、法律特征基本相

① 参见〔日〕近江幸治《担保物权法》，祝娅、王卫军、房兆融译，法律出版社，2000，第 230 ~ 231 页。

② 参见尹田《物权法》，北京大学出版社，2017，第 486 页。

同，二者唯一的区别仅在于所有权移转时间的先后之分而已，让与担保在设立同时办理所有权移转登记，买卖型担保则需等到债务人不履行债务时才办理所有权变更手续。因此将之称为后让与担保。① 让与担保约定说认为让与担保以所有权移转为生效要件，买卖型担保因所有权未发生移转不能产生让与担保的效力，即使进行了备案登记也不产生物权效力，因此将其认定为让与担保约定。② 但本文认为无论是后让与担保说或是让与担保约定说都毫无疑问地肯定了买卖型担保具有让与担保的属性。前者将买卖型担保认定为具有物权性的让与担保，而后者则将其认定为债权性的让与担保。因此，本文主张让与担保说，即买卖型担保的性质为具有非典型担保属性的让与担保，但不一定都能像让与担保一样产生担保物权的效力，对于其是否具有物权性担保效力应以是否进行公示加以认定，而不能像让与担保约定说或后让与担保说所主张的一样，将其性质与效力相混淆，一概而论地认定为债权性担保或物权性担保效力。

（二）买卖型担保为让与担保性质之证成

让与担保系指债务人或第三人为担保债务人之债务，将担保标的物所有权移转于担保权人，而使担保权人在不超过担保目的范围内，取得担保标的物之财产权，于债务清偿后，标的物应返还债务人或第三人，债务不履行时，担保权人得就该标的物受偿之非典型担保。③ 但本文认为让与担保并不以所有权移转为必要，让与担保应分为所有权未移转的让与担保（又称后让与担保或让与担保约定）与所有权转移的让与担保（即狭义的让与担保）。本文认为所有权移转仅为其公示要件，经过所有权移转登记才能产生让与担保物权效力，未经过所有权移转登记即未公示的让与担保，只要当事人之间达成让与担保合意，同样具有让与担保属性，只因未进行所有权移转登记不具有担保物权效力，但不影响其借助法律行为转化制度产生债权性担保效力。此外，根据物权区分原则，让与担保亦可分为让与担保债权与让与担保物权，未经公示仅产生让与担保债权约束力，经过公示即可产生让与担保物权效力。因此，不能因买卖型担保未经过所有权变更登记手续，而否认其让与担保属性。肯定让与担保债权的效力的目的在于赋予让与担保合意具有债权约束力，使之不因程序性登记要件的缺失而成为一纸空文，从而保护当事人之间的合法权益。

关于买卖型担保的性质本文赞同让与担保说的观点，认为法律行为的性质并非取决于法律行为的效力而应由当事人的意思表示决定，即不能因让与担保未公示不具有

① 参见杨立新《后让与担保：一个正在形成的习惯法担保物权》，《中国法学》2013 年第 3 期。

② 参见庄加园《“买卖型担保”与流押条款的效力——〈民间借贷规定〉第 24 条的解读》，《清华法学》2016 年第 3 期。

③ 参见谢在全《民法物权论》（下册），中国政法大学出版社，2011，第 1100 页。

担保物权效力来否认其让与担保性质，而应取决于当事人之间是否具有让与担保合意。例如，抵押合同的性质是由当事人抵押的意思表示决定的，而不是取决于抵押权是否登记设立。因此，买卖型担保中只要当事人之间具有让与担保合意，即使未进行所有权移转变更登记也不影响其属于让与担保的性质。因此，不能一刀切以买卖型担保未进行物权公示而否认其让与担保性而冠以“后让与担保”或“让与担保约定”的性质。此外，买卖型担保与让与担保除了意思表示的一致性之外，二者的表现形式也相同，都是通过买卖的方式移转标的物所有权或保全标的物的所有权移转请求权。让与担保说相较于代物清偿预约说、抵押权说、附条件买卖说等观点更符合买卖型担保的“形为买卖，实为担保”的特征。买卖型担保与让与担保功能相同，都具有担保债权实现的功能，至于能不能产生担保物权的效力则取决于让与担保合意是否进行公示。

综上，本文认为买卖型担保无论是否在设定时进行所有权移转登记均不影响买卖型担保的让与担保性质。而“后让与担保说”与“让与担保约定说”属于买卖型担保的效力判断，后让与担保说将未进行物权公示的买卖型担保认定为具有物权担保效力的让与担保，违背了物权公示原则。而让与担保约定说将经过预告登记及备案登记等方式保全所有权移转请求权的买卖型担保认定为债权性的让与担保同样违背了物权变动区分原则。

三　已公示买卖型担保具有物权性担保效力

债权性担保效力与物权性担保相对，物权性担保是指具有物权担保效力的担保方式，即债务人或第三人以自己的特定财产为债务履行的担保方式，当债务不履行时产生担保物权的作用，债权人取得优先受偿权。债权性担保是指仅具有债权请求权的担保方式，即债务人或第三人以自己的全部财产为债务履行的担保方式，当债务不履行时，债权人只能作为普通债权人按比例受偿而不享有优先受偿权。

本文所讨论的买卖型担保的公示主要是指经过预告登记或备案登记的买卖型担保，对于已公示买卖型担保是否都具有物权性担保效力，这取决于法律行为是否满足物权法定及物权公示的要件。学界的争议主要在于动产买卖型担保应采取交付生效主义或登记对抗主义；不动产买卖型担保在不能进行所有权移转登记（本登记）时，为保全债权人的所有权移转登记请求权，所进行的预告登记和备案登记能否产生让与担保物权的效力。最高院司法裁判案例对占有改定的动产买卖型担保持否定态度①，对经过备案登记或预告登记的买卖型担保也不予认可②，因而损害了买卖型担保的效用。本文认

① 参见〔2017〕最高法民申 543 号民事裁定书。

② 参见〔2016〕最高法民申 1234 号民事裁定书。

为对动产买卖型担保来说，占有改定作为交付的方式之一，由于不移转占有难以被外界知晓而不具有对抗力，可以通过登记制度弥补其公示缺陷，使之产生登记对抗效力。经过预告登记或备案登记的不动产买卖型担保因满足物权公示原则而产生登记对抗效力，当债务履行期限届满时，债务人未履行清偿义务的，债权人即可通过实现本登记取得优先受偿权。

（一）已公示买卖型担保可以满足物权法定要件

买卖型担保由于不属于物权法规定的担保方式而饱受争议，因此，买卖型担保要想产生让与担保的物权效力，首先要满足物权法定要件。“物权法定是指物权之种类与内容，均以法律规定者为限，当事人不得任意创设。”① 买卖型担保是否违反物权法定主要存在以下两种分歧。肯定说认为买卖型担保不是物权法所规定的传统担保方式，因此又称之为非典型担保，买卖型担保的设立方式与物权法规定的传统担保方式不一样，传统担保方式是转移标的物的限定物权以实现担保债权目的，而买卖型担保是转移标的物的所有权来实现担保债权的目的。因此，买卖型担保因与我国《物权法》规定的传统担保方式不同，而违反了物权法定原则之规定。否定说认为买卖型担保系习惯法所生的非典型担保，在融资交易中广泛存在并被判例所认可，无论是比较法上还是理论界及司法实务界均认为买卖型担保是经由习惯法创设的非典型担保。② 且买卖型担保仍属于担保范畴而未创设新的物权种类，因此并不违反物权法定原则之规定。③

本文赞成否定说之观点，首先，从比较法上看，大陆法系国家与地区，如德国、日本、法国及我国台湾地区均认为让与担保是由实践、判例和学说相互作用发展而来的、经由习惯法调整的非典型担保物权。④ 由于让与担保对金融担保具有积极作用，各个国家和地区均致力于缓解其与物权法定原则的冲突，使其具有担保物权效力。让与担保设立方式虽非为物权法规定的方式，但可以从其法律构造为所有权移转加信托担保行为使之不违反物权法定的设立方式。对于其实现方式与流质禁止条款的冲突，通过赋予其清算义务使之不违反流质禁止之目的从而承认其效力，即足以使其满足物权法定原则之规定。其次，我国正在修订的民法典物权编（草案）将《物权法》规定的物权法定原则删除，而把其放入《民法总则》的法律渊源的规定中进行调整，这说明我国民法典认可依习惯法创设的物权的效力。买卖型担保源于习惯法认可的非典型担

① 王泽鉴：《民法物权》，北京大学出版社，2010，第37页。

② 参见杜万华《最高人民法院民间借贷司法解释理解与适用》，人民法院出版社，2015，第410页。

③ 参见谢在全《民法物权论》（下册），中国人民政法大学出版社，2011，第1110页；庄加园《“买卖型担保”与流押条款的效力——〈民间借贷规定〉第24条的解读》，《清华法学》2016年第3期；杨立新《后让与担保：一个正在形成的习惯法担保物权》，《中国法学》2013年第3期。

④ 参见谢在全《民法物权论》（下册），中国人民政法大学出版社，2011，第1102～1103页；高圣平《动产让与担保的立法论》，《中外法学》2017年第5期。

保方式，因而并未违反物权法定原则之规定。最后，从物权担保的种类和内容来看，买卖型担保的目的在于担保债权的实现，当事人之间达成的让与担保合意属于担保物权的范畴，其担保方式是经习惯法认可的移转标的物所有权的非典型担保方式。因此，买卖型担保未创设与物权法相违背的物权种类。因买卖型担保的权力构造为通过所有权的移转担保债权的实现，其物权变动方式亦遵循了所有权的动产交付生效、不动产登记设立的公示方式，因此，未违反物权的内容法定之规定。除此之外，实践表明，买卖型担保实现高效融资的同时能够保障交易安全，弥补传统担保物权制度的缺陷，对促进中小企业的融资发展有积极作用。因此，不能以买卖型担保不属于传统担保方式而认定其违反物权法定原则，否定买卖型担保的担保物权效力。

（二）已公示买卖型担保可以产生物权公示公信力

1. 动产买卖型担保经登记可产生对抗效力

对于动产买卖型担保是以占有改定的交付方式为公示要件抑或是以登记对抗方式为公示方式的问题，因占有改定未发生占有移转而难以发挥其公示对抗效力，因此，仅在当事人之间具有效力。通过登记制度进行公示刚好弥补了占有改定的公示公信效力之缺陷从而使动产买卖型具有物权对抗效力。为了维护交易安全，本文主张我国的动产买卖型担保应采取登记对抗的方式设立。

动产买卖型担保的公示方式，因其法律构造主张的不同而分为占有改定方式和登记对抗方式。所有权构造说认为让与担保是以所有权移转加信托行为的方式设立，动产买卖型担保应遵循所有权变动模式的交付生效方式设立。而占有改定作为交付方式之一，符合买卖型担保所有权已经变更又无须进行占有移转的特征，因此应采取占有改定的公示方法。以所有权构造说为主流的德国、日本及我国台湾地区均采取占有改定的公示方式，认为通过占有改定能够解决所有权已转移而占有未发生移转的状态下，物权受让人的交易安全问题。① 但有学者基于占有改定的隐蔽性会损害物权公示的对抗效力，提出担保物权构造说，担保物权构造说认为让与担保的本质在于通过移转标的物所有权的方式担保债权的实现，买卖型担保应遵循担保物权变动模式的登记对抗方式设立。因为登记对抗方式更有利于维护交易安全，因此越来越多的国家通过立法的方式明确动产让与担保的登记对抗效力。②

本文赞成动产买卖型担保通过登记对第三人产生对抗效力的观点。首先，动产买卖型担保的登记对抗方式更有利于维护交易安全。虽然占有改定是交付的方式之一，

① 参见孙宪忠《物权法》，社会科学文献出版社，2011，第 141 ~ 142 页。

② 关于各国对让与担保采取登记对抗的规定，参见高圣平《动产让与担保的立法论》，《中外法学》2017 年第 5 期。

但占有改定具有使得物权的公示与权力的实际享有不相符合的弊端，导致占有改定不能产生公示对抗的效力，第三人可以依善意取得制度取得标的物的所有权。此时，债权人的所有权将无法对抗善意第三人依善意取得制度获取的所有权。然而在登记对抗公示的场合下，即便担保标的物未转移占有，但让与担保只要进行了登记即可产生对抗第三人的效力，使债权人的优先受偿权足以对抗第三人的无权处分。因此动产买卖型担保采取登记对抗的公示方式更有利于保障债权的实现。其次，动产买卖型担保的登记对抗方式在尊重当事人意思自治的前提下赋予让与担保行为公示性，当事人之间只要买卖型担保合同生效即可产生让与担保物权效力体现了当事人的意思自治，而未经登记只是不产生对抗效力则体现了物权的公示公信效力。因此登记对抗既能在当事人之间产生占有改定保护未移转占有的买受人的权利之作用，又能够因登记产生保护第三人的信赖利益的作用，从而敦促债权人及时进行权利公示，保障融资交易安全。最后，动产买卖型担保登记对抗体现了我国统一动产登记制度的目的，我国民法典物权编（草案）第 194 条规定已经明确了动产登记对抗的效力，可见我国对动产担保物权建立统一登记制度的趋势，并通过登记制度的完善实现动产登记的高效便捷。因此，我国动产买卖型担保应采取登记对抗的公示方式使之产生物权性担保的效力。

2. 经过预告登记或备案登记的不动产买卖型担保亦可具有公示公信力

不动产买卖型担保依据当事人之间的让与担保合意进行所有权移转登记手续时，产生让与担保物权效力，债权人因暂时取得担保物所有权，就担保物享有优先受偿权。但是当出现了无法办理所有权移转登记也无法办理抵押登记的情形时，例如，在项目尚未动工建设，债务人为了获得融资进行项目开发而向债权人借款与债权人达成了让与担保合意，又因无法办理本登记而暂时办理了预告登记或备案登记时，债权人是否可以依据预告登记或备案登记获得物权法保护，主张优先受偿权?① 这取决于备案登记与预告登记能否取得物权公示的效力。否定说认为备案登记、预告登记仅具有限制不动产权利人处分权的效力，不能赋予其与本登记一样享有优先受偿的效力。② 肯定说认为备案登记的实质就是预告登记，备案登记与预告登记都具有公示对抗效力，因法律的规定而获得物权保护的期待权效力。③ 中立说则认为备案登记属于行政管理手段，不能产生登记请

---

① 司法实务中的不动产买卖型担保通常用于解决商品房预售过程中无法办理所有权移转登记手续也无法办理抵押登记手续的情况下，债权人为了获得担保物权，保障债权的实现而采取的非典型担保方式。参见〔2017〕最高法民申 130 号民事裁定书、〔2017〕最高法民终 241 号民事判决书、〔2017〕最高法民申 4878 号民事裁定书、〔2017〕最高法民申 2319 号民事裁定书。

② 参见尹田《物权法》，北京大学出版社，2017，第 183 页。

③ 参见何靓《试论不动产登记前买受人期待权之法律效力》，硕士学位论文，中国社会科学院研究生院法律系，2010，第 22 页；刘小勇《商品房预售合同登记备案制度研究》，硕士学位论文，北京大学法学院，2008，第 19 页。

求权的物权效力，而预告登记则属于物权登记方式之一，具有登记对抗的物权效力。[①] 本文赞成肯定说的观点，认为备案登记的本质就是预告登记，二者都具有物权对抗效力。

预告登记是指为保全不动产变动请求权的实现，而将此权利进行登记的一项制度。[②] 预告登记中所预先指明的不动产物权变动登记，称为“本登记”。[③] 预告登记的目的在于保全将来发生不动产物权变动的请求权。预告登记后，对于未经预告登记权利人同意的处分，不产生物权变动的效力，使之足以对抗预售人一房多卖的侵害及排除第三人善意取得的适用。待实现物权变动的条件成就时，债权人得以主张物权变动登记请求权，从而保障买受人就标的物取得所有权。对于当事人之间达成让与担保合意并进行预告登记后能否取得物权性的担保效力，本文认为通过预告登记的方式可以使得当事人之间的让与担保合意具有公示对抗效力，因此，应认可预告登记的优先受偿权。首先，从本质和效力上看，预告登记属于对债权请求权的登记，预告登记虽然不能改变其登记的债权请求权的性质，但并不影响该债权请求权因法律的特别规定，即通过预告登记获得物权公示对抗的效力。因此，预告登记的实质就是一种特殊的担保。[④] 因《物权法》规定未经过预告登记权利人的同意处分不动产的，不能产生物权变动的效力。因此，有学者主张预告登记除了具有对抗效力和排他效力之外还有优先受偿效力，只不过仅限于“预购商品房抵押权预告登记在具有抵押权实现条件时，预告登记权利人享有优先受偿权”。[⑤] 本文亦认为《物权法》虽然未直接承认预告登记的优先受偿权，但满足让与担保物权实现条件之时，即债务清偿期届满债务人未履行清偿义务时，债权人即可依据预告登记主张所有权移转登记请求权，从而间接实现让与担保物权的效力，获得优先受偿权。有学者担心赋予预告登记优先受偿权会使之与本登记相互混淆。但本文认为在未获得本登记之前，仅经过预告登记的让与担保对标的物不具有支配权、处分权，且面临着时效届满而失效的危险。[⑥] 因此，预告登记的担保效力不及本登记的担保效力强，无须担心二者相互混淆。其次，从作用上看，预告登记能够弥补债权人在本登记缺失情况下的权利救济，在无法进行所有权移转登记的情况下，可以通过预告登记保全债权人的所有权移转登记请求权，预先替代本登记将当事

① 参见曾昭旺《商品房预售合同登记备案制度研究——以预告登记制度的建立和逐步完善为背景》，硕士学位论文，西南政法大学法学院，2011，第26页。

② 参见孙宪忠《不动产登记暂行条例专家解读与法律适用》，中国法制出版社，2015，第31页。

③ 参见尹田《物权法》，北京大学出版社，2017，第174页。

④ 参见孙宪忠《中国物权法总论》，法律出版社，2018，第419页；王利明《物权法研究》（上卷），中国人民大学出版社，2016，第337页。

⑤ 程啸：《不动产登记法研究》（第2版），法律出版社，2018，第838~839页。

⑥ 我国《物权法》第20条第2款规定：“预告登记后，债权消灭或者自能够进行不动产登记之日起三个月内未申请登记的，预告登记失效。”

人的让与担保合意进行公示从而取得物权对抗效力，保障债权的实现。最后，从比较法上观察，德国和日本均将预告登记作为一种担保方式，德国的预告登记“具有取得权之作用，旨在设立（或废除）土地上一项权利的债权请求权，可以通过预告登记的方式获得担保，进而具有对抗第三人的效力”。[①] 而德国之所以不会产生让与担保预告登记效力的问题，是因为“德国并不存在商品房预售制度，而房屋本身也并非独立的不动产，而是土地的重要成分”。[②] 预告登记在日本又被称为“假登记”或“临时登记”，日本则通过临时登记制度保全债权人的所有权移转请求权，债权人享有优先受偿权，“其担保临时登记时被视为是设定抵押权的登记”。[③] 因此，我国应认可不动产让与担保预告登记的物权公示效力，赋予已公示买卖型担保债权人获得物权效力的保护，使之可以对抗普通债权人，获得优先受偿权。

商品房预售合同备案登记制度（下称“备案登记”）是指商品房预售人应当按照国家有关规定将商品房预售合同向有关部门进行登记备案的行政强制性管理规定。备案登记的目的在于加强政府对房地产市场经济秩序的调控，通过对商品房预售合同的登记备案，保护购房者的合法权益，保障房地产市场交易安全。备案登记具有行政强制效力，但备案登记是否具有公示对抗的物权效力实践中存在许多争议。对此本文持肯定的观点，并认为备案登记的本质就是预告登记在房屋预售阶段的应用，因此备案登记与预告登记一样能够产生物权公示对抗效力，经过备案登记，让与担保合同能够产生担保物权之效力。首先，备案登记的公示对抗效力体现在：第一，在商品房预售中，预售商品房未经备案登记不得进行房屋所有权移转登记[④]；第二，在网签备案中，商品房预售合同网签备案登记后，预售者无法就同一标的物再与他人进行网签[⑤]；第三，在工程价款优先权中，工程价款的优先权不能对抗已经交付全部或大部分购房款并进行备案登记的购房者[⑥]；第四，“在特定物买卖中，尚未转移占有但相对人已完全支付对价的特定物，不属于破产财产”。这意味着已经进行备案登记的购房者可以向管理人主张取回权以对抗普通债权。[⑦] 虽然物权法并未直接对备案登记的效力进行规定，

① 〔德〕鲍尔、施蒂尔纳：《德国物权法》（上册），申卫星、王洪亮译，法律出版社，2006，第 45 页。

② 程啸：《不动产登记法研究》，法律出版社，2018，第 800 页。

③ 〔日〕近江幸治：《担保物权法》，祝娅、王卫军、房兆融译，法律出版社，2000，第 244 页。

④ 参见曾昭旺《商品房预售合同登记备案制度研究——以预告登记制度的建立和逐步完善为背景》，硕士学位论文，西南政法大学法学院，2011，第 14 页。

⑤ 参见何靓《试论不动产登记前买受人期待权之法律效力》，硕士学位论文，中国社会科学院研究生院法律系，2010，第 20 页。

⑥ 《最高人民法院关于建设工程价款优先受偿权问题的批复》第 2 条规定：“消费者交付购买商品房的全部或者大部分款项后，承包人就该商品房享有的工程价款优先受偿权不得对抗买受人。”

⑦ 《最高人民法院关于审理企业破产案件若干问题的规定》第 61 条规定：“下列债权不属于破产债权：（五）特定物买卖中，尚未转移占有但相对人已完全支付对价的特定物。”

但本文认为从上述规定可以看出商品房预售合同经过备案登记即产生与预告登记效果一样的公示对抗效力，间接取得了对抗普通债权人的效力而享有优先受偿权。其次，备案登记与预告登记的立法目的相同，都是规范房地产市场交易秩序，保护购房人的合法权益免受房地产开发商“一房多卖”的损害，维护房地产市场交易安全。因此，若否定备案登记的物权对抗效力，将使这一目的落空。最后，二者在功能上具有互补性，预告登记出台前，备案登记曾被视为弥补预告登记的空白而发挥公示对抗效力的一项制度。[①] 预告登记出台后，将备案登记定性为与预告登记具有同等效力的登记制度，有利于利用备案登记的强制性登记扩大预告登记的适用范围，而预告登记所具有的物权性的公示对抗效力也有利于加强备案登记未被法律认可的公示对抗效力，使之能够具有对抗房地产开发商违背诚实信用原则滥用处分权而损害买受人或债权人的利益，维护市场交易安全。因此，本文认为备案登记属于预告登记在房地产预售阶段的适用，与预告登记同样具有公示对抗之效力，因此经过备案登记的买卖型担保同样能够产生物权担保的效力。

综上，本文认为预告登记与备案登记都能使外界通过一定渠道知悉标的物权属状态，因而具有公示对抗的效力，买卖型担保中双方当事人只要达成让与担保合意并办理了预告登记或备案登记即可产生让与担保物权的效力，当债务人届期未履行债务时，债权人可以主张实现让与担保物权的效力，对标的物享有优先受偿权。

四　未公示买卖型担保具有债权性担保效力

本文的未公示的买卖型担保是指未进行登记仅具有让与担保合意的买卖型担保，基于上文已经肯定了买卖型担保属于让与担保性质，那么对于未进行公示的让与担保合意能否产生物权性担保效力在学术界和司法实践中也是众说纷纭。司法实务中存在让与担保物权效力说与债务履行说两种矛盾判决，让与担保物权效力说肯定了让与担保合同具有物权效力，但违背了物权公示原则，债务履行说否定让与担保合同的物权性担保效力但同时也忽略了让与担保的债权性担保效力，而仅认可其债权约束力。学术上通说则为让与担保约定说，对于未经公示的买卖型担保不能赋予担保物权效力但应肯定让与担保合同的债权性担保效力。本文赞同让与担保约定说，对当事人间的让与担保合意予以确认，在存在第三人提供担保的情况下，可以借助无效法律行为的转换制度，将第三人提供的无效物权担保转换为第三人连带保证，从而实现买卖型担保的债权性担保效力。

---

① 参见曾昭旺《商品房预售合同登记备案制度研究——以预告登记制度的建立和逐步完善为背景》，硕士学位论文，西南政法大学法学院，2011，第 11 页。

（一）未公示买卖型担保效力的“物权效力说”和“债务履行说”之否定

让与担保物权效力说认为买卖型担保属于狭义的让与担保，是一项“秘密的抵押权”，不以公示为必要，通过买卖合同的担保约定即可产生担保物权的效力，并认为《民间借贷》司法解释第 24 条规定将让与担保中的所有权移转这一要件扩充到签订买卖合同，即只要双方当事人达成让与担保合意即可认定债权人取得标的物所有权的期待权，从而产生让与担保物权的效力。其理论依据为后让与担保说所主张的“后让与担保的担保效力，就发生在担保权人所享有的担保物权的期待权上，只要约定的条件成就，期待权就转变为现实的既得权，就可以向债务人或第三人主张担保标的物的所有权，以满足债权实现的要求”。[①] 但本文对此不敢苟同，本文认为让与担保物权效力说在不区分买卖型担保标的为动产或不动产的情况下，对其在未经公示的前提下赋予物权性担保的效力有违物权公示公信原则。首先，买卖型担保并不符合期待权的特征。“期待权是指权利取得人尚未取得担保物所有权但依据法律规定能够确定地在将来取得某种物权的权利。”[②] 期待权的取得需满足两个前提：（1）必须有法律的明确规定，例如所有权保留中，因法律的规定债权人在取得权利之前就已经获得标的物的占有使用权，并能够获得确定的所有权请求权，只要买受人履行完付款义务，这种期待权即变为现实的既得权，买受人即可取得标的物的所有权；（2）应遵循物权变动规则，否则将无法获得物权公示对抗效力的保护，受到物权对抗的保护。例如，我国民法典合同编（草案）规定，“所有权保留未经登记不得对抗善意第三人”[③]，从而使所有权保留回归到了担保物权体系，遵循物权公示原则之规定，维护交易安全。因此，本文认为让与担保物权效力说将让与担保合意在缺乏法律明确赋予其未来能够确定的取得标的物权利的情况下又未进行物权公示，而将其认定为期待权，从而赋予担保物权的效力，有违物权公示原则之规定。其次，纵观各个国家和地区的让与担保不以公示为生效要件是由其特定的立法背景决定的。德国的让与担保的客体仅为动产，而动产的交付方式包含了无须移转占有的占有改定的交付方式，因此德国的让与担保不以公示为必要。而法国与日本的让与担保之所以不以公示为生效要件是因为法国和日本皆为债权意思主义的物权变动模式，因此无论是动产抑或不动产，当事人之间只要达成让与担保合意即可产生担保物权效力。而我国台湾地区的让与担保根据客体的不同分为动产让与担保、不动产让与担保及债权让与担保。不动产让与担保的设立方式为当事人之间以

① 杨立新：《后让与担保：一个正在形成的习惯法担保物权》，《中国法学》2013 年第 3 期。

② 孙宪忠：《中国物权法总论》，法律出版社，2009，第 158 页。

③ 民法典合同编（草案）第 431 条第 2 款规定：“出卖人对标的物保留的所有权，未经登记，不得对抗善意第三人。”

让与担保之目的签订买卖契约并办理所有权移转登记手续[①]；动产让与担保的设立以占有改定的交付方式为之，即当事人之间只要订立让与担保契约即可，不以占有移转为必要[②]；债权让与担保只要当事人之间达成债权让与担保合意即可设定，通知第三债务人仅为对抗要件。[③] 由于我国实践中让与担保的适用范围与我国台湾地区一样，被广泛适用于不动产（如预购商品房）、动产（如各种金属原材料）及债权（如公路收费权）之中，且二者皆采取不动产物权登记设立，动产物权（除质权外）登记对抗的物权变动模式。因此，我国台湾地区的让与担保设定方式对我国有很重要的参考价值。本文认为即便是让与担保的设立也应遵循不动产让与担保登记设立，动产让与担保虽不以公示为生效要件，但应采取登记对抗的立法模式，以保障交易安全。因此，让与担保物权效力说对让与担保物权的设立不以公示为要件，即对买卖型担保的标的物不加以区分为动产或不动产，而将让与担保的转移所有权登记要件肆意扩充到让与担保契约的成立即可产生担保物权的效力，忽略了让与担保在我国债权形式主义物权变动模式下的司法实践，有违我国的物权公示原则，不利于维护市场交易安全。[④]

债务履行说认为当事人签订买卖合同的目的在于担保债务的履行，当事人之间的买卖合同因属于通谋虚伪的意思表示而无效，因此，并不存在真实买卖关系而属于借贷关系，根据《民间借贷司法解释》的规定，应按民间借贷法律关系审理。但令人疑惑的是，最高院在确认买卖型担保为非典型担保关系后，认定当事人以买卖合同隐匿让与担保合意，否定了买卖合同的效力，却又未按照担保关系进行审理，而是选择忽略当事人之间的担保合意，仅以借贷关系进行审理，债权人只能主张债务清偿请求权。除此之外，根据《民间借贷司法解释》第24条第2款之规定，出借人可以主张拍卖买卖合同标的物，以偿还债务，并规定了清算程序。但最高院在认定买卖合同无效的情况下又肯定债权人有权就买卖合同标的物主张拍卖请求权，那债权人行使拍卖请求权的法律基础何在呢？既然应以借贷关系审理，难道不是应该以债务人的全部责任财产清偿债务吗？最后，本文认为该规定在肯定了当事人的让与担保合意之后，应根据物权变动区分原则，即使当事人未进行公示导致让与担保物权未成立，也不影响让与担保权利人的让与担保合同的效力，当事人有权依据让与担保合意，享有债务清偿请求权或请求继续履行抑或请求第三人承担保证责任的选择权，但该规定仅赋予债权人返还债务请求权，这无疑损害了债权人主张债务人继续履行请求权或向第三人主张实现

① 参见谢在全《民法物权论》（下册），中国政法大学出版社，2011，第1113页。

② 参见谢在全《民法物权论》（下册），中国政法大学出版社，2011，第1125页。

③ 参见谢在全《民法物权论》（下册），中国政法大学出版社，2011，第1131页。

④ 陈本寒教授亦认为未经公示的买卖型担保不属于物权性担保，不适用物权法的规定，但可以认定为债权性担保，而使用债权性担保之规定。参见陈本寒《新类型担保的法律定位》，《清华法学》2014年第2期。

担保债权的权利。因此，本文认为债务履行说忽略了买卖型担保的担保性质，损害了债权人的债权担保请求权。

（二）未公示买卖型担保债权性担保效力之证成

在否定了未公示买卖型担保债权的“物权效力说”及“债务履行说”之后，本文赞同“让与担保约定说”之观点，让与担保约定说认为对于买卖型担保的效力应遵循物权的变动区分原则，未进行物权公示的让与担保合同，不能产生让与担保物权的效力，而只是诺成性的担保约定。[①] 本文认为让与担保约定说一方面增强了买卖合同的担保作用，另一方面又保障了借款合同的履行。对于让与担保合同不能在缺乏法律的具体规定又未进行登记（含预告登记或备案登记）的情况下，赋予债权人获得让与担保物权的期待权，亦不能忽略当事人之间的让与担保合意，仅按民间借贷法律关系进行审理。应该根据物权变动区分原则，未进行物权公示的让与担保虽不能产生担保物权效力，但只要当事人双方达成的让与担保合意符合法律行为生效要件，即可产生债的一般担保的效力，从而赋予债权人履行选择权来保障债权人的合法权利，存在第三人的情况下，还可以依据让与担保合同主张债务人承担连带保证责任。因此，本文认为让与担保约定说在尊重当事人意思自治的前提下，贯彻了诚实信用原则，维护了市场交易安全。

1. 让与担保合同体现了当事人意思自治

买卖型担保中除了表现于外部的买卖合同与借款合同还隐藏了一个让与担保合同。让与担保合同是指当事人之间达成的以让与标的物所有权的方式来担保债务履行的合同，通常表现为债权人与债务人或第三人签订买卖合同担保借款合同的履行。让与担保合同体现了当事人的意思自治，从当事人目的意思看，当事人签订买卖合同转移标的物所有权的目的在于担保债务的履行，债务人希望通过让与担保获得高效融资的机会，而债权人希望能够通过让与担保获得担保债权实现的保障。从当事人的效果意思看，当事人双方都积极追求让与担保合同生效，例如债务人在收到债权人借款后，会向债权人出具收据或购房合同。因此，让与担保合同体现了当事人的意思自治。司法实践不应在肯定了当事人之间存在让与担保关系后又对让与担保合同的效力视而不见，而仅依借贷关系进行审理。

2. 未公示买卖型担保可以适用无效法律行为转换制度

第三人以自己的房屋为债务人提供让与担保的情况下，未进行所有权移转登记虽然不能产生让与担保物权的效力，但当事人间的担保合同是有效的。据此债权人可以

---

① 参见庄加园《“买卖型担保”与流押条款的效力——〈民间借贷规定〉第 24 条的解读》，《清华法学》2016 年第 3 期。

依担保合同主张继续履行，在合同履行不能的情况下可以主张担保人承担违约赔偿责任或将无效的物权行为转化为第三人连带保证从而扩大债务人的责任财产。未公示的买卖型担保中第三人的责任承担问题类似于我国司法实践中第三人未履行抵押登记的抵押合同的责任承担问题，债权人为了能在最大限度内追回债权往往会将债务人与第三人列为共同被告，要求担保人在抵押合同标的物的价值范围内承担连带清偿责任。2015 年前，我国各地区法院倾向于认定担保人违约应承担违约赔偿责任①，后来越来越多的法院更倾向于判决担保人在担保财产的价值范围内承担连带清偿责任②，正是利用了无效行为转换制度的法理。

法律行为的转换又称为“揭开法律行为的效力面纱”，是指当事人之间关于物权的设定、移转行为虽然无效，但是符合其他法律行为的生效条件的，许可其产生相应的法律后果。③ 我国法律尚未对无效民事法律行为的转换规则作出规定，但在司法实务中，特别是在解决第三人不动产抵押未登记但抵押合同有效的责任承担领域内被广泛适用，并起到了很好的社会效果。④ 本文认为买卖型担保与抵押都属于担保制度，设立方式也都是不动产登记生效，动产登记对抗，因此，法律行为的转换制度同样适用于解决第三人在未公示买卖型担保中的责任承担问题。⑤

首先，法律行为的转换体现了当事人的意思自治。从目的意思来看，让与担保与第三人保证一样，都属于债的担保方式，因此，在所有权未移转登记的情况下，将缺乏生效要件的担保物权行为转化为满足法律行为生效要件的第三人保证，并未超出当事人让与担保合意的范围。从效果意思来看，让与担保的实现方式是通过对担保物进行处分清算或是归属清算的方式来清偿债务，第三人保证中的责任承担方式为以担保标的物的价值范围为限承担连带清偿责任，二者都是以担保物的价值为限对债务进行清偿，因此，转化为第三人保证亦未超出让与担保人承担的责任范围。

其次，相较于违约损害赔偿机制，法律行为转换制度更有利于保障交易安全，促进市场交易。虽然损害赔偿与通过无效法律行为转换为第三人保证责任都是以第三人的责任财产为执行标的，但二者的性质不同，损害赔偿属于对债权人的权利救济方式，在担保人违反合同约定拒绝履行登记义务的情形时产生。而第三人保证属于债的担保方式，当债务人未在清偿期内清偿债务时，担保人按让与担保合同的约定承担连带清

① 参见〔2015〕粤高法民四终字第 45 号民事判决书。

② 参见〔2018〕晋 07 民终 208 号民事判决书。

③ 参见孙宪忠《中国物权法总论》，法律出版社，2009，第 238 ~ 239 页。

④ 无效法律行为转换制度适用于物权法、债权法、婚姻家庭法、继承法、商法等众多领域，这里仅对无效法律行为的转换适用于物权法中不动产担保未经登记的情况进行讨论。

⑤ 这里的第三人是指以自己的财产为债务人提供担保责任的担保人。

偿责任。也就是说前者是在第三人违约的情况下产生的，而后者是将无效的物权行为转化为有效的债权行为，是经过“复活”后的第三人保证义务的履行。因此，作为履约行为的债权性担保行为比违约行为的责任救济方式更有利于维护当事人之间的诚实信用，保障交易安全。

再次，从债权人的举证责任来看。根据《最高人民法院关于适用〈中华人民共和国担保法〉若干问题的解释》的规定，抵押人未按抵押合同约定履行登记义务时，应对债权人承担损害赔偿责任。[①] 由此规定可知，第三人承担违约损害赔偿责任的前提是其拒绝履行登记义务以及债权人有损失。这就意味着第三人无过错或是债权人无损失时，债权人将无法主张权利救济，这无疑加重了债权人的举证责任。但是法律行为的转换中已经将第三人未登记的无效物权行为转化为有效的债权保证行为，使得第三人的责任承担不再专注于第三人的过错责任与债权人的损失，只要满足买卖型担保的实现条件，即债务人未在清偿期内履行清偿债务，债权人即可向第三人主张连带清偿责任。

最后，通过无效行为转换制度使第三人承担连带清偿责任，把债务人的全部财产与第三人的全部财产纳入债务人的责任财产范畴，从而提高债权实现的可能性。[②] 在第三人保证的情况下，债权人可将第三人与债务人列为共同被告进行追偿，而在违约损害赔偿的情况下，债权人仅能就遭受的损害主张赔偿，而损害一般仅限于债务人无法清偿的债务数额。因此，法律行为的转换制度更有利于实现债权人的权利救济，债权人可以主张第三人在担保物价值范围内承担连带清偿责任，从而保障债权得以实现。

余　论

我国民法典分则草案正在编纂之中，遗憾的是民法典物权编（草案二次审议稿）并未出现让与担保制度的身影，使这一项在大陆法系国家发展了上百年并最富含生命力的担保方式在我国司法实务中悬而未决。为此，不少学者呼吁民法典物权编应对让与担保制度加以规定，承认让与担保的担保物权效力，以发挥其融资作用，促进经济的发展。[③] 也有学者主张承认让与担保的效力，但认为将其成文化反而会限制其发展，

① 《最高人民法院关于适用〈中华人民共和国担保法〉若干问题的解释》第56条第2款规定：“法律规定登记生效的抵押合同签订后，抵押人违背诚实信用原则拒绝办理抵押登记致使债权人受到损失的，抵押人应当承担赔偿责任。”

② 参见崔建远《“担保”辨——基于担保泛化弊端严重的思考》，《政治与法律》2015年第12期。

③ 参见王利明《我国民法典物权编的修改与完善》，《清华法学》2018年第2期；高圣平《民法典担保物权法编纂：问题与展望》，《清华法学》2018年第2期。

因此更倾向于使其游离于习惯法之中自由发展而无须在民法典中进行规定。[①] 但本文认为大陆法系国家之所以未在立法中规定让与担保制度是因为让与担保已在习惯法及判例法上被普遍认可，然而，让与担保制度在我国一直处于争议状态，虽然被我国习惯法所认可并在担保融资领域中广泛适用，但司法实务中的对立裁判冲突不断，即便是在最高院《民间借贷司法解释》出台后争议仍未平息，最高院反而更倾向于持否定态度，往往以民间借贷关系进行审理而选择战略性忽略让与担保的担保效力，使债权人的担保目的落空，债权得不到保障，从而大大限制了让与担保的融资功能。因此，本文认为鉴于买卖型担保在我国习惯中被广泛适用但司法实务中争议不断，且在最高院司法解释出台后仍呈现两极分化的裁判冲突的情况下，民法典有必要考虑社会经济之需求对让与担保效力及时作出回应，从而发挥让与担保的融资担保、促进我国经济发展的作用。

① 参见谢在全《担保物权发展的新动向》，微信公众号“中国民商法律网”，2018 年 5 月 3 日发布，http：//www.civillaw.com.cn/zt/t/？id =34231，最后访问日期：2019 年 5 月 10 日。

实务研究

相邻光照妨碍救济司法适用研究

——基于106份裁判之考察

陈存款*

摘　要： 光照妨碍救济存在物权请求权与侵权请求权两种路径的竞合，实践中以侵权请求权的救济方式居多。光照妨碍成立的判断标准为社会一般人容忍的合理限度，国家有关建设标准为容忍限度的一种判断方法。光照妨碍责任承担以排除妨碍和赔偿损失为主，影响排除妨碍裁判的因素以妨碍程度、建筑物适法性为主，兼顾当地习惯、拆除建筑物的经济损失、当事人对法院的态度等其他因素。赔偿数额的确定有鉴定法、地方法定标准法、类比法及价值贬损法等。合法建筑并不阻却光照妨碍的成立，违法建筑的光照权益可通过占有制度予以保护。

关键词： 光照妨碍；妨碍标准；排除妨碍；赔偿损失

目前我国理论界对相邻光照妨碍的救济范式、妨碍的成立标准、违章建筑在光照妨碍中如何处理及排除妨碍、赔偿损失的参酌要素等问题关注较少。相关民事立法既宏观抽象又救济不足。反观司法实践则案例丰富，但裁判在光照妨碍的请求权选择、赔偿尺度、排除妨碍酌量要素、违章物的处理等方面存在差异。从裁判文书出发，研判诸问题，可了解司法现状、提炼司法经验、指引审判，还有利于理论研究的深化细化，亦可为民法分则物权编的制定提供参考。本文通过对106份裁判的梳理和总结，充分展现裁判对这些问题的认识和处理，为我们反思光照妨碍救济的理论及实践考察提供材料支持。

一　研究对象的确定及样本选取

（一）研究对象的确定——光照妨碍

光照包括采光和日照。“采光、日照”两术语所表达的光在物理本质上相同，均为太阳发出之可见自然光，只因人们使用方式的不同而称呼有所差别。日照强调太阳照射，其不仅能够满足建筑物采光需求，亦能在一定程度上实现建筑物取暖功能。相较之下，采光侧重的是从室外获取自然光源，主要作用为照明，取暖的意义较弱。日照妨害源于日本，德国称采光妨害，英美称采光权侵害。[①] 我国亦有学者将采光权妨碍称

---

* 陈存款，西南政法大学民商法学院博士研究生。

① 参见陈华彬《物权法》，法律出版社，2004，第318页。

为日照妨害。① 司法实践多将采光妨碍和日照妨碍合并论述，表现有四。表现一为妨碍判断标准混用，司法裁判将日照标准或其他相关建筑设计标准之违反作为构成侵犯采光权或采光妨碍的标准。② 表现二是司法裁判多将采光、日照综合在一起论述，对二者内涵及相互之间的关系阐释较少。100份判决明确提出采光权概念的有5份判决，6份裁定中有1份裁定，仅有2份判决提出了日照权。表现三为采光概念中用日照解释采光，用自然采光解释日照，采光和日照循环解释。如有法院认为“日照权通常也称为‘自然采光权’”③，采光权则被描述为获取日照而享有的权利。④ 表现四为用光源解释采光。如将采光权表述为从室外获取光源（适度）的权利⑤，日照则是最好的自然光源。是故，本文亦将采光、日照妨碍合并讨论，简称光照妨碍。⑥

（二）研究样本的选择及光照妨碍概貌

我国国土辽阔，不同地域的风俗与气候影响光照妨碍的认定及救济。又因光照妨碍救济问题烦琐复杂，故本文在样本选择上以审级与地域为主要考量因素。审级上以二审裁判为主，兼有一审、再审裁判；地域上包括4个直辖市，27个省份，涵盖我国光照、气候、民族习惯等不同的大部分地区；裁判时间上选取2011年以后发生之案件；在判决书、裁定书比例上，以判决书（100份）为主、裁定书（6份）为补充。虽所选样本难免存在片面性，但仍具一定代表性，希冀窥一斑而知全豹。

就裁判文书来看，以妨碍物为标准可将光照妨碍纠纷分为三类：新建建筑物妨碍光照纠纷；旧建筑改建、扩建、增高等妨碍光照纠纷以及其他类光照妨碍纠纷，如林木、承包地光照妨碍等。以所涉区域为标准，可将该纠纷分为城市和农村的光照妨碍纠纷。农村光照纠纷一般缺乏相关规定，且农村宅基地面积较大，光照妨碍还涉及受妨碍不动产的保护范围问题，如农村宅基地院落是否享有光照权益等问题。以妨碍建筑物是否违法为标准，可将此类纠纷划分为合法性与违法性建筑光照妨碍纠纷。此类纠纷还具有妨碍行为成立的判断专业性强、损害难以确定、问题集中等特点。损害不宜确定、专

---

① 参见王利民《物权本论》，法律出版社，2005，第267页。

② 详见北京市第三中级人民法院〔2017〕京03民终3526号民事判决书、重庆市合川区人民法院〔2016〕渝0117民初8453号民事判决书、伊犁哈萨克自治州分院〔2017〕新40民终1770号民事判决书。

③ 详见武汉市中级人民法院〔2014〕鄂武汉中民终字第01290号民事判决书。

④ 详见天水市中级人民法院〔2018〕甘05民终157号民事判决书、聊城市中级人民法院〔2016〕鲁15民终848号民事判决书。

⑤ 详见南通市中级人民法院〔2014〕通中民终字第1903号民事判决书、吉林省高级人民法院〔2016〕吉民申1403号民事判决书。

⑥ 虽然判决多将采光、日照表述为权利，称之为采光权、日照权，但我国《物权法》《民法通则》并未将之规定为权利。虽如此，从权利为法律保护利益的观点出发，将二者称为权利也无不可。又因本文样本为裁判文书，且理论也多将相邻关系与相邻权等同，为尊重样本表述，基于研究之需要，本文有时也称采光权、日照权，并称为光照权。关于相邻权本质之讨论，本文更多地认为系一种法定权，因与本文研究关联性不是很强，故不予展开。

业性强等问题多需借助鉴定或专家解决。裁判中的问题还集中于请求权理据阐释含混、赔偿标准存在差异、违法建筑是否享有光照利益、合法建筑是否会构成妨碍等方面。

二　司法裁判基本范式

基于本文的研究思路，首先需要对裁判中光照妨碍的救济路径进行探讨，如请求权基础、责任构成要件及存在的问题等。

（一）司法救济路径观察

第一，光照妨碍的请求权基础。所谓请求权基础，即“可供支持一方当事人得向他方当事人有所主张的法律规范”。[①] 请求权基础在裁判文书中体现为裁判所依据的法律规范。该类纠纷的裁判依据主要为《民法通则》第 83 条、《物权法》第 89 条，《侵权责任法》条款很少用。[②] 《民法通则》第 83 条可作为请求权基础，但该条缺乏光照妨碍成立的判断标准。《物权法》第 89 条是一禁止性规定，欠缺违反的法律后果，是不完全法条。从请求权基础来看，《民法通则》第 83 条与《物权法》第 89 条结合无疑是较为完美的请求权规范基础，司法裁判也多将两条合并适用。《侵权责任法》第 15 条规定的是侵权责任的承担方式，包括绝对权请求权与损害赔偿请求权，前者行使不要求过错，后者原则上要求过错。[③] 从某种意义上来说，侵害物权本身就是过错。所以，不能完全说绝对权请求权的行使不要求过错。《民法总则》没有规定相邻关系，仅在第八章“民事责任”的第 179 条规定了 11 种责任承担方式。将来《民法通则》失效后，审判机关处理案件时无法再将《物权法》第 89 条与《民法通则》第 83 条作为裁决的共同依据，而只能使用《物权法》第 89 条、第 34 ~ 37 条或《物权法》第 89 条、《侵权责任法》第 15 条或《物权法》第 89 条、《民法总则》第 179 条。司法实践中几乎未见到法院使用《物权法》第 34 ~ 37 条为裁判依据的，这是否从实践层面说明物权请求权的保护方法在救济光照妨碍时存在困难呢？若光照权属于物权范畴，其救济完全可以使用物权的保护方法。考察样本中明确将《侵权责任法》作为裁判依据的案件仅有 6 个。其中一个样本中，一审法院依据《侵权责任法》第 2 条 1 款、第 6 条第 1 款判决驳回原告诉讼请求，二审法院又以一审适用法律错误为由改用《民法通则》第 83 条、《物权法》第 89 条而酌情支持原告诉求。[④] 一案中，一审法院明确适用《民法通

---

① 王泽鉴：《民法思维——请求权基础理论体系》，北京大学出版社，2009，第 41 页。

② 如无特别说明，本文中的《民法通则》第 83 条仅指《中华人民共和国民法通则》第 83 条；《物权法》第 34、35、84、89 条指《中华人民共和国物权法》第 34、35、84、89 条；《侵权责任法》第 2、6、15 条指《中华人民共和国侵权责任法》第 2、6、15 条；《民法总则》第 179 条指《中华人民共和国民法总则》第 179 条。

③ 参见程啸《侵权责任法》，法律出版社，2015，第 655 页。

④ 详见延边朝鲜族自治州中级人民法院〔2018〕吉 24 民终 165 号民事判决书。

则》第 83 条、《侵权责任法》第 15 条及第 2 条为裁判规范，未使用《物权法》为裁决依据，二审予以维持。[①] 另一案的判决依据为《民法通则》第 83 条、《侵权责任法》第 15 条、《物权法》第 89 条。[②] 还有一案依据的是《侵权责任法》第 2 条、第 3 条和第 15 条第 1 款第 6 项，该案中法院在侵害采光权事实无法认定的前提下，就以双方未依约申请鉴定而存在过错为由判决承担责任明显失当。[③]

第二，相邻光照妨碍构成要件不要求存在过错。司法裁判文书中的光照妨碍构成要件一般包括妨碍行为、损害后果（权益受损）、妨碍行为与损害后果之间具有因果关系三个方面。侵犯采光权之构成及责任承担不要求过错已为司法实务之通常做法。如有法院在判决中明确提出实质侵犯采光权的构成要件，即存在侵害行为（损害采光利益即可，不以建造合法、非法为限）、发生损害后果（否则难以量化和测算，既包括财产也包括身心）、二者之间存在因果关系，该判决未要求侵权人有过错。[④] 亦有法院明确提出《民法通则》第 83 条中民事责任的承担不要求过错。[⑤] 在一审法院依据《侵权责任法》第 6 条第 1 款进行裁判的案件中，侵犯采光权的构成理应要求过错要件，但判决亦仅要求妨碍行为、损害后果、因果关系，未要求有过错要件，只不过二审法院认为一审适用法律错误而改用《民法通则》第 83 条、《物权法》第 89 条。[⑥]

第三，裁判文书内容存在不协调之处。从文字表达上来看，法院对光照妨碍纠纷案件的判决基本上可分为妨碍（影响）型和侵权型两种类型。绝大多数判决又多用侵犯采光权、日照权字样，似乎将采光权、日照权作为一种权利来对待。裁判文书几乎不用侵犯所有权或使用权之类的表达，这好像与我国相邻权为所有权扩张或限制，依本权保护光照权之观点相矛盾。司法裁判既采侵权说理阐释，无特别规定情况下，侵权责任的归责原则为过错原则，但司法裁判中一般不要求光照妨碍人具有过错，这种做法似乎又与物权请求权的保护方式接近。而且，文书中既有将光照作为权利的，也有将之作为利益看待的。我国民事法律中的光照有权利之实而无权利之名，裁判就光照如何成为权利及权利性质缺乏说理和论述。

（二）一份说理不足判决的阐释

该判决之展开除可观察光照纠纷判决中的共性问题外，又可窥视其个性问题。如光照妨碍纠纷案涉行政机关或第三人时，行政机关或第三人该如何处理，是否应承担

① 详见大连市中级人民法院〔2014〕大民一终字第 01213 号民事判决书。
② 详见长治市中级人民法院〔2018〕晋 04 民终 304 号民事判决书。
③ 详见信阳市中级人民法院〔2018〕豫 15 民终 134 号民事判决书。
④ 详见天水市中级人民法院〔2018〕甘 05 民终 157 号民事判决书。
⑤ 详见商丘市中级人民法院〔2017〕豫 14 民终 920 号民事判决书。
⑥ 详见延边朝鲜族自治州中级人民法院〔2018〕吉 24 民终 165 号民事判决书。

民事责任等。本案中，两级法院适用的法律依据相同。判决显示，一审仅判决被告承担责任，二审法院则以所有权人的过错行为给原告造成的损害后果与建造方的建筑行为给这些住户客观上造成的损害后果基本相当为由，判决延安大学附属医院与另一被告各自承担 50% 的责任。[①] 该案判定行政机关因第三人过错而颁发规划许可证致侵权之行为，判令导致规划不合理而使建筑物侵权的第三人承担责任为其创新，但又存在说理不足之弊端，且这种处理方式是否妥当有待进一步研究。《侵权责任法》第 12 条是本案法理阐释的极佳基础，但该判决未使用《侵权责任法》的任何条文作为裁判依据。该案中判断延大附医是否承担责任的难题系因果关系的有无。本案中，延大附医的行为包括作为与不作为，以不作为（保证拆除而未拆除、不告知）为主。运用替代法，若延大附医依承诺拆除被妨碍建筑物并告知真实情况，就不致发生光照妨碍，故二者之间存在事实因果关系（责任成立因果关系）。依据可预见性或危险升高理论，延大附医之拆除承诺及其他未告知等行为增加了实际使用权人的建筑物被遮挡光照的危险，理应承担责任。所谓同一损害，指的是加害行为与损害后果之间存在因果关系。[②] 单独来看，缺少任意一方主体的行为后，另一方的行为都不足以构成侵犯采光权之事实，两行为应是结合起来作为一整体造成同一损害后果。故，本案最应适用的法律规范是《侵权责任法》第 12 条规定的无意识联络的数人分别侵权。

除民事解决方式外，该案还存在行政诉讼主导的解决路径。从行为发生先后时序来看，案涉侵犯光照权中存在行政机关的调审（调查、审查）行为、决定行为及建造方的建造行为。行政被许可人侵权时，在行政机关调审中有过错行为的其他人应否承担民事责任涉及行政诉讼及民事诉讼诸多问题，如行政许可机关是否必须征求四邻意见，四邻意见的作用和效力为何，审批机关的审查是形式审查还是实质审查，调审对象违反保证内容承担什么样的责任，等等。这些问题在民事诉讼中难以有效查清。而且，行政行为致相对人或第三人权益受损，行政相对人或第三人理应通过行政复议或行政诉讼解决，民事审判通常不予理涉，此亦为法院的一般做法。与此同时，行政相对人或第三人若存在隐瞒、欺诈等违法行为，行政机关可通过行政处罚等手段予以解决，无须诉讼。此种解决方式符合我国公私法划分之理论，既逻辑清晰，又充分发挥了行政机关的作用，缺点为程序较为烦琐。本案中，延大附医的承诺及未告知等行为与遮光妨碍之间隔有行政机关审批行为、建造行为，其与损害结果之间并不发生直接关联。本案将第三人作为民事被告一起处理虽能起到节约资源之效，但诸多与行政行为相关的事实无法查清且因果关系较为复杂。此两种路径各有利弊，哪一种更为合适，

① 详见延安市中级人民法院〔2017〕陕 06 民终 382 号民事判决书。

② 参见程啸《侵权责任法》，法律出版社，2015，第 381 页。

当事人根据案件事实选择即可。

（三）裁判差异的理论解读

通说认为相邻关系中相邻方所享有的权益不是一种独立的物权类型，而是所有权（不动产权利）的扩张或限制且多从权能限制的角度阐述。[①] 正如持物权说观点的学者所言“对相邻权的侵害，一般并不称之为侵害相邻权，而是直接称之为对所有权或者对不动产的占有的权利的侵害”。[②] 因此可通过本权的保护对光照利益进行保护。如此，就可按照物权的保护方法对光照权进行保护，即发生物权请求权与侵权损害赔偿请求权的竞合问题。另有学者提出独立的采光、日照关系请求权，光照妨碍救济的竞合为三种请求权的竞合。[③] 本文认为，独立采光、日照关系请求权之提出虽有合理性但可归入以上两种请求权。

德国侵权责任承担仅有损害赔偿一种方式且规定在债编，物权请求权规定在物权编。受此影响，我国理论上就物权请求权与侵权责任承担方式如何规定存有争议，但立法最终选择竞合说。我国物权法规定的物权请求权与《侵权责任法》第15条规定的排除妨碍、消除危险及返还财产的功能及要件相同。赔偿损失在我国只是责任的一种承担方式而已，而且民事责任承担方式可由法院选择并用。从此角度来看，物权请求权与责任承担方式之争对光照妨碍司法实践的影响并非巨大。因此，对光照利益的保护既可采取物权请求权也可采取侵权请求权的方式进行，二者构成请求权竞合，当事人选择即可。当然，理论的推演并不代表着实践中逻辑的融洽，如前文所述，司法实践较少用保护本权的方式来保护光照利益，也很少出现侵犯所有权、用益物权之类的表述。毕竟我国民事法律未将相邻权（光照权）明确规定为权利，因此，实践中较多采取不要求过错之侵权请求权（利益或光照权）的方式来保护光照权益。

三 光照妨碍成立标准之争——国家建设标准与容忍义务

光照影响只有达到一定程度方构成侵权或得到法律的否定性评价。因此，光照妨碍不论采取何种救济方式，判断妨碍行为成立与否的标准都至关重要。本部分涉及三个方面的逻辑，光照妨碍行为成立的判断标准与容忍义务之间的关系，国家工程建设标准与妨碍成立判断标准之间的关系及容忍义务与妨碍成立标准之间的关系。

（一）容忍义务为妨碍成立之根本标准

实践中，有不少判决没有用国家建设标准而是使用容忍义务的必要限度作为妨碍

① 参见谢在全《民法物权论》（上），中国政法大学出版社，2011，第177页；王泽鉴《民法物权》，北京大学出版社，2009，第144页；刘家安《物权法论》，中国政法大学出版社，2015，第114页。

② 孙宪忠：《德国当代物权法》，法律出版社，1997，第195页。

③ 参见王俊、林岚《采光、日照纠纷案件裁判精要》，人民法院出版社，2012，第103页。

成立（侵权）的判断准据。如有法院在判决中明确提出判断容忍义务的界限在于是否超过了社会一般人能容忍的合理限度。① 还有判决认为，“未对通风和采光造成明显妨碍，属于可容忍的合理限度范围之内”。② 在另一起采光纠纷中，法院认为虽有一定影响，但不足以妨碍上诉人的正常居住生活，同时认为，“原告应根据妨害事实对其生活居住的影响程度来行使救济的权利”。③ 容忍义务限度在不同的判决中有不同表达，也被称为合理限度、合理容忍、正常居住生活等。与之相应，损害也被称为实质损害（妨碍）、明显损害（妨碍）、一般人难以忍受的损害等。容忍义务标准也被称为妨碍主观标准。使用容忍义务作为妨碍标准的纠纷多发生在建筑物或构筑物改建、扩建、增建之间，有因距离太近而遮挡窗户的采光权纠纷案件、有因阳台改建遮光的案件、有上下楼之间楼梯安装引起的光照纠纷，还有农村房屋翻建遮挡相邻方院落采光的、农村临界树木影响相邻方采光的纠纷，等等。这类采光案件不同于日照纠纷案件且大多未进行鉴定。法院一般在现场勘验的基础上结合当地习惯作出是否超过容忍必要限度的判断。此类案件之所以较少鉴定可能出于无法鉴定或国家相关标准缺失或者现场勘验可直观感知或通过其他证据即可予以证明妨碍存在而无须鉴定等原因。有些案件中，光照妨碍非常明显，依一般人的常识即可判断，确实无须鉴定。理论上，除国家相关工程标准外，判断必要限度的主体为抽象意义上的合理人（社会一般人）。司法实践中，裁判者充当了该角色。容忍合理限度之合理与否最终要达到承办法官的内心确认。相比国家建设标准，合理容忍有较大的弹性和灵活性。

（二）国家建设标准与容忍义务的关系

司法实践中，不少法院将国家有关工程建设标准作为光照妨碍的成立标准。如有法院认为“建筑物相邻关系之间的日照、采光等妨碍行为的判断，应以国家有关工程建设标准的内容为基本判断标准”。④ 不少判决也存在类似的明确观点。除此之外，还有的判决虽然没有明确表述，但认为不符合国家建设日照标准，就对采光、日照产生影响，即以国家有关工程建设标准为光照妨碍的认定标准。⑤ 这些案件多为存在国家日照标准的纠纷。同时，案件中妨碍成立的判断也大都以司法鉴定意见为判断依据。就光照妨碍判断的容忍义务与国家建设标准之间的关系问题，不少判决认为容忍的合理限度即国家标准，国家建设标准就是妨碍应否忍受的界限。如有判决提出，“容忍义务

① 详见广西壮族自治区高级人民法院〔2014〕桂民一终字第21号民事判决书、南充市中级人民法院〔2014〕南中法民终字第2372号民事判决书。

② 详见宁波市中级人民法院〔2012〕浙甬民二终字第113号民事判决书。

③ 详见河源市中级人民法院〔2017〕粤16民终683号民事判决书。

④ 详见北京市第一中级人民法院〔2013〕一中民终字第13042号民事判决书。

⑤ 详见大理白族自治州中级人民法院〔2017〕云29民终72号民事判决书、黄冈市中级人民法院〔2017〕鄂11民终2245号民事判决书、伊犁哈萨克自治州分院〔2017〕新40民终1770号民事判决书。

的界限即为国家标准，超出标准系构成违法，标准以内应认定为合法”。[①] 引入合理容忍义务的一法院判决认为容忍限度即建筑标准确定的日照值。[②]

综上，本文以为，相邻方容忍合理限度是光照妨碍成立的根本标准，国家有关工程建设标准是判断容忍限度的标准之一。建筑物不符合工程光照标准视为超出容忍合理限度。若国家建设标准缺失（如农村地区欠缺光照标准），社会一般人的容忍限度为妨碍认定标准。与光照有关的国家建设标准存在多个（如建筑间距、日照时间等）且相互之间存在冲突时，光照时间标准为根本标准。而且，并非所有的光照妨碍判断都要鉴定，无须鉴定即不必鉴定，如勘查或其他证据能够明显证明妨碍存在的就不必鉴定。当然，因妨碍认定标准缺乏或技术上不能鉴定的亦无法鉴定。

四 光照妨碍的责任承担

责任承担是光照妨碍救济的落脚点，光照妨碍的责任承担方式有停止侵害、排除妨碍和赔偿损失，司法裁决书主要采取后两种责任承担方式。又因排除妨碍需权衡各种利益及统一的赔偿标准缺乏，是故，本部分主要观察提炼影响排除妨碍判决的因素及损失赔偿数额的确定方法。

（一）影响排除妨碍判决的因素

就不动产而言，排除妨碍意味着拆除妨碍物。在某种意义上，排除妨碍对被告及社会整体来说损失较大。实践中，法院虽然不经常但时有使用这种责任承担方式。影响法院作出拆除判决的因素、诸因子在排除妨碍判决作出时所起的作用及相互间的关系有必要进行探究。根据所参阅裁决文书，类型化后，司法判决排除妨碍一般考虑如下因素。

第一，妨碍程度为首要因素。妨碍程度是法院作出排除妨碍判决考虑的最重要、最多的因素。原则上，只要光照妨碍超过容忍合理限度，公权力即可救济，但妨碍仍存在严重轻微之分。妨碍程度对责任的承担方式有很大影响。如日照时间低于大寒日日照标准时间 5 分钟、1 小时，全部遮挡而无日照时间等对被妨碍物产生的影响是完全不同的。完全遮挡相邻建筑物光照的，法院可判决排除妨碍；遮挡后的时间仅低于标准值几分钟的妨碍可通过赔偿予以解决。如有判决就认为，紧靠地基建房没留任何空隙，侵犯了采光和通风，判决停止侵害，排除妨碍。[③] 遮挡 1 小时左右的，则需要结合

① 详见上海市第二中级人民法院〔2017〕沪 02 民终 9762 号民事判决书。

② 详见常德市中级人民法院〔2015〕常民三终字第 127 号民事判决书、海南藏族自治州中级人民法院〔2014〕南民一终字第 105 号民事判决书。

③ 详见阿克苏地区中级人民法院〔2015〕阿中民再终字第 6 号民事判决书。

拆除造成的经济损失、是否违章、当地习惯等因素由法院在案件事实的基础上自由裁量。光照妨碍程度较小的，纠纷通过赔偿即可解决，原告坚持排除妨碍诉请的，法院释明后，若原告仍然坚持排除妨碍诉讼请求，法院一般会驳回原告诉求。

第二，妨碍物的适法性。妨碍建筑物有合法与违法之分，即便是合法建筑物，是否作出排除妨碍判决法院亦有不同态度。有法院认为合法行使权利超过必要限度也可排除妨碍。[①] 但有法院则认为“被告的建筑系经合法规划后所建，故对原告的该项请求，本院不予支持”。[②] 从常理来看，行政机关规划审批时一般会考虑公共利益及对周边住户的影响，即使规划失当，也较少出现光照妨碍达到拆除的严重程度，故合法建筑较少存在严重妨碍的情形。当然，这并非绝对，若真的出现合法建造房屋严重侵犯权利人之光照权的，被侵权人除行政诉讼救济路径外，在民事程序中亦可请求排除妨碍，而非只能请求赔偿损失。对此，下文将有所论述，即行政规划不阻挡民事侵权的成立，只能作为责任承担方式的考量因素。对于违建物，若不妨碍光照，法院在民事程序中一般不予处理。若违建物同时构成光照妨碍，因其本身就是违章建筑，法院在查明事实的基础上结合其他因素可作出排除妨碍判决。

第三，妨碍程度与适法性共同作用。有时光照妨碍程度与建筑物适法性两因素对法院作出排除妨碍判决的影响力大小不好区分，二者共同起作用。这类判决考虑的主要是妨碍建筑物未经审批违建情况及妨碍程度。如有拆除违建判决建立在被告未经审批擅自增建及严重影响光照的基础之上。[③] 另一案中，被告未经审批改变农业性质的承包地种树，明显妨碍视线，对相邻方日照产生一定影响且会随着树木的生长而加重，法院故而作出排除妨碍判决。[④] 在某案中，法院认为二层建筑虽未报审批但法律并不绝对禁止且拆除二层并不能根本解决原告的正方日照、采光问题，判决不予拆除，原告可主张赔偿。同时认为，三层建筑禁止建设又影响相邻方采光日照，二审判决拆除。[⑤]

第四，经济损失、当地习惯、居住状况、当事人对法院的态度等其他因素。有法院结合被告拆除妨碍物的经济损失以及双方居住情况，释明原告可申请赔偿但原告坚持拆除诉求而被法院驳回。[⑥] 当地习惯亦是影响判决拆除的因素。如有法院在判决中这样描述，“考虑安场镇安常社区街上相邻房屋间建房均有不留通风采光之民俗”“当地小城镇居民建房的习惯”而作出判决。[⑦] 被告对法院的态度也是影响判决的一个因素。

---

① 详见广西壮族自治区高级人民法院〔2014〕桂民一终字第 21 号民事判决书。

② 详见长治市中级人民法院〔2018〕晋 04 民终 304 号民事判决书。

③ 详见北京市第一中级人民法院〔2014〕一中民终字第 08443 号民事判决书。

④ 详见上海市第一中级人民法院〔2016〕沪 01 民终 11085 号民事判决书。

⑤ 详见北京市第三中级人民法院〔2017〕京 03 民终 3526 号民事判决书。

⑥ 详见北京市高级人民法院〔2017〕京民申 1190 号民事裁定书。

⑦ 详见遵义市中级人民法院〔2015〕遵法民终字第 528 号民事判决书。

在一起案件中，法院发出停工通知后被告继续施工，故将严重影响的第三层判决拆除，但出于设施稳固，考虑生产、生活所需，结合案件实际，仅判决拆除三层的东边两间，保留卫生间一间。①

综上，影响法院作出排除妨碍的因素中，并非某一因素单独起决定作用，而是多种因素结合在一起共同发挥作用。多因素中，每个因素所起作用大小不同，法院的着重点也不尽相同。一般来看，首先，妨碍程度为最重要因素，即使是合法建筑，若妨碍物严重妨碍相邻方光照，法院亦可作出排除妨碍判决；其次为建筑的适法性要素，非法建筑物法院一般可判决拆除；再次是妨碍程度与违法性共同起作用；最后，法院还会考虑排除妨碍给当事人造成的经济损失、风俗习惯、当事人态度等其他因素。

（二）法院确定赔偿数额的方法及参酌因素

因光照妨碍造成的损失具有无形性等特点而不易计算，在赔偿标准缺失的情形下，赔偿范围及赔偿数额成为光照妨碍纠纷中判决冲突差异的聚集处，实有探讨必要。法院确定赔偿额的方法及参考因素梳理如下。

第一，以鉴定意见为赔偿依据。复杂专业问题一般可通过鉴定解决。参阅司法裁决可知，有法院将鉴定意见作为确定光照妨碍损失数额的依据，但鉴定意见亦存在不少问题。一方面，大部分的光照妨碍纠纷中，当事人或法院就赔偿数额问题鉴定较少；另一方面，光照妨碍纠纷中鉴定意见亦存在被法院采纳、不被法院认可、鉴定机构不接受委托、鉴定标准不统一等问题。如有法院认为房屋价值贬损与多种因素相关联，“鉴定机构对因采光、日照造成房屋价值贬损作出的鉴定意见不具有确定性”。② 在鉴定标准上，有的鉴定机构以采光面积为鉴定基准③，有的法院却以整个房屋面积为基础计算房屋价值贬损，且法院认为“依据单间房屋的受侵害面积计算损失数额没有任何法律依据”。④

第二，根据要素法确定赔偿数额。研读光照妨碍赔偿损失之判决可以发现，多数法院酌量赔偿的基本要素为妨碍程度、房屋价值贬损、照明取暖费用、人身健康损害四项，在此基础上增减当地经济发展水平、地方习惯等考量项。有的判决主要参考四项基本因素，只是表述略有差别，从而酌定赔偿。四项影响因素中有的法院判决未体现对人身妨碍的影响⑤，亦有法院在四项基础上增加当地经济发展水平、本地房地产行

① 详见大理白族自治州中级人民法院〔2015〕大中民终字第 758 号民事判决书。

② 详见白城市中级人民法院〔2018〕吉 08 民终 321 号民事判决书。

③ 详见石家庄市中级人民法院〔2016〕冀 01 民终 5459 号民事判决书。

④ 详见呼伦贝尔市中级人民法院〔2015〕呼民终字第 00764 号民事判决书。

⑤ 详见黄冈市中级人民法院〔2017〕鄂 11 民终 2245 号民事判决书。

情、原审法院所审理同类案件的赔偿标准等因素。有的法院仅根据遮挡程度、当地经济水平及案件客观实际酌定赔偿。①

第三，以遮阴时间、受影响面积、房屋使用时间、居住情况等为主要参考因素，同时考虑被妨碍物是否在拆迁范围等因素判决一次性补偿光照费用。如有的法院判决根据遮阴面积和遮阴时间而酌情赔偿损失。② 有法院以鉴定的采光面积为基础，综合近年该类案件补偿标准，考虑房被影响屋位置，确定主房、东房、阳台不同的补偿费用，对院落遮光不予补偿。③ 还有的法院依据被遮挡年限、本地区房屋价格、房屋使用情况、已被列入拆迁规划范围等因素，酌情确定采光损失 20000 元。④ 有法院的判决因素为房屋列入拆迁计划、房屋所处的位置、房屋价值、实际采光情况等，最终确定以建筑面积每平方米 120 元赔偿。⑤

第四，根据公式法及统计数据法确定赔偿数额。所谓公式法，就是依据地方政府规章或法规中规定的计算公式及标准来确定光照妨碍赔偿数额的方法。所谓统计数据法，是指确有光照妨碍但具体损失无法确定时，依据一定时期内的统计数据作为赔偿数额的方法。如有法院在一案中就依据《长春市生活居住建筑日照管理暂行办法》规定的补助标准判决被告一次性补偿原告 132000 元。⑥ 相对其他地方判决，笔者认为长春市的补助标准并不低，其他判决很少有赔偿这么高数额的。一起建筑物遮挡农作物（大棚）问题引起的纠纷中，因具体损失无法得出，法院依据统计数据进行裁判。⑦ 在涉及农村光照妨碍纠纷一案中，法院考虑租用农村场地晒粮食、人工费、租用年限等相关因素，对原告因采光受损造成的损失酌情主张 2000 元。⑧

（三）确定赔偿数额的方法探索

基于裁判文书，笔者认为，依据全面赔偿及限制赔偿等基本原则，可通过以下几个步骤确定光照妨碍的赔偿数额。

第一，有鉴定意见的参考鉴定意见。因光照妨碍赔偿数额的确定既复杂又专业，因此鉴定是科学合理且常用的解决之道。当然，鉴定意见并非绝对可采而是需要双方质证的，若被告不服或不认可，可以申请专家出庭辅助质证或再次鉴定等。

---

① 详见伊犁哈萨克自治州分院〔2017〕新 40 民终 1770 号民事判决书。

② 详见潍坊市中级人民法院〔2014〕潍民一终字第 622 号民事判决书。

③ 详见定西市中级人民法院〔2015〕定中民一终字第 224 号民事判决书。

④ 详见延边朝鲜族自治州中级人民法院〔2018〕吉 24 民终 165 号民事判决书。

⑤ 详见烟台市中级人民法院〔2014〕烟民再终字第 74 号民事判决书。

⑥ 《长春市生活居住建筑日照管理暂行办法》第 25 条规定："补助金额 = 每个窗户面积 × 降低日照时数 × 补助标准；每个窗户面积（平方米）和降低日照时数（分钟）的计算以建设项目日照分析报告提供的数据为准，补助标准为 100 元/平方米 · 每分钟。"详见白城市中级人民法院〔2018〕吉 08 民终 321 号民事判决书。

⑦ 详见齐齐哈尔市中级人民法院〔2014〕齐民一终字第 562 号民事判决书。

⑧ 详见重庆市合川区人民法院〔2016〕渝 0117 民初 8453 号民事判决书。

第二，以地方政府规章确定的标准为标准。因该问题复杂，很多地方出台的规章都有赔偿方式或标准。如《长春市生活居住建筑日照管理暂行办法》第25条规定了补助金额的确定公式。另外，《长沙市居住建筑间距和日照管理规定》第18条、《沈阳市居住建筑间距和住宅日照管理规定》第29条也都规定了补偿标准。地方政府规章一般会考虑当地习惯、市场价值等因素，具有一定的科学性，不失为确定赔偿数额的较好标准。

第三，无法鉴定和缺乏地方政府规章赔偿标准时的数额确定。没有鉴定意见或规章标准时，可考虑类比法及价值贬损法。所谓类比确定法，即参照邻近城市相关规章确定的赔偿方法或标准。近邻城市无法参照类比时，可考虑价值贬损法确定赔偿数额。光照妨碍会造成照明、取暖费用增加并对生活舒适度或人们情绪等产生一定影响，进而影响被妨碍房屋的交易价值。交易价值贬损最直接的体现就是交易价格会比正常价格偏低。该价格包含了照明、取暖增加费用及对人身的影响等因素。因此，价值贬损法即可确定赔偿数额而无须再考虑照明、取暖费用、人身影响等因素。价值贬损的时间以诉讼时为基准。鉴于光照损害赔偿数额的复杂性，这些方法和步骤只是初步探索，其中也许存在不科学、不合理之处，有待进一步的研究。

五　建筑适法性对光照妨碍救济的影响

建筑适法性系光照妨碍纠纷中的一个难题。如经审批建造的合法建筑物是否构成光照妨碍主体，被妨碍方为违章建筑时能否享有光照权益而受法律保护，妨碍物为违章建筑时，其妨碍成立的判断标准与合法建筑是否相同等，实有探究必要。

（一）合法建筑不阻却妨碍成立

司法实践中，被告经常以其建筑物系合法审批、建造证件齐全来抗辩原告光照权益保护的主张。原告也多会提到妨碍光照的建筑为违章建筑。对第一个问题，法院大都否定合法审批建筑能抗辩侵权，即认为合法审批的建筑物不影响侵犯光照权的认定，也可称为合法审批并不免除民事责任。其妨碍标准仍为国家有关建设标准或容忍义务的合理限度。[①] 妨碍物为违法建筑时，法院多仅审查光照妨碍是否成立，对违建问题一般不予理涉。[②] 如有法院就认为，即使妨碍方的建造行为已被行政机关确定为违法，日照标准只要符合国家标准就不构成采光妨碍，处罚属有关行政机关的职能范畴。[③] 也就

① 详见白城市中级人民法院〔2018〕吉08民终321号民事判决书、迪庆藏族自治州中级人民法院〔2018〕云34民终99、100号民事判决书。

② 详见黔东南苗族侗族自治州中级人民法院〔2016〕黔26民终1140号民事判决书、苏州市中级人民法院〔2016〕苏05民终2711号民事判决书。

③ 详见大连市中级人民法院〔2014〕大民一终字第01213号民事判决书。

是说，违章建筑光照妨碍的成立标准与合法建筑相同，即国家有关建设标准或合理容忍。通过判决可以知晓，妨碍建筑是否合法不影响光照妨碍行为的成立。但如前文所述，被告建筑违法性因素则会影响赔偿数额、是否拆除等责任承担。

（二）违章建筑光照权益以占有保护为宜

被妨碍违章建筑是否享有光照利益问题，法院几乎不做正面回答，其处理方式有三：肯定合法建筑有采光权，而对违章建筑是否有采光权不予正面回应[①]；以违章建筑缺乏证据证明而不予认定，以购房合同、产权证书等认定原告为适法权利人[②]；改建、扩建形成的违法建筑中，法院直接鉴定对原房屋的影响而作出判决，对违章部分是否享有权益不置可否。[③] 关于违章建造人是否享有相邻光照权益，理论界有利益衡量说、肯定说及否定说三种观点。利益衡量说认为需综合违章人心态、双方权益等因素进行衡量。[④] 肯定说也仅明确承认后建违章物影响前建违章物时，前建违章物应受法律保护。[⑤] 否定说认为违章建筑不享有光照权益，不应得到法律的保护。[⑥] 有些地方规章，如《长春市生活居住建筑日照管理暂行办法》第 10 条明确规定，严重影响规划的违建物不考虑日照遮挡。本文赞同肯定说，认为违章建筑的光照权益按占有制度保护较为适宜，理由如下。

首先，通过占有制度保护违章建筑光照利益是减少私人干涉、稳定既存社会秩序的需要。诉争光照妨碍之违章建筑物通常已建成且占有人占有该建筑物，占有人对违章建筑物具有事实上的控制和支配。社会有序是法律追求的价值之一，而占有之事实会形成一定的社会秩序。为维护稳定和平的社会秩序，法律应尽量减少私人间的干扰。如果违章建筑物不享有光照权益，人人均可遮挡侵犯，因占有事实形成的秩序就会被打破。出于保护公益，已形成之秩序状态应尽量减少私力扰乱。而且，不论有权占有还是无权占有，我国物权法均对之进行保护。[⑦] 德国、日本亦如此。当然，减少私人侵扰并不意味着不受法律的规制和调整。其次，有利于保护真实权利人。占有外观通常与真实权利外观相一致，占有事实的权益推定使权利保护更加简便。正如有学者所指出那样，“占有的事实往往是其本权的表象”。[⑧] 推定占有违章建筑享有光照权益，可避免真实权利人陷入因难以提供证据证明其享有权利而无法得到保护的窘境。最后，与

---

① 详见天水市中级人民法院〔2018〕甘 05 民终 157 号民事判决书。
② 详见石家庄市中级人民法院〔2016〕冀 01 民终 5459 号民事判决书。
③ 详见北京市第一中级人民法院〔2014〕一中民终字第 08443 号民事判决书。
④ 参见周友军《违章建筑的物权法定位及其体系效应》，《法学论坛》2010 年第 4 期。
⑤ 参见王利明《物权法研究》（上卷），中国人民大学出版社，2013，第 86 ~ 87 页。
⑥ 参见邵晋栋《采光权妨害案件相关法律问题研究》，《河北法学》2008 年第 1 期。
⑦ 参见胡康生主编《中华人民共和国物权法释义》，法律出版社，2007，第 520 页。
⑧ 刘家安：《物权法论》，中国政法大学出版社，2015，第 224 页。

我国复杂的房屋产权状况有关。我国存在商品房、公房、房改房、单位集资房、农村宅基地上的农民自建房等多种权利性质房屋并存的情况。相应的，房屋产权状况亦较复杂。如有开发商先建后批而不获批准对外销售但最终办不下来房产证的违章建筑；还有单位集资建房，购房者只享有使用权而没有所有权的房屋；还存在无购房资格的城市居民购买的农村村民的房屋；等等。而且，我国的《土地管理法》等相关法律法规颁布实施时间较晚。因此，不能由于历史、政策等造成建筑物没有权利证书就不予保护，否则社会就存在失序可能。

（三）原告建筑违法性的证明

违章建筑光照权益的占有保护实为权益推定的保护方式。既为推定就可用证据推翻。因认定建筑违法及处罚的主体为行政机关，处罚对象为行政相对人，是故，行政机关及原告本人均有可能拥有建筑违法性的证据。但被告一般不掌握原告建筑违法的证据。因此，若需要查明原告建筑物违法这一事实，最好的办法是法院调取证据。推翻占有的举证责任本在被告一方，如果任由被告申请法院调取证据，不仅可能加大法院的工作量，更有可能使占有保护的初衷落空。故，被告至少得有部分证据证明被侵权建筑物涉嫌违章，否则应交由行政机关处理或判决败诉。当然，行政机关的处理或行政判决可在民事程序中作为证据使用。需要说明的是，本文赞成通过占有制度保护违章建筑的光照利益并非意味着违章建筑的合法化。建筑违章的确认、拆除等属行政机关的职权范畴，最好由行政机关处理。

“住宅小区停车位首先满足业主的需要”规则的实证分析
——《物权法》第74条理解、适用与完善

彭　景　冯　茜　刘仁杰*

摘　要：各地法院在审判实务时依据《物权法》第74条及其他相关司法解释作出裁判，但由于该规则较为模糊，特别是对其中“首先满足业主的需要”的理解差异较大，因此裁判结果也不尽相同。关于“业主的需要”的内涵，具体审判中宜以“现实需要为主、兼顾潜在需要”为原则，同时这也应是“使用的需要”而非“投资的需要”。当权利人向非业主转让车位时，可以以法定配置比例为标准，即法定配置比例之内的车位、车库权利人不得租售或单独转让，而配置比例之外的则一般不受“首先满足业主的需要”的限制。文章分析提炼了司法实践适用《物权法》第74条关于停车位权属争议案的审判思路和司法解释修改完善。

关键词：小区停车位；现实需要；使用需要；法定配置比例

引　言

随着城市汽车数量的不断增加，住宅小区中停车位的数量往往受制于多方面因素而无法达到供需平衡，停车位资源的紧张直接导致了停车难、停车贵。车位价格虚高以及进行炒卖等现象时有发生，这些现象客观上反映了我国小区车位规划的落后和资源配置不合理，同时折射出我国建筑物区分所有权制度对车位、车库权属规则划分的不明确和流转法律控制的不完善。随着矛盾的加剧，不少社会问题逐渐被引发，在一定程度上影响了社会的稳定和经济的可持续发展。因此对小区停车位权属问题的研究就显得尤其重要。小区车位、车库权属引发的纠纷在实务中层出不穷，但关于小区车位、车库权属适用的法律仅仅在《物权法》第74条中有所体现，审判实务对于适用该条法律在理解适用上也存在偏差，这导致与该立法本意“首先满足业主的需要”的初衷相违背。如何运用“首先满足业主的需要”这一立法本意能准确体现在法律适用中，特别是健全完善规范车位、车库法律制度，统一裁判尺度，在实践中更利于化解业主与开发商以及物业之间的矛盾冲突，进而对促进和谐社区的建设有重要的现实意义。

---

* 彭景，西华大学经济学院副教授；冯茜，四川省绵阳市游仙区人民法院副院长，四级高级法官，审判委员会委员；刘仁杰，华侨大学数学科学学院数学与应用数学专业，理学学士。

一　问题的提出:对车位、车库“首先满足业主的需要”的实践述评

(一) 实践的外部选择困惑

从司法实践总体来看，小区开发商取得规划建设的车位、车库，并办理了产权证的停车位司法争议相对较少，而人防工程车位、架空层车位、地下停车位等发生的争议较多。下面以我国 2015 ~ 2017 年 9 个司法实践中的相关典型案例为例，探究我国在审理停车位、车库纠纷案例中的司法实践难点（见表 1）。

表 1　2015 ~ 2017 年关于停车位、车库纠纷典型案例

序号	案情简述	争议焦点	判决结果
1	新余市某小区业委会诉某房地产开发商向外转让停车位使用权合同纠纷案①	第一，停车位权属争议；第二，何谓“首先满足业主需要”，出售 5 年后还有剩余车位是否达到了“首先满足业主需要”；第三，开发商将地下车位使用权转让、租用给非业主（某租赁中心）的合同是否合法有效	主体不适格：业委会虽获得了业主大会的授权，但无法证明就本案提起诉讼因而孔目江业委会并不具备提起本案诉讼的诉讼主体资格。故撤销一审判决；驳回业委会的起诉
2	黄某、崔某诉北京某房地产有限责任公司建筑物区分所有权纠纷案②	规划中的地面停车位的权利归属：黄某、崔某认为地面停车位的属性应该定性为公共场所、公共设施，本小区一期规划中的地面停车位为 432 个，其产权应归全体业主	主体不适格：原告起诉要求确认的事项系关涉小区内专有部分以外的共有部分的共有和共同管理的事项，上述事项属于由业主共同决定的事项，原告未征得其他业主同意以个人名义提起诉讼，不符合起诉的主体条件，裁定驳回起诉
3	商丘市智宇某房地产开发有限公司与某小区业委会车位纠纷案③	车位是否属于规划内争议：开发商认为方案经规划部门批准，自己有权出售出租；业主认为小区停车位必须单独交纳土地出让金，原告土地一部分，应属全体业主。出售出租的停车位实际是小区业主共有的	开发商根据有关部门的批准及与业主商品房买卖合同约定，停车位归开发商所有，开发商有出售出租的权利
4	重庆市某房地产开发公司诉重庆市九龙坡区某小区业委会车位纠纷案④	车位、车库的权属争议：涉案车位是否占用业主共有的道路或者其他场地；车位能否办理产权登记是不是其成为专有部分的判断标准；绿化是否超过规划面积与认定停车位是否占用业主共有场地是否有必然联系	绿化是否超过规划面积与认定停车位是否占用业主共有场地没有必然联系，但涉案车位系占用业主共有的道路或者其他场地的车位，缺乏事实依据的申请，再审事由不能成立
5	株洲市某小区业委会与某房产公司所有权确认纠纷案⑤	负一层停车位权属问题：由房屋产权登记机构作出由开发商所有的确权登记，但登记的用途为杂屋，是否影响所有权归属；标注为“1 栋负一层为洪水淹浸地，不计入产权”的部分车位产权归属；未计入公摊面积的地下停车位权利归属	登记的用途为杂屋，不影响所有权归属；原告业委会主张地下停车位产权归全体业主所有，缺乏充分的事实和法律依据，不予支持

续表

序号	案情简述	争议焦点	判决结果
6	芒市某小区业委会与某房地产开发商关于停车位产权纠纷案⑥	停车位权属争议：小区业委会主张作为不动产的车位、车库物权的取得应以登记为准，在未经登记的情况下，车位、车库的物权应由业主享有	开发商对车位规划虽有调整，但调整行为经过了主管部门的审核批准，停车位也未计入小区的公摊面积，业委会不能举证证实争议的车位、车库占用了业主的共用道路或其他场地，故主张不能成立
7	清远市某房地产开发商与某物业公司车位纠纷案⑦	人防工程停车位、车库的权属争议：业主认为开发商是地下车库的表面投资人，而业主才是真正投资人，因为商品房开发成本最终都转嫁到房价上，即随着商品房的出卖，投资者的身份从开发商那里转移到了业主身上	没有证据显示该人防工程的车位已经分摊到各业主名下，该人防工程的停车位依法由开发商使用管理，停车位租金收益也归开发商所有
8	陈某诉西安某房地产开发有限公司车位纠纷案⑧	开发商是否可以对人防工程通过协议确定归属：双方签订地下二层编号为E2－367车位的出让协议，使用期限为70年，陈某认为该车位为非产权车位，协议为格式协议，开发商隐瞒该车位为人防工程，请求认定协议无效	涉案车位属于人防工程，开发商有权通过协议确定车位的归属，且欺诈不成立，不存在合同无效的情形，故该车位出让协议有效，维持原判
9	大连宝玉集团有限公司、大连隆丰房地产开发有限公司与大连金世纪房屋开发有限公司合资、合作开发房地产合同纠纷案⑨	人防工程停车位、车库的权属争议：对人防工程地下停车场面积进行分割	根据《中华人民共和国人民防空法》以及国家关于人防工程的有关规定，讼争项目的地下停车场属于人民防空工程的一部分，产权归国家所有，客观上不能分割

注：①江西省新余市中级人民法院〔2017〕赣05民终288号。
②北京通州区人民法院〔2017〕京0112民初27310号。
③河南省商丘市梁园区人民法院〔2015〕商梁民初字第00064号。
④中华人民共和国最高人民法院〔2017〕最高法民申2817号。
⑤湖南省株洲市石峰区人民法院〔2016〕湘0204民初530号。
⑥云南省德宏傣族景颇族自治州中级人民法院〔2015〕德民一终字第103号。
⑦广东省清远市清城区人民法院〔2017〕粤1802民初5071号。
⑧陕西省西安市中级人民法院〔2017〕陕01民终4520号。
⑨最高人民法院〔2013〕民申字第1997号。

以上9个典型案例从不同角度归纳了《物权法》实施以后关于车位、车库权属纠纷，不管是一审、二审还是再审判决，业主、业主委员会均以败诉告终。这九个典型案例也充分反映了我国审判实务现状与立法者初衷的相违性。对于这九个案例中除案例1、案例2是因主体不适格败诉，其余七个案例均存在对《物权法》第74条中“应当首先满足业主的需要”这一核心原则的理解和适用。通过案例可以发现，在具体司法裁判中，裁判者往往忽略了“首先满足业主的需要”这一前提。片面机械地按照第74条第2款①和第3款②裁判，导致裁判结果与立法本意背离。为进一步厘清问题的核心，笔者提出以下问题予以探讨。

1. 事后调整审批规划是否损害业主合法利益的问题

通过事后调整审批规划这种方式改变使用用途，将原本规划为业主共有的面积改变为车位、车库面积是否损害业主合法利益问题，法院的裁判标准是：（1）开发商是否有相关部门的规划审批；（2）开发商与业主是否有购房合同。如果具备这两项条件，开发商便符合适用《物权法》第74条第2款的认定标准，车位、车库属于规划内开发商所有，开发商可以出售、附赠或者出租。笔者认为这条裁判标准对于事前的规划审批无可争议，但不可一概而论。如案例6中事后调整审批规划的行为就可能存在损害业主合法权益的疑问。笔者认为事后调整审批规划的停车位、车库往往占用的是业主共有的道路或者其他场地进行的规划调整，如果裁判者片面简单地审查有审批规划便确认车位、车库权为开发商所有，便会忽略事后调整审批的行政行为的合法性和合理性。审判实务中对于有关部门事后调整审批是否正当、合法的问题属于行政诉讼的范畴，但由于业主法律知识的匮乏，加之民事诉讼与行政诉讼的独立性，业主往往在民事诉讼中败诉。这让开发商打了法律的“擦边球”，让立法者的本意不能真正地体现。

2. 举证责任分配是否存在不公平的问题

在诉讼中，对于如何判定是否属于在规划外占用业主共有道路或者其他场地增设的车位，如案例4、案例5中，法院裁判的标准是：（1）是否计入小区的公摊面积；（2）业主委员会是否有证据证明争议的车位、车库占用了业主的共用道路或其他场地。这是机械的理解法条，是将举证责任分配给了弱势群体的业主，如果业主举证不力证明不了具备这两项条件，便不符合适用《物权法》第74条第3款认定标准，承担败诉责任。但现实中开发商掌握小区规划审批、土地出让金分配、公摊分配、建设成本核算等大量资料，是否存在侵权，应由开发商举证，而并非由手无任何资料的业主举证，将举证责任分配给弱势群体的业主显失公平。

3. 业主能否成为人防工程停车位的使用管理受益者的问题

业主能否成为人防工程停车位的使用管理受益者不能一概而论。在审判实务中大

① 《物权法》74条第2款：“建筑区划内，规划用于停放汽车的车位、车库的归属，由当事人通过出售、附赠或者出租等方式约定。”

② 《物权法》74条第3款：“占用业主共有的道路或者其他场地用于停放汽车的车位，属于业主共有。”

量存在人防工程车位的权属问题裁判尺度不统一的现象。如：案例 8 中判定人防工程的车位开发商通过协议确定车位的归属；案例 7 中判定人防工程的车位开发商有收取出租使用收益权；案例 9 中最高法院确认人防工程车位归国家所有。三个案例的不同判决结果将导致裁判者不能准确把握此类案件的裁判尺度。

目前，对于人防车位产权归属于谁，各地出台的规定对该问题的认定不统一，司法案例也存在不同的判定。对于人防车位所有权有三种观点：第一，归投资者开发商所有；第二，归业主共同所有，基于实际投资人；第三，归国家所有。笔者认为，最高法院有明确的判例，对于所有权都应统一到最高法院的判例归国家所有。这里说的是所有权，但人防车位的使用管理收益权到底归谁所有，仍是争议焦点。根据《中华人民共和国人民防空法》规定的谁投资谁受益的原则，主流观点大部分认为小区开发商是投资者，所以开发商是使用管理受益者。然而，笔者认为如果开发商无法举证证明人防车位土地出让金及建设成本没有分摊到业主专有部分，那业主作为实际投资人可能成为人防工程停车位的使用管理受益者。

通过对以上 9 个案例的剖析，《物权法》第 74 条及其相关司法解释的规定确实已经成为这类纠纷的基本法律依据，也形成了一些被普遍认可的审判逻辑思路和法律理解适用规则（见图 1）。笔者认为停车位的权属争议案应以是否合法建造、是否有规划标准为前提，如果是规划内的车位、车库，原始权利人可以对其出租、出售，约定其归属；如果是规划外占用共有道路或其他场所的车位、车库则按法律规定确认归属，一般法定为业主共有。

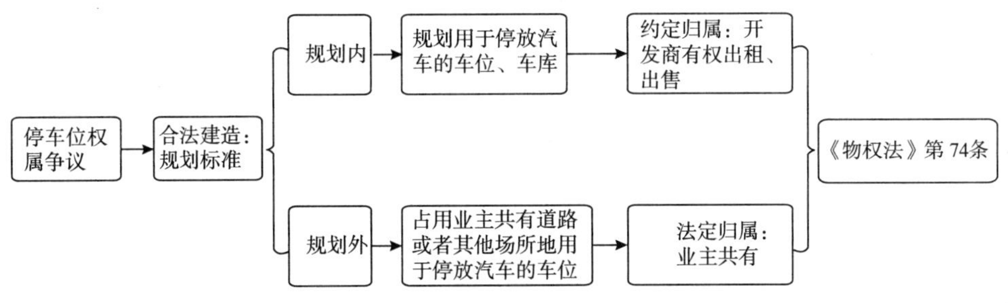

图 1　停车位、车库权属争议基本逻辑

（二）法条适用的模糊性

我国《物权法》第 74 条对建筑区划内的车位和车库的使用作出了应"首先满足业主的需要"的原则性规定，同时配套出台了《建筑物区分所有权司法解释》第 5 条①、

① 《建筑物区分所有权司法解释》第 5 条："建设单位按照配置比例将车位、车库，以出售、附赠或者出租等方式处分给业主的，应当认定其行为符合物权法第七十四条第一款有关'应当首先满足业主的需要'的规定。"

第6条[①]，但是对其中的诸多术语还缺乏细致统一的司法解释，导致在司法实践中还是出现理解不一、裁判不一的现象，严重影响了司法的公正性。

法条适用的模糊性，具体如下。

第一，《物权法》第74条第2款中的“当事人”是指“谁”？是指开发商还是业主？法律并没有明确说明。审判实务通常在这里将“当事人”理解为：一是开发商（车位、车库的投资人即财产的先期所有权人）；二是业主（所有权人或获取使用权人），即取得权利的人。然而现实中还存在第三种当事人，如案例1中的非业主。在业主不购买也没有获得附赠或没有租用的情况下，当事人则延伸到有需要且有意购买或承租的其他人。

第二，争议较多的人防工程车位、架空层车位、地下停车位究竟属于建设区划内停放汽车的车位，还是占用业主共有的道路或者其他场地用于停放汽车的车位？

第三，由于各地地方政策对建筑规划的标准、其他场所应包含的部分、共有道路的界定理解不一，给司法实践带来诸多困难，迫切需要在审判实践中予以统一。

笔者认为解决问题的关键是对《物权法》第74条中的“首先满足业主的需要”进行正确理解，这是一个核心原则，对此的准确理解将有助于对其他术语的厘清和合理解释，可以成为解决停车位、车库权属纠纷争议的一个突破口。

在司法实践中亟须解决的矛盾比较集中在如下三个方面。一是何谓“业主的需要”。业主需要是考量停车位归属的一个主要指标，因此非常有必要联系实际对此进行解析。二是停车位所有权人与非住宅业主签订的停车位租售合同效力如何，受让人能否取得其所有权。三是停车位权属争议案的基本审理思路应有统一的标准，需要完善相关的司法解释，统一司法裁判尺度。

二　问题的探究：“首先满足业主的需要”解析

“首先满足业主的需要”是一种规则，而规则也是权利，是一种优先权。那业主对车位、车库的需要到底包含哪些？其规则应如何运行呢？笔者认为应对如下几点进行探讨。

1.“现实需要”还是“潜在需要”

“业主的需要”应如何理解？笔者认为在实践中最重要的区分实际是要厘清是现实的需要还是潜在的需要，现实需要着眼于业主当下实际需要，而潜在需要着眼于业主未来的购买需求。目前来看，无论是实践还是理论普遍认为业主需要至少是一种现实

① 《建筑物区分所有权司法解释》第6条：“建筑区划内在规划用于停放汽车的车位之外，占用业主共有道路或者其他场地增设的车位，应当认定为物权法第七十四条第三款所称的车位。”

的当下需要，但对是否包括潜在需要则意见不一。笔者认为，若是完全认可潜在需要对开放商来说未免过于苛刻，同时容易造成闲置浪费，从而打击开发商对车位、车库进行规划和建设的积极性，但若完全不考虑潜在需要对业主来说又有失公平。笔者认为要达到一个相对的平衡状态应以现实需求为主，以潜在需求为辅，才能有效平衡原始所有权人与购买者之间的利益冲突，理由有三。第一，购买需求与购买力之间的矛盾造成需求推迟。业主可能有现实的购买需要但缺乏当下的购买力，使得需要被迫归为潜在需要。第二，随着经济的发展，业主对停车位的需求总体呈现增长趋势，对未来购买需求预留一定的空间将更有利于小区和谐发展。第三，“业主的需要”这一规则设置的背景本就是源于停车位资源有稀缺性，只有兼顾了潜在需求才能体现“首先满足业主的需要”。

何谓兼顾潜在需求呢？如案例1的争议焦点：出售5年后还有剩余车位是否达到了“首先满足业主的需要”。这里的兼顾不是绝对满足，而是指满足在一定条件下的潜在需求。至于这个“一定条件”有主张以时间为标准，比如持续销售4年以上的，也有主张一户一位的。但上述观点都有失偏颇，不尽合理。笔者认为，应首先要求建设单位按照实际需求规划合理的停车位，当规划制定批准后，开发商以公开方式销售后售出专有部分50%的车位，如果此时停车位数量不足，则以2/3业主同意的方案（比如抽签）公平进行，可以视为满足了业主之需要。

2. “使用需要”还是“投资需要”

笔者认为对车位的购买需要，根据购买目的主要分为“使用需要”和“投资需要”。但由于停车位的稀缺性，这里的购买需要更宜限定理解为“使用需要”而不是“投资需要”。何谓使用需要？即指业主对停车位的购买主要是为了自用。①

实践中关于自用与投资的界限并不清楚，如自用车位是否用于出租，暂时将车位的使用权转让出去是否认定为投资购买？买多个车位是否认定为投资购买？这里就这些问题进行分析：实践中发现不同的业主之间使用需求的差异较大，不同品质的小区对车位需求的差异也较大。有的业主需要一个以上的车位，有的业主虽然购买了车位但暂时由于在外地工作、出国等产生车位闲置。考虑到车位资源的有限性，开发商与各业主利益的平衡、车位使用的有效性，笔者认为以下情况不应视为“投资购买”而应认定为“使用购买”：第一，业主购买的车位数量虽然超过一个但没有违反建设规划中关于停车位的配置比例；第二，在配置比例内的车位购买后可以出租；第三，配置比例外的车位可以根据需求进行临时或短期的出租（见图2）。

① 参见夏吉红《论“业主需要”与停车位归属》，硕士学位论文，西南政法大学法学院，2013，第17页。

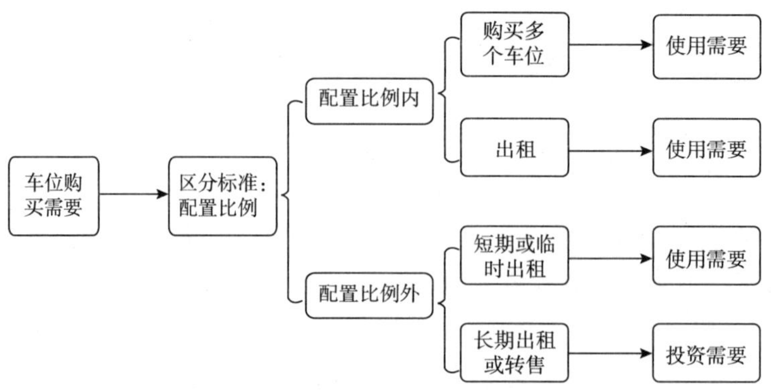

图 2 使用需求与投资需求区分

三 违反“首先满足业主的需要”规则的停车位归属效力认定

笔者认为《物权法》第 74 条第 2 款中的“当事人”在审判实务中因指向不明确存在歧义，致使停车位产权人将建筑区规划内的停车位能否通过出售、出租或附赠等方式处分给非业主，其合同效力如何是目前停车位权属纠纷中的一个焦点和难点。

具体来看，将停车位处分给非业主包括以下两种情况。第一，开发商与非业主之间的处分。如案例 1 中的争议焦点：开发商将地下车位使用权转让、租用给非业主（某租赁中心）的合同是否合法有效，《物权法》第 74 条、《建筑物区分所有权司法解释》第 5 条的规定是一个比较重要的判断标准。在实务中，配置比例内的车位、车库，开发商只能处分给业主使用，而不得向第三人转让或出租。对于配置比例以外的车位、车库权利人能否向外处分这一问题法律并没有相关规定，因此根据私法领域“法无禁止即可为”的原则，配置比例外的车位、车库，开发商可以与其他人（含非业主）约定归属，其签订的合同不应该因此被否定效力。第二，业主与非业主之间的处分。我国台湾地区的规则是，将法定比例的车位、车库强行规定为业主共有，同时特定的业主可以拥有特定部分的专有使用权，如此可以在源头上防止法定比例内的车位、车库的单独处分。[①] 这一规则也是采用了法定配置比例的方法来限制车位、车库的处分权，我国台湾地区关于限制车位、车库的处分权规则值得借鉴。具体来看就是法定配置比例内车位、车库所有权不得与建筑物区分所有权的专有部分分离而单独转让；法定配置比例内车位、车库所有权单独转让的，其转让对象必须为小区内的其他业主。法定配置比例之外的车位、车库的处分不受此限制。

① 参见赵海乐《论我国台湾地区的法定停车位制度及其启示》，《北方法学》2011 年第 1 期。

四　构建停车位权属纠纷的审判思路

（一）基本审判思路

笔者认为通过前述分析可以整理提炼出停车位权属争议案的基本审判思路（见图 3）。在适用《物权法》第 74 条审理停车位、车库的权属争议时，应首先判断车位、车库是否满足了业主的现实使用需要和一定条件下的潜在需要，再判断是不是规划的车位和对外处分车位、车库的合同是否有效这一问题及配置比例。

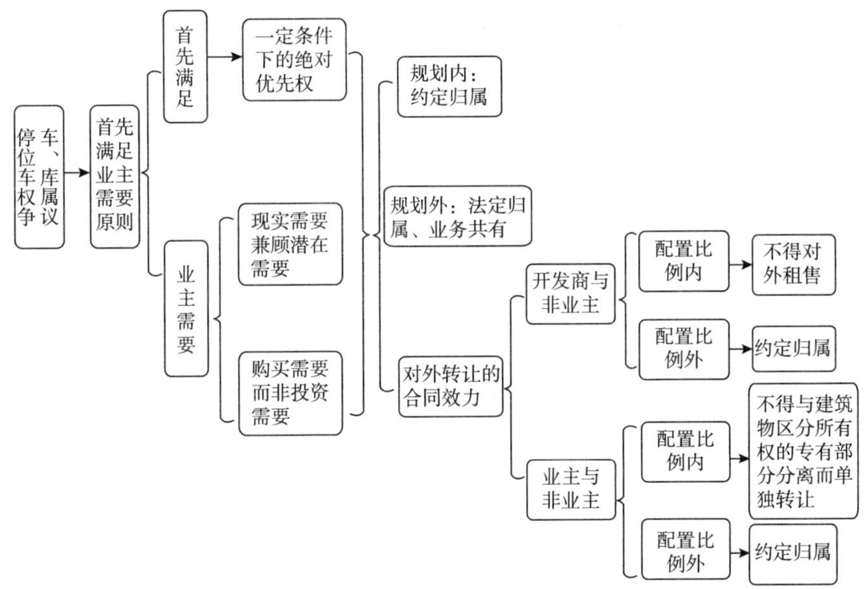

图 3　停车位权属争议案的基本审判思路

（二）完善法律解释，统一裁判尺度

在审判实务中，裁判者对法条模糊性会产生歧义的理解，需要完善相关的司法解释，从而统一裁判尺度，维护法律权威。

1. 停车位作为专有部分的判定标准

停车位的法律定位及其与所有建筑物居住部分之间的区别是在司法实践中常常需要作出判断的。二者最大的不同应是功能上的不同，不应简单地以是否有隔断或遮蔽为判断标准。具体而言，停车位着重于一个明确的能够放置车辆的空间，可以没有隔断，没有遮蔽，但应有明显的标识表明该空间的功能是用于放置车辆的；而居住部分的功能着重于保护权利人的隐私，对隔断或遮蔽的要求理应更高。因而这里可以参考区分所有建筑物成为专有部分的标准，适当放宽该标准，只要停车位有明确的界限，能够确实发挥放置的功能也可认定为符合构造上、使用上的独立性。

2. 增设停车位与临时停车位的权利归属

司法实践中，可以将停车位做如下简单分类（见图4）。对于临时停车位（规划外增设车位）这一特定概念，《建筑物区分所有权司法解释》第6条作了一定的解释。但增设停车位往往是在规划内进行新增，对这类停车位的权利归属法律没有明确规定，因此也常常成为一个权利争议点。对此，我国地方立法做了一些有益尝试，值得参考和借鉴。

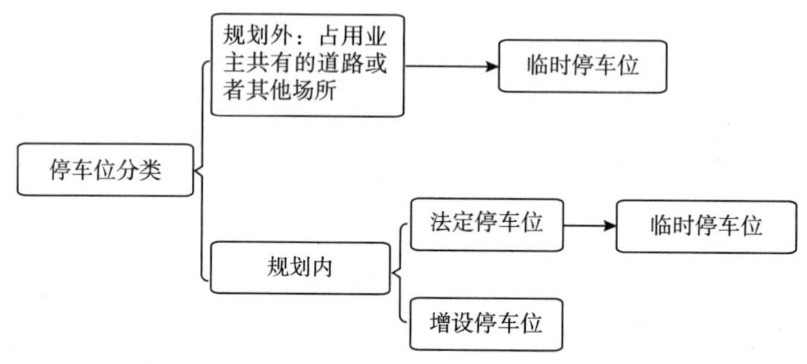

图4　停车位简单分类

如图4分类，可以明确：增设停车位在未通过合法途径约定为共有部分的为专有部分，增设车位一般不得向非业主出售，在满足业主需要之后可以将富余停车位临时或者短期向外出租；临时停车位分为两种，占用业主共有的道路或者其他场地设立的为业主共有，收益也应由所有权人共享，不能向非业主进行处分。[①] 规划内的临时停车位可以约定归属，由支付了合理对价的所有权人享有。同时为了避免停车位这种稀缺资源的浪费，在首先满足了业主需要的前提下，这种临时停车位可以以出租、出售或者抵押等方式对外进行处分。

3. 行政诉讼程序的适当引导

小区内车位、车库是否属于有关部门规划内审批的审查问题一直存在较大的争议。以事后调整审批为例：如果业主通过民事诉讼败诉，可以考虑引导业主通过行政诉讼审查有关部门事后调整审批规划增设车位的正当性、合法性，防止事后调整审批的随意性。对占用业主共有道路或者其他场地增设车位的行为，可以通过行政附带民事诉讼的方式保障业主共同的合法权益。

4. 举证责任的合理分配

笔者认为小区内车位、车库是否属于建设规划外占用业主共有道路或者其他场地增设的车位，举证责任分配问题应根据公平性原则。将举证责任分配给掌握优势证据

---

① 参见张勇《住宅小区地下停车位权利归属研究——以南京鼓楼区地下停车位案为例》，硕士学位论文，广东财经大学法学院，2017，第7页。

的开发商，让其证明出售和出租的车位、车库的审批手续具有合法性，土地出让金分配、公摊面积分配、建设成本核算符合基本事实，更有利于实现公平。

5. 适应人防工程车位的主流趋势

关于人防工程车位的权属问题，《中华人民共和国人民防空法》对人防工程权属没有明确，导致实务中有多种观点。第一，归开发商所有、使用管理和收益。审判实务采取的是谁投资谁收益原则，如案例 8 开发商有权通过协议确定车位的归属。又如案例 7 人防工程的停车位依法由开发商使用管理，收取租金。第二，归业主所有，使用收益归业主。根据第一种观点引申出第二种观点，通过商品房买卖，业主是真正的投资者，认为人防车位归业主共同所有。第三，归国家所有，使用收益归国家。虽然《中华人民共和国人民防空法》没有明确规定人防工程权属，但一些地方如北京规定了"人防工程系国有资产"，并且从人防工程本身的功能来看，开发商拥有所有权是不合适的。笔者认为在实践中，产权归国家所有是一个主流存在方式。人防车位因所有权属于国家，故对此人防车位不能办理产权登记。审判实务也应统一裁判尺度，减少权属争议。

结　语

本文以"首先满足业主的需要"在停车位归属中的意义为出发点进行研究，对进一步厘清相关术语，解决停车位、车库权属争议非常必要。

这里的"业主的需要"是一种现实的使用需要，也兼顾了一定条件下的潜在需要，而非投资需要。"首先满足业主的需要"作为合理条件下的绝对优先权，在停车位资源目前紧缺的情况下，对此理解或处理不当，会严重影响社会秩序。当权利人向非业主转让车位时，可以以法定配置比例为标准，即法定配置比例之内的车位、车库权利人不得租售或单独转让，而配置比例之外的则一般不受"首先满足业主的需要"的限制。总之，准确理解和使用"首先满足业主的需要"的条款规定，对于解决矛盾突出的小区停车位、停车库的权利归属问题具有重要意义。

涉不动产行政协议纠纷司法审查模式论

——由“斯托尔案”展开

何书中*

摘　要：涉不动产行政协议是行政协议中值得特殊关注的类型。最高法院在“斯托尔案”中指出，行政协议纠纷亦可采用民事诉讼司法审查模式，此举虽然一定意义上消解了新《行政诉讼法》将行政协议纳入行政诉讼受案范围的效力，但有利于纠纷的实质性解决，具有一定的借鉴意义。行政协议司法审查模式选择以行政协议的识别为起点。结合学理标准和司法标准，我国行政协议识别标准宜采“两要素说”的综合标准。文章基于目前司法实践中仍然存在部分行政协议采用民事诉讼模式进行司法审查，梳理归纳可供选择的民事诉讼模式、行政诉讼模式、双轨并行模式和分类审查模式四种行政协议司法审查模式，以行政协议的特殊性、法律体系的融贯性、司法实践的适应性、纠纷解决的有效性和诉讼程序的便利性为选择依据，提出行政协议侵权之诉适用行政诉讼、行政协议合同之诉适用民事之诉的解决路径。

关键词：涉不动产行政协议；司法审查；识别标准；民事诉讼模式；行政诉讼模式

一　“斯托尔案”[①]案情简介

2013年，泰州市海陵工业园管委会与斯托尔公司签订招商引资协议，约定：斯托尔公司通过国有土地使用权招标、拍卖和挂牌程序，竞买位于江苏泰州海陵工业园区规划范围内东至纵六路、西至海恒建材东围墙、南至济川东路、北至兴工路，总面积约123亩的国有建设用地使用权，转让年限50年；在招商引资协议生效后，及时完成外资企业工商注册登记，缴纳相关税费，企业总投资额5000万美元，注册资本3000万美元，主要从事智能电脑针织机械生产、制造和销售等业务；完成有关纳税义务，投产后第一年，开票销售额达3亿元人民币，第二年开票销售额达5亿元人民币，第三年开票销售额达6亿元人民币等内容。海陵工业园管委会协助斯托尔公司参加项目地块招标、拍卖和挂牌等程序，办理企业注册登记；协助斯托尔公司办理计划、测量、

* 何书中，上海财经大学法学院博士研究生。

① 最高人民法院〔2017〕最高法行再99号行政裁定书。

规划、国土、建设、消防、财政、人防、质监等相关报批手续；向斯托尔公司提供"七通一平"（通水、通电、通路、通网、通气、通路灯、通排水和土地平整）的项目用地；斯托尔公司投产前三年所缴纳国税、地税、基金等税费，其中由海陵工业园管委会留成部分全额奖励斯托尔公司，后两年减半奖励；等等。2015年，因双方在履行协议上发生纠纷，斯托尔公司向法院提起诉讼。一审法院认为，本案招商引资协议实质上是借款与赠与的民事法律关系，不具有行政法上的权利义务内容，不属于行政诉讼受案范围，裁定驳回斯托尔公司起诉。二审法院认为，2015年5月1日起施行的修改后的《行政诉讼法》始将行政协议纳入行政诉讼受案范围。根据法不溯及既往原则，本案招商引资协议纠纷不受修改后的《行政诉讼法》调整，斯托尔公司的起诉不属于行政诉讼受案范围。因此，裁定驳回上诉，维持一审裁定。

最高法院再审认为，本案招商引资协议一方为行政主体，协议目的符合公共利益需要，海陵工业园管委会行使的主要是《江苏省经济技术开发区管理条例》规定的行政职权，协议内容除包括相关民事权利义务约定外，还包括大量难以与协议相分离的行政权利义务约定，依法属于《最高法院关于适用〈中华人民共和国行政诉讼法〉若干问题的解释》（简称《适用解释》）第11条第1款规定的行政协议范畴。与民事诉讼程序相比，行政诉讼程序更有利于全面审查协议中有关税收承诺、土地出让价款承诺、行政许可承诺等诸项涉及行政法律规范之适用条款的合法性与合约性；而协议包含的工商、质监、房管、建设、交通等多个行政许可审批事项的约定，适用行政诉讼程序审理也更为适宜。尤其重要的是，本案斯托尔公司作为一审原告，在诉讼请求、诉讼类型及诉讼标的等问题上依法具有选择权，其有权就招商引资协议的全部或部分内容提起诉讼。如果斯托尔公司在一审诉讼期间或者根据一审法院的指引，选择通过民事诉讼解决本案纠纷，亦无不可。最终，该案以最高法院撤销一审和二审行政裁定，指令泰州中院继续审理暂时告一段落。

二 问题的提出

涉不动产行政协议是行政协议中非常重要的一种类型，上述"斯托尔案"中的招商引资协议即典型的涉不动产行政协议。此类协议往往规定了大量与不动产占有和使用方面相关的内容，公法和私法内容交织，涉及权利义务关系复杂，涉案标的额通常较大，属于行政协议中值得特殊关注的类型。新《行政诉讼法》第12条第1款第11项将行政协议纳入行政诉讼受案范围的规定，应当说从立法上解决了行政协议司法审查模式适用上的难题，使得行政协议适用行政诉讼司法审查模式有法可依。该条款明确列举的两类协议之一的土地房屋征收补偿协议即涉不动产行政协议。[1] 从立法角度来说，虽然该条款只明确列举了政府特许经营协议和土地房屋征收补偿协议两种类型的行政协议，但一般认为这里的“等”是“等外等”，也就是说，除了列举的两类行政协议，还包括其他行政协议。[2] 然而，司法实践中是否所有行政协议均已适用行政诉讼司法审查模式，答案也许并不尽然。首先，我国行政法本身起步晚于民法是个不争的事实，诸多行政法上的问题在明确立法之前均援引或适用民法和民事诉讼法加以解决，行政协议也不例外。行政协议的用语本身也是在新《行政诉讼法》后才被立法所确认，而且行政协议引发的纠纷一度被最高法院列为民事案由。法院可能基于历史沿革、经验积累和思维惯性等原因一时难以在民事诉讼模式和行政诉讼模式之间自由切换。其次，就立法本身来说，上述规定只是以列举的方式使用了“政府特许经营协议、土地房屋征收补偿协议等协议”的表述，且附加了“行政机关不依法履行、未按照约定履行或者违法变更、解除”的限定条件，没有明确使用行政协议等表述，从而给适用民事诉讼司法审查模式解决除上述明文描述的行政协议之外的行政协议留下了解释空间。有观点认为，新法仅规定把认为行政机关不依法履行、未按照约定履行或者违法变更、解除政府特许经营协议四种情形纳入受案范围，对于超出上述四种情形的其他情形提起诉讼的，则不属于行政诉讼受案范围。[3] 最后，由于行政协议的识别标准众说纷纭，在学理和实践中并未形成通说，诸多的行政协议可能会被当作民事合同来进行审查。另外，即使已经被认定为行政协议，也有法院认为行政协议可以选择民事诉讼司法审查模式加以审查。“斯托尔案”为我们研究涉不动产行政协议的司法审查模式提供了鲜活的素材，该案中最高法院虽然认定涉案招商引资协议属于行政协议，但并未否定民事诉讼模式的可选择权，而是认为当事人可以在一审期间选择民事诉讼或行政诉讼之一解决行政协议纠纷，上级法院应当尊重当事人选择权，而不宜仅因协议定性问题推翻下级法院生效裁判。

众所周知，行政协议适用民事或行政不同的司法审查模式，必然伴随着原被告双方在举证责任、诉讼程序、法律适用、诉讼成本、胜诉可能性等诸多方面的差异。为何在新《行政诉讼法》出台后，行政协议的司法审查模式之争并未因为立法规定偃旗息鼓，反而再起波澜？我们不妨正本清源，总结行政协议司法审查模式的逻辑起点、可选类型及选择依据，探寻适合我国法治实践的行政协议司法审查模式，以期对行政协议纠纷的实质性解决有所裨益。

---

① 由于在司法审查模式选择方面涉不动产行政协议和行政协议并无区别，但在确定何种司法审查模式后的具体法律适用选择上涉不动产行政协议仍然具有一定的特殊性，因此，在具体讨论时我们采用行政协议的概念，在需要突出涉不动产行政协议的特殊性时使用涉不动产行政协议的概念。

② 参见梁凤云《行政协议案件的审理和判决规则》，《国家检察官学院学报》2015 年第 4 期。

③ 参见程琥《审理行政协议案件若干疑难问题研究》，《法律适用》2016 年第 2 期。

三 起点：行政协议的识别

何谓行政协议？在2015年之前，理论界一般采用行政合同①、政府合同②或是行政契约③的概念，较少采用行政协议这个概念。彼时行政协议概念较多用来表示行政主体之间所签订的区域性协议。在《适用解释》出台之后，行政协议的概念成了实定法上的概念，也逐渐为理论界和实务界广泛接受。行政协议的名称虽然一直存在，但实质上内涵和外延以2015年为分界线已悄然发生变化。在2015年之前，行政协议一般是指两个或者两个以上的行政主体或行政机关，为了提高行使国家权力的效率，也为了实现行政管理的效果，互相意思表示一致而达成协议的双方行为，它本质是一种对等性行政契约。④ 在2015年之后，新《行政诉讼法》将政府特许经营协议、土地房屋征收补偿协议等行政协议纳入行政诉讼的受案范围。《适用解释》第11条对行政协议的概念进行了界定，即行政协议是指行政机关为实现公共利益或者行政管理目标，在法定职责范围内，与公民、法人或者其他组织协商订立的具有行政法上权利义务内容的协议。理论界和实务界也基本上接受了这一定义，使用行政协议概念表示行政机关与行政相对人之间协商签订的协议。⑤ 至此，行政协议概念在内涵和外延上逐步衍变成为与行政合同、政府合同、行政契约等相一致的概念。⑥ 既然行政协议的概念已得到清晰且明确的阐释，且新《行政诉讼法》将行政协议纳入了受案范围，那么接下来的首要问题便是识别哪些协议属于行政协议。这也是本文将对行政协议的识别确定为行政协议

---

① 参见张树义《行政合同》，中国政法大学出版社，1994；王旭军《行政合同司法审查》，法律出版社，2013；胡宝岭《行政合同争议司法审查研究》，中国政法大学出版社，2015；李霞《行政合同研究——以公私合作为背景》，社会科学文献出版社，2015；江必新《中国行政合同法律制度体系、内容及其构建》，《中外法学》2012年第6期；杨解君、陈咏梅《中国大陆行政合同的纠纷解决：现状、问题与路径选择》，《行政法学研究》2014年第1期；叶必丰《行政合同的司法探索及其态度》，《法学评论》2014年第1期；郑春燕《大陆行政合同的审查现状与困境》，《浙江社会科学》2014年第1期。

② 参见王克稳《政府合同研究》，苏州大学出版社，2007；施建辉、步兵《政府合同研究》，人民出版社，2008。

③ 参见余凌云《行政契约论》，中国人民大学出版社，2000；余凌云主编《全球时代下的行政契约》，清华大学出版社，2010；蔺耀昌《行政契约效力研究》，法律出版社，2010；步兵《行政契约履行研究》，法律出版社，2011；施建辉《行政契约缔结论》，法律出版社，2011；苏林琴《行政契约——中国高校与学生新型法律关系研究》，教育科学出版社，2011；阎磊《行政契约批判》，知识产权出版社，2011。

④ 参见何渊《论行政协议》，《行政法学研究》2006年第3期。

⑤ 有部分学者认为，该定义不符合行政行为与行政协议的基本理论，难以在实践中实现法院对行政协议的合法性审查，同时会对行政协议纠纷解决的司法实践产生负面影响，应当删除或改造“在法定职责范围内”的内容。参见沈福俊《司法解释中行政协议定义论析——以改造“法定职责范围内”的表述为中心》，《法学》2017年第10期。

⑥ 由于我国行政协议概念的内涵和外延经历了一番演变才基本确立下来，相关的研究文献随着时间推移在该概念的用语上并不一致，并且域外多采用行政合同、行政契约的概念。为了保证引用的准确性，笔者在引用相关文献时保持相关用语与原文一致。本文如未特别区分，上述几个概念在同等含义上使用。

司法审查起点的原因。

（一）学理标准：“单一要素说”

行政协议识别标准的实质是如何将其与民事合同相区分。在学理上，各个国家和地区均形成了不同的观点和学说，主要有主体说、当事人主观意思说、从属说、利益说、契约标的说、任务说、契约之目的或事物整体关联说等学说。[①] 上述学说虽然名称各异，但均有一定逻辑可循。总的来说，可以根据契约与人的联系或是与物的联系划分为两类。其中，影响力较大的是主体说、契约标的说、混合说和当事人主观意思说。主体说认为，只要契约当事人至少一方是行政主体，其所缔结的契约即行政契约。契约标的说认为，只要契约的标的属性是公法性质，契约即可定性为行政契约。混合说则是混合前两种标准，认为必须契约一方当事人为行政主体且契约标的属性是公法性质才认为是行政契约。当事人主观意思说认为，当事人主观意思是决定契约性质的关键，即使契约标的系公法性质，也可由当事人根据其意思采用私法契约形式并适用私法规范进行调整。

德国和我国台湾地区理论界和实务界主要将契约内容性质作为行政契约和私法契约的识别标准，采“契约标的说”为通说。[②]《德国联邦行政程序法》第 54 条第 1 款将行政合同定义为设立、变更和终止公法上的法律关系的合同。我国台湾地区“行政程序法”第 135 条基本上也采用与德国同样的表述，公法上法律关系得以契约设定、变更或消灭之。但上述规定并未对何为“公法上法律关系”作进一步阐释。学理上认为，具备下列情形之一的，即构成“公法上法律关系”：一是契约目的是执行公法规范；二是契约包含有作出行政行为或者其他主权性职务行为的义务；三是契约针对公民公法上的权利义务。[③]“公法上法律关系”牵涉公法与私法的区分问题，即若契约内容适用公法规则，那么该契约为行政契约，若契约内容适用私法规则，那么该契约为私法契约。这种论断虽然难以逃脱循环论证的嫌疑，但不乏一定道理。假使行政机关与行政相对人签订的协议中的一部分内容涉及行政机关的税收减免、许可证办理、土地出让等需要适用行政实体法规则才能实现的允诺，那么该协议也可以断定为行政协议而非民事合同。

上述各种学说正如公法与私法区别之学说，皆非完善，每一种标准或多或少都有其理论上之缺陷。[④] 然而，行政协议识别的学理标准针对性强，力求抓住事物本质，将

① 参见张文郁《行政契约与私法契约之区别》，载台湾行政法学会主编《行政契约与新行政法》，元照出版有限公司，2002，第 414～420 页。

② 参见程明修《行政契约标的理论》，《月旦法学教室》2003 年第 8 期。

③ 参见〔德〕哈特穆特·毛雷尔《行政法学总论》，高家伟译，法律出版社，2000，第 351 页。

④ 参见张文郁《行政契约与私法契约之区别》，载台湾行政法学会主编《行政契约与新行政法》，元照出版有限公司，2002，第 420 页。

行政协议中至关重要的因素作为识别标准。因此，“单一要素说”的识别标准在各个国家和地区的行政协议识别标准学说中居主流。

（二）司法标准：“四要素说”

我国司法实践中已经出现了大量的行政协议判例，尤其是 2015 年新《行政诉讼法》将行政协议纳入受案范围之后，适用行政诉讼程序审理行政协议的案件日益增多。原因可能有两个方面：一方面，行政协议案件正式纳入行政诉讼审查范围后，改变了以往司法救济途径不明确的局面，更多的行政协议纠纷得以进入司法救济程序；另一方面，由于行政机关处于法律关系的强势一方，享有单方变更、解除行政协议等行政优益权，相较而言，行政相对人处于弱势一方，而行政诉讼的目的之一是监督行政机关依法行使职权，打开了当事人扭转弱势地位的通道，从而维护了自身权益。

除了司法实践能够产出大量的判例作为理论供养，指导性案例也具有非常强烈的借鉴意义。虽然我国是成文法国家，但随着指导性案例制度的建立，无论是在实务上还是理论上，司法判例都产生了潜移默化的影响。有学者从案例实证的角度，较为全面地梳理了我国司法实践中行政协议的判断标准，概括为以下七个方面：主体的法定性、主体地位的不平等性、以行政职责为前提、行政主体具有优益权、以行政目标为目的、适用行政法规范、行政法上的权利义务。[①] 其是对行政协议判断标准司法实践的描述性总结，所追求的是对司法实践现状的完整描述，因此导致行政协议识别标准失之宽泛。“斯托尔案”较为准确地概括了司法实践中行政协议的识别标准，关注四个方面要素：一是协议有一方当事人必须是行政主体；二是该行政主体行使的是行政职权；三是协议目的是实现社会公共利益或者行政管理目标；四是协议主要约定的是行政法上的权利义务关系。我们可以将上述行政协议识别标准称为“四要素说”。

（三）本文观点：“两要素说”证成

作为行政法学发展后进生的我国学界兼采众长，将“主体说”和“契约标的说”结合的“混合说”作为通说，即采主体标准和内容标准，“主体说”为形式标准，“契约标的说”为实质标准。[②] 其中，实质标准应居于行政协议识别标准的核心地位。实质标准的关键是判断行政法上的权利义务，具体可结合以下几个方面进行判断：一是是否行使行政职权；二是是否为实现行政管理目标或者公共利益；三是在协议里或者法律上是否规定了行政机关的优益权。[③] 但亦有学者从实用角度出发，认为行政协议与民

① 参见叶必丰《行政合同的司法探索及其态度》，《法学评论》2014 年第 1 期。

② 参见刘莘《行政合同刍议》，《中国法学》1995 年第 5 期；王克稳《论行政合同与民事合同的分离》，《行政法学研究》1997 年第 4 期；余凌云《行政契约论》，中国人民大学出版社，2000，第 31～35 页；杨科雄《试论行政协议的识别标准》，《中国法律评论》2017 年第 1 期。

③ 参见杨科雄《试论行政协议的识别标准》，《中国法律评论》2017 年第 1 期。

事合同的划分目的不在于划分本身，而在于解决不同审判庭的协议案件管辖权限，防止权限冲突，倡导回归“主体说”，只要是行政机关或行政机关的授权主体、委托主体作为合同主体签订的合同都可被认为是行政协议。①

我国学者在借鉴境外的识别标准基础上，多倾向于综合各种学说标准作为行政协议的识别标准，综合标准一定意义上可以弥补单一标准在识别行政协议上不足。然而，近年来，我国学说上逐渐表现出化繁为简向“契约标的说”单一标准回归的趋势，越来越多的学者认为应当将“行政法上的权利义务”或“公权力的作用”作为行政协议识别标准。②

与学说上由综合标准向单一标准转变的趋势相反，行政协议司法实践展现出由单一标准向综合标准演变的趋势。在“斯托尔案”裁定书的说理部分，法院归纳了“主体 + 职权 + 目的 + 内容”的“四要素说”标准作为识别行政协议的综合标准。从学理角度来说，该“四要素说”标准结合了“主体说”“目的说”“契约标的说”等诸多行政协议的识别标准，目的是使行政协议的识别更具可操作性。从司法实践角度说，其实质不过是根据《适用解释》第 11 条关于行政协议定义分解而来，并非法院独具创新的观点。笔者认为，“四要素说”虽然操作相对简便，但并没有抓住行政协议识别的核心要素，混淆了行政协议的形式和实质，附加了不必要的要素。行政协议的识别应着眼于协议形式上的认定，不应介入实质内容太深，公共利益和行政职权影响的是行政协议的效力，并非行政协议的成立。正如行政行为因为重大且明显违法而构成无效行政行为，但不能因此否认无效行政行为属于行政行为的一种。

综上所述，笔者认为，可以将“四要素说”改良为“两要素说”，删除“职权”和“目的”两项要素。“职权”和“目的”并非行政协议的构成要件，不妨碍成立行政协议，不具有这两项要素只会使得行政协议无效而已。而“主体”要素和“内容”要素是行政协议的必备要素，没有这两项要素难以称之为行政协议。“主体”要素主要是指签订协议的一方必须为公法人或得到公法人授权的主体。现实中，并非所有行政协议均由行政机关签订，一些应当以人民政府名义签订协议，但往往以职能部门、管委会、项目指挥部甚至平台公司名义签订，此时只要有当地人民政府的授权性规定，就不宜将此类协议认定为民事合同。③ 因此，“主体”要素仅作为行政协议识别的形式标准。“内容”要素主要是指协议内容涉及公法上的权利义务关系，换言之，协议内容

① 参见陈无风《行政协议诉讼：现状与展望》，《清华法学》2015 年第 4 期。

② 参见韩宁《行政协议判断标准之重构——以“行政法上权利义务”为核心》，《华东政法大学学报》2017 年第 1 期；于立深《行政协议司法判断的核心标准：公权力作用》，《行政法学研究》2017 年第 2 期。

③ 参见耿宝建、殷勤《行政协议的判定与协议类行政案件的审理理念》，《法律适用》2018 年第 17 期。

超越了私法上的权利义务关系。“内容”要素是行政协议识别的实质标准。“斯托尔案”判词指出，涉案协议内容除包括相关民事权利义务约定外，还包括大量难以与协议相分离的行政权利义务约定，依法属于《适用解释》第11条第1款规定的行政协议范畴。“内容”要素的判断可以根据协议应当适用的实体法规则进行判断。如果适用行政法规则，则为行政法上的权利义务关系。

四 路径：司法审查模式类型化

行政协议的识别理应是其进入行政诉讼司法审查模式的第一步。行政协议兼具行政性和协议性的特点，使得其与传统行政行为和普通民事合同都有相似和不同的地方。因此，行政协议在采用民事或行政司法审查模式上一直存有争议，在司法实践中这两种模式均有所采用。直至新《行政诉讼法》出台后，关于行政协议司法审查模式之争才稍稍平息。“斯托尔案”的出现无异于在刚刚恢复平静的湖面投入一颗石子。我们不禁要问，难道真的有必要采用民事诉讼模式对行政协议进行司法审查吗?

我国法院虽然没有类似于德国等的普通法院和行政法院的区分，但在法院内部也存在民事审判庭和行政审判庭的分工。相应的，民事事件由民事审判庭审理，行政事件由行政审判庭审理。虽说只是同一法院内部不同法庭之间的分工，但由于民事诉讼和行政诉讼在法律法规适用、审理程序、审理思路等方面的差异性，同一案件适用不同诉讼程序审理难免导致审理结果的差异性。

民事事件与行政事件的区分成为进入不同司法审查程序的旋转门。如何判断某一争议是民事事件还是行政事件，学说上形成了制度功能说和法律关系说两种学说。① 制度功能说认为，之所以区分行政诉讼和民事诉讼，是为了确定不同的管辖法院，而不是区分行政事件或民事事件。采用何种诉讼模式解决某一事件由立法政策所决定，主张适用行政诉讼法解决问题的事件是行政事件，主张适用民事诉讼法解决问题的事件是民事事件。法律关系说认为，司法裁判是法律实施行为，民事事件根据民事实体法律审查，行政事件根据行政实体法律审查。如何区分民事事件和行政事件则是根据适用的实体法规则来确定。民事事件是适用民事实体法规则的事件，行政事件是适用行政实体法规则的事件。民事事件与行政事件的区分本身是适用不同诉讼程序的前提，制度功能说将不同事件适用不同诉讼程序作为区分民事事件与行政事件的前提，有倒果为因之嫌。因此，学说上多采取法律关系说，只有在依其中一种诉讼程序得不到有效救济时，或依立法政策的考量，采制度功能说作为补充。

① 参见翁岳生编《行政法》（下册），中国法制出版社，2009，第1339~1340页。

至此，我们在行政协议的识别与司法审查模式的选择上建立起了联结点。行政协议的识别所要解决的是其与民事合同的区分，对于不同的诉讼程序来说，即行政事件与民事事件的区分。根据法律关系说，某一协议系行政协议，由此引发的纠纷则属行政事件，应纳入行政诉讼程序处理；某一协议系民事合同，由此引发的纠纷则属民事事件，应纳入民事诉讼程序处理。例外的是，如果行政协议依行政诉讼程序得不到有效救济，或依立法政策的考量，也可能发生行政协议适用民事诉讼程序处理的情形。换言之，原则上行政协议应当适用行政诉讼程序处理，在极少数例外情况下基于立法政策考量可适用民事诉讼程序处理。我国台湾地区有违反“社会秩序维护法”的处罚事件，根据规定，分别由警察机关及地方法院简易庭裁罚。被处罚人的救济程序，应向地方法院简易庭及普通庭提起，不得提起行政诉讼。① 行政协议的司法审查模式究竟应该选择民事诉讼模式抑或行政诉讼模式，理论和实践中仍有不少争议。我们不妨先考察可供选择的四种司法审查模式，经比较之后再作进一步判断。

（一）规范主义路径：单一诉讼模式

规范主义路径从民事诉讼和行政诉讼的立法目的、受案范围等角度出发，以法律体系的融贯性为根本，通过解释和推演等方式将行政协议纠纷的解决路径嫁接到相应的诉讼模式中，并匹配逻辑相符的行政协议识别标准、法律适用等制度装置。规范主义路径的缺点在于强调理论逻辑上的融贯性，对于实践与理论的龃龉往往难以提供有力的回应。

1. 民事诉讼模式

主张适用民事诉讼模式审查行政协议案件的以民法学者居多，主要理由有三点。一是合同本是民法上的概念，行政与合同无法兼容，因此不具有行政协议的概念。二是我国尚缺乏行政协议实体法规范。缺乏实体法规范的行政协议制度，无法明确协议双方当事人的权利义务，也没有建立与合同法规定相当的责任承担机制，难以为双方当事人权益提供全方位的保护。② 例如行政法上的救济措施至今欠缺恢复原状、排除妨害、消除危险等请求权③，无法满足司法需要，而民法拥有较为完整的救济体系。三是我国行政诉讼模式只能“民告官”，而不能“官告民”，无法给予行政机关完整的司法救济。④

主张适用民事诉讼模式势必排斥行政诉讼模式的适用，达到此目的的方式主要有两种。第一种方式是从根本上否认行政协议的独立存在。有学者认为，“本质上属于市

---

① 参见徐瑞晃《行政诉讼法》，元照出版有限公司，2015，第 42 页。

② 参见周劲松《PPP 合同性质及其争议解决机制的选择》，《人民司法》2017 年第 31 期。

③ 参见崔建远《行政合同族的边界及其确定根据》，《环球法律评论》2017 年第 4 期。

④ 参见吕立秋《行政协议的纠纷解决路径与思考》，《中国法律评论》2017 年第 1 期。

场交易的行为，即使一方当事人为行政机关（如政府采购合同），即使法律规定强制签约（如粮食定购），也仍然属于民事合同，而与所谓行政合同有本质区别……国家通过行政机关对某些市场交易行为进行适度干预，并不改变这些市场交易行为的性质，当然不可能使这些市场交易行为关系变成所谓行政合同关系”。[①] 有学者认为，“依法行政原则是行政法学上一个最重要的制度，一切的行政行为都必须符合法律与法规的规范，其与私法领域的‘私法自治原则’是相冲突的。在私法领域，法不禁止即自由；而在公法领域，法无授权即禁止。因此，公法领域不可能有‘法律行为’……既然公法领域不可能存在‘法律行为’，那么，作为‘法律行为’的下位概念——契约，自然也就无法在公法领域生存。那些关于‘公法上的契约’、‘行政契约’、‘行政法上的契约’等概念的理论是错误的。公法领域无契约”。[②] 根据上述观点，依法行政与契约自由无法共同存在于一个合同之中，公法领域无法存在契约，行政合同亦不存在，所有的合同均是民事合同，自然而然应当适用民事诉讼模式审理所谓的“行政协议”案件。

第二种方式是不否认行政协议的独立存在，但通过暗度陈仓的方式极力限缩行政协议的范围，将原本属行政协议范围的协议纳入民事合同范围，如此一来，这些所谓的“民事合同”便可堂而皇之地进入民事诉讼模式处理。有学者认为，政府招商引资合同、政府采购合同、国有建设用地使用权出让合同、探矿权转让合同、农村土地承包合同、国有企业租赁承包经营合同、经济协作合同、科技协作合同等许多被行政合同论者认定为行政合同的合同，都是原则上遵循市场规律，对等的权利义务关系占据重要位置、比重，均应划归民商合同之列。[③] “斯托尔案”的一审法院也是遵循此种逻辑，认为海陵工业园管委会与斯托尔公司签订的招商引资协议，实质上是借款与赠与的民事法律关系，不具有行政法上的权利义务内容，不属于行政诉讼受案范围。

2. 行政诉讼模式

主张适用行政诉讼模式审理行政协议案件的学者均认可一个前提，即依法行政与契约自由可以并存于同一协议之中。因为“任何法律秩序中都不可能存在不受限制的契约自由”[④]，无论是行政协议抑或民事合同均应遵守法律的强制性规定，基于此，行政协议和民事合同并不因其适用公法规则或私法规则而为法律强制性规定所区别对待。依法行政并不排斥行政机关的裁量权，行政机关在裁量权范围内享有一定的自由，而这也正是行政协议的生存空间之所在。[⑤] 在此基础上，行政协议的行政性和协议性共

① 梁慧星：《民法学说判例与立法研究》（二），国家行政学院出版社，1999，第 191 页。

② 阎磊：《行政契约批判》，知识产权出版社，2011，第 163 页。

③ 参见崔建远《行政合同族的边界及其确定根据》，《环球法律评论》2017 年第 4 期。

④ 〔德〕马克斯·韦伯：《经济与社会》（第 2 卷），阎克文译，上海人民出版社，2010，第 808 页。

⑤ 参见麻锦亮《纠缠在行政性与协议性之间的行政协议》，《中国法律评论》2017 年第 1 期。

存，其中行政性起主导作用。行政协议是一种双方行政行为，有别于民事合同这种民事法律行为，由此引发的争议属于行政争议。民事诉讼是用来解决平等主体之间的人身财产纠纷，无力解决由行政机关与行政相对人之间不平等主体关系的纠纷。而我国《行政诉讼法》的立法目的之一就是“解决行政争议”，并且该法已将政府特许经营协议、土地房屋征收补偿协议等行政协议纳入了受案范围，故应当适用行政诉讼模式。

主张适用行政诉讼模式审理行政协议案件的学者同时认为，适用民事诉讼模式解决行政协议争议有三个弊端。一是不能解决公益与私益之间的矛盾。行政合同以公共利益为目的，行政主体基于公共利益采取单方变更或解除合同的行为，不能被追究违约责任。二是不利于监督行政机关依法行政。民事诉讼模式不能审查行政行为的合法性问题，而只能审查平等主体之间的权利义务关系。三是难以监督权力寻租，损害公共利益的行为。① 私法规制可能证实并不足以应对这些问题，比如说滥用国家的垄断权，以及保护第三人利益的需要，这些第三人就是作为服务供应对象的公众。② 而采用行政诉讼模式，不仅符合审判专业的要求，能够处理好公益与私益的关系，而且有利于全面解决行政争议，且符合审判效率的要求。③ 例如，“斯托尔案”适用行政诉讼程序更有利于全面审查协议中有关税收承诺、土地出让价款承诺、行政许可承诺等诸项涉及行政法律规范之适用条款的合法性与合约性；而协议包含的工商、质监、房管、建设、交通等多个行政许可审批事项的约定，适用行政诉讼程序审理也更为适宜。

（二）实用主义路径：混合诉讼模式

“实用主义通过强调功利标准，通过将是否适应其目的作为真实性的标准和依据，正在深刻地影响着司法思想的发展。”④ 实用主义路径以有效解决司法实践问题为导向，能够更好更有效率地解决行政协议纠纷是其首要考虑的问题，混合诉讼模式便是在此背景下产生的。实用主义路径往往由实践产生，能够更有效解决实践难题，但缺点在于理论性不足，可能难以进行长期的复制推广。采用混合诉讼模式主要是基于我国当下行政协议司法审查现状，目前行政协议的司法审查在民事审判庭和行政审判庭均有发生，从解决争议角度来说，难以判断孰优孰劣，较为稳妥的做法有两个：一是维持现状，其中某一诉讼模式能够较好适用的则继续适用，并进一步总结经验；二是基于司法实践经验对目前的行政协议进行类型化，划分等级标准，分别进入不同的诉讼模

---

① 参见陈茂春《行政合同司法审查现状审视与现实路径分析》，《行政与法》2015 年第 2 期。

② 参见 S. Fredamn, G. Morris, “The Costs of Exclusivity: Public and Private Re-examined”, *Public Law*, 1994, p. 69; C. Harlow, R. Rawlings, *Law and Administration*, 2nd edn., London: Butterworths, 1997, p. 138。均转引自〔英〕休·柯林斯《规制合同》，郭小莉译，中国人民大学出版社，2014，第 334 页。

③ 参见胡宝岭《行政合同争议司法审查研究》，中国政法大学出版社，2015，第 132 ~ 137 页。

④ 〔美〕本杰明·N. 卡多佐：《法律的成长》，李红勃、李璐怡译，北京大学出版社，2014，第 136 页。

式，从而给予当事人选择何种救济途径更为明确的信号。

1. 双轨并行模式

双轨并行模式实质就是行政协议司法审查的现状，虽说新《行政诉讼法》已将行政协议纳入了行政诉讼的受案范围，但实践中大量尚未明文确定性质的行政协议“逃逸”进入民事诉讼之中。“斯托尔案”的审理经过可谓对行政协议司法审查的双轨并行模式的最佳注脚。一审法院认为双方签订的招商引资协议系民事合同，不应当适用行政诉讼程序，而应当适用民事诉讼程序。二审法院干脆回避了实体性争议的审理，径行以法不溯及既往原理，认为本案协议不属于新《行政诉讼法》的受案范围。二审法院的裁判理由与一审法院并不相同，但裁判结果是一致的。招商引资协议虽然属于行政协议，但旧《行政诉讼法》并未将行政协议纳入受案范围，即在旧《行政诉讼法》施行时期仍应当选择民事诉讼程序进行救济。

最高法院认为系争的招商引资协议属于行政协议，应当适用新《行政诉讼法》进行审理。然而，最高法院在裁定说理中指出，本案斯托尔公司作为一审原告，在诉讼请求、诉讼类型及诉讼标的等问题上依法具有选择权，其有权就招商引资协议的全部或部分内容提起诉讼。如果斯托尔公司在一审诉讼期间或者根据一审法院的指引，选择通过民事诉讼解决本案纠纷，亦无不可。在此情形下，上级法院应当尊重当事人选择权，而不宜仅因协议定性问题推翻下级法院生效裁判。换言之，最高法院认为行政协议的司法审查模式既可以是民事诉讼模式，也可以是行政诉讼模式，选择何种模式取决于当事人最初的选择。由此看出，双轨并行模式对行政协议没有特别地区分，而是将司法审查模式的选择权赋予当事人，当事人可以选择其一解决行政协议纠纷。

2. 分类审查模式

与双轨并行模式不同，分类审查模式需要对行政协议进一步类型化和细分。具体操作原理如下：基于行政协议行政性和协议性并存的现状，以行政性和协议性的强弱为划分类型的依据，将行政协议归纳为不同等级和类型，超过一定标准应当纳入行政诉讼范围，低于该标准便纳入民事诉讼范围，据此适用不同的诉讼模式。有学者认为，“应当以公法上的法律关系作为界分标准来确定采用民事诉讼模式还是行政诉讼模式。具体而言，将行政合同中涉及的行政优益权分解开来，审批权、单方变更解除权、制裁权等作为一级参数指标，缔约阶段的合同对象选择权、行政合同履行过程中的监督指挥权等作为二级参数指标。如果行政合同既含有一级参数的优益权，又有二级参数的优益权，则认定该行政合同是行政化的行政合同。如果行政合同不具备一级参数的优益权，只具备二级参数的优益权，则认定该行政合同为契约化的行政合同。如果行政合同连二级参数的优益权都不具备，则认定为民事合同”。[①] 有学者在此基础上，进一步将所有行政合同根据其行政性因素的强弱区分为“强行政性行政合同”和“弱行政性行政合同”。[②] 分类审查模式即上述在对行政合同进行类型化区分的基础上，根据立法和司法政策的考量选择适用不同的诉讼模式。

此外，有学者基于行政协议行政性和协议性兼具的特点，认为可以将行政协议纠纷一分为二，其中涉及行政性的部分适用行政诉讼模式，协议性的部分适用民事诉讼模式。[③] 我国司法实践曾经作出过一定探索，将整个国有建设用地出让过程中的争议划分为两类：行政行为引起的争议和民事行为引起的争议。行政行为引起的争议体现为非法定土地审批机关非法批准土地使用权等情形，民事行为引起的争议体现为协议出让土地使用权出让金低于国家底价等情形，分别选择不同的司法审查模式。[④] 此种拆分模式存在的前提是行政协议是一种混合合同，可以分割。“如果行政契约涉及私法领域的规定与行政契约中公法性质规定有密不可分的关系时，则该规定视为公法性质。反之，则把行政契约中涉及私法领域之规定与公法规定予以分离，视两者为不同性质的意思合致，即：私法上契约与行政契约。只是在外观上，两者同时存在于同一个文件中。”[⑤] 上述观点在理论上是可以成立的，然而“理论中的典型并不是总符合现实中的真实”。[⑥] “这种合同可以分为公法部分和私法部分（所谓的混合合同），应当根据相应的公法和私法分别判断，但是权威的观点认为这在法律上是不可能的。混合合同的后果是：行政合同的适用范围大幅度扩张，只要合同包含有一个（并非不重要）公法义务或者涉及一个这种公法义务，就足够了。”[⑦] 换言之，行政协议中存在的行政性因素会不断扩张，“吞噬”其中的协议性因素，行政协议中的行政性部分和协议性部分往往是难以拆分的。

五　方向：司法审查模式的选择依据

理论上，上述四种司法审查模式不能同时并存于同一时空之下，只能择一适用。由于我国行政法与民法相比起步较晚，诸多行政案件审理需援引民事法律规范。实践中，仍然存在行政协议通过民事诉讼模式加以解决的情形。立法上，新《行政诉讼法》已将行政协议纳入受案范围，表明一种混合诉讼模式向单一行政诉讼模式转型的倾向。

① 王旭军：《行政合同司法审查》，法律出版社，2013，第 134 ~ 136 页。
② 郑秀丽：《行政合同过程研究》，法律出版社，2016，第 179 页。
③ 参见胡宝岭《行政合同争议司法审查研究》，中国政法大学出版社，2015，第 115 页。
④ 参见最高人民法院行政审判庭编《中国行政审判案例》（第 2 卷），中国法制出版社，2011，第 32 ~ 33 页。
⑤ 黄异：《行政法总论》（修订八版），三民书局，2017，第 128 页。
⑥ 〔德〕平特纳：《德国普通行政法》，朱林译，中国政法大学出版社，1999，第 147 页。
⑦ 〔德〕哈特穆特 · 毛雷尔：《行政法学总论》，高家伟译，法律出版社，2000，第 351 页。

然而，这种转型并不是十分成功。那么，我国究竟应当采用何种司法审查模式解决行政协议纠纷？我们必须找到切实可靠的选择依据帮助我们作出恰当的选择。选择何种司法审查模式取决于多种因素，但最重要的是要关注行政协议的特殊性、法律体系的融贯性、司法实践的适应性、纠纷解决的有效性和诉讼程序的便利性等方面的因素。

（一）行政协议的特殊性

回顾行政协议司法审查的历史，行政协议的司法审查经历了民事诉讼模式、双轨并行模式、分类审查模式，直至如今立法上确定的行政诉讼模式。每个阶段都代表着特定的历史时期。由于我国行政法发展起步晚于民法发展，在相应行政法理论发展起来之前，适用民事途径和民事法律规范也无可厚非。随着行政协议纠纷的逐渐增多，单一采用民事诉讼模式解决行政协议纠纷的短板被凸显出来，行政权力与行政相对人私权的冲突在民事诉讼模式中无法得到调和。加之行政法理论不断丰富和完善，行政协议行政性的一面逐渐被重视，行政协议成为区别于传统单方行政行为的双方行政行为。行政协议与民事合同的楚河汉界逐步明晰。基于公权控制的需要，行政协议开始进入行政诉讼模式进行司法审查。当前，行政协议作为一种柔性的管理方式被广泛运用于社会治理的各个领域，成为替代政府部门提供公共服务的一种手段。

行政协议之所以受到理论界和实务界的重视就是由于其特殊性，特殊性体现在其是由行政性和协议性结合在一起的协议，既具有传统行政行为的特点又具有普通民事合同的特点。这种特殊性意味着，其受到的法律调整与以上两者均有区别。究竟应当偏向于行政法规范调整还是民事法律规范调整？笔者认为，由于行政协议的行政性和协议性并存，纠纷产生于行政性部分抑或协议性部分是选择司法审查模式的基础。如果行政性居于整个协议的主导地位，协议性位于行政性之后，则应当将其纳入行政诉讼模式的司法审查范围之内。反之，亦然。

（二）法律体系的融贯性

选择何种行政协议司法审查模式不是简单的掷骰子游戏，而是要基于我国目前的立法体系作出整体性的判断。我国于2011年即宣布建成了中国特色的法治体系，其中最重要的一项指标就是较为完善的法律体系。申言之，目前我国的法律体系已基本完备，存在公私法的界限，实体法部分民法、行政法和刑法三分天下，程序法部分对应解决实体争议的三部诉讼法。新出现的行为争议基本上要从上述三部实体法以及对应的诉讼法中寻求解决方法。我们需要考虑的是，将行政协议放入其中一种诉讼模式解决是否与现行的法律体系具有融贯性。

首先，选择何种司法审查模式的起点在于行政协议的识别。相关协议必须在认定行政协议之后，才能确定接下来司法审查模式的选择。根据前文确定的“两要素说”

行政协议识别标准，我们可以将行政协议从众多协议中与民事合同区分开来。而行政协议的识别标准牵涉契约标的的认定或者说行政法律关系的认定，认定契约标的或者行政法律关系的关键在于适用行政实体法规则。在这个意义上，行政协议的识别标准对应的是行政实体法，而非民事实体法，因此，行政协议的识别标准与行政诉讼模式的契合度更高。

其次，选择何种司法审查模式难以回避法律适用问题。无论是采用民事诉讼模式还是行政诉讼模式，在具体审查行政协议的合法性或有效性时必须适用相关法律法规。如果采用民事诉讼模式，则只能适用民事实体法，例如合同法、侵权责任法等，无疑放弃了对公权力的监督。如果采用行政诉讼模式，则既可以适用行政实体法，又可以援用民法上的规定。[①] 也就是说，采用行政诉讼模式在法律适用上选择范围更大、自由度更高。

最后，选择何种司法审查模式应当考虑与已有立法的衔接问题。《行政诉讼法》已将行政协议纠纷纳入受案范围是不争的事实，即从立法角度实际上将行政协议的司法审查权归于行政诉讼。因此，从体系解释角度来说，只要通过识别标准认定为行政协议，均应当纳入行政诉讼模式，而不能采用民事诉讼模式。

（三）司法实践的适应性

理论和实践的经验为行政协议司法审查提供了规范主义和实用主义两种路径，采用第一种路径需要明确行政协议的识别标准，并进而对现行行政协议的混合诉讼审查模式作出较大改变，采用第二种路径只需要在现行模式下作出部分改良即可。在此，我们需要考虑有关司法实践适应性的两个问题：第一，是否需要改变；第二，如果需要改变，司法实践是否能够应对。对于第一个问题，我们认为必须作出改变，不能任由行政相对人选择行政协议的司法审查模式。不同司法审查模式的审查思路与要求并不一致，由此产生的裁判结果必然有差异。并且，民事诉讼模式处理的是平等民事主体之间的人身和财产关系，对公权力行使的限制非常有限。长此以往，将会导致司法公信力下降、公法遁入私法、权力寻租等问题，法治体系无疑会遭受侵蚀。

对于第二个问题，我们不妨采用主体分析法。与行政协议司法审查模式有关的主体包括法官、行政机关、行政相对人和利害关系人。由于现行行政协议审查模式为混合诉讼模式，因此，无论是采用单一诉讼模式还是在双轨并行模式基础上进一步推行分类审查法，对法官来说都是可以接受的，然而，对行政机关、行政相对人和第三人

---

① 对行政法援用民法规范已有诸多学者进行了深入探讨。参见王贵松《民法规范在行政法中的适用》，《法学家》2012 年第 4 期；郭修江《行政协议案件审理规则——对〈行政诉讼法〉及其适用解释关于行政协议案件规定的理解》，《法律适用》2016 年第 12 期。

来说，却有着不小的差别。对行政机关来说，民事诉讼模式和行政诉讼模式应当都是可以接受的，但行政诉讼模式对行政机关监督性更强。民事诉讼模式赋予其原告资格，可以主动发起对行政相对人的诉讼，并且可以免予行政协议受到类似行政行为的合法性审查。行政机关与行政相对人根据“谁主张谁举证”原则拥有同等举证责任。在行政诉讼模式中，行政机关虽不可以主动提起诉讼，但可以行使行政优益权，并对该行为的合法性负责，接受行政诉讼的检验。行政机关的举证责任更重，必须提供签订行政协议所有的证据和所依据的规范性文件。对行政相对人来说，行政诉讼模式不仅可以监督行政机关行使职权，而且可以达到与民事诉讼模式同样解决争议的目的，并且诉讼成本更低。对利害关系人来说，两种诉讼模式差别不大。综上所述，如果采取单一的民事诉讼模式，对司法实践的冲击无疑是最大的，对行政相对人和利害关系人来说，是难以接受的。相较而言，单一的行政诉讼模式与司法实践的契合度更高。

（四）纠纷解决的有效性

选择何种司法审查模式解决行政协议纠纷应当将不同模式对纠纷解决的有效性进行比较，选取其中有效性更强的模式，毕竟司法救济的一个重要功能就是定分止争。由于行政协议行政性和协议性兼具的特点，产生纠纷的原因也是多元的，究竟是行政性内容在发挥作用还是协议性内容在发挥作用，往往不是那么容易分割。行政法律关系的司法审查是民事诉讼模式的禁区，而行政诉讼模式中却可以援用民法规范对民事法律关系作出判断。行政协议纠纷必然是其中一方打破协议约定导致另一方利益受损，在此过程中需要防范公权力的滥用。本着对公权力天生的不信任，设想行政规避法律①导致权力寻租等非法行政行为的发生，我们不得不对此有所防备。但是，不可否认的是，民事诉讼模式可以有效解决违约责任的赔偿问题，当事人可以获得依据民事实体法规定的充分赔偿。而行政诉讼模式中的赔偿往往仅限于违法导致的直接损失，对于可期待利益是不赔偿的。此时，当事人的诉求无疑起着关键的作用。行政诉讼模式具有保障私人权益和增进公共利益两种功能②，但当事人可获得利益并不高，而民事诉讼模式仅具有保障私人权益功能，但可获得利益较行政诉讼模式高。

（五）诉讼程序的便利性

民事诉讼和行政诉讼相比，何种诉讼程序更有便利性？我们不妨从诉讼的可得性、过程性和结果性三个角度考量。

---

① 行政规避法律是指行政主体在行政权的行使中有意识地将行政职权与法律原则和法律规则相分离，进而使行政过程和行政行为与法律形成两张皮的行为状态。参见张淑芳《论行政规避法律》，《学术月刊》2018 年第 5 期。

② 参见叶俊荣《行政法案例分析与研究方法》，三民书局，1999，第 9 ~ 10 页。

从诉讼可得性角度来说，民事诉讼与行政诉讼不相上下。长期以来，行政诉讼存在的突出问题就是立案难。公民、法人或者其他组织与政府机关及其工作人员产生纠纷，行政机关不愿当被告，法院不愿受理，导致许多应当通过诉讼解决的纠纷进入信访渠道，在有些地方形成了“信访不信法”的局面。[①] 随着立案登记制、跨行政区域集中管辖、巡回法庭等制度的设立，行政诉讼“立案难”已经大大缓解。另外，《民法总则》第 188 条规定民事权利保护的诉讼时效期间为三年。虽然《行政诉讼法》第 46 条规定的起诉期限为六个月，但《适用解释》对行政协议根据情形实行“两分法”，对行政机关不依法履行、未按照约定履行协议提起诉讼的，参照民事法律规范关于诉讼时效的规定；对行政机关单方变更、解除协议等行为提起诉讼的，适用行政诉讼法及其司法解释关于起诉期限的规定。

从诉讼过程性角度来说，民事诉讼中解决平等主体之间的人身财产争议，适用“谁主张谁举证”的举证规则，适用“优势证据”证明标准。而行政诉讼中既可以解决行政行为合法性问题，也可以对民事争议一并审查，适用被告承担对行政行为合法性进行举证的举证规则，适用的证明标准要高于民事的“优势证据”证明标准。

从诉讼结果性角度来说，民事诉讼规定了停止侵害、排除妨碍、消除危险等 11 种承担民事责任的方式，而行政诉讼仅规定了继续履行、采取补救措施或者赔偿损失等为数不多的承担责任的方式。在损害赔偿方面，民事诉讼的赔偿范围包括直接损失和预期可得利益，而行政诉讼的赔偿范围仅包括直接损失，而不包括预期可得利益。行政协议由于其特殊的公益目的，虽然某些情况下，可以兼容私人主体的赢利目的，但不得与公益发生冲突。一旦协议出现违约情形，需要赔偿损失，赔偿可得利益将极大危害政府方利益，并间接损及纳税人的权益，因此原则上不考虑可得利益的损失，只对直接损失进行赔偿。[②] 这也是行政诉讼法客观诉讼的一种体现，在监督公权力的同时保护了公共利益。

六 结语

涉不动产行政协议纠纷司法审查模式究竟该如何选择在未来的一段时间内仍然是个聚讼纷纭的问题，很难有一个非常确切的结论。但这无法阻挡我们对行政协议纠纷司法审查模式选择内存逻辑的探寻。我国作为公法私法相分立的国家，基本逻辑遵循是民事争议由民事诉讼解决，行政争议由行政诉讼解决。行政协议识别构成了选择民事诉讼抑或行政诉讼的逻辑起点。应当承认，行政诉讼与民事诉讼各有其局限性，依

① 参见梁国栋《挣脱行政诉讼立案难“瓶颈”》，《中国人大》2014 年第 2 期。

② 参见江必新《行政协议的司法审查》，《人民司法》2016 年第 34 期。

靠任何一种诉讼程序都难以理想地解决行政争议与民事争议相关联的案件。[①] 行政协议行政性与协议性集于一身的特性，使得单一诉讼模式可能无法完全覆盖整个协议内容，而由不同诉讼模式共同解决争议的混合诉讼模式又可能导致裁判结果的不一致。

"斯托尔案"的判决逻辑为我们提供了很好的启示，为了实质性解决争议，不妨从当事人诉求出发进行甄别。在目前尚未建立起完善的行政协议纠纷解决机制的情况下，依据行政协议纠纷属性不同划分为不同类型进而选择不同诉讼模式的分类审查模式无疑是解决行政协议纠纷较为理想的方式。然而，建立在对行政协议行政性和合同性强弱区分基础上的分类审查模式在实践操作上具有一定的难度，在行政协议识别标准尚未完全取得一致共识的情况下，要清晰划分行政性和协议性的强弱亦非易事。与其大费周章地界定行政协议中公权力因素的强弱，我们不妨反向地从诉讼请求的角度出发，借鉴民事侵权和民事合同诉讼发生竞合时的处理方式，根据当事人的诉讼请求适用不同的救济方式，对于当事人提出行政协议侵权之诉的适用行政诉讼处理，对于当事人提出行政协议合同之诉的适用民事诉讼处理，待司法实践中形成了行政协议司法审查的固有模式和经验积累后，再确定单一的司法审查模式。

① 参见马怀德主编《行政诉讼原理》，法律出版社，2003，第 25 页。

司法介入“外嫁女”土地权益纠纷的可能及限度

叶静宜 *

摘　要：“外嫁女”土地权益纠纷逐渐蔓延成为全国范围内的突出问题。我国国家法和民间法对“外嫁女”土地权益的态度迥异，甚至存在根本冲突。通过梳理关涉保护女性村民土地权益的法律、法规和政策可知，形式上国家法日益重视女性村民的合法土地权益，然而实质性内容仍存有缺陷。法律制度的供给与农村制度环境需求不匹配，导致制度的社会效果与预期出现偏差。司法在介入“外嫁女”土地权益纠纷的过程中障碍重重。鉴于此，司法应该充分发挥积极性，尊重民间法的法源地位，纠正违法的村规民约，切实保护“外嫁女”合法土地权益。此外，破解此类案件也不能全然依赖司法一己之力，应当做好顶层设计工作，创设新型纠纷预防措施，引入多元纠纷解决路径，整合和监督党委、行政、司法以及社会力量，实现阳光调解。

关键词：外嫁女；土地权益；司法介入；解纷机制

一　问题的提出：法律规定与现实操作的“两张皮”

“外嫁女”的称谓来源于我国农村地区，狭义上的“外嫁女”是指和本村以外的人结婚，户籍却留在本村的女性村民。① 其作为农村集体中的部分群体，实际上具有更广泛的外延和特定的含义，特殊性主要表现在与户籍制度、村民待遇的关联上。广义上的“外嫁女”还包括户口迁出又迁回的、婚姻变动的（离婚、再婚、丧偶）、未婚生子或非婚生子的、丈夫入赘的女性村民以及上述者的子女。本文所指“外嫁女”采广义上的概念。②

笔者通过对《宪法》《民法总则》《妇女权益保障法》《村民委员会组织法》等关涉女性村民土地权益的法律、政策的梳理发现：有关农村土地权益的法律都从不同的

---

* 叶静宜，华东师范大学法学院《师大法学》编辑。

① 由于户籍仍是决定成员权最重要的基准，所以户籍不在本村的人没有发言权，不在讨论之列。

② 具体包括：（1）嫁外村或城市居民但不迁出户口的妇女；（2）外村嫁入本村且户口也迁入的妇女；（3）嫁出去后为分红又迁回原籍的妇女；（4）出嫁后没有生活来源又迁回原籍的妇女；（5）嫁出去后没有迁出户口就离婚的妇女；（6）迁回原籍的离婚妇女；（7）再婚入嫁女；（8）与村委会签订协议，明确不享有分红的寄养户；（9）丈夫入赘的妇女；（10）离婚后迁回娘家的妇女；（11）回城知青的妻子；（12）与“外嫁女”相关的人员（嫁入本村的妇女所带与前夫的子女，出嫁女的计划内、计划外生育的子女，入赘女的丈夫）；等等。

视角切入规定了女性村民在土地权益上应当与男性村民享有同等权利，整体呈现出体系化发展样态。但是对女性村民土地权益的具体内容和维权的合法方式，如集体经济组织的成员资格标准等并未作出清楚、完整的规定。[①] 于是，村集体经济组织往往依据村民大会的表决进行土地权益分配，这在客观上导致了女性村民遭受他者化歧视日益严重，“人人有份”成为假象。相关数据为证，2010 年，我国农村失地村民中男性的比例不到一成，与此同时，女性村民的比例超过两成。较之 10 年前失地女性村民的比例上升了 11.8 个百分点，这其中婚姻状况发生变动和土地流转导致流失的土地均约占三成（其中，未能获得相应补偿款的占 12.1%，比男性多 1.9 个百分点）。[②] 显而易见，虽然国家法与政策对“外嫁女”土地权益相当重视，但是社会效果与预期差距甚大，“外嫁女”合法土地权益并未得到切实保护。[③]

通过统计 2010 ~ 2018 年的中国裁判文书网的案件数据，我们可以看出“外嫁女”土地权益纠纷案件数量总体呈递增趋势（见图 1）。2018 年案件数量有所回落，但是“外嫁女”问题仍然是全国范围内的突出问题，不容忽视，必须妥善解决。

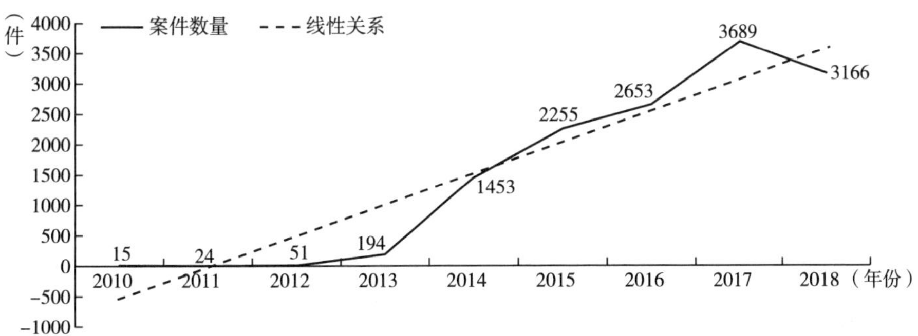

图 1　全国范围内法院“外嫁女”土地权益纠纷案件数量变化趋势

“外嫁女”土地权益纠纷展示了城市化背景下国家法规范存在的问题与制度缺失、村民自治的局限与挑战。国家规范和村规民约在“外嫁女”问题上态度迥异，司法的介入又进一步诱发了“外嫁女”与其他村民之间的冲突。

二　中国语境下司法的角色和功能

司法，意指独立而中立的法庭，针对具体案件争议，运用证据认定事实，解释适

① 本文所指村民不是严格意义上的作为农业人口的村民，泛指农村集体经济组织成员，因为很多地区已经全部农转非，取消了农村户口；这里的村也不是严格意义上的行政村或自然村，而是指农村集体经济组织。

② 参见第三期中国妇女社会地位调查课题组《第三期中国妇女社会地位调查主要数据报告》，《妇女研究论丛》2011 年第 6 期。

③ “外嫁女”合法土地权益遭受侵害的具体表现：（1）土地承包权；（2）征地补偿款分配权；（3）宅基地分配权；（4）股份分红权；（5）村集体福利。

用法律，作出权威性决定的专门活动。[①] 司法的功能是多样的，主要可以分为基本的法理功能和衍生出来的社会功能，但它也是有限的国家权能，既有层次，也有内在逻辑顺序，具有克制、法定、被动、终局的特点。司法社会功能的实现应当以法理功能为前提，如果对不同的司法功能不加区分，片面强调司法的社会效果，有意无意地进行泛化理解，可能会导致司法功能紊乱。

充分发挥裁判职能是司法的首要功能。通过对具体案件中是非、对错、曲折的判断，解决社会矛盾与争端，也是司法功能的根本目的所在。司法具有终局性的特点，要求同时起到“定分”“止争”的双重效用，其中既包含了“定”后则“止”的法理逻辑关系，亦要有“定”后且“止”的社会实际效果。司法制度也是通过具体纠纷的解决来发挥维护社会一般规范秩序的作用。法院的裁判除了要经得起法律的检验，也要经得起社会和历史的检验。法院在实务操作中同样要真正解决问题，使得法律效果与社会效果相统一。

现代民主法治国家基本要求之一就是维护公民的合法权益。维护公民的合法权益不仅是司法的功能，也是立法机构、行政机关的核心任务。所以，不论是立法、行政，还是司法活动，根本目的都在于维护平等公民共同组合而成的共同利益，保障其得到最大可能的发展。我国立法上，《宪法》早就明文规定了男女平等的原则[②]，《妇女权益保障法》进一步细化其内涵[③]，《民法总则》也要求法院保护公民基本民事权益。

法院应当积极且独立行使审判权，维护“外嫁女”合法土地权益。

此外，司法通过保障公民的基本权利来实现维护社会正义的社会功能。“外嫁女”作为集体经济组织中的弱势群体，其合法权益常常遭到所谓村民民主形式下的侵害。民间法常与国家法相悖，通过村规民约、村民大会将“外嫁女”排除在土地权益分配之外。人民司法为人民，司法机关是保护公民权利和维护社会正义的可信赖的最终机制，具有重要的价值导向作用，应当给予“外嫁女”更多的关怀，有义务对“外嫁女”土地权益纠纷进行妥善裁决和处理。司法通过对社会矛盾的化解，发挥其公正性与权威性，从而在国家的持续稳定中起到了举足轻重的作用，以期恢复社会正义。

用积极司法的表述替换能动司法有助于厘清司法社会功能的本质特征。2009年以来，中国政法系统常用的“能动司法”的表述，肇始于美国，主张法官应当主动扩张

---

① 参见于浩《当代中国司法改革的话语、实践及其反思——以“司法”定义切入》，《山东社会科学》2015年第10期。

② 《宪法》第48条：“中华人民共和国妇女在政治的、经济的、文化的、社会的和家庭的生活等各方面享有同男子平等的权利。国家保护妇女的权利和利益，实行男女同工同酬，培养和选拔妇女干部。”

③ 《妇女权益保障法》第32条：“妇女在农村土地承包经营、集体经济组织收益分配、土地征收或者征用补偿费使用以及宅基地使用等方面，享有与男子平等的权利。”第33条：“任何组织和个人不得以妇女未婚、结婚、离婚、丧偶等为由，侵害妇女在农村集体经济组织中的各项权益。因结婚男方到女方住所落户的，男方和子女享有与所在地农村集体经济组织成员平等的权益。”

司法权能，显然，这会使得司法变得任意妄为。与此不同，中国语境下的能动司法，指的是一种积极且保守的状态，法官在权限范围内解释、运用法律，充分发挥自由裁量权。法律规范作为一般性的规则，往往与案件事实产生不对称的关系，也无法直接形成对具体案件的裁判。所以法律规范的适用端赖法官解释相关法律，"法官是法律的嘴巴"。法官审判活动的基础性功能是辨别是非，解释法律规制，将之与事实相结合，得到针对具体案件的裁判。故而，用积极司法一词既可以体现司法有别于立法、行政的特殊性，又可以避免对社会功能予以过分强调，产生司法社会功能超越法理功能的误解，与我国司法制度与实践一以贯之的要求相契合。①

司法的功能多种多样，主要分为两大类：固有的法理功能和派生的社会功能。我们在实践中应当明确诸多功能的内在逻辑，司法的社会功能和社会效果并不是漫无边际的，也不能"无视"法理功能，应当在明确司法独立、中立、被动、保守的本质特征的基础上实现积极司法。

三　案例类型化分析：　司法介入的现实困境

现实案例表明，当前法院系统对"外嫁女"土地权益纠纷案件采用了两类截然不同的处理方式。

（一）介入或是不介入？

案例一。② 2018年，王某向A省B市C区人民法院状告C区D村村民小组侵害其集体经济组织成员权益。原告王某的母亲陈某是D村的村民。2013年12月13日，陈某与厦门市集美区人王兴隆结婚，婚后户口未迁出，仍居住生活在被告处。原告于2016年7月4日出生，其户口自出生后即随母亲落户在被告处。2018年8月13日，因政府建设需要，被告土地被征用，取得征地补偿款。被告作出分配方案：对2000年后出生未分配到土地的新生儿，在2015年2月前发放过30000元的每人增补20000元；对2015年2月前没有发放过30000元的每人发放50000元。原告提出分配50000元的征地补偿款的诉讼请求。被告以原告系"外嫁女"的子女为由，拒绝将该款发放给原告。

C区人民法院认为，本案系侵害集体经济组织成员权益纠纷。依照《民法通则》第4条、第5条③，《最高人民法院关于审理涉及农村土地承包纠纷案件适用法律问题

① 参见张志铭《中国司法的功能形态：能动司法还是积极司法?》，《中国人民大学学报》2009年第6期。

② 王某、厦门市海沧区东孚街道东瑶村民委员会东瑶村民小组侵害集体经济组织成员权益纠纷，〔2018〕闽0205民初3136号。

③ 《民法通则》第4条："民事活动应当遵循自愿、公平、等价有偿、诚实信用的原则。"第5条："公民、法人的合法的民事权益受法律保护，任何组织和个人不得侵犯。"

的解释》第 24 条①，对原告的诉讼请求予以支持：被告 D 村小组应于判决生效之日起 10 日内支付原告王某征地补偿款 50000 元。

案例二。② 2018 年 E 省高级法院再审了一起案情相似的案件。再审申请人岳某、李某是一审原告、二审上诉人，被申请人 F 市 G 区 H 村第一村小组（以下简称“H 村一组”）是一审被告、二审被上诉人。岳某、李某的户口登记在 H 村一组，且参加了村组的农村合作医疗。2016 年 5 月，H 村一组的土地被征收，向每位村民分配征地补偿款 14300 元，未给其分配；2017 年 1 月，H 村一组的土地又被征收，向其二人分配全额的一半，各 1350 元。岳某、李某起诉请求判令 H 村一组给其分配征地补偿款 28600 元和 2700 元，共计 31300 元。H 村一组提交意见称，分配方案是村民代表大会研究决定的：“外嫁女”和其子女的户口在村上的，征地补偿款分配一半。原审判决 H 村一组支付岳某、李某征地补偿款各 14300 元，共计 28600 元；但对请求征地补偿款差额 2700 元的诉请未予支持。

E 省高院经审查认为，本案申请再审的焦点是原审对岳某、李某要求判令 H 村一组支付其征地补偿款差额 2700 元的诉讼请求未予支持是否正确。依据《村民委员会组织法》第 24 条规定③，《最高人民法院关于审理涉及农村土地承包纠纷案件适用法律问题的解释》第 24 条规定④，H 村一组结合本组实际情况，通过民主议定程序确定的“外嫁女”及其子女分配一半征地补偿费的分配方案属于村民自治范围，并不违反法律规定，原审判决并无不当，裁定驳回岳某、李某的再审申请。

（二）“和稀泥”还是“踢皮球”？

案例一中的法院支持了原告的诉求，但是显然，其绕开了法院在法律上无确认集

---

① 《最高人民法院关于审理涉及农村土地承包纠纷案件适用法律问题的解释》第 24 条：“农村集体经济组织或者村民委员会、村民小组，可以依照法律规定的民主议定程序，决定在本集体经济组织内部分配已经收到的土地补偿费。征地补偿安置方案确定时已经具有本集体经济组织成员资格的人，请求支付相应份额的，应予支持。但已报全国人大常委会、国务院备案的地方性法规、自治条例和单行条例、地方政府规章对土地补偿费在农村集体经济组织内部的分配办法另有规定的除外。”

② 岳艳红、李锦萱与咸阳市秦都区陈杨寨街道办事处小王村第一村民小组侵犯集体经济组织权益纠纷，〔2018〕陕民申 401 号。

③ 《村民委员会组织法》第 24 条：“涉及村民利益的下列事项，经村民会议讨论决定方可办理：（一）本村享受误工补贴的人员及补贴标准；（二）从村集体经济所得收益的使用；（三）本村公益事业的兴办和筹资筹劳方案及建设承包方案；（四）土地承包经营方案；（五）村集体经济项目的立项、承包方案；（六）宅基地的使用方案；（七）征地补偿费的使用、分配方案；（八）以借贷、租赁或者其他方式处分村集体财产；（九）村民会议认为应当由村民会议讨论决定的涉及村民利益的其他事项。村民会议可以授权村民代表会议讨论决定前款规定的事项。法律对讨论决定村集体经济组织财产和成员权益的事项另有规定的，依照其规定。”

④ 《最高人民法院关于审理涉及农村土地承包纠纷案件适用法律问题的解释》第 24 条：“农村集体经济组织或者村民委员会、村民小组，可以依照法律规定的民主议定程序，决定在本集体经济组织内部分配已经收到的土地补偿费。征地补偿安置方案确定时已经具有本集体经济组织成员资格的人，请求支付相应份额的，应予支持。但已报全国人大常委会、国务院备案的地方性法规、自治条例和单行条例、地方政府规章对土地补偿费在农村集体经济组织内部的分配办法另有规定的除外。”

体经济组织成员资格之诉的问题，直接以侵权之诉受理案件。判决结果看似维护了“外嫁女”的合法土地权益，却侵犯了村委会的自治权和决策权。案例二中的法院则出于尊重村委会的角度，认为土地权益分配问题实属村民自治范畴，司法不宜过多干涉，对于“外嫁女”纠纷采取了回避的态度，却使得“外嫁女”的权益无法通过司法得到救济。

绝大多数“外嫁女”认为，其在相关利益和补偿上，应当在出嫁前或者出嫁后的村庄得到平等对待。首先，村民大会的决定不应当违反相关法律法规。《宪法》和《妇女权益保障法》等全国性的法律法规都明确规定了，女性村民在村集体土地利益上应当与男村民享有同等权利，即使这些全国性法律法规从没有细致到规定土地上的补偿和利益。但问题是，不管男性村民居住在哪里，他们都可以享有相关利益，而女性村民为什么不可以？其次，即使这些法律对于土地补偿分配的问题没有具体规定，但按照《民法通则》的基本原则，权利和义务应当对等。其合理性在于，“外嫁女”曾为村集体以及村集体拥有的土地作出过贡献，所以在分配土地上的相关利益时，其应当有权分享。有些“外嫁女”甚至遭到嫁入的村庄要求其履行村民的义务，比如兴修、维护水利，但是在分配相关利益时，又把“外嫁女”排除在外的局面。

因为对于村集体分配利益的决定不满，“外嫁女”开始寻求相关部门的帮助。当其向乡镇政府求助时，这些政府部门认为它们无法干预村庄的内部事务，建议“外嫁女”将争议诉诸法院。“外嫁女”也去过妇联，虽然妇联义愤填膺，同情“外嫁女”的遭遇，但是没有任何解决问题的权力。当“外嫁女”到地方人大时，人大所能做的事只是启动监督机制，要求法院作出回应。于是，自 20 世纪 90 年代后期，一些“外嫁女”就试图状告村民委员会。诉因主要是民事的，即村委会的决定违背了男女平等原则，侵犯了“外嫁女”的财产权。

就这样，最终导致了来自不同地区“外嫁女”群体联合起来上访事件。这些琐细纠纷因此被再次要求法院解决。

通常而言，法院很难抵制这种压力。诚如案例一中的法院，或是基于维护“外嫁女”合法土地权益的出发点，想要介入“外嫁女”纠纷，或是迫于地方政府和党委处理“外嫁女”纠纷的要求。转变原先奉行法律主治（rule of law）的观点，采取“通过法律的治理”（government by law or government through law）的路线，将法律视为保护人民权益的工具，转换争议的焦点，作出维护“外嫁女”利益的判决。

但是这样也存在问题，案例一的结果，仅仅是个案意义上的、表面的成功。因为作出的判决符合了当事人的诉求，不管村集体的态度如何，“外嫁女”是很满意的。但是，村民大会作出的决定，法院并没有法律上赋予的权力去审查，只要村民大会或者村委会剥夺“外嫁女合法土地权益的决定”，是按照《村民委员会组织法》规定的程序作出的，法院就不能因为村委会的决定违背了模糊的法律原则，而当然具备了审查权，虽然法院最终维护了“外嫁女”的权益，但是侵害了村集体的决策权。

即便是法院因为受理土地权益分配纠纷的案件，绕开了集体经济组织成员确认的环节，那么究竟如何定性此类纠纷，仍然存在争议。村委会具有社会管理与生产经营的双重职能，但针对某一项事务时其职能一般是单一的。村委会在行使生产经营职能的同时也自觉或不自觉地行使了社会管理职能，因此，“外嫁女”与村集体或者村委会之间的土地权益争议属于民事纠纷还是行政纠纷，显然无法通过个案的判决结果给出普遍适用的、令“外嫁女”和村集体等多方主体都满意的方案。

当然，也有如案例二中法院，或是考虑到受理之后面临的执法难题，或是出于对农村集体财产所有制和“外嫁女”的集体财产私有化之间无法调和的矛盾的考虑，直接拒绝受理这些纠纷。拒绝受理的裁定书的理由通常是，这些纠纷无法被纳入中国诉讼程序框架之中。虽然位于特定的权力结构框架中，但是，法院通过微妙地展示具体而实在的困难，和当地党委和政府谈判：法律和制度的障碍使得它们无法受理和解决此类纠纷，即使政法委可以通过大量增加司法资源的方式来清除资源上的障碍，法律上的障碍也只能通过上级立法机构来解决，否则法院将不会承担解决这些纠纷的任务和责任。其实，法院不受理这些纠纷是很好理解的：上诉到法院的案例只是现实问题的冰山一角。一旦法院开始受理并支持“外嫁女”的此类诉求，数量巨大的潜在纠纷便会蜂拥而入，令法院不堪讼累。更为重要的是，司法执行环节较之其他普通民事案件难上加难。当集体财产已经被分配时，再想从零星分布的个体农户那里收回并重新分配，基本上不可能实现，对法院的人力、物力、财力也是极大的负担。南海法院在 2003 年，以法院无权干预集体经济组织内部决议为由，驳回了 225 宗此类案件。①

实际上，案件复杂难以审理和法律条文的不完善，都不应当成为法院置之不理的理由。法院的角色和功能就是解决纠纷，法院在处理新的纠纷以及不完善的法律规定时，也应当依据一些基本原则。严格说来，法律条文将永远不可能覆盖复杂的社会生活中出现的各式各样的纠纷；法律条文也不可能绝对完善，新增的立法和修改也不可能消弭一切法律漏洞。有的法院利用法律的漏洞，将自己排除在“外嫁女”纠纷的混战之外，看似是对村委会自治权的尊重，但也是对公民合法权益的漠视。也有的法院避而不谈法律的空缺，找寻可以利用的现有法律，看似为了维护“外嫁女”的合法权益，实则倾轧了村民自治权。法院介入或不介入都存在问题，企图寻找折中方案也不切实际。那么，司法在“外嫁女”土地权益纠纷案件中应当如何作为才能避免陷入两

① 参见柏兰芝《集体的重构：珠江三角洲地区农村产权制度的演变——以“外嫁女”争议为例》，《开放时代》2013 年第 3 期。

难境地?

四　司法介入“外嫁女”土地权益纠纷困境之原因分析

多方面因素造成了“外嫁女”土地权益被侵蚀的现状。原本，女性村民常常遭受“同籍不同权”的差别对待，村民大会的决议更不会主动保护“外嫁女”的合法土地权益。而国家法规范的缺失与不及，使得司法介入“外嫁女”土地权益纠纷“师出无名”，即便法院费尽心力作出裁判，判决结果也可能遭遇“秋菊式的困惑”，执行更是困难。

（一）民间法褫夺“外嫁女”合法土地权益

当制度规范缺失之时，民间社会就会生长出来一系列处理宗族事务、人际关系的约定俗成的民间规则，这就是“民间法”。费孝通先生在其著作中揭示了“乡土社会”的社会继替单系偏重规律是民间法限制、褫夺“外嫁女”合法土地权益的根本原因。①

1. 户籍制度和宗族观念是“外嫁女”土地权益纠纷产生的历史因素

从本质上来说，“外嫁女”的土地权益纠纷就是户籍红利问题。户籍红利是否能够兑现遭到多重障碍：我国宗族社会长久形成的历史惯性、以长幼有序的父子关系与男尊女卑的性别关系为核心的家族主义。我国农村普遍存在一定程度的封建思想，认为“嫁出去的女儿，泼出去的水”，“外嫁女”及其子女从出嫁的那一刻起就变成了外家人。更有甚者，因为预料到女性村民终归要“外嫁”，女性村民从出生起就无法从原村获得宗族中的身份与地位，遑论参与土地权益分配。与此同时，如若夫家所在村土地分配方案数年都不变动，那么“外嫁女”可能在夫家也分不到土地。如此一来，“外嫁女”在娘家、婆家两头都不着边，诱发了“身份危机”，使得本身就是社会边缘人的“外嫁女”，在民俗陋习和不尽完善的户籍制度“合谋”之下，更是沦为了没有合法土地权益的“二等人”，其子女的入户、上学等诸多福利也深受影响。②

2. 城市化发展进程和村际竞争实力的需要是“外嫁女”土地权益纠纷产生的经济因素

城市化发展进程中，经济生产方式必然会发生变化，产生新的土地利用方式。大量村民选择进城务工：“离土不离乡”或者“离土离乡”，其中男性村民仍然享有分配土地权益的资格，与之有相同情况的“外嫁女”的成员资格得不到认可。此外，集体经济组织出于村际竞争实力的考量，对“外嫁女”参与土地分配持反对态度。即使

---

① “乡土社会”的社会继替单系偏重规律，是单系偏重的亲属体系。至于到底是偏向父系还是母系，取决于社会结构中占主导地位的是男性还是女性。我国民间法深受社会继替单系偏重规律中“重男轻女”的影响，容易漠视“外嫁女”的合法土地权益。参见费孝通《乡土中国 生育制度》，北京大学出版社，1998，第 136 ~ 212 页。

② 参见陆建华《中国社会问题研究》，石油工业出版社，2002，第 386 页。

"外嫁女"的户口并没有从嫁出的村庄迁出，其他村民也不会认同其村民身份。原因在于，一旦封锁的边界裂开了一道缝隙，将无法阻止这条缝隙被"外嫁女"及其亲属越扯越大，村落人口数量直线上升。蛋糕就那么大，村民人口总量越大，分配给每位村民的福利就会变薄，分红就会变少。村落在村际竞争中的优势地位也会逐渐丧失，长远看来，男子娶不到好媳妇，村集体的发展前景受到威胁。生活在中山市小榄镇的"外嫁女"子孙三代人仅仅是因为婆婆一辈改嫁，就全部被取消村民待遇。有时，即便迫于子女无法上报户口现实让"外嫁女"落户，也会要其签署保证自愿放弃同等村民待遇的协议。

3. 村民自治制度和民间法中纠纷解决方式是"外嫁女"土地权益纠纷产生的内部因素

村民通过制定自治规范来实现自我管理和自我服务，村民自治规范的内容包括村规民约、村民自治章程和村民集体决议，在某种程度上可以弥补国家法的不足。虽然，我国法律法规在确定农村自治制度的同时表明其相关决定不能违背法律规定。但实际情况是，农村集体经济组织过分强调村民"自治"而忽视了"依法"的限制，"外嫁女"权益时常面临着双重损害。一方面，民间法通常以道德教化村民，维护秩序，这样虽然塑造了集体意识，却忽视了个体的利益。在村民大会上，"外嫁女"站在其他村民的对立面，其他村民往往用"多数决"方式，合乎程序、合理合法、名正言顺地将"外嫁女"排斥在外。另一方面，在目前救济机制不健全和基层权力制约机制不完善的情况下，村委会主任等少数村干部可能会利用权力损害"外嫁女"的合法权益。此外，因为"厌讼"的思想深入人心，且上诉程序冗长、案件内容纷繁复杂、举证困难、诉讼费用昂贵、结果难以预料等诸多因素，"外嫁女"在权益遭受侵犯时，往往不会主动诉诸法院，甚至不肯作为证人陷入其中，惯于私了以解决纠纷，妄图通过与村委会协商或找家族长、本村权威等方式维权。"外嫁女"寻求帮助的对象实际上就是侵夺其权益的主体，显然，其合法权益无法通过民间纠纷解决方式得到维护。

以上原因表明，"外嫁女"土地权益纠纷牵涉多方利益群体，虽然村集体如何分配土地权益性质上基本属于民事案件，处理难度却远高于普通民事案件。鉴于此，法院应当在充分理解纠纷产生背景的前提下，保持审慎的态度介入案件，积极履行法定职责。

（二）司法对"外嫁女"合法土地权益保护不足

一方面，国家法在"外嫁女"土地权益方面的规定不够完备。国家法具有相对稳定的特性，使得国家法的供给相对滞后，不能满足解决社会矛盾的需要。另一方面，司法的被动、中立、有限、克制的特性决定了其调整范围有限。

1. 村规民约司法审查难以拿捏

村集体可以制定村规民约是法律赋予的村民自治权，然而现实中因为对自治权制度的建构过于重视，忽视了监督，没有规定违法发生时应当如何矫正，导致村规民约对“外嫁女”的明文歧视可谓五花八门，例如，湖南省平江县某村的村规民约规定：“外嫁女”无论户口迁出与否，都不得享有土地权益；入赘男不参与田地分配。① 又如，广州瑶台村的股份章程明文规定了男女不平等的配股制度。② 再如，有些村根据“增人不增地，减人不减地”明确规定土地分配不会再发生变动，要求只有符合“两地原则”（户口和实际居住地）的村民才是本村村民。毋庸置疑，“两地原则”影响了许多“外嫁女”的生活，可谓限制“外嫁女”参与分配最为严苛的条件。因为只有那些户口和居住地都没有发生改变的“外嫁女”才可能获得土地权益分配，所以有的“外嫁女”不得不放弃城里的工作机会。在我国现有政治体制下，虽然有些村规民约违反了法律但是法院并不会因此就当然具有了审查这些决定的权力。因此，虽然有些村规民约内容明显与法律相悖，但没有相关审查机制，且属于村民自治范围的事项和纠纷法院不宜过多干涉，致使村规民约在“事实上”发挥着有效的影响力，对村规民约的合法性进行审查显得越发重要。

2. 司法机关受理“外嫁女”土地权益纠纷案件缺乏明确法律依据

2005年之前，我国大多数法院主张“外嫁女”案件性质不明，既不属于民事案件，也不可归为行政案件，因此，倾向于对“外嫁女”土地权益纠纷案件不予受理。一方面，因为纠纷的双方主体是村民委员会及其个体成员，村民委员会是“外嫁女”的管理者，两者的法律地位并不平等，“外嫁女”土地权益纠纷不能作为民事案件来受理。另一方面，又不能将“外嫁女”土地权益纠纷作为行政诉讼案件处理。原因在于，根据相关行政制度规定，村委会并不属于行政机构。因此法院无法将村委会作出的决定作为行政诉讼案件来处理。2005年，《最高人民法院关于审理涉及农村土地承包纠纷案件适用法律问题的解释》③ 规定了人民法院应该受理请求分配征地补偿款的案件。然而，最高院的司法解释并非我国正式的法律渊源。2018年，《村民委员会组织法》规定了乡镇政府应当责令改正违法违规的村规民约。④ 如此一来，对于乡镇政府未尽职责

① 参见全国妇联权益部《维护农村妇女土地权益报告》，社会科学文献出版社，2013，第70页。

② 参见宋福双《中国农村妇女土地权益受损的场域研究》，硕士学位论文，中共中央党校，2015，第14页。

③ 《最高人民法院关于审理涉及农村土地承包纠纷案件适用法律问题的解释》第1条：“下列涉及农村土地承包民事纠纷，人民法院应当依法受理：（一）承包合同纠纷；（二）承包经营权侵权纠纷；（三）承包经营权流转纠纷；（四）承包地征收补偿费用分配纠纷；（五）承包经营权继承纠纷。集体经济组织成员因未实际取得土地承包经营权提起民事诉讼的，人民法院应当告知其向有关行政主管部门申请解决。集体经济组织成员就用于分配的土地补偿费数额提起民事诉讼的，人民法院不予受理。”

④ 《村民委员会组织法》（2018年修订）第27条：“村民会议可以制定和修改村民自治章程、村规民约，并报乡、民族乡、镇的人民政府备案。村民自治章程、村规民约以及村民会议或者村民代表会议的决定不得与宪法、法律、法规和国家的政策相抵触，不得有侵犯村民的人身权利、民主权利和合法财产权利的内容。村民自治章程、村规民约以及村民会议或者村民代表会议的决定违反前款规定的，由乡、民族乡、镇的人民政府责令改正。”

之处，“外嫁女”或可通过提起行政诉讼维护自身合法权益。但是，大部分法院仍沿袭了对“外嫁女”案件不予受理的做法。

3. 司法机关审理“外嫁女”土地权益纠纷案件实体认定困难

在受理“外嫁女”案件后，法院随之面临的难题便是案件实体认定问题，最根本的就是如何认定“外嫁女”的集体经济组织成员资格。然而，目前我国对集体经济组织成员资格的认定缺乏裁判标准，法院难免陷入“同案不同判”的尴尬境地。在具体审判实践中，虽然法官具有较大的自由裁量权，但是“外嫁女”纠纷产生的原因多有差异，各村分配土地权益的具体标准也各异。关键事实的查明并不容易——当事人自身的举证能力有限、法律知识水平较低、客观条件限制、迁入迁出的时间点、婚姻状况等——司法执行实难落实。即使“外嫁女”能够提供证明，法院对其出具的证明的真实性也难以核实。现有司法资源难以维系，且有限的司法资源应当用在“刀刃上”，即便是投入大量人力、物力，是否能够查清案件事实犹未可知。

4. “外嫁女”土地权益纠纷案件中执行程序较为薄弱

司法实践中，即使法院受理并作出裁判，也并非与“外嫁女”合法土地权益得到即时救济画上等号，现实中仍然存在问题：执行社会效果不理想，落实率较低，等等。第一，在案件起诉前征地补偿款大多已分配完毕的情况下，法院要求村组和已经拿到补偿款的村民重新分配显然不切实际。此外，判决“外嫁女”补偿款的决定可能会诱发更多的人站出来主张参与分配，暗藏大量处于观望状态的纠纷。第二，因为法未明文规定分配标准，所以当事人不仅无法理解法院的裁判标准，也不一定认同裁决的结果。即便将来出现新的分配方案，也无法解决问题。新旧方案更迭，往往并不是一定会达到新的均衡。反而，新的方案制度会诱发新一轮矛盾与讼争。如果法院的裁判结果没有涉及实际利益，“外嫁女”就可能上诉到更高的权力机构。如此一来，法院做了许多工作，问题依然没有得到解决。第三，社会效果不理想。农村集体经济组织作出的决议虽然在国家法看来有悖于“男女平等”的法律原则，却符合村规民约，是多数村民认可的合理方式。在现有选举制下，村干部的政治生涯掌握在村民手中，使得村干部成为抵抗强制执行的“精神领袖”。如果法院判决“外嫁女”特定数额的补偿款，很容易导致村集体产生抵触情绪，不愿意主动履行，对法院的强制执行也不愿意配合。因此，法院应当妥善处理此类案件，尽早确立统一的分配方案。

五　司法角色的再定位

司法在“外嫁女”土地权益纠纷中应当充分发挥主观能动性。但是，纠纷不等于案件，诉讼救济与政治机制不能相互替代，否则会导致二者功能紊乱，司法负荷过重。

“外嫁女”土地权益纠纷的解决是一项系统工程，因此必须重视“外嫁女”纠纷解决的“主客场”，在有关部门的领导下，做好顶层设计工作。通过以下几方面努力，有望在一定程度上解决上述困境。

（一）尊重村规民约的法源地位

中国小农社会传承了上下五千年，民间法的重要组成部分——村规民约，涉及乡村生活的诸多方面，在法律制度未诞生之时，就发挥了无法取代的作用，甚至往往超出正式法律所规划的范围，填补了法律制度所不能及的空缺。①

制度规范如果旨在移风易俗、重组社会，即便是以社会可持续发展为目的，也会被视为异己的力量，难以施行。当然，这并不是否定制度的权威、国家的强制力，只是制度的目的在于如何能够真正贯彻落实。我们必须关乎社会的可接受程度，司法并不是万能的，一项制度、一个观念的形成不仅包括成为法律、政策的明确规定，而且可能更重要的是包括了社会中不断形成、发展、变化的习惯、道德和风俗等非正式制度。具有实效的村规民约并不总是同正式的法律保持一致。村规民约既不处于国家正式制度规范的对立面，也不是其简单延伸。村规民约与国家制度规范之间的关系复杂，国家制度若想渗透到社会基层，不可避免地需要经历某种知识上的转换。②

因此，不仅要寄希望于国家法，还要尊重民间法的法源地位，发挥民间法调和情理与法理的作用。此外，法院要审慎对待村规民约的具体内容，尤其对那些侵害“外嫁女”合法土地权益的违法条文，应持否定态度。因此，必须对村规民约内容加强审查和纠正，才能切实发挥村规民约的自治功能。

（二）引入多元解纷路径

基层法院作为基层社会治理中的重要力量，将不断涌现的基层治理难题纳入法治轨道中去，但并不意味着，这些问题一定要通过诉讼的方式解决。③ 基层治理的经验要求司法机关必须注重司法治理实际效用，以及充分发掘民间资源，充分考虑治理的成本与收益比率。④ 以“外嫁女”合法利益为落脚点，采用“替代性纠纷解决方式”⑤ 克服困境，按照诉调对接的模式配合地方政府和村居委进行案外和解，创新设置“政法委牵头、乡镇主持、法院配合、利用社会力量、阳光调解”的模式，力图在民间法与国家法之间架起正式制度性对话的桥梁。

政法委主持调解工作的成立，设置专职人员负责调解的牵头任务。政法委还可以

① 参见王铭铭、王斯福《乡土社会的秩序、公正与权威》，中国政法大学出版社，1997，第426页。

② 参见王铭铭、王斯福《乡土社会的秩序、公正与权威》，中国政法大学出版社，1997，第427页。

③ 参见赵晓力《通过法律的治理：农村基层法院研究》，博士学位论文，北京大学法学院，1999，第4页。

④ 参见于浩《推陈出新：“枫桥经验”之于中国基层司法治理的意义》，《法学评论》2019年第4期。

⑤ 范愉：《非诉讼纠纷解决机制研究》，中国人民大学出版社，2000，第11页。

通过召开会议积极动员、敦促行政机关包保责任的落实，并在目标考核中纳入对进展情况的考察。

行政机关在此类纠纷的解决中应起主导作用。“外嫁女”在其土地权益遭受侵害时，应当首先请求乡镇政府介入。在案件受理之前，利用好申请确认调解协议制度，充分发挥调解功能，加强行政机关和法院之间的交流与协作。根据各级组织法，保护村集体成员的权益，既是乡镇政府的责任也是义务，对于村委会违法违宪的决定，有权要求改正。

法院积极配合解纷开展，做到“不缺位、不错位、不越位”。“外嫁女”问题的解决，需要依靠司法权与行政权，以及民间纠纷解决机制的配合协调。

利用社会力量，完善诉前联调机制。组建诉前联调小组，用以专门处理“外嫁女”土地权益纠纷。通过向社会招募法律工作者、公益律师等，也可以聘请退休法官、妇联干部等，争取在诉前通过调解等社会解纷方式有效化解“外嫁女”纠纷。

此外，监督各方主体实现阳光调解。正义应当以人们看得见的方式实现，加强监督多元解纷机制的运作。法院作为专业的、权威的解纷主体，应当合法、有效地监督非诉讼解纷机制的运行，是提高非诉解纷机制结果合理性的重要保障。在司法保障的基础上，人大、党委可以进一步监督政府和法院，防止司法权和行政权的滥用，共同维护村规民约的合法性。

（三）创设新型预防措施

通常而言，土地权益分配属于村集体的内部事务，法院等外来机构在介入“外嫁女”纠纷时必然遭到排斥。相比较而言，行政机关在执行判决时，就显得游刃有余。政府不仅可以在法院受理之前就消化大量“外嫁女”案件，而且可以采用特派员、谈话、诱使等方法执行判决，方式更加灵活，弹性更大，社会效果更好。

广东省与浙江丽水市的良好处理模式表明，解决“外嫁女”土地权益纠纷单靠法院一家力所不逮，政府应当建立相应事前预防机制，法院积极配合。还需要加快相关的立法工作，让各地在处理相关纠纷时有法可依。①

1. 加强农村地区的普法教育

农村地区的村民及村干部法律知识不断完备，提高维护基本权益的法律意识是“外嫁女”合法土地权益得以维护的前提与基础。其根本思路在于，虽然村民自治制度

① 广东省的处理模式是“政府处理—行政复议—行政诉讼”三步走模式，主要依托于行政诉讼途径。浙江丽水的处理模式是“政府调解—资格行政确认—民事诉讼”程序。“外嫁女”先申请乡（镇）政府或县（市、区）政府农业行政主管部门确认，之后才能提起行政诉讼。

是国家宪法和法律赋予的权力，但是“权力若无约束必然会导致滥用”[①]，故而，村民应当在国家法律的大框架下实现自治，既不能违反法律法规的规定，也不能与法律基本原则相悖。如果忽视了依法的基本要求，就会从源头上误导村民，使民俗陋习继续泛滥。长此以往，也不利于美好乡村的建设。

2. 建立村规民约合法性审查监督机制

维护法律，是法官的根本使命。[②] 上文提到司法在尊重村规民约的法源地位同时应当加强对其内容的合法性审查，尤其要进行事前规制和防范。将备案制变为审查制，从源头上保证妇女土地权益。村规民约生成程序规范化，在制定阶段，要求一定比例的女性村民参加，没有女性村民参加所作出的涉及妇女权益变动的决策无效，并追究相关责任人的法律责任。且由村委会审核草案后，再报政府部门，由其负责主要审查工作。村委会对于责令改正的决定不服的，有权提起行政诉讼，实现村民自治与法律监督有机结合。在此过程中，司法间接配合政府的工作，解释、说明相关法律，给出司法建议。

3. 乡镇政府具体执行规范管理户籍和确认成员资格

解决“外嫁女”纠纷的关键就是明确限定受法律保护的“外嫁女”的范围，将“成员资格确认”程序前置。乡镇政府作为行政管理单位，不仅具备处理这一问题的能力，对“外嫁女”生产、生活的具体情况比较清楚，掌握了辖区内户籍登记管理情况，而且“外嫁女”对乡镇政府的排斥情绪相对较弱，乡镇政府可以通过找中间人、运用社会关系等方法促成沟通。也就是说，凡是涉及成员资格确认的“外嫁女”案件，“外嫁女”应首先要求乡镇政府介入，确认其是否具备成员资格。乡镇政府作出行政决定，如果确实符合条件，可以直接向村集体要求获得相应补偿款。

界定成员资格的基本依据应当包括以下两点。第一，“外嫁女”享受村民待遇的前提是拥有本村的户口。成员资格实际上和户口、村民待遇密切相关。只有具备本村集体身份的村民，才能参与本村的利益分配，这点毋庸置疑。第二，“成员”并不等于“村民”。集体经济组织的“成员”资格与经济性的权益密切相关。没有无义务的权利，要想获得成员资格就必须承担相应的义务。中国存在空挂户、寄挂户等不同类型的户籍，因此履行的义务、享受的权利也不尽相同。“外嫁女”要想获得村集体的成员资格，必须与本村土地存在承包经营的关系，在本村土地上从事生产、经营、管理。当然，由于我国幅员辽阔，不同地域之间千差万别，各有其鲜明的地方特色，所以不同地区应当结合具体的地域特色和实际情况的需要，制定确认成员资格的标准。

---

① 〔法〕孟德斯鸠：《论法的精神》（上册），张雁深译，商务印书馆，1961，第154页。

② 参见陈兴良《法官的护法使命》，《浙江人大》2011年第9期。

4. 完善发放征地补偿款制度，建立“后续分配预留款”制度

行政机关可以通过制定相关规定，比如，在分配土地补偿款时，预先留存比例不低于5%份额的“后续分配预留款”，解决“外嫁女”案件的执行难以落实的问题，要求农村集体经济组织充分发挥自治的作用，并且在后续分配的时候做好沟通工作。此外，行政机关可以采取召开动员会议、将纠纷解决的进展情况纳入政绩考核等措施。

（四）规范法院诉讼程序

1. 统一相关案件的受理标准

“外嫁女”土地权益纠纷揭示了法律效果与社会效果的冲突，司法如何在其中充当调和剂是值得探讨的话题。司法实践中，有的法院拒绝受理或驳回起诉。其逻辑为，“外嫁女”土地权益请求权的权源是其具备集体组织成员资格，在“外嫁女”都不具备成员资格的前提下，更无集体经济组织侵犯其成员权这一说法。目前法院受理案件的案由中，并无“外嫁女”确权之诉的规定，因此法院驳回起诉或不予受理逻辑上是自洽的。中国司法功能形态要求法院应当以积极的态度面对“外嫁女”土地权益纠纷。因此，有的法院绕开了成员资格确认环节，直接以征收补偿款纠纷或成员权益纠纷为案由受理并作出裁判。司法的功能在于解释法律，同一地域范围内的法院应当加强交流沟通，统一“外嫁女”土地权益纠纷案件受理与裁判标准，避免再次陷入“同案不同判”的尴尬境况。法律本身具有稳定性、滞后性的特点，难以适应千变万化的社会需要，所以司法应当积极回应社会变化的需要，在必要的时候冲破传统民事诉讼主管认定标准的禁锢，根据实际情况扩大受案范围无疑有着极为重要的意义。

2. 法院审理“外嫁女”纠纷的关键在于成员资格的认定标准不统一

为了妥善解决这一类型的案件，人民法院应当与上文提到的行政机关认定成员资格标准保持一致。此外，在受理过程中还应当把握相关原则。首先，人民法院在审理中适用法律应当坚持法律的基本原则。对于案件涉及的不同位阶的法律，人民法院应当将原则性与灵活性相结合，遵照与立法目的相适应的原则，有针对性地适用。其次，基层治理的本质就是追求一种平衡状态。在尊重村民依法自治的前提下，实现共识的最大化、矛盾的最小化，使得法律效果与社会效果相统一。司法应当动员一切力量和社会资源，与行政机关通力合作，借用行政和社会力量，进行案前调解，查清案件事实。对于行政决定违反法律规定，乡镇政府相互推诿、消极工作的，“外嫁女”可以上诉至法院，通过行政诉讼维护其合法土地权益。

六　结语

深受根植于我国农村社会的重男轻女思想的影响，民间法习惯于褫夺女性村民的

权益。随着城市化进程日益加快，生产方式发生转变，“外嫁女”与其他村民群体之间的矛盾日益尖锐，却投诉无门，现有法律规定尚不完备，不同部门之间相互推诿，司法救济也难以落实。

鉴于此，法院创造性设置多元解纷机制，与行政、社会力量合作，寻找解决问题的方向。本文的目的虽然在于研究司法介入“外嫁女”土地权益纠纷的可能及限度，重新定位司法扮演的角色，但是问题的形成并非一日，问题的解决也不能期待毕其功于一役。司法、行政、党委如何解决“外嫁女”问题仍有待进一步研究，任重而道远。

学术争鸣

自然资源确权登记的法律性质及制度完善*

肖　攀**

摘　要：自然资源确权登记是登记机构将自然资源所有权归属、内容以及公共管制状况记载于登记簿并向社会予以公示的行为。从登记目的、登记客体、登记主体、登记内容等方面看，自然资源确权登记属于权利登记。自然资源确权登记与不动产登记在法律性质、法律渊源、登记机构、信息管理平台上的一致性，决定了自然资源确权登记并非独立的登记体系，但两者在登记管辖、登记基本单位、登记类型、登记程序和登记信息的利用等方面差异较大，决定了自然资源确权登记不能适用不动产登记一般规则。应利用民法典物权编编纂、"不动产登记法"起草等立法契机，推动自然资源确权登记法治化，最终实现不动产登记与自然资源确权登记在登记机构、登记依据、登记簿册和信息平台上的统一。

关键词：自然资源；确权登记；国家所有权；不动产登记；法治化

自然资源确权登记是登记机构将自然资源所有权归属、内容以及公共管制状况记载于登记簿并向社会予以公示的行为。作为落实生态文明体制改革、推进生态文明建设的一项重要制度，自然资源确权登记已经从"文本的政策"走向了"行动的政策"。2017年，全国12个地区开展了为期1年的自然资源确权登记试点，区分不同自然资源种类和自然生态空间类型，在登记范围、权利体系、登记程序、成果管理等方面进行了探索。试点取得了预期的成效，验证了对国家自然资源所有权进行登记是可行的，并总结出一套行之有效的登记流程和办法。根据试点经验，自然资源部等部门修订出台了《自然资源统一确权登记暂行办法》，并制订了工作方案，确立了"全面铺开、分阶段推进"的工作思路，明确"从2019年起，利用5年时间基本完成全国重点区域自然资源统一确权登记，2023年以后，通过补充完善的方式逐步实现全国全覆盖"。

目前，重点区域自然资源确权登记正在如火如荼开展。但是，自然资源确权登记到底是什么性质，是不是权利登记，与不动产登记是什么关系，是不是独立的登记体系，这些问题都有待研究，而对这些问题的判断，将直接影响自然资源确权登记的制度构建。本文拟从登记目的、登记客体、登记主体、登记内容、登记管辖、登记基本

*　感谢天津大学法学院郭志京副教授、中国地质大学（武汉）郭威讲师对本文写作提出的宝贵意见。

**　肖攀，自然资源部不动产登记中心助理研究员。

单位、登记类型、登记程序和登记信息的利用等方面着手，力图廓清自然资源确权登记制度的全貌，在此基础上，着力探讨自然资源确权登记的性质，挖掘与不动产登记的联系，同时提出完善相关制度的思考和建议，为推进自然资源确权登记法治化提供参考。

一 自然资源确权登记是权利登记

关于不动产登记的性质，理论界一直存在行政行为说、民事行为说、公私法兼顾行为说等争议。而如何认识自然资源确权登记的性质，首要问题是回答其是不是权利登记。《中华人民共和国物权法释义》认为，对国有自然资源的登记是资产性登记。这种资产性登记，与物权法规定的作为公示方法的不动产物权登记在性质上是不同的，它只是管理部门为“摸清家底”而从事的一种管理行为，并不产生物权法上的效力。[①]有学者也提出，自然资源登记是“行政调查统计登记”，应当将自然资源资产的登记纳入不动产统一登记体系之中，而不应在不动产统一登记体系之外再建立一套独立的自然资源确权登记体系。[②] 笔者认为，自然资源确权登记应当是权利登记，而非事实登记，国有自然资源所有权的特殊性不能改变自然资源确权登记是权利登记的法律性质，这一点可以从四个方面来看。

（一）明晰产权是自然资源确权登记的主要目的

产权是市场经济的基石，也是生态文明建设的基础。我国自然资源资产分为全民所有和集体所有，但是目前没有把每一寸国土空间的自然资源资产的所有权确定清楚，没有清晰界定国土范围内所有国土空间、各类自然资源的所有者，没有划清国家所有国家直接行使所有权、国家所有地方政府行使所有权、集体所有集体行使所有权、集体所有个人行使使用权等各种权益的边界。[③] 习近平总书记指出：“湖泊湿地被滥占的一个重要原因是产权不到位、管理者不到位。”[④] 明晰产权是建立自然资源权利秩序的基础，开展自然资源确权登记，就是要划清全民所有、集体所有、不同层级政府行使所有权、不同类型的自然资源边界“四条边界”，落实自然资源所有者的保护责任，推

① 参见胡康生主编《中华人民共和国物权法释义》，法律出版社，2007，第43页。

② 参见程雪阳《国有自然资源资产产权行使机制的完善》，《法学研究》2018年第6期。

③ 参见杨伟民《建立系统完整的生态文明制度体系》，《〈中共中央关于全面深化改革若干重大问题的决定〉辅导读本》，人民出版社，2013，第321页。

④ 2014年3月14日，习近平总书记在中央财经领导小组第五次会议上的讲话指出：“湖泊湿地被滥占的一个重要原因是产权不到位、管理者不到位，到底是中央部门直接行使所有权人职责，还是授权地方的某一级政府行使所有权人职责？所有权、使用权、管理权是什么关系？产权不清、权责不明，保护就会落空，水权和排污权交易等节水控污的具体措施就难以广泛施行。”参见中共中央文献研究室编《习近平关于社会主义生态文明建设论述摘编》，中央文献出版社，2017，第105页。

动建立归属清晰、权责明确、保护严格、流转顺畅、监管有效的自然资源资产产权制度。

根据宪法以及相关法律规定，属于国家所有的自然资源由国务院代表行使所有权，而具体由谁来代表，在法律上并不明晰。“两统一”职责[①]之前的一段时间内，国有自然资源所有者职责实际由国土、林业、海洋、水利、农业等相关管理部门按照资源类型代行，对于同一自然资源按照不同的管理环节或者功能用途归口不同的部门管理，造成了职责交叉。所有者职责不清晰，产权就虚置弱化，所有权人权益就得不到落实。[②] 自然资源保护利用唯有坚持主体特定、客体特定的物权法原理，压缩抽象主体的规则，建立具体化主体的规则，才能建立真实的法律秩序。[③] 因此，自然资源资产产权制度改革将明确产权主体作为首要任务，进而通过自然资源确权登记将所有权主体和权利内容记载到登记簿上，来落实所有者职责。

尽管我国资源公有，不是集体所有就是国家所有，但是通过确定集体的，剩下的都是国有的简单“排除法”，显然不能直接确定自然资源国家所有权的边界，否则无法解释国家与集体之间存在的大量土地权属争议。2018年国家级自然保护区管理评估结果显示，有70.78%的国家级自然保护区存在范围界线或土地权属不清的问题，特别是存在违法违规项目的保护区，边界权属问题尤为严重。[④] 况且2010年集中开展的农村土地所有权确权登记主要针对农村范围内的集体土地[⑤]，非农村范围的并没有做到全覆盖。法律意义上的权利边界确定必须履行法定的程序，确保权利边界明确而无可争议。只有通过自然资源确权登记，将经过法定程序确定的自然资源所有权边界及范围、面积明确下来，才能保护好国有自然资源产权。

“公地悲剧”在很多国家和地区上演过，我国的国有自然资源由于产权管理的缺失，在一定时期、一定程度上也流于“人人所有，人人没有，谁都负责，谁都不负责”的状况，导致一些自然资源被滥用破坏或过度利用，影响了自然生态。“白芨滩国家级自然保护区被侵占上千亩”“扬子鳄国家级保护区被侵占”等事件无不暴露出“产权真空”的严重弊端。要改变这样一种“无主物”状况，就必须加强自然资源产权管理，

---

① 根据《中共中央关于深化党和国家机构改革的决定》，“两统一”职责就是由自然资源部统一行使全民所有自然资源资产所有者职责，统一行使所有国土空间用途管制和生态保护修复职责。

② 参见中央编办二司课题组《关于完善自然资源管理体制的初步思考》，《中国机构改革与管理》2016年第5期。

③ 参见孙宪忠等《国家所有权的行使与保护研究》，中国社会科学出版社，2015，第396页。

④ 参见《专家：七成国家级自然保护区范围边界或土地权属不清》，http://k.sina.com.cn/article_6192937794_17120bb4202000dopf.html，最后访问日期：2019年9月3日。

⑤ 参见国土资源部、中央农村工作领导小组办公室、财政部、农业部《关于农村集体土地确权登记发证的若干意见》（国土资发〔2011〕178号）规定，农村集体土地所有权确权登记发证要覆盖到全部农村范围内的集体土地，包括属于农民集体所有的建设用地、农用地和未利用地，不得遗漏。

把产权主体、客体和权利内容通过自然资源确权登记明确下来，并在国土空间规划、用途管制和自然资源开发利用、生态修复、生态补偿、损害赔偿等全过程突出产权管理，将产权贯通生态文明制度体系。

登记的目的是伴随历史发展而变化的，单就土地登记而言，其就经历了古代税收登记、近代产权登记、现代多用途登记的不同阶段。但万变不离其宗，登记最核心的目的是确定权利归属和内容，这一点不动产登记和自然资源确权登记都同样遵循，它们的差异主要体现在实现明晰产权目的后所衍生的功能不同，一个主要为社会主义市场经济建设服务，一个主要为社会主义生态文明建设服务。认清自然资源确权登记的目的，还要注意两点。第一，自然资源确权登记不会限制地方发展空间。① 自然资源确权登记旨在确定权属，落实产权主体和保护责任，并不另外设置禁止开发或者限制开发的条件。关联的生态保护红线和用途管制要求，都是有法律明确规定的，这样做是要保障生态产品供给能力，确保国家生态安全，保护长远发展的资本。自然生态环境的改善，自然资源所在地是最直接的受益者。同时基于优良的自然资源，可以探索生态产品价值实现机制，比如特许经营、生态农业、生态旅游、生态补偿等，实现生态优势向经济优势的转化和绿色发展。第二，自然资源确权登记不会损害既有权利人的合法权益。对于已经纳入《不动产登记暂行条例》的不动产权利，按照不动产登记的有关规定办理，不再重复登记，也不推倒重来。如果涉及调整或限制已登记的不动产权利的，必须符合法律法规规定，并记载于不动产登记簿。物权法定、平等保护是自然资源确权登记贯穿始终的原则，不管是国家、集体还是个人，只要是合法产权，都将受到严格保护。

（二）自然资源确权登记的客体是所有自然生态空间的自然资源所有权

登记的客体必须指向特定的物，具有确定性，符合物权特定原则。只有坚持物权特定的原则，才能有效明确物的归属，保证每一个经济上有价值的物能够被独立地加以支配并投入流通，从而实现对物的有效利用。② 据此，不动产登记指向不动产以及不动产上的物权③，自然资源确权登记指向自然生态空间的自然资源及其所有权，两者在登记的权利类型上各有侧重、互不交叉。就自然资源确权登记的客体而言，有三次认识上的深化和扩展。最初是十八届三中全会决定和《生态文明体制改革总体方案》提出，“对水流、森林、山岭、草原、荒地、滩涂等所有自然生态空间统一进行确权登

① 参见高永《我国自然资源统一确权登记》，《中国机构改革与管理》2018 年第 11 期。

② 参见〔德〕鲍尔、施蒂尔纳《德国物权法》（上册），张双根译，法律出版社，2004，第 65 页。

③ 《不动产登记暂行条例》第 5 条规定：“下列不动产权利，依照本条例的规定办理登记：（一）集体土地所有权；（二）房屋等建筑物、构筑物所有权；（三）森林、林木所有权；（四）耕地、林地、草地等土地承包经营权；（五）建设用地使用权；（六）宅基地使用权；（七）海域使用权；（八）地役权；（九）抵押权；（十）法律规定需要登记的其他不动产权利。”

记”。然后是《自然资源统一确权登记办法（试行）》提出，“对水流、森林、山岭、草原、荒地、滩涂以及探明储量的矿产资源等自然资源的所有权统一进行确权登记”。再就是《自然资源统一确权登记暂行办法》提出，“对水流、森林、山岭、草原、荒地、滩涂、海域、无居民海岛以及探明储量的矿产资源等自然资源的所有权和所有自然生态空间统一进行确权登记”。自然生态空间是登记客体物理上的表述，自然资源所有权是登记客体权利上的表述，两者在内涵上是相融通的。

第一，自然资源确权登记的是现势自然资源。自然资源是指天然存在、有使用价值、可提高人类当前和未来福利的自然环境因素的总和。① 根据《自然生态空间用途管制办法（试行）》，自然生态空间是指具有自然属性、以提供生态服务或生态产品为主体功能的国土空间，包括森林、草原、湿地、河流、湖泊、滩涂、岸线、海洋、荒地、荒漠、戈壁、冰川、高山冻原、无居民海岛等。由此可看出，生态空间涵盖主要的自然资源，或者说主要的自然资源基本承载于生态空间。但是，现实的生态空间既有自然资源，也有非自然资源，比如建设用地、耕地、园地等。为了保护自然生态的完整性和原真性，需要将自然生态空间作为整体进行登记保护，但是登记的客体只是其中的自然资源，必要的非自然资源要素尽管划入生态空间，但在面积统计中要予以扣除。因此，自然资源确权登记的自然生态空间，实际指向的是空间范围内的现势自然资源，是经调查、可评价、现状的自然资源所有权，生态空间内的非自然资源要素不进行自然资源确权登记，规划或审批之前的生态空间也不进行自然资源确权登记。

第二，现阶段自然资源确权登记的是自然资源实物量。自然资源资产与自然资源并无本质的差异，自然资源资产是指产权主体明确、产权边界清晰、可给人类带来福利、以自然资源形式存在的稀缺性物质资产。② 自然资源资产源于自然资源，是经过确权登记后的自然资源，能够人为控制并产生价值。因此，自然资源确权登记对于自然资源资产化尤为重要，只有经过确权登记，明晰产权，自然资源才能为一定主体所拥有或控制，才有可能发挥其经济或生态效益，这是一个“资源变资产”的必要法律程序。但是，自然资源资产更多强调价值，自然资源更多强调实物，现阶段自然资源确权登记以实物量为主，这与自然资源资产负债表编制精神是一致的。未来自然资源资产价值核算体系建立后，自然资源资产价值能够确定的，可以在自然资源确权登记内容中予以补充完善。

---

① 1936 年《苏维埃社会主义共和国联盟根本法》第 6 条规定：“土地、矿藏、水流、森林、工厂、矿井、矿山、铁路运输、水上和空中运输、银行、邮电、国家所建立的大型农业企业（国营农场、机器拖拉机站等等），城市和工业区的公用企业和主要住宅，都是国家的财产，即全民的财产。”

② 参见王树义等《环境法前沿问题研究》，科学出版社，2012，第 62 页。

第三，自然资源确权登记针对的是自然资源所有权层面的登记。产权是所有制的核心和主要内容，所有权是所有制在法律制度上的反映。我国采取社会主义公有制，重要的自然资源基本上属于国家所有。自然资源国家所有权制度既不是我国的专利，也不是计划经济体制或者社会主义国家的专利，它是当代国家的普遍选择。[①] 意大利、俄罗斯、荷兰等国家都在其民法典中确定了自然资源国家所有权的制度。自然资源所有权设为国家所有，并不是为了让国家占有更多的自然资源并且从中获得经济利益，而是由于自然资源本身涉及社会大多数成员的公共利益，而国家又是公共利益的代表，因此才会被认为是最合适的自然资源公共利益代言人，由其代表公众所有，并且最终在社会公众的监督下完成所占有自然资源的管理义务。自然资源确权登记的客体锁定自然资源的所有权，而非自然资源使用权，是由生态文明体制改革要求划清“四个边界”的核心任务所决定的，且使用权登记已经被不动产登记基本涵盖，没有必要再重搞一套。

登记客体中，除了登记范围内的国家自然资源所有权，也可能包括集体自然资源所有权。据调查，山东省国家级自然保护区 58% 的土地为国有土地，省级自然保护区 50% 的土地是集体土地，市级自然保护区国有土地与集体土地的比例各为 47% 左右，县级自然保护区国有土地面积的比例仅为 12.4% 。[②] 湖南南山国家公园中自然资源国有与集体的占比分别为 28% 、61% 。对于划定登记范围的集体自然资源所有权要一并登记，并可以采取协议管护、设置地役权或者赎买、置换、征收等方式协调国家和集体的利益。要防止简单地根据权利性质分割完整的登记空间，因为这样既缩限了登记范围，也与山水林田湖草生命共同体理念背道而驰。

（三）自然资源确权登记的主体是国有自然资源的所有权人、所有权代表行使主体和所有权代理行使主体

自然资源确权登记的主体是自然资源所有权人，具体就是全民自然资源所有权人和集体自然资源所有权人。集体自然资源所有权已经在《不动产登记暂行条例》中作出制度安排并已基本完成登记。因此，自然资源确权登记主体的重点就是国有自然资源所有权人。根据自然资源资产产权制度改革精神，国有自然资源所有权实行代表行使和代理行使。这些反映在登记上，就是国有自然资源的所有权人、所有权代表行使

① 〔德〕鲍尔、施蒂尔纳：《德国物权法》（上册），张双根译，法律出版社，2004，第 65 页。

② 自然资源确权登记涉及的中央政策文件主要包括《中共中央关于全面深化改革若干重大问题的决定》《中共中央国务院关于加快推进生态文明建设的意见》《生态文明体制改革总体方案》《中共中央办公厅 国务院办公厅关于创新政府配置资源方式的指导意见》《中共中央办公厅 国务院办公厅关于统筹推进自然资源资产产权制度改革的指导意见》《中共中央办公厅 国务院办公厅关于建立以国家公园为主体的自然保护地体系的指导意见》《自然资源统一确权登记暂行办法》等。

主体和所有权代理行使主体。

法律规定属于国家所有的财产，属于国家所有即全民所有。那么登记簿上的所有权人登记为“国家”还是“全民”，或者登记两者都可以？笔者认为，登记为国家更为妥当。“全民”是一个集合概念，尽管这一集合体由具体的个体组成，但不是具体个体的简单相加，不能把“全民所有”与“全体人民所有”或者“人人都有所有权”画等号，否则，任何人都可以主张对国有自然资源的所有权，必然导致自然资源利用与保护秩序的混乱。[①]“全民”在法律上较抽象且难以具体人格化，但“国家”可以在法律上成为一个独立的法人。[②]从“全民所有”到“国家所有”，没有实质上的变化，只是把抽象的社会主体变成具体的法律主体，将所有权人登记为“国家”，能更好地保障全民所有自然资源的权利实现。“国家”具有多重身份，既是国有财产的所有者，也是主权的享有者。国家作为主权者，能够捍卫国家自然资源主权，对外防御他人侵犯。这一点在海域、无居民海岛或者跨境河流登记中极为重要。国家作为自然资源的财产所有者，不管是从民法意义的所有权人层面还是行政法意义的管理人层面，都能够承担起自然资源开发、利用和保护的职责。另外，不动产统一登记前开展的林权登记，登记的“四权”[③]中，国有森林、林木、林地的所有权人登记为“国家”，而这在自然资源确权登记中不会改变，只是“对国务院确定的重点国有林区森林资源的代表行使主体和代理行使主体探索进行补充登记”。[④]因此，国有自然资源所有权人登记为“国家”也便于与已有实践相衔接。

《关于统筹推进自然资源资产产权制度改革的指导意见》对全民所有自然资源所有权代表行使主体作出了两点重要规定。一是推进相关法律修改，明确国务院授权国务院自然资源主管部门具体代表统一行使全民所有自然资源资产所有者职责。二是明确将全民所有自然资源资产所有权代表行使主体登记为国务院自然资源主管部门。自然资源部组建后，新设立自然资源所有者权益司，负责拟定全民所有自然资源资产管理政策，建立全民所有自然资源资产统计制度；新设立自然资源确权登记局，负责指导监督全国自然资源确权登记工作。根据《生态文明体制改革总体方案》，中央政府主要对石油天然气、贵重稀有矿产资源、重点国有林区、大江大河大湖和跨境河流、生态功能重要的湿地草原、海域滩涂、珍稀野生动植物种和部分国家公园等直接行使所有权。对于这些已经明确了所有权管理层级的自然生态空间，将率先开展确权登记。国

① 参见施志源《生态文明背景下的自然资源国家所有权研究》，法律出版社，2015，第 96 ~ 98 页。

② 参见王天华《国家法人说的兴衰及其法学遗产》，《法学研究》2012 年第 5 期。

③ 林权登记的“四权”，包括森林林木的所有权、森林林木的使用权、林地的所有权和林地的使用权。

④ 参见自然资源部等部门印发的《自然资源统一确权登记工作方案》。

有自然资源所有权的代表行使方式分为直接行使和代理行使两种。既可以由自然资源部直接代表行使所有权，也可以由中央委托省级和市（地）级政府代理行使所有权，法律授权省级、市（地）级或县级政府针对特定自然资源代理行使所有权的，也属于代理行使。

要注意的是，自然保护区等自然保护地实行分级分区管理。实践中，自然保护区级别不是按照自然资源产权关系而是按照生物多样性重要程度确定的，即使是国家级自然保护区的管理，其管理层级可以是省级、市级、县级甚至乡镇人民政府，还可能是科研教育事业单位或国有企业。[①] 因此，不能认为国家级的自然保护地就一定是中央政府代表行使所有权，即自然保护地的分级管理与国家自然资源所有权分级行使没有必然的关联。按照《关于建立以国家公园为主体的自然保护地体系的指导意见》，未来自然保护地分级管理将分为中央直接管理、中央地方共同管理和地方管理三类。中央直接管理和中央地方共同管理的自然保护地由国家批准设立；地方管理的自然保护地由省级政府批准设立，管理主体由省级政府确定。

登记的主体中，是否登记管理主体是一个争议的焦点。有的认为，现实中各类自然保护地都由政府成立管委会或管理处具体进行管理，实际代行所有者职责，不登记管理者可能会造成管理和保护缺位。有的认为，所有权主体层级不能过多，既要解决所有权主体“有没有”的问题，防止“公地悲剧”，也要避免所有权主体过多、肢解产权的问题，防止“反公地悲剧”。之所以产生争议，核心在于对所有者、管理者以及所有权、管理权认识不清晰。管理权是所有权的一种行使方式，不是所有权的一项权能。[②] 所有者基于所有权需要对自然资源进行管理，监管者基于管理权也需要对自然资源进行管理，比如规划的执行与实施、用途管制的施行都有管理因素。区分所有者的管理还是监管者的管理，可以从两方面看。一方面看管理范围，所有者的管理行为只对全民所有的自然资源产生约束力，而监管者的管理行为可以对全民和集体所有的自然资源都产生约束力。另一方面看管理方式，依靠平等协商进行的管理是所有者权利，依靠国家强制力进行的管理是监管者权力。[③] 现实中自然保护地的管理处、管委会等实际既行使了部分所有者权利，又行使了部分监管者权力。基于所有权的管理行为是所有者内部行为，管理后果最终由所有者承担，而监管者的管理是必要的监管手段，法律有明确的程序规定。因此，管理者没有必要在自然资源确权登记中进行记载公示，只需明确权利内容和监管要求。这也说明自然资源确权登记不是管理部门的一种管理

① 参见唐小平《中国自然保护区——从历史走向未来》，《森林与人类》2016 年第 11 期。

② 参见王利明《物权法论》，中国政法大学出版社，2003，第 265 页。

③ 参见邱少俊、吕宾《履行“两统一”职责要正确区分所有权与监管权》，《中国土地》2019 年第 5 期。

行为。

（四）自然资源确权登记的内容兼顾物权公示与公共管制要求

自然资源确权登记既要体现对自然资源所有权的公示公信，为自然资源开发利用奠定基础，又要突出国家对自然资源管理和保护的要求，融入一些管制信息。只是自然资源确权登记的公示效力主要是登记宣示力，不像不动产登记具有登记生效力或者登记对抗力。因此，自然资源确权登记必须兼顾物权公示与公共管制双重目标，这也是国际上自然确权登记的一般做法。从国外自然资源登记的实践看，自然资源登记除服务于物权公示目的外，还包括采集自然资源管理的其他职能部门履职所需要的信息，包括自然资源政策法规制定、自然资源规划、自然资源权属的批准许可、权利行使情况的监管、自然资源相关裁决、自然资源运行情况的社会监督、确定收费标准及纳税金额，甚至仅仅是收集权利人的看法等。从这个意义上说，自然资源登记所承载的使命，已经超出了一般的不动产登记。① 不动产登记也有权利限制性内容，但主要是抵押、查封等私法性质的限制，但自然资源确权登记的限制性内容主要是用途管制、生态保护红线等公法属性的限制。②

自然资源确权登记的内容具体分为三个方面。一是自然资源的自然状况，主要包括自然资源的坐落、空间范围、面积、类型、数量、质量等。空间位置、面积、数量等是物的特定化的基本方式，不同类型的自然资源数量、质量内容不一样，比如水流记载平均径流量、水质、河道等级，森林记载蓄积量、主导功能、林种等。自然资源是一个空间的立体概念，尤其是水流、矿产、海域，用三维登记的方式描述其自然状况能够更好地反映物的本身。这些作为自然资源确权登记的内容之一，须通过行政调查统计的方式获取，但获取方式不决定登记行为的性质。二是自然资源的权属状况。自然资源确权登记的权利相对单一，主要是国家自然资源所有权，包括所有权主体、所有权代表行使主体、所有权代理行使主体以及行使方式、权利内容等。完整的所有权内容一般包括占有权、使用权、收益权和处分权。国家所有权不可让渡、不能处分，但能通过所有权与使用权分离而设置用益物权等方式实现。三是其他相关事项，比如登记簿附图及证书的补发、换发等情况。附图是综合展示登记簿自然状况和权属状况的一种手段，也是物的特定化的一种方式，是登记簿的重要内容，并非可有可无。

自然资源确权登记的内容还包括登记范围的不动产权利情况和公共管制信息。但是，这两方面内容不需要登记机构另外记载，只是进行关联，否则有重复登记的“嫌疑”。“记载”与“关联”是有一定差别的，关联是将已登记或已形成的信息通过数据

---

① 参见陈丽萍等《国外自然资源登记制度及对我国启示》，《国土资源情报》2016年第5期。

② 参见肖攀、郭威《不动产登记原因体系》，北京大学出版社，2018，第9页。

库和信息系统自动转载，记载是通过一定的登记程序记录形成登记信息；关联的登记信息变化的，也是自动转载，不需要进行变更登记，而记载的登记信息变化的，需要进行变更登记。关联的事项主要是三方面内容。一是关联不动产登记信息。将登记范围内已经登记的国有土地上的用益物权和集体土地所有权，通过不动产单元号、权利主体实现自然资源登记簿与不动产登记簿的关联。集体土地上用益物权不需要关联，否则容易叠床架屋。二是关联矿业权和取水许可、排污许可等信息。这主要是为行政管理服务，比如中央要求自然保护地内的探矿、采矿活动要依法有序退出，在登记簿上关联矿业权信息，探矿权及采矿权的设立、存续期间和位置、面积等就能在自然保护地登记簿上一目了然，为有效监管提供数据基础。三是关联公共管制信息，主要是关联国土空间规划明确的用途、划定的生态保护红线等管制要求及其他特殊保护规定等信息。

在现实情况下，三类关联信息中，不动产登记信息、矿业权和取水许可、排污许可等信息已基本建立统一的数据库。可以通过数据库，采用拓扑分析、实体关系对照等方式，实现空间数据和属性数据的关联。而国土空间规划、生态保护红线及其他特殊保护规定，目前多散落在地方和相关部门，尚未建立统一的数据库，需要进行资料收集和数据分析处理，调查获取数据后才能实现信息关联。

二　自然资源确权登记与不动产登记的联系

既然自然资源确权登记也是权利登记，那么其与同样作为权利登记的不动产登记是什么关系，有何联系？《物权法》第9条第2款规定，“依法属于国家所有的自然资源，所有权可以不登记”。这就明确地将自然资源的国家所有权和其他的不动产所有权相提并论，肯定了国家对自然资源的所有权就是民法上的所有权。[①] 根据全国人大法工委的意见，这并非否定国家自然资源所有权的登记能力，只是法律对属于国家所有的自然资源已作出规定，这已经是一种公示，可以不登记。但随着生态文明建设的需要，国有自然资源所有权要进行产权管理，“法律规定”这种公示手段解决不了所有权行使及其权利边界的问题，必须借助登记手段进一步强化公示。从这个意义上看，自然资源确权登记与不动产登记在法律渊源上是一致的，自然资源确权登记是广义上的不动产登记的特殊范畴。但是国家所有权以主体上的抽象性优越性、客体上的复杂性、内容上的公权性等为特征[②]，与房屋所有权、集体土地所有权等一般所有权差异较大，实

① 参见叶榅平《我国自然资源物权化的二元立法模式选择》，《上海财经大学学报》2013年第1期。

② 参见国务院发展研究中心资源与环境研究所课题组《自然资源资产所有者的权利与义务研究》，《中国机构改革与管理》2016年第5期。

难按照不动产登记一般规则操作，只能基于不动产登记，采取异于不动产登记的特殊登记规则。

（一）自然资源确权登记采取分级登记与属地登记相结合的管辖方式

登记的管辖解决的是某一区域的不动产由谁来登记的问题。根据《物权法》的规定，确定登记机构的唯一因素应该是不动产所在地，而不是权利人所在地。这是由不动产空间位置的固定性或者空间位置的不可移动性的本质属性所决定的。① 因此，不动产登记实行属地登记原则，由不动产所在地的市县级登记机构登记。而自然生态空间相较一般的不动产，范围比较大，功能比较重要，往往具有特殊保护要求，并且跨区域特征比较明显。比如东北虎豹国家公园跨吉林、黑龙江两省，大熊猫跨四川、陕西、甘肃三省，大江大河跨区域就更为常见。类似跨市县级、跨省级的登记区域，若机械地按照属地登记原则，交由自然资源所在地的登记机构进行确权登记，因为事权分配会人为影响该国土空间生态功能的完整保护以及公共管制的协调一致，导致自然资源管理碎片化问题得不到解决。② 全民所有的自然资源涉及全民的福祉，其主要由中央和地方政府分级行使所有权，未来还会制定具体权利清单，代行所有权主体及其权利范围将更加清晰。这样的背景下，采取“谁行使权利、谁负责登记”的分级登记方式相对简便易行，既能解决跨区域登记管辖问题，也能实现调查、登记、数据建库等工作一体组织，契合权责对等的原则。考虑实际中存在一定数量的零星荒地、草原或森林资源等，这些自然资源点多、面广，交由资源所在地的登记机构负责登记更为便宜。这样一种分级登记和属地登记相结合的登记管辖方式，与不动产登记属地管辖是很不相同的，但确切的一点是，登记工作都由不动产登记机构负责。

具体而言，国家级不动产登记机构负责登记由中央政府直接行使所有权的各类自然资源和生态空间。省级不动产登记机构负责登记本行政区域内由中央委托省级政府代理行使所有权的自然资源和生态空间。市县级不动产登记机构负责登记本行政区域内由中央委托或者相关法律规定由市级或者县级政府代理行使所有权的自然资源和生态空间，同时根据上级登记机构要求开展登记。跨市县行政区域的自然资源确权登记由共同的上一级登记机构直接办理，对于一些自然生态空间大部分面积坐落在一个行政区域，仅有小部分坐落在其他行政区域的，应该允许上一级登记机构根据实际情况，指定有关属地登记机构办理。这是对“谁行使权利、谁负责登记”管辖规则的一种必要补充。

分级登记与属地登记相结合的管辖模式，既要避免一哄而上，登重了，又要避免

---

① 参见屈茂辉《不动产属地登记原则及其规则体系——兼及我国〈不动产登记暂行条例〉相关制度的完善》，《湖南师范大学社会科学学报》2015 年第 3 期。

② 参见常戈群《自然资源统一确权登记试点成果与问题对策》，《中国不动产》2019 年第 3 期。

一哄而散，登漏了。根据登记管辖原则确定的登记机构应当是唯一的，国家或者省级登记机构可以根据规定，要求市县级登记机构承担登记辅助性工作，也可以将登记事务委托给市县级登记机构，除非法律法规有授权规定，登记管辖权不能让与其他主体。在分级登记的情形中，毕竟自然资源坐落在具体的市县行政区域，尽管登记责任不属地，但属地市县政府在资料收集、通告和公告发布、权籍调查、界线核实、权属争议调处等工作上具有较大便利，市县政府的配合对于工作顺利推进不可或缺，也有利于行政资源的最大化利用。登记的管辖按照自然生态空间（可能跨行政区域）的范围确定，这与不动产登记严格按照行政区划范围确定登记管辖也不同。因此，在确定登记机构的管辖范围时，必须在全国自然资源"一张图"上作业，保证工作底图是一致的，同时将已经登记的自然资源的权属边界、空间界限信息共享给相关登记机构，这样才能科学确定各级登记管辖范围，确保"不重不漏"。

（二）自然资源确权登记以自然资源登记单元为基本单位

自然资源是一个庞大的统一整体，任何人都不能对整个自然资源进行排他性的占有和支配，将自然资源纳入所有权领域，必须利用法律技术手段，利用空间、时间、数量等技术方法将自然资源的某部分特定化，进而成为所有权的客体。① 如同不动产登记以不动产单元为基本单位，自然资源确权登记也创设了自然资源登记单元，作为自然资源特定化的一种方式，并以其为基本单位。登记单元可以确保只有那些能从法律技术上加以分割、可以被特定化的物及其上的权利可以被载入登记簿。② 但是，不动产单元是权属界线封闭且具有独立使用价值的空间，主要考虑权属封闭性。自然资源登记单元以土地为载体，在单元内区分不同权属、不同自然资源类型的边界和范围，并叠加公共管制、特殊保护要求，主要考虑生态功能完整性，同时兼顾权属因素。具体要考虑以下内容。（1）管理保护范围。自然生态空间是整体性概念，应考虑不同自然资源种类和在生态、经济、国防等方面的重要程度以及相对完整的生态功能、集中连片等，践行山水林田湖草生命共同体的理念。（2）管制范围。自然生态空间多属于生态保护红线，要尽量做到生态保护红线、永久基本农田、城镇开发边界"三条控制线"互不交叉重叠。（3）物权边界范围。以自然资源所有权范围为基础，包括自然生态空间范围内的国家所有权和集体所有权。（4）优先次序。由于不同自然资源在空间上的交叉重叠，需要在自然资源要素全覆盖基础上遵循一定优先顺序划定登记单元。一般而言，海域、无居民海岛优先于自然保护地划定，国家批准的自然保护地优先于水流、湿地划定，水流优先于森林、草原、湿地、荒地等划定。（5）部门协商。自然资源确

① 参见孙宪忠等《国家所有权的行使与保护研究》，中国社会科学出版社，2015，第 401 页。

② 参见程啸《不动产登记法研究》，法律出版社，2011，第 94 页。

权登记涉及生态环境保护和治理，涉及多种资源类型和多个部门职能，须由登记机构会同相关资源管理部门共同划定。自然资源登记单元除了具有唯一编码外，还拥有单独的单元名称，即自然资源登记单元同时拥有“名字”和“身份证”。

第一，国家公园、自然保护区、自然公园等各类自然保护地往往有明确的审批管理或保护范围，应该依据审批管理或保护范围划定自然保护地登记单元。要注意的是，这里的“依据”不是“直接照搬”，往往还需要结合实际调查才能最终确定登记单元，确是技术引起的数据、图件与现地不符等问题可以按管理程序一次性纠正。比如，国家审批的武夷山国家公园体制试点区面积为 980 多平方公里。后对实际管理的范围界线进行核实，初步明确了具体的空间位置，实际面积为 940 多平方公里。实践中，各类自然保护地尤其是自然保护区、自然公园区域交叉、空间重叠的问题较为突出，比如有的区域既是自然保护区，又是风景名胜区、森林公园等，审批和管理部门不一样，范围也有所差异。此时，可以先按照最大的管理或保护范围界线划定登记单元，确保保护面积不减少。但是，每个登记单元都要记载登记单元名称，按照“最大范围线”解决了界线问题，但登记单元的名称还要随着自然保护地的整合优化，做到一个保护地、一套机构、一块牌子后，才能最终规范起来。一个国家公园一般划成一个登记单元，有的国家公园是多个自然保护区或者自然公园整合而成的，也可以划分成多个登记单元。比如，武夷山国家公园划分成武夷山国家级自然保护区、武夷山国家级风景名胜区和九曲溪上游保护区三个登记单元。还有的国家公园由几大区域组成，但各区域空间独立且不相连，必须分区域划分单元。比如大熊猫国家公园分为四川园区、甘肃园区和陕西园区，陕西园区与其他园区空间隔离、不相连，无法划在一个“范围”圈，只能单划登记单元。另外，自然资源登记单元的边界划定还要与生态保护红线勘界定标、自然保护地勘界定标等工作结合起来，实现权属上图、落地。

第二，水流是比“水”“水资源”“水域”等更有包容性的概念，具有很强的地域（流域）属性、遵循自然规律的水文属性、为人类服务的资源属性、为水生生物提供生存环境的生态属性。① 在土地利用现状分类上，包括河流水面、湖泊水面和水库水面。水流的认定应该依据全国国土调查和水资源专项调查成果，以河流、湖泊管理范围为基础，结合实际的堤防、水域岸线划定水流登记单元。《河道管理条例》第 20 条对河道管理范围作出了规定②，水利部印发《关于加快推进河湖管理范围划定工作的通知》

① 参见矫勇《对宪法第九条“水流”概念的理解》，《中国人大》2019 年第 10 期。

② 《河道管理条例》第 20 条规定：“有堤防的河道，其管理范围为两岸堤防之间的水域、沙洲、滩地（包括可耕地）、行洪区，两岸堤防及护堤地。无堤防的河道，其管理范围根据历史最高洪水位或者设计洪水位确定。河道的具体管理范围，由县级以上地方人民政府负责划定。”

（水河湖〔2018〕314 号），对划定河道管理范围进一步明确要求，提出“有堤防的河湖背水侧护堤地宽度，根据《堤防工程设计规范》（GB 50286－2013）规定，按照堤防工程级别确定，1 级堤防护堤地宽度为 30～20 米，2、3 级堤防为 20～10 米，4、5 级堤防为 10～5 米，大江大河重要堤防、城市防洪堤、重点险工险段的背水侧护堤地宽度可根据具体情况调整确定。无堤防的河湖，要根据有关技术规范和水文资料核定历史最高洪水位或设计洪水位”。而实际上，有的地方河道管理范围划得更大，包含了一定数量的建设用地或者永久基本农田。陕西渭河生态区管理界线以堤防背水坡脚向外侧扩展城市段 200 米、城市规划区 1000 米、农村段 1500 米控制，更将加剧水流生态空间与城镇开发边界、永久基本农田边界的冲突以及与既存不动产权利的冲突。因此，根据“水流归国家所有”的规定，水流登记单元划定应当回归水流的本质，兼顾生态功能完整和权属范围界限，不能以河湖管理保护范围简单化处理。较为合理的方式是，河湖有堤防的，以堤防背河堤脚处为界；没有堤防的，以征地红线或者河湖自然水域岸线为界。历史最高洪水位能够确定洪水位的高程，但淹没线的平面位置往往较模糊①，而设计洪水位、常水位等弹性较大，以县级以上人民政府确定的自然水域岸线为标准最为直观、易于操作。

第三，湿地是位于陆生生态系统和水生生态系统之间的过渡性地带，在土壤浸泡在水中的特定环境下，生长着很多湿地的特征植物，与海洋、森林并称为“地球三大生态系统”。《土地利用现状分类》（GB/T21010－2017）首次将湿地单独归类，《第三次全国土地调查工作分类》将湿地作为一级类地类，包括红树林地、森林沼泽、灌丛沼泽、沼泽草地、盐田、沿海滩涂、内陆滩涂、沼泽地八个二级地类。湿地登记单元应依据全国国土调查成果和湿地专项调查成果划定。湿地与水流、滩涂等交叉存在，在一定条件下还会发生转化，这是自然资源动态性特征的表现。解决这个问题，一是按照国土调查的认定结果，调查的结果是水就认定为水，调查的结果是湿地就认定为湿地；二是在河流、湖泊、水库等水流范围内的，不再单独划分湿地登记单元，以保证水流登记单元的完整性。

第四，森林、草原、荒地一般是天然的存在，没有现存的人为划定的审批范围作依据，除了重点国有林区，其可以批准的范围界线为划定依据。此时，只能以土地所有权为基础，按照国家土地所有权权属界线封闭的空间划分登记单元，这与宗地划分方法是相似的。但不同的是，宗地中权属是唯一的，森林、草原、荒地登记范围中的权属除了国有的，还可能存在集体的。此时应把生态功能完整作为首要考虑因素，不

---

① 参见谢宗繁、何善国《南宁市内河无堤防河道管理范围确权划界探讨》，《水利规划与设计》2010 年第 4 期。

能为了区分国有、集体而人为割裂自然生态空间。山岭和滩涂资源在森林、湿地等登记单元中已体现，并且在试点实践中较难辨识和划定，因此不再单独划定登记单元。

第五，海域与陆地相对，本身作为自然资源的同时承载了多种类型的自然资源。但同一范围的自然资源登记单元必须是唯一的，海域登记单元必须优先划定，才能保证其完整性，否则就要在登记单元上开很多“天窗”，海域中的自然保护地、矿产等资源可以通过不同图层的方式记载。与此衔接，海域与海域范围的自然保护地、矿产等资源的所有权行使主体应该一致，否则会出现登记管辖与登记单元划分上的冲突。相对海域，无居民海岛登记单元更优先划定，因为其相对独立，并且具有保护和利用上的特殊性。具体而言，海域登记单元包括我国的内水和领海，依据“三条线”，即沿海县市行政管辖界线、海岸线和领海外部界线所涵盖的范围划定海域登记单元。无居民海岛实行名录管理，具体按照整岛，以零米等深线等确定的海岛范围划定登记单元。

第六，探明储量的矿产资源以土地或者海域为承载，土地、海域的三维空间特性使矿产资源的分布也具有三维属性。海域范围的矿产资源不单独划定登记单元。土地上的矿产资源主要是固定矿产和油气矿产（包括石油、天然气、页岩气、煤层气等）。结合贵州、福建试点经验，固体矿产以矿区、油气以油气田划分登记单元，单元边界以现有的储量登记库及储量统计库导出的矿区范围，储量评审备案文件确定的矿产资源储量估算范围，以及国家出资探明矿产地清理结果认定的矿产地范围在空间上套合确定。但自然保护地登记单元内的矿产资源不再单独划定登记单元，可以通过分层标注的方式予以记载。

（三）自然资源确权登记没有涉及权利转移的登记类型

不动产登记的类型主要有首次登记、变更登记、转移登记、注销登记、更正登记、异议登记、预告登记、查封登记八种类型。由于国家自然资源所有权不可让与，自然资源登记不存在转移登记、异议登记、预告登记、查封登记。因此其登记类型主要是首次登记、变更登记、更正登记和注销登记四种。

首次登记是登记机构在一定时间内对登记单元内自然资源的所有权进行的第一次登记。自然资源首次登记由中央和地方政府组织，在一定时间内全部完成，所需工作经费由财政预算予以保障，不收取登记费用。

变更登记是因自然资源的类型、范围和权属边界等登记内容发生变化进行的登记。对于登记单元内自然资源类型、面积等自然状况发生变化的，由于自然状况变化相对频繁，并且这种变化都是客观变化，由登记机构以全国国土调查和自然资源专项调查为依据，依职权径自登记。这样不仅简化了程序，还能保证登记信息的现势性，让登记的记载反映权利真实情况。自然资源登记单元边界、权属边界、权利主体和内容等变化的属于实质性的权属内容变化，应当由自然资源所有权代表行使主体或者代理行使主体持相关材料嘱托登记机构办理变更登记。比如所有权行使主体发生变化的，就需要及时办理变更登记。

更正登记是登记机构对自然资源登记簿的错误记载事项进行更正的登记。自然资源登记簿记载事项存在错误的，登记机构可以依照自然资源所有权代表行使主体或者代理行使主体的嘱托办理更正登记，也可以依职权办理更正登记。两种方式中，依嘱托的方式优先适用，这样既能调动权利主体的积极性，也能减轻登记机构的压力。

注销登记是不可抗力等导致自然资源所有权消灭的登记。自然资源的登记单元边界、权属边界、权利主体和内容等变化导致所有权消灭的，由自然资源所有权代表行使主体或者代理行使主体持相关材料嘱托登记机构办理注销登记。比如无居民海岛被海水淹没灭失，就需要及时办理注销登记。为了减少登记机构的自由裁量权，登记机构不能依职权注销登记。

（四）自然资源确权登记的程序参照总登记模式

自然资源确权登记的程序以首次登记最为完整、最为典型。自然资源首次登记参照总登记模式开展，由于主要依据法律的规定确权，不涉及当事人物权变动的合意，不需要当事人申请，而由登记机构依职权启动，因而不像不动产登记一样需要经过申请、受理程序。自然资源确权登记主要有通告、权籍调查、审核、公告、登簿五个程序。实际中，在通告前还需要预划登记单元，在登簿后还需要发放证书，总体上是七个程序。(1) 在预划登记单元环节，组织工作专班，制订工作方案和技术方案。全面收集国土调查、不动产登记、自然保护地建设审批、自然资源专项调查以及公共管制等现有资料。依据集体土地所有权登记、国有土地使用权登记、全国国土调查、自然资源专项调查成果以及最新的高分辨率数字正射影像图、公共管制资料等编制工作底图。依据自然保护地建设、审批等资料，国土调查和自然资源专项调查结果等，或者通过“三个图层”叠加等方式，基于工作底图预划登记单元。(2) 在通告环节，由登记机构制作开展自然资源确权登记的通告，交自然资源所在地的县级以上地方政府向社会发布。(3) 在权籍调查环节，按照登记的内容，调查自然资源的权属状况、自然状况和公共管制状况。利用全国国土调查、自然资源专项调查等调查成果进行内业采集和信息提取，调查自然资源自然状况，获取登记单元内的自然资源坐落、空间范围、面积、类型、数量、质量等信息。利用全国国土调查、自然资源专项调查等调查成果以及集体土地所有权、国有土地使用权等登记成果进行权属界线上图，调查自然资源权属状况。对用途管制、生态保护红线、特殊保护要求等资料进行数据收集、整理，调查自然资源公共管制情况。采取“图上判读指界、实地补充调查”等方式，由登记单元涉及的市县人民政府对调查成果中的自然资源自然状况、权属状况、公共管制状况等进行核实，重点核实资源类型和边界、权属状况和权属界线，发现公共管制要求落地存在的问题。调查成果经核实有缺失、不一致或者有争议的，由登记机构开展实地补充调查，而不是甩开原来已有工作成果再搞一次全域的实地调查。存在权属争议的，由资源所在地的县级以上地方政府依法处理。① 权属争议暂时无法解决的，可以划定争议区。自然资源登记单元的重要界址点应现场指界，必要时可设立明显界标。在以往工作中对重要界址点已经指界确认的，不需要重复指界。（4）在审核环节，将自然资源登记单元的调查成果数据录入数据库，同时关联不动产登记、矿业权、取水许可和排污许可、公共管制等信息。依据《自然资源统一确权登记暂行办法》，对自然资源登记单元的自然状况、权属状况和公共管制状况，以及登记资料的齐全性、一致性、合法性等进行审核。（5）在公告环节，自然资源所在地的市县政府配合登记机构将自然资源登记事项在门户网站及指定场所进行公告，公告期不少于15个工作日。公告期内，相关当事人对公告事项提出异议的，登记机构应及时进行调查核实。（6）在登簿环节，登记事项公告期满或者异议不成立的，及时记载于自然资源登记簿。（7）在发证环节，登记机构可以向自然资源所有权代表行使主体或者代理行使主体颁发自然资源所有权证书。

程序正当是实体准确的前提和保障。只有登记机构严格依照法定程序履行登记职责，才能实现登记簿全面、完整、准确地记载权利真实状况。比如在自然资源登记过程中，应充分利用已有的集体土地所有权登记等成果，如果发现登记单元内原已登记的集体土地所有权边界存在错误或者变更，应该依法进行更正或者变更登记，未经法定程序，不能随意修改或否定原来的登记结果。

（五）自然资源确权登记信息主动向社会公开

自然资源确权登记的信息主要体现在登记簿等登记成果上。自然资源登记簿采用电子介质，免去了纸介质数字化、电子化的麻烦。国家在不动产登记信息管理基础平

---

① 依法调处自然资源权属争议是自然资源确权的重要内容，争议调处的结果就是确权的结果，可以作为登记的依据。调处自然资源权属争议的主要法律依据如下。《最高人民法院关于贯彻执行〈中华人民共和国民法通则〉若干问题的意见（试行）》第96条："因土地、山岭、森林、草原、荒地、滩涂、水面等自然资源的所有权或使用权发生权属争议的，应当由有关行政部门处理。对行政处理不服的，当事人可以依据有关法律和行政法规的规定，向人民法院提起诉讼；因侵权纠纷起诉的，人民法院可以直接受理。"《行政复议法》第30条："公民、法人或者其他组织认为行政机关的具体行政行为侵犯其已经依法取得的土地、矿藏、水流、森林、山岭、草原、荒地、滩涂、海域等自然资源的所有权或者使用权的，应当先申请行政复议；对行政复议决定不服的，可以依法向人民法院提起行政诉讼。根据国务院或者省、自治区、直辖市人民政府对行政区划的勘定、调整或者征收土地的决定，省、自治区、直辖市人民政府确认土地、矿藏、水流、森林、山岭、草原、荒地、滩涂、海域等自然资源的所有权或者使用权的行政复议决定为最终裁决。"

台上，拓展开发全国统一的自然资源登记信息系统，保证全国自然资源确权登记信息统一管理。地方各级登记机构根据统一标准建立自然资源确权登记数据库，并根据登记状况更新登记信息。自然资源确权登记信息及时汇交国家不动产登记信息管理基础平台，保证四级自然资源确权登记信息实时互享，国家能够共享地方的登记信息，地方也能共享全国的登记信息，在信息互通的基础上开展本管辖区域的登记，这样能确保分级登记顺利实施。

不动产登记涉及公民和法人的财产信息和个人隐私，只有权利人和利害关系人能够查询不动产登记资料。而国有自然资源属于全民所有，社会民众有资格知晓全民所有的自然资源状况，主动公开自然资源登记信息是保护公民知情权、监督权的需要，也有利于形成全社会共同保护自然资源的合力。但要注意，涉及国家秘密或者不适宜公开的自然资源登记信息不能公开，涉及不动产登记相关内容的要适用不动产登记信息查询制度，也不能主动公开，即关联的不动产登记信息要有限度地屏蔽，比如国有土地使用权、集体土地所有权主体及权利内容信息等。自然资源确权登记资料除了登记簿结果信息，还包括登记原始资料，这些资料有的是纸介质的，包含了一些过程性、内部性的信息。对于登记原始资料信息的获取，也不能无限度公开，应由具体负责的登记机构参照不动产登记信息查询的方式对外提供。

通过数据互通共享，不动产登记信息可以支撑财税体制改革和经济社会管理，而自然资源确权登记信息主要支撑生态文明相关管理与改革。一是在自然资源部门内部，将国土空间规划、用途管制、生态保护红线等要求落实到登记结果中，同时明确产权主体和内容，支撑所有者权益实现和自然资源开发利用、生态修复等，基于自然资源登记将“两统一”职责形成闭环。二是在相关部门之间，将自然资源确权登记信息与水利、林草、组织、生态环境、财税等相关部门的管理信息互通共享，服务自然资源的监管和保护。比如通过统一的确权登记系统和权责明确的产权体系，支撑重点区域生态补偿、横向生态补偿制度实施。[①] 又如在生态损害赔偿中，受委托的省级政府可指定统一行使全民所有自然资源资产所有者职责的部门负责生态环境损害赔偿具体工作[②]，自然资源部或者由受委托代行该所有权的部门可以作为赔偿权利人开展生态环境

---

① 湖北省鄂州市构建市域内生态保护者与受益者良性互动的多元化补偿机制，鄂州市梁子湖区 2017 年获得生态补偿资金 5031 万元，2018 年获得生态补偿资金 8286 万元，成为生态保护的最大受益者。参见常纪文《自然资源资产这一新型物权怎么管?》，《光明日报》2019 年 1 月 5 日。

② 山东省人民政府指定山东省生态环境厅提起生态环境损害赔偿诉讼，两家排污企业被判赔偿应急处置费用、生态损害赔偿费用等共计 2.3 亿余元。参见 https：//news. china. com/domesticgd/10000159/20190606/36345702. html，最后访问日期：2019 年 9 月 3 日。要注意的是，按照中共中央办公厅、国务院办公厅印发的《生态环境损害赔偿制度改革方案》，生态损害赔偿的权利人应该是代行自然资源所有权职责的部门，除中央委托其他部门代理行使所有权的，一般为自然资源管理部门。

损害赔偿工作。

尽管自然资源确权登记与不动产登记在具体登记规则上差异较大，但要看到，两者在法律渊源、法律性质、登记机构、信息管理基础上的一致性决定了自然资源确权登记并非独立的登记体系。因此，自然资源确权登记源于不动产登记，异于不动产登记，又融于不动产登记。

三　推进自然资源确权登记法治化

自然资源确权登记作为不动产登记体系的一个组成部分，仍处于“行动的政策”，尚未进入具体立法。《生态文明体制改革总体方案》提出了自然资源确权登记法治化的具体改革任务，自然资源确权登记与不动产登记的“对话与融合”，也需要自然资源确权登记法治化提供法律基础和法治保障。当前，正在编纂民法典物权编，“不动产登记法”也在研究起草中，这为自然资源确权登记法治化提供了有利契机。

首先，民法典编纂过程中，继续完善不动产统一登记制度是不可或缺的一部分，而由不动产统一登记作为契机逐步推进自然资源登记是构建自然资源产权体系的必要前提。① 根据自然资源确权登记是权利登记的法律性质定位，民法典物权编编纂中，应该将《物权法》第9条第2款“依法属于国家所有的自然资源，所有权可以不登记”的规定，修改为“依法属于国家所有的自然资源，所有权可以登记”，强化法律指向，增强适用性和指导性。

其次，在“不动产登记法”中，强化自然资源确权登记的权利登记属性，明确国家自然资源所有权的登记能力。树立“大不动产登记观”，将自然资源确权登记作为不动产登记的特殊范畴，明确自然资源确权登记的登记效力、登记管辖、法律责任等，同时专章规定自然资源确权登记的主体程序规则和信息利用等内容，既做到与一般不动产登记“和而不同”，又为在法规、规章层面细化自然资源确权登记办法提供法律依据。此外，在法律中要明确规定自然资源确权登记中可以调整或者限制不动产权利的情形，没有法律规定或者未履行法律程序，严禁擅自调整或者限制已登记的不动产权利，防止公权随意干扰私权。

最后，在《不动产登记暂行条例》修订时，纳入自然资源确权登记的内容，明确以不动产登记为基础开展自然资源确权登记，规定自然资源确权登记的管辖规则和程序办法，特别对于地方事权，要明确地方政府的责任和职权。在《自然资源统一确权登记暂行办法》、自然资源统一确权操作规范、自然资源登记簿和自然资源所有权证书

① 参见周魏捷《地下水物权登记问题研究——以自然资源统一确权登记为背景》，《青岛农业大学学报》（社会科学版）2017年第2期。

与《不动产登记暂行条例实施细则》、不动产登记操作规范、不动产登记簿和不动产权证书“双轨”运行成熟后，可以将《自然资源统一确权登记暂行办法》以部门规章形式确立下来，或者将其主要内容纳入修订后的《不动产登记暂行条例实施细则》。自然资源登记簿和不动产登记簿要实现“并轨”，合并到一个登记簿中，这是统一权利登记的应有之义。这些立法活动可以推动自然资源确权登记法治化进程，最终实现不动产登记与自然资源确权登记在登记机构、登记依据、登记簿册和信息平台上的“四统一”。

家庭土地承包制历史演变的解释、评价和启示*

吴义龙**

摘　要：法律之外的各种力量决定了法律如何形成、演变和运作。文章以土地家庭承包制早期运作的历史演变为考察对象，重点解释其发生变化的可能原因，并对其进行适当评价。解释强调的是制度安排和变迁受到外部环境中诸多现实条件的制约，约束条件发生变化，将导致制度随之变化。评价侧重于将制度本身看成决策者实现特定目标而采取的手段，从而通过手段是否适宜于目标实现这一方式而给予其评价。土地家庭承包制的演变轨迹的启示是，一种事关大局的制度形成，需要有群众创新加上政治组织支持这两方面的因素一起发生作用。

关键词：家庭土地承包制；土地承包经营权；两田制；土地股份合作制；约束条件

一　问题、方法与限定

不同于权利的规范分析，本文试图考察真实世界权利的实际运作，即关于权利的经验分析。正是真实世界中各种约束条件决定了法律的形成、演变和运作，而不是如人们通常所认为的那样，将法律自身的变化作为考察的起点并将法律的世界作为讨论的重点。本文将法律制度看成决策者实现特定目标而采取的必要手段，从而通过手段是否适宜于目标实现这一方式来对其进行评价。在这一意义上，评价某种程度上也可以是经验的而不仅是价值的，尽管其同样要经受事实的进一步批判。

本文以家庭土地承包制为研究个案来展开论述。之所以选择这一例证，基于两方面的考虑。一方面是其演变的时期足够长，发生的变化足够多，从而给各种理论的和经验的命题进行检验带来足够多的证据。另一方面，现有的关于土地承包经营制度的研究多数讨论的是该制度在实践中运作的缺陷和不足，以及如何规范性地对该制度的未来进行顶层设计，而不同程度忽视了从更为宽阔的历史视野中考察该制度演变背后的现实因素之间的关系以及因素的变化。在此，要说明两点：一是本文不严格区分家庭土地承包制和土地承包经营权这两个术语；二是本文侧重于对家庭土地承包制早期

*　本文系国家社科基金项目“土地承包经营权制度：问题与理论”（18FFX057）的阶段性成果。

**　吴义龙，河南大学法学院副教授，法学博士，河南大学经济学院博士后研究人员。

实践的考察而不涉及当下及未来的情形。尽管如此，这也并非意味着本文所蕴含的理论逻辑不适用于当下及未来土地承包经营权制度的运作。

二　改革开放前农村土地制度的演变

“历史表明，人们过去作出的选择决定了其现在可能的选择。”① 尽管本文重点考察的是家庭土地承包制的历史演变，而且学者通常将 1978 年作为其演变的历史起点，但基于路径依赖效应，只有将改革开放之前和之后的农村土地制度的变迁进行参照和比较，并将其置于更为宽阔的整个社会发展的历史脉络中才可能对土地家庭承包制的历史演变有更为准确和全面的理解。因此，在这一部分，笔者将试图追溯家庭土地承包制的前身，即改革开放前农村土地制度的演变。

（一）阶段性历史演变

土改后的情形。随着 1952 年土改基本完成，新中国农村建立起以农户为基本单位的“耕者有其田”的土地制度，在全国范围内实行按人平均分配土地。这一时期土地制度的基本特点是，农户对属于自己的土地拥有完整的权利，包括所有权、使用权、收益权和处分权。土地作为农户个人财产，没有任何公有制经济的属性。历史表明，就该制度实施的结果和绩效来看，其取得了生产上的巨大成绩。②

互助组时期。尽管“耕者有其田”的土地制度因其具有私人财产的性质而具有较好的生产绩效，但政策制定者认为要克服众多农民在分散经营中的困难，必须“组织起来”，按照自愿和互利的原则，提高农民互助合作的积极性。③ 同时，这种所谓的小农经济是同现代工业相抵触的，社会主义工业化是不能离开农业合作化而孤立地去进行的。④ 为防止两极分化，农村土地的“农民个体私有，家庭自主经营”引起许多人担忧。在这些情形下，“农民个体所有，劳动互助”的互助组的政策就形成了。⑤

向初级社转变时期。土地仍是农户的私有财产，但有所变化：已经开始对土地实行统一经营。尽管农户还拥有名义上的所有权，但使用权归农业生产合作社，在年终分配中，农户可凭土地参加分红。⑥ 这就意味着农户的土地私有产权实际上已经虚化了，集体所有权开始萌芽，土地收益权和处分权为合作社和农户共同所有。就这种

① 〔美〕道格拉斯 · C. 诺斯：《经济史中的结构与变迁》，陈郁等译，上海三联书店、上海人民出版社，1994，中译本序。

② 参见杨德才《我国农地制度变迁的历史考察及绩效分析》，《南京大学学报》（哲学 · 人文科学 · 社会科学版）2002 年第 4 期。

③ 参见史敬堂等编《中国农业合作化运动史料》（下册），三联书店，1959，第 4 页。

④ 参见《毛泽东选集》第 5 卷，人民出版社，1977，第 168 页以下。

⑤ 参见叶扬兵《中国农业合作化运动研究》，知识产权出版社，2006，第 105 页。

⑥ 参见陈吉元主编《中国农村社会经济变迁（1949—1989）》，山西经济出版社，1993，第 124 页。

“农民个体所有，统一经营”的初级社政策实施看，由于其规模效应显著，一定程度克服了生产资料的不足，取得了较好的制度绩效。但其权利受到限制，出现搭便车等机会主义情形，生产积极性受到影响。①

发展为高级社时期。初级社人少地少资金少，不能进行大规模生产经营，束缚了生产力发展。1955年，毛泽东指出这种小社不能停留太久，应当逐步合并，办大型社和高级社最为有力。1955年底全国人大常委会通过《农业生产合作社示范章程草案》，高级社形成了。② 与初级社相比，除入社的人员规模的扩大外，土地制度有两方面不同：一是土地及其他生产资料都实现集体化，农户丧失了其所有权，使用权因集体统一使用而受到限制；二是社员所得不再与自己土地多少挂钩，劳动成为获得收入的手段，收益权受到限制。社员有退社自由，但基本没人退出。③

人民公社确立时期。农业合作化完成不久，又掀起人民公社化运动，以乡为单位，将大型农业合作社组建成农村人民公社。表现在土地制度上，就是坚持“三级所有”的体制。基本核算单位经历从“社为基础”到“大队为基础”再到“生产队为基础”的演变过程。“劳动集体所有，集体统一经营”的人民公社时期的土地制度延续下来，直到改革开放之后。④ 与高级社时期土地制度相比，这一时期的土地在一个更大范围内进行统一使用，土地集体化已完全确立。

毫无疑问，上述描述大大简化了人民公社形成的历史过程。而且历史的发展尚存在其他可能的路径。例如1956年上半年，由于高级社发展过快、过猛和过粗等问题暴露，一部分农民因入社后收入明显减少而开始要求退社，并逐渐在全国酿成了一股退社风潮。⑤ 同时，部分地方的农民开始自发进行试验，各种形式的农业生产责任制出现了。按照杜润生先生的说法，农民“闹社退社”是从农业社中退出来，也可以说是“反对”集体化的，而“包产到户”则是在集体经济之内，给制度做些“修改”。⑥ 这几次尝试开始都得到中央肯定和推广，但后来因种种事件很快夭折了。

（二）制度是如何形成的？

1953年，基于对国内外政治和经济形势变化的判断，中共中央提出社会主义改造

---

① 参见杨德才《我国农地制度变迁的历史考察及绩效分析》，《南京大学学报》（哲学·人文科学·社会科学版）2002年第4期。

② 参见范晓春《改革开放前的包产到户》，中共党史出版社，2009，第94页。

③ 初级社和高级社的具体区别，参见廖洪乐《中国农村土地制度六十年——回顾与展望》，中国财政经济出版社，2008，第48页。

④ 人民公社作为制度是在1983年被正式废除的。与此同时，尽管1978年就开始了农村的全面改革，土地制度也随之发生显著变化，但同样是在1983年，家庭土地承包制最终正式被确立。

⑤ 参见陈吉元主编《中国农村社会经济变迁（1949—1989）》，山西经济出版社，1993，第258页。

⑥ 参见杜润生《杜润生自述：中国农村体制变革重大决策纪实》，人民出版社，2005，第84页。

这一过渡时期的总路线。进行社会主义改造一定程度上服务于重工业优先的国家工业化这一首要目标。当时在国内，经济基础薄弱，工业处于起步阶段；国际上，发达国家又对中国实行经济封锁。但无论如何，工业化都必须完成资本的原始积累。这导致客观上要求强制性对农业生产剩余进行剥夺，以满足工农两大部类的交换，而这只能通过对农产品的垄断和对农村劳动力与土地等生产资料的集中使用，集体化的农村制度安排不可避免。[①]

另外，中央在当时就已经认识到小农经济是过于分散的和落后的，小块经营将导致土地的不断细碎化。这种建立在劳动农民的生产资料私有制上面的小农经济，限制了农业生产力的发展。因而这种小农经济和社会主义工业化事业之间的矛盾，必须按照社会主义的原则来逐步改造，由规模狭小的落后的个体农业转变为规模巨大的集体农业。[②] 不仅如此。“严重的问题在于教育农民”，要善于用明白而农民所能够接受的道理和办法去教育和促进农民群众逐步联合组织起来。

1953 年实行统购统销：农村统购，城市统销。当时政策出台的最初背景是为解决粮食紧张问题，并没有把它作为社会主义或工业化的必要措施，但后来它纳入了社会主义与资本主义两条道路的斗争，成为控制农民的工具。[③] 由于采取行政手段强制推行统购统销困难重重，合作化的组织建设在一定程度上能够弱化和抑制农民的反抗，对统购统销有保障作用。这是因为国家以较低的价格从高度分散的 4 亿小农手中收购粮食，成本相当高，合作化的组织形式能够大幅地降低这种国家与众多小农之间谈判和交易的成本。

随着合作化运动高潮的到来，合作社也随之向集体化转变，高级社的建立是其重要的分界线。按照温铁军的解释，两者之间不同：1953 ~ 1956 年推行的仍然承认小农村社私有产权的初级社是“合作化经济”时期；1957 年彻底否定私有产权高级社的建立到 1956 年“人民公社 60 条”发布为“高度集体化”时期。[④] 两者不同是产权的转变，包括土地等生产资料由先前的私人所有变为后来的集体所有。而高级社与人民公社的区别仅在于入社的规模进一步扩大，并且是政社合一。

人民公社的结果是灾难性的。人民公社作为基层组织，不仅履行集体组织的生产管理职能，而且承担着不少国家管理的公共职能。国家由于信息成本高昂而无法有效

---

① 参见温铁军《“三农”问题与制度变迁》，中国经济出版社，2009，第 157 页。

② 参见中共中央文献室编《为动员一切力量把我国建设成为一个伟大的社会主义国家而斗争——关于党在过渡时期总路线的学习和宣传提纲》，载《建国以来重要文献选编》，中央文献出版社，1993，第 713 ~ 715 页。

③ 参见杜润生《杜润生自述：中国农村体制变革重大决策纪实》，人民出版社，2005，第 43 页。

④ 参见陈锡文《中国农村改革：回顾与展望》，天津人民出版社，1993，第 169 页。

对这种高度集中的基层权力的行使进行监控。同时，农民由于缺乏独立的经济和政治基础而难以对这种权力进行制衡。结果是人民公社因取得非制度化的剩余权利而维持其体制的运行。正是人民公社自身激励机制的不足，才导致国家更多转向依赖负激励即加大对其的惩罚力度来维持其低下的效率，这就是国家经常诉诸政治运动的原因之一。①

另一个因素与当时的社会科学知识状况有关。② 在当时的条件下，学习苏联经验包括在农村实行集体经济制度的原因之一是借鉴苏联经验的结果。合作化的组织形式，基本上来源于苏联：初级社类似于共耕社；高级社类似于其集体农庄。即使不同，差别也不大。相对而言，人民公社算创新的事物和崭新的试验，苏联没有与之类似的参照物。③ 尽管事后表明，党中央对这一时期的农业互助合作的认识存在一定程度的偏差，但在没有历史经验和其他学习途径的条件下只能如此。这是因为人们的决策行为与其所掌握的知识和信息状况是紧密相关的。④

（三）失败的原因是什么？

“流行”的观点是，合作化运动的速度过快导致了其最终的失败。但问题在于，即使是放慢合作化运动的速度，只要最终目标是在全国范围内建立全面的集体化制度，其仍然会失败。运动速度过快并不是其失败的原因，而只是加速其失败的因素之一。另一种观点是，当时由于错误估计了生产力发展水平，相信能够通过改变生产关系而更快地推动生产力的发展，从而违反经济发展规律而导致失败。⑤ 这种解释由于过于笼统，说服力不够，必须寻找更细致的因素。

还有一种解释是团队生产中的监督费用过高。团队生产的一个困难在于，为尽可能促使合作者的报酬与其生产力相一致，必须支付一定的监督费用，否则各种机会主义的存在会导致激励不足，从而该团队合作生产将容易遭到破坏。⑥ 互助组和初级社之所以生产能力可以继续提高是因为每一个社员都可以自由退社。而这可以对其他合作成员的机会主义行为造成一定的威胁。但如果合作社是强制性的，社员没有自愿退社的自由，当其他合作者有偷懒等行为时，社员就不能够保护自己。概言之，监督成为

① 参见周其仁《产权与制度变迁——中国改革的经验研究》，北京大学出版社，2004，第 22 页。

② 参见罗必良《观念如何塑造制度——兼论从公社体制到土地承包经营权的制度变革》，《农村经济》2008 年第 12 期。

③ 参见刘娅《目标 · 手段 · 自主需要——人民公社制度兴衰的思考》，《当代中国史研究》2003 年第 1 期。

④ 参见〔美〕V. W. 拉坦《诱致性制度变迁理论》，载科斯等《财产权利与制度变迁——产权学派与新制度学派译文集》，刘守英等译，上海三联书店、上海人民出版社，1994，第 336 页。

⑤ 参见杜润生《杜润生自述：中国农村体制变革重大决策纪实》，人民出版社，2005，第 64 页以下。

⑥ 参见 Armen Alchian，Harold Demsetz，“Production，Information Costs，and Economic Organization”，*The American Economic Review*，Vol. 62，1972，pp. 777 – 795。

保持团队生产激励和生产力水平的关键。由于高级社和人民公社中的监督费用高昂，劳动者没有足够的激励，必然导致整个集体组织生产效率低下。①

监督费用的高昂导致团队生产中的偷懒行为普遍存在。除造成生产率低下之外，另一结果是精耕细作的技术无法贯彻实施，因为精耕细作以大量密集投入劳力为条件。也就是说，偷懒造成的劳动投入不足使得劳动者采用粗放耕作，土地产出率必然会持续下降。但如果人地比例关系较为宽松，劳动者就可以选择多投入土地而节省劳力的粗放耕作技术，这种耕作方式的绩效很直观地表现在耕作土地面积上，从而监督者容易以较低成本判断劳动者是否在勤勉工作。② 另外，必须考虑到另一个约束条件即人地比例关系，这是农业生产与工业生产的很大的不同。在我国人地关系高度紧张、劳动者没有另外的谋生机会的情形下，会造成耕作者之间的劳动合作的监督费用高昂。

但这样解释仍然不够。因为如果团队生产中的合作者享有对劳动成果的剩余权益，即使有监督和度量的问题，也并非不能最终解决。这里的剩余权益是指除国家征收各种税费和实物之外的能够为生产队所拥有的剩余权利。由于在高级社和人民公社体制下，生产队拥有的剩余权利非常有限，其剩余权利的享有主要是由政府的强制性合约来规定。在这样的限制条件下，没有给出对生产队合作生产中的剩余权利的可预期的分配规则，最终导致各种机会主义行为的出现。尽管在生产队与各社员之间仍然存在剩余权益问题，但这是另一层面的问题。一旦团队规模小到一定程度，监督和搭便车的问题并非不能解决。③ 因此，尽管高级社和人民公社的失败很大程度上是由于监督成本过高，但更主要的是因为对生产队产权排他性的限制，剩余权利受到影响，激励不足。④

（四）如何恰当地评价？

首先要指出的是，农村集体经济制度的形成一开始就不是为农业和农村而考虑，而是服务于工业化原始资本的积累和最终实现国家工业化这一具体目标。考虑到当时各种约束条件，可以认为这一时期在农村发生和发展的从合作社到人民公社的集体经济的一系列制度变迁，只不过是在特殊历史时期诸多宏观环境制约下政策制定者为实现特定目标而引发的结果而已。正如邓小平在起草《关于建国以来党的若干历史问题的决议》的过程中指出的，“建国头七年的成绩是大家一致公认的。我们的社会主义改

① 参见林毅夫《制度、技术与中国农业发展》，上海三联书店，1992，第30页。

② 参见兰虹、冯涛《路劲依赖的作用：家庭联产承包责任制的建立与演进》，《当代经济科学》2002年第2期。

③ 参见〔美〕曼瑟尔·奥尔森《集体行动的逻辑》，陈郁、郭宇峰、李崇新译，上海三联书店、上海人民出版社，1995，第64页以下。

④ 参见陈剑波《人民公社的产权制度》，《经济研究》1994年第7期。

造是搞得成功的，很了不起”。[①] 在这个意义上，农村集体经济制度并非不成功。

尽管如此，有学者对当时实行“赶超战略”提出质疑，并把集体经济的产生归因于个别领导人的主观意志和社会主义意识形态。但历史事实是，1952年党中央提出的过渡时期总路线和总任务，是考虑到国际政治形势的变化，在周边地缘政治环境的压力之下，落后的农业国不得不以重工业优先的国家工业化发展来自立于世界民族之林。[②] 忽视了对问题产生的时代背景和约束条件的考察而武断地对其提出批评，并不恰当。要承认的是，实施农村集体经济的后果使得农民收入低下和农村经济水平长期发展缓慢，也是当下所谓的“三农”问题的重要根源之一，并在一定程度上抑制了国家在未来一段时间内整体经济和社会的可持续发展。

问题的关键是，如何对制度实施的效果给予恰当评价。至少从两方面考虑。一方面，该制度实施的具体效果是否达到当初设置该制度的预期目的。将特定制度作为手段，将该制度所要实现的目标作为目的，由于手段对于既定目的的适用性从一开始就可以获知[③]，就可以对这些作为手段的制度进行科学评价。另一方面，如果预期目的实现了，还要看是否有其他制度同样能够实现该目的，并且其实施成本或难度相对更低。如果没有，即使该制度在实施中造成一些负面结果，也不能认为该制度完全失败，除非失败的后果远超过当初设置该制度所能够获得的收益。

三　改革开放后家庭土地承包制的演变

（一）家庭土地承包制的确立

1978年十一届三中全会是一个重要分界点，即将这一历史事件作为土地承包经营权演变的起点。但事实是，1978年国家出台农村政策的基调是“休养生息”和加强基层组织自主权，并没有要在农村启动体制尤其是土地制度改革的意图。[④] 十一届三中全会通过《农村人民公社工作条例（试行草案）》规定，“不许包产到户，不许分田单干”。但1979年的情形就有了微妙变化。十一届四中全会通过《中共中央关于加快农业发展若干问题的决定（草案）》规定，“不许分田单干。除某些副业生产的特殊需要和边远山区、交通不便的单家独户外，也不要包产到户”。因此，尽管在原则上禁止，却在特殊情况下为“包产到户”开了一个口子。

1980年出台的中共中央《关于进一步加强和完善农业生产责任制的几个问题》的

---

① 《关于建国以来党的若干历史问题的决议注释本》，人民出版社，1983，第87页。

② 参见温铁军《“三农”问题与制度变迁》，中国经济出版社，2009，第164页。

③ 参见〔德〕马克斯·韦伯《社会科学方法论》，韩水法、莫茜译，中央编译出版社，1991，第4页。

④ 参见周其仁《产权与制度变迁——中国改革的经验研究》，北京大学出版社，2004，第29页。

会议通知（1980 年 75 号文件）至关重要，规定了“在那些边远山区和贫困落后的地区，长期‘吃粮靠返销，生产靠贷款，生活靠救济’的生产队，群众对集体丧失信心，因而要求包产到户的，应当支持群众的要求，可以包产到户，也可以包干到户，并在一个较长的时间内保持稳定……在一般地区，就不要搞包产到户……已经实行包产到户的，如果群众不要求改变，就应允许继续实行”。20 多年后杜润生回忆说，75 号文件是个妥协的文件，是大家争论的结果，是一份承前启后的文件。它实际上把十一届三中全会决议中关于生产责任制的规定推进了一步。①

1981 年中共中央召开了全国农村工作会议，形成了《全国农村工作会议纪要》，并在第二年首次以“中央一号文件”形式转批了该纪要。规定了“目前实行的各种责任制，包括小段包工定额计酬，专业承包联产计酬，联产到劳，包产到户、到组，包干到户、到组，等等，都是社会主义集体经济的生产责任制。不论采取什么形式，只要群众不要求改变，就不要变动”。这就正式给予了包产到户和包干到户合法身份，结束了几十年的争论。1982 年底又一次召开了全国农村工作会议，形成《当前农村经济政策的若干问题》。其中对联产承包制给予了以前所未有的评价，称之为“农民的伟大创造”。随后，中共中央、国务院发出《关于实行政社分开、建立乡政府的通知》，标志着政社合一的人民公社体制的终结。家庭土地承包制最终得以正式确立。②

（二）家庭土地承包制形成的原因

家庭土地承包制是在先前的制度格局中逐步演变的，因此先前制度失败的原因一定程度上也是促使后来新制度形成的主要因素。前文已对人民公社体制的失败原因进行了讨论。重要的两点是，因集体组织中的劳动成果计量较难而产生的高额监督费用，以及对生产队产权排他性的限制，剩余权利受到了影响，从而导致激励不足。家庭作为基本决策与经营单位，在这两个方面都得到了改善。因为与生产队相比较，将除了所有权之外的土地上的权利归之于家庭享有，产权排他性的限制得到更多削弱，从而使激励机制的作用更显著。正如林毅夫指出的，一个在家庭责任制下的劳动者激励最高，这不仅因为他获得了他努力的边际报酬率的全部份额，而且因为他节约了监督费用。③ 这一结论可以通过家庭承包制实施后的经济绩效得以验证。根据林毅夫的测算，1978～1984 年农业总产值以不变价计算，增加了 42.23%，其中的 46.89% 来自家庭承包制所带来的生产率的提高。④

---

① 参见杜润生《杜润生自述：中国农村体制变革重大决策纪实》，人民出版社，2005，第 119 页。

② 参见贾艳敏《农业生产责任制的演变》，江苏大学出版社，2009，第 322 页以下。

③ 参见林毅夫《制度、技术与中国农业发展》，上海三联书店，1992，第 55 页。

④ 参见林毅夫《制度、技术与中国农业发展》，上海三联书店，1992，第 95 页。

仅从理论上看，监督和激励问题的改善并不必然导致家庭作为独立经营单位的出现，因为企业或者是其他的组织形式同样可以实现该目标，但为什么组织并没有作为农业生产的基本单位？这主要是由于农业生产不同于工业，是由农业生产的特殊性决定的。工业的一个特征是可以流水作业，工人可以聚集在一起生产。而农业则是在辽阔的土地上进行耕种，土地是分散的，因此不可能把众多的农民集中在一块土地上。如果是集体化下个人来耕种，会由于监督费用而效率低下。由家庭作为生产和经营主体，同时解决了这两个问题。① 在农业生产中对自然规律的遵守也很重要。这主要体现在自然力的变化规律和作为农业生产对象的动植物的生命活动规律。其共同特点是变化多端。作为农业生产者，必须时刻准确获得各种变化信息，并及时作出决策。这就要求农业生产中的理想决策者同时是生产者本人，家庭则是最为合适的。②

更重要的一个因素是与此相关的社会科学知识的进步，这与两个重大历史事件紧密相关。一个是十一届三中全会的召开。会议强调了解放思想和实事求是的思想路线，这为积累和检验社会科学知识提供了思想保障。例如，在建立土地承包经营权时，国家指导方针有这样两点，搞不搞土地承包经营权和选择哪种责任制要坚持群众路线和自愿原则，不可搞一刀切，以及要照顾地区特点，考虑山区丘陵与平原不同地区的差别，分步展开。③ 试想一下，如果不重视地方实践的作用，忽视现实中复杂的各种情况，社会科学知识如何形成并得到检验，从而为进一步的制度建设和改革提供理论上的支持呢？

另一个是改革开放战略的实施。“改革”的重要方面是放权，首先是国家逐步退出农业生产领域，然后是集体组织的部分退出。这意味着家庭作为基本的决策主体，有更多的试验机会，有可能从试验的错误和成功中积累更多经验。④ 而“开放”实际上提供了另一种学习的机会，就是向国外成功的例子借鉴。原先只向苏联学习，误认为只有苏联的经验是可取的。“开放”之后，则有了向更多国家学习的机会，就可以通过比较来判断哪种知识可能更适合我国的情况。⑤ 一旦与土地承包经营权相关的社会科学知识丰富了，人们认识到其优势所在，在实践中应用并快速推开就理所当然了。

---

① 参见杜润生《杜润生自述：中国农村体制变革重大决策纪实》，人民出版社，2005，第32页。

② 参见陈锡文《中国农村改革：回顾与展望》，天津人民出版社，1993，第58页。

③ 参见杜润生主编《中国农村改革决策纪事》，中央文献出版社，1999，第70页。

④ 胡耀邦后来在评价三中全会时说，三中全会决议写了那么多，哪能条条都落实？到了农村，就是放开了，放活了。一个“放”字的精神下去就解决了问题。参见杜润生主编《中国农村改革决策纪事》，中央文献出版社，1999，第82页。

⑤ 杜润生在1979年后去过不少国家，包括发达国家，看到家庭农场还大量存在，两极分化不严重，而且规模很大，能够应用各种现代科技，从而使其将家庭经营引入合作制的信念更加坚定起来。参见杜润生《杜润生自述：中国农村体制变革重大决策纪实》，人民出版社，2005，第113页。

（三）对原因进一步解释与评价

首先，作为生产要素的劳动力和土地情况发生变化。在家庭土地承包制实施早期，土地之所以按人口均分，且当人口发生变动时，土地必须重新调整，是因为当时的非农经济不发达，农户基本上没有非农就业机会，为了生计必须有一块土地。后来由于非农经济的快速发展，各种非农就业的门路出现了，大量的农村剩余劳动力开始从农村转移，农户的非农收入增加了，并因此降低了农户对土地的依赖。同时，养育人口的成本急剧上升，农村人口出生率下降，改变了人地的比例关系，加上土地调整的成本较大，这些因素的变化共同导致农户对土地调整的需求降低。

另外，土地价值大小取决于两方面：土地上产出的市场价值，以及土地上的权利的状况。如果经济作物更能赚钱，那么一块可以耕种经济作物的土地就比只能耕种小麦的土地更值钱。这意味着如果土地的使用权完全归于农户，土地的收益就会更大。如果一块土地能够抵押或是继承，显然就比不能抵押或继承的土地更值钱。以此类推，如果土地上的权利更多地界定给农户，则对农户而言，土地上的收益就会更大。① 如果这些潜在的收益无法在原有的制度框架下获得，农户就可能会铤而走险，而这又将取决于对国家而言的惩罚成本的大小，因为发现和惩罚这些行为的成本并不小。

如果从国家视角看，国家将会减少或丧失在土地上的权利从而减少其在土地上的收益，因为国家无法对土地进行有效控制和干预。这导致所谓的“诺斯悖论”，即国家有两个基本目的：设置一套使得社会产出最大化的有效率的产权规则，确立一套基本规则能保证自己收入最大化。但是这两个目的某种程度上是相互冲突的。② 这一矛盾是如何化解的呢？这要从国家控制先前的土地制度的成本来入手。先前的土地制度的基本特征是国家能够对分配到农户手中的土地进行不同程度的干预。但这需要国家付出一定代价。

首先，国家不可能自己直接对广大的农村土地制度的运作实行控制，而是由其代理人即各级政府部门来具体实施。但由于地方政府的利益并不可能完全与国家相一致，地方政府可能会因自己利益而不执行或不完全执行国家的政策和法律。而国家也由于财政能力的局限不可能对所有下级政府部门的行为进行监督和惩罚。国家为此将不得不支付高昂的代理成本。③

其次，即使是地方各级政府部门完全执行国家的政策和法律，也会遭遇信息问题。

① 参见 Harold Demsetz，“The Exchange and Enforcement of Property Rights”，*Journal of Law and Economics*，Vol. 3，1964，pp. 11 - 26。

② 参见〔美〕道格拉斯·C. 诺斯《经济史中的结构与变迁》，陈郁等译，上海三联书店、上海人民出版社，1994，第 25 页。

③ 参见陈剑波《农地制度：所有权问题还是委托 - 代理问题?》，《经济研究》2006 年第 7 期。

土地如何具体使用才可能发挥其最大的效率，对此不同决策主体所导致的结果大不相同。如果决策权掌握在国家手中，包括基层地方政府，由于不可能随时掌握和了解土地使用的具体信息的变化，对土地使用的决策不可能总是有效率的。相反，如果将使用的权利界定给农户，由于农户是分散的和大量的，他们对自己的土地如何使用的情况最为熟悉，同时能够利用市场中的价格信息以最低的成本作出决策，从而能够最为有效地使用土地。①

再次，如果国家对农户享有土地承包经营权有干预权力，这意味着为其进行寻租留下了余地。同时，大量分散农户因搭便车而无法共同行动起来对这种寻租进行约束。结果是国家会为自己谋求利益，而这种利益从总体来看与社会利益不一致。基于代理成本，整个自上而下的官僚系统会不同程度地拥有这种特权，他们会为此而相互争夺。另外，这些资源的耗费本身并没有给社会创造出有价值的产品，导致了非生产性浪费。反之，如果将权利更大程度界定给农户就会减少寻租空间，从而能为整个社会创造更多财富。

最后，国家可能会因上述种种成本或浪费而将权利更多地界定给农户，由此将会节约上述成本或浪费。国家因此损失的是控制和干预土地承包经营权而获得的收益。但由于将更多的权利给了农户，农户的收益将会增加，这就可以通过税收或其他方式增加国家收入从而一定程度上弥补了上述损失。尽管自 2006 年起，国家全面取消农业税，国家的这一部分的收益也没有了，但是必须将视野放宽，国家因此换取的收益是社会稳定与和谐发展，这是重要的政治性收益。

与国家和农户相比较，受损的是村集体。村集体是国家在农村基层的代理人，在早期的土地制度运作的过程中，国家对土地承包的种种特权给村集体或更准确地说是村干部带来了一定的收益。由于国家从土地承包经营权上控制的退出，村集体的这些特权也将随之消除，先前的各种收益也就没有了。尽管国家通过各种转移支付的措施尽可能地弥补村集体的损失，毕竟村集体仍然是村庄的公共物品的主要提供者，但这些支付远远不能解决农村问题，尤其是公共物品的提供。从而引发了一系列的后农业税时代的土地制度问题。②

四　挫折与创新：不同条件下的制度选择

上文只是家庭土地承包制历史演变的总图景，大量的细节被省略了。自 1978 年后

① 参见 F. A. Hayek, "The Use of Knowledge in Society", *The American Economic Review*, Vol. 35, No. 4, 1945, pp. 519 – 530。

② 参见陈小君等《后农业税时代农地权利体系与运行机理研究论纲——以对我国十省农地问题立法调查为基础》，《法律科学》2010 年第 1 期。

农村土地制度改革至1983年土地承包经营权的正式确立，农业生产力水平得到很大的提升。但同时，围绕土地承包经营权的争论也持续不断，大的争论至少有过三次。① 一部分人对家庭土地承包制起了怀疑并呼吁调整土地政策：或者将过于分散的土地适当集中，或将承包给农户的土地调整出来一部分作为机动地来利用；或者干脆就将承包给农户的土地收回。② 另外就是，地方创新不断涌现，制度变迁出现了更为复杂的情形。

（一）家庭土地承包制的遗产

不少学者对1984年后的几年的农业生产持续减产的原因进行了讨论，试图表明这并非或并非主要是土地承包经营权本身所导致的结果。③ 即使如此，随着情况发生变化，当初设置的制度本身也存在不足，逐渐地暴露出一些问题。按照温铁军的概括，土地承包经营权的特征可表述为：大包干 = “均分制 + 定额租”。“均分制”是指承包地全部按人口平均分配；“定额租”是指“交够国家的，留足集体的，剩下的都是自己的”。其中，“定额租”由于难以满足乡村自收自支而在2006年被国家取消，但土地“均分制”仍保留下来。④

按照杜润生的说法，国家当初是打算提倡按劳动力而不是按人口来分配土地的，目的是不想让土地过于分散。但实践中群众实行的结果是按人口平均分配承包地。这是考虑到了制度设置当初的绝大多数地方的实际情况。中国人多地少，并且劳动力不能流动，基本没有外出的就业机会。土地并不是经济要素而是生存要素。当时，绝大多数人以解决温饱问题为目的，在这种情况下，只能按人口均分土地。

实践的结果如下。第一，土地越来越分散和细碎化。由于土地质量的差异很大，且分布不均，所以，农户在分配土地时会要求必须好坏搭配，最多一家农户分到9块地。⑤ 而土地细碎化不利于生产。第二，调整土地导致农户对承包给其的土地没有稳定的长期预期，就会降低对土地的长期性投资的激励，土地的生产率水平就会受到影响。第三，土地不能流转或流转受到限制，降低其在更大的范围内实现资源合理配置的可能性。第四，农户关于土地的权利的不完整和不完善都会导致各种各样的对土地权利的侵犯。⑥

其中，第一个和第四个结果在制度设置的当初就有表现，是制度本身的不足。第

---

① 参见陈锡文《中国农村改革：回顾与展望》，天津人民出版社，1993，第110页。

② 参见张红宇《中国农村的土地制度变迁》，中国农业出版社，2002，第58页。

③ 参见骆友生等《土地承包经营权的现状判断与变革构想》，《经济研究》1988年第11期。

④ 参见温铁军《“三农”问题与制度变迁》，中国经济出版社，2009，第286页。

⑤ 参见温铁军《“三农”问题与制度变迁》，中国经济出版社，2009，第154页。

⑥ 参见张红宇《中国农村的土地制度变迁》，中国农业出版社，2002，第64页。

二个和第三个在制度设置的早期表现不明显，主要是因为当时的非农经济不发达以及农村劳动力很少流动。但后来情况发生了变化才导致其不足越来越突出。为矫正这些实践中的问题，修正和改善土地承包经营权不足，各地自主进行不同的制度创新。国家也意识到这一点，为积累制定政策的科学基础，在1987年的“五号文件”中专门部署农村改革实验区的工作，提出20多项课题，涉及土地制度问题的有5种。[①] 在这里，笔者将概括地论述其中重要的3种：两田制、规模经营和土地股份合作制。

（二）两田制

在家庭土地承包制下，农户始终面临因土地调整而带来的土地细碎化和长期投入的激励不足。两田制最初作为一种诱致性制度变迁的形式就是为了缓解这一问题。“两田”是指口粮田和责任田。口粮田作为保障用地，满足农民基本生活需要，按人口均分，体现公平原则；责任田由农民根据自己能力投标承包，体现的是效益原则。除“两田”外，一般各村留出3%左右耕地作为机动田，用于其他因素的土地调整。[②]

随后，两田制在全国范围内迅速推广。1994年，全国有1/3农村集体经济组织实行两田制，其面积达3900万公顷，占全国耕地总面积的42%。但从1997年开始，国家明确表示不提倡实行两田制，没有实行两田制的地方不再搞，已实行的须按中央的土地承包政策进行整顿。1999年底数据显示，全国继续实行两田制的土地不足承包地总面积的10%。[③] 但问题是，为什么当初实行两田制经济社会效益都很明显，到后期却遭到国家禁止，甚至各地主动退出这种制度安排?

首先，尽管两田制有较大弹性，但这不意味着其在任何地方都能实行。人均耕地较少的地方，不宜实行两田制。因为除一定的口粮田能满足农民的基本生活需要外，还剩余责任田。要保证生存的需要，口粮田至少为0.4亩至0.6亩，人均耕地低于此的地方就没有多余的土地搞责任田了。农民负担过重的地方，也不宜搞两田制。因为，两田比例一旦确定，若土地负担过轻，责任田分担就低，农民就普遍愿意承包。非农经济不发达和没有非农就业渠道的地方，也不宜搞两田制。多数实行两田制的地方通过“动账不动地”的方式来调整人口变动导致的两田比例，由于没有转移剩余劳动力的途径，一旦新增了人口，仅依靠责任田，仍然无法或很难维持其基本生活。[④]

其次，实行两田制的地方，农户、集体和国家都获取了收益。但比较而言，集体和国家获取的收益更多，因为农户收益的很大一部分要上缴国家和集体。这就是为什

① 参见杜润生《杜润生自述：中国农村体制变革重大决策纪实》，人民出版社，2005，第158页。

② 参见魏景瑞、邹书良《平度“市两田”制改革试验及其初步效应》，《中国农村经济》1992年第7期。

③ 参见张红宇《中国农村的土地制度变迁》，中国农业出版社，2002，第90页。

④ 参见张强《四种地方不宜推行“两田制”》，《农业经济问题》1990年第7期。

么一旦地方政府和村集体发现两田制给其带来的收益之后，就相当大程度上替代了当初的农户而成为两田制在全国迅速推广的主要制度供给者。但正是如此，为日后地方政府和村集体侵犯农户利益留下了余地：其为了更多地获取承包费，而以高价招标或者出租责任田，或者是调整两田的比例，强制性地推行两田制，从而违背了当初的制度初衷。中央政府看到了这一点，从而改变了当初关于两田制的态度，转而对实行两田制进行干预和禁止。①

最后，各地经济和社会状况发生了变化，促使当初适应两田制的基础产生了动摇。从 1984 年至 1987 年，乡镇企业“异军突起”，得到迅猛发展，导致农业领域的资本外溢，大量农村劳动力转出农村涌向城镇。农业发展放缓，国家试图重新加强对农业生产的控制，这些条件都促进了两田制的推广。但 20 世纪 90 年代中后期情况发生变化。乡镇企业发展陷入困境，非农就业机会减少，使得重新获取承包地的需求增大了，更多的农户由于在两田制中的竞争失利而遭到福利损失，口粮田的比重上升。② 随着政府对大宗粮食等主要农产品的生产和供应的控制的放松，责任田存在的意义较初期也大为削弱。另外，两田制与当时中央着力推行的若干土地政策，比方说“延包 30 年”、税费改革等出现某种程度的冲突，都导致了两田制的衰落。③

（三）规模经营

从理论上说，均田制因人口变动而调整土地导致土地日趋细碎化，从而造成生产不变和效率低下，与此相对应的规模经营由于规模经济的效应而会促使生产力的提升。按照张红宇的概括，大致有四种类型：以北京顺义为代表的建立在集体农场基础之上的规模经营；以江苏苏南和广东南海为代表的建立在以种粮大户和以村服务组织为依托的农场基础上的规模经营；大部分地区推动的“区域种植、统种分管”的形式；发生于东部沿海所谓的“反租倒包”。④ 从地域上看，这四种规模经营类型基本上来自经济发达地区。因此问题就是，为什么只有这些地区才能发展出这种土地制度安排；或反过来说，为什么经济较为落后的地方没有或很难搞规模经营呢？

规模经营要求土地尽量连片以便形成一定的规模，这就需要土地能够在一定程度上流转，使得分散的土地相对集中。这样一来，就会有一部分农户从先前较为分散的土地上解放出来，因此必须有足够的能力吸纳这部分转移出来的农村劳动力。显然只

① 参见张红宇等《农村土地使用制度变迁：阶段性、多样性与政策调整》（二），《农业经济问题》2002 年第 3 期。

② 参见姜涛、曲福田《“两田制”变迁的经济解释》，《山东农业大学学报》（社会科学版）2007 年第 4 期。

③ 参见陈小君等《农村土地法律制度研究——田野调查解读》，中国政法大学出版社，2004，第 157 页。

④ 参见陈小君等《农村土地法律制度研究——田野调查解读》，中国政法大学出版社，2004，第 92 页。

有经济较为发达的地方，由于其非农经济的发达，提供的非农就业机会也就会更多。① 实证研究表明：农业经营者的老龄化也是土地规模经营下降的一个重要因素。年龄大的劳动力相对而言，更难胜任较大面积的土地耕种，这不仅是因为体力问题，更是由于知识的原因。因为规模越大，对机械、化肥、种子以及生产环节中的社会服务化等有更多要求。由于中西部地区的一部分青壮年劳动力流动到发达地区从事非农就业，在家务农的更多的是年龄较大的人群。结果就是搞规模经营的可能性降低。②

规模经营的绩效在初期是可观的。与两田制类似，在后期，其实施效果不尽理想。原因何在？当初，由于中央政府的主要着眼点在于保证粮食生产的稳定增长。显然，这主要是一个政治目标而并不主要是一个经济目标。因此，为激励各地搞规模经营，国家采取的措施是以工补农，并且规模越大，补贴越多。对农户而言，土地经营的规模扩大意味着生产率的提高，但部分农户更看重国家的补贴。随着补贴费用的增加，国家维持制度运作的成本急剧上升。不少地方政府为了响应上级的要求，不顾农户的真实意愿和实际情况而强制性地推行规模经营，其效果可想而知。③

另外，尽管规模经营要求土地能够流转，但早期通过引入市场机制而进行流转土地的条件和机制都不成熟，更多的是通过行政方式，主要是由村集体出面来搞规模经营。于是，规模经营的适度如何把握就成为一个问题。因为规模过大就会由于投入边际递减效应而不再有效。但这个衡量适度的标准在实践中很难把握。不少人尤其是地方政府认为，规模越大，效应越明显。但实际结果适得其反。④ 重要的是，条件发生变化，就应对当初土地规模经营的方式加以改进或是放弃。农业生产的特点是随机性较强，受影响的因素也较多，而且会因资金、市场、技术、管理水平等外部条件的变化而变化。一旦制约土地规模经营的条件发生变化，就需要及时调整。⑤ 但以政府为主导的强制性的制度变迁和设计往往难以对各种变化作出正确的和及时的反应。

（四）土地股份合作制

农村土地的股份合作制发端于20世纪80年代中后期的广东南海及周边地区，随后在江苏、浙江和山东等沿海经济发达地域有所扩散。就制度形式来说，这些不同地域的发展模式有其共同点：第一，将土地折价后入股；第二，设置股权，一般采取土地股、基础股和贡献股三种形式分配到个人；第三，界定产权，对合作组织和个人所拥有的权利义务作出规定；第四，分配方式，通常是采取按劳分配与按股分配相结合的

---

① 参见刘凤芹《农业土地规模经营的条件与效果研究：以东北农村为例》，《管理世界》2006年第9期。
② 参见张忠明、钱文荣《农民土地规模经营意愿影响因素实证研究》，《中国土地科学》2008年第3期。
③ 参见张红宇《中国农村的土地制度变迁》，中国农业出版社，2002，第96页。
④ 参见卫新等《浙江省农户土地规模经营实证分析》，《中国农村经济》2003年第10期。
⑤ 参见赵贵秋《对土地规模经营中应处理好几个方面关系的认识》，《中国农村经济》1991年第10期。

方式；第五，组织管理，基本上是按照现代企业制度的形式进行管理。① 这里的股份合作制既不同于现代的公司股份制，也不同于传统的农村合作制，而是兼顾两种制度的基本特征，并且以合作制为主体，并吸收股份制的一些做法而形成的具有某些新特征的合作制。②

有学者在实地调查中发现，土地股份合作制作为以土地入股而流转土地承包经营权的方式，在农户中被期盼的程度较高。③ 在实施过程中，这种制度形式也取得了较好绩效。其原因如下。首先，打破了在均田制下的农户与土地之间的固定结合的关系，促进了土地的流转和规模经营，有利于资源的优化配置。其次，实现了农地生产功能与保障功能的分离，促进了农村劳动力的转移，较好地实现了公平与效率的结合。再次，一定程度上重建了农村集体组织，强化了其对土地的经营管理权，从而有利于进行村庄统一规划。复次，通过“动股不动地”的方式部分化解了村组土地矛盾，较好地解决了农村集体经济的二次分配。最后，有利于形成多元化的投资主体，有利于打破原来社区的界限，促使跨区、跨所有制的联合，优化了资源配置，形成了新的生产力。④

尽管股份合作制实施成效不错，但其并没有在更多地域发展起来，仅限于沿海地区。这是为什么？农户的非农收入在其总收入中的比例较高，这是由于股份合作制很大程度上是按照现代公司制度运作的，对资金、技术和知识等除土地要素之外的其他投入的要求较高，而这是仅依靠土地产生的收益不能满足的。城镇化的发展对股份合作制的形成和发展起到了催化剂的作用。在经济发达地区，农转非的机会成本很大。正是城镇化带来的农转非将集体经济的原有产权矛盾激化，导致该种制度的变迁。这种制度安排的环境条件是市场经济的相对发达，要素流动和配置机制已形成。⑤ 这也是股份合作制在全国大部分地区无法适应的最为主要的因素。

五　结论和启示

本文的结论是，权利的出现，并非通常认为的是由立法者本身就能决定的，更多是由生活中的实际需求所推动并在满足不同人利益的过程中逐步形成的。解释权利的实际运作，重要的是考察真实世界各种条件的力量对比。在不同条件下，权利运作的

① 参见张红宇《中国农村的土地制度变迁》，中国农业出版社，2002，第 109 页。

② 参见韩松《集体所有制、集体所有权及其实现的企业形式》，法律出版社，2009，第 200 页。

③ 参见陈小君等《农村土地法律制度的现实考察与研究——中国十省调研报告书》，法律出版社，2010，第 10 页。

④ 参见唐浩、曾福生《农村土地股份合作制研究述评》，《江西农业大学学报》（社会科学版）2009 年第 1 期。

⑤ 参见张红宇《中国农村的土地制度变迁》，中国农业出版社，2002，第 115 页。

样式不同，而一旦条件变化，权利运作就随之而变。如果人们在现有制度框架下很难获取利益，将会不同程度进行制度变革和创新，而时机成熟时，这些变革和创新的结果将获得政府承认，新一轮制度确定的时刻就到来了。① 评价一项制度，不能简单以事后角度找出其缺陷和不足，而是要语境化地理解当初决策时面临的约束条件和其所要实现的价值目标，除非认为当时的价值目标不适当，否则就只能以作为手段的制度设计的实现为目的的价值目标来评价该制度。

启示有四点。第一，家庭土地承包制的演变是渐进的，所谓"摸着石头过河"。尤其是改革开放后，家庭土地承包制的安排和变迁都是逐步的，随着情况变化而渐次展开。尽管演进快慢的程度在不同时期不同，甚至在有些历史时期出现倒退，但基本上是不同人群在各自约束条件下互动和博弈的结果，从而避免以剧烈的休克式演变所可能带来的不确定性和灾难性后果。

第二，制度在演变过程中具有多样性。渐进式是从历时性角度来看；多样性更多是从共时性角度来看。即使是在同一制度框架下，在各地也表现出不同具体形式。由于各地实际情况不同，遇到的问题也不同，从而人们将会对制度作出部分调整和修正，以适应自己的处境和解决自己的问题。中国是一个大国，各地经济政治文化发展不平衡。这就导致各地制度演变的具体路径必然呈现差异化的情形。

第三，对大国而言，地方实验和分权决策具有重要性。十一届三中全会后，国家下放部分权力交给各省份并允许其根据各自实际进行试验。在包产到户过程中，首先是安徽、四川等贫穷农业省份，利用各自政治资源决定包产到户是否合法以及是否给予政治保护。结果是包产到户解决了农民生存问题而得到各自省份的支持。分权决策使得制度创新实现了局部的合法化。随后制度效应得到迅速推广，最终获得国家层面的政治支持。②

第四，家庭土地承包制是众多主体在不同层面共同合成的结果。制度是渐进演变而不是事先构建的。在这一过程中，人们面临的情况和问题不完全相同，各自采取的行动没有一个统一计划，更多是通过不同主体之间的互动和博弈：有的是农户与农户之间的，有的是农户与集体之间的，还有的是集体与地方政府之间的，以及地方政府与中央政府之间的。这些不同层面的行为互动构成了制度演变的复杂局面。

---

① 参见吴义龙《权利是如何演进的——以土地承包经营权为例》，《制度经济学研究》2016年第3期。

② 参见周其仁《产权与制度变迁——中国改革的经验研究》，北京大学出版社，2004，第29页。

“家”与“人”的法权关系构造*
——以民法为中心的考察

朱林方**

摘　要：中国百年变法“自破家始”。传统民事规范的法权逻辑基于家庭而非个人，近代民法将人之为人的资格抽象化为无差别的权利能力，使个人走出家庭，获得独立主体资格。由于忽视了“家”的存在维度，个体化民法的强势挺进，恰恰导致了在价值上反个人的社会后果。虽经“去魅”，“家庭主义”依然是中国民众重要的意义生产机制，尽管离散，中国家庭依然呈现出一种流动性的“同居共财”的生活方式。“家庭主义”的规范性力量以隐性的方式继续塑造着民事法律实践，并派生“正名”的法律表达需求。中国民法找回“家”的向度，应当首先摆脱意识形态化了的个体化“类型强制”，将家产制社会实践确认为一种合法性类型，丰富法权主体，践行自己所向往的美好生活的权利技术。

关键词：民法；家庭；个人；家庭主义；家产制

民法典究竟如何安顿“家”与“人”，不仅仅是亲属之间的人身关系和财产关系问题，更关涉现代中国人伦秩序和政制安排的重新奠基。中国文化传统的“落根之处在家”①，以“家”为本位的思维方式和价值观念塑造了“中国之法律乃以家庭之观念为中心”② 的基本形态。然而，随着世界历史进入近代，个人开始从共同体中“脱嵌”而出，以独立个体直接面对主权国家的方式建构的民族国家共同体取代了“以国拟家而治”的家国共同体，成为新的社会组织蓝图。家被认为是保育专制的渊薮和“中国之坏”的根源，“欲开社会革命之幕者，必自破家始矣”③，分离家国，使国民出于家庭而直抵国家，成为变法的精神枢机。

以勒普莱（Frederic Le Play）为代表的法国“家位学派”对世界上数个重要文化圈的家制与政体的考察揭示，家制与该国家发育出何种类型的政制形态之间存在密切

* 本文系司法部项目“民法典中‘家’与‘人’的法律构造研究”（16SFB5001）的阶段性成果，同时受到中国民法学研究会2016年青年学者项目资助。

** 朱林方，西南政法大学行政法学院法理学讲师，法学博士，主要研究方向为法律社会学。

① 金耀基：《从传统到现代》，法律出版社，2010，第83页。

② 参见吴经熊《古中国与现代中国政治法律传统中个人之地位》，载东海大学哲学系编译《中国人的心灵》，联经出版事业公司，1984，第336页。

③ 汉一：《毁家论》，《天义报》1907年7月25日。

的关联。[①]《中华民国民法》制定过程中围绕家制的去留形成的"亲属法之争"显示，近代中国早期的立法者们正是在此政制框架之下思考"家"与"人"的法权构造，正如陶希圣所指出的，共和法制的突破口不在宪法而在于亲属法，因为，立宪的前提必然是要打破父权家长制的家庭，构造以彼此人格之互相平等尊重为内容的家，只有这样的家才能为民族国家造就合格公民。[②]《中华民国民法》制定中的这场"亲属法之争"奠定了百年中国民法典安顿"家"与"人"的法律构造的基本模式，也为通过变法而实现深层次的社会再造提供了现实的路径。

然而，从民国的"亲属法之争"到当代中国婚姻家庭法引发的聚讼纷纭，表明"家"在民法中并没有得到妥善的安置。如今，民法典正在紧张编纂之中，对于如何规定家庭，仍是悬而未决的难题。将"家"的法权结构放置于近代以来法律与社会变革的问题域中，清理百年来中国民法典中的"人"的形象与"家"的位置，以及"家"在民法实践中隐性的适应与复归逻辑，也许有助于发现"家"在民法中所当居的位置，并发展出与之相应的制度安排。

一 个人出离家庭的法权创造

中国传统的民事性规范，其法权逻辑并非立基于独立的个人，而是围绕人所置身其中的家庭而展开。因为，"在传统社会，家庭及其在社群中的延伸形式是社会生活的核心；在家庭单位之外和之上并没有具有个体性的主体（Individual Subject）观念"。[③]以家庭为核心主体的法权结构，在人身关系上突出表现为在父子与夫妻之间建立尊卑秩序的父权家长制，在财产关系上体现为以整体性的家为物权单位的"同居共财"的家产制。个人走出家庭，获得独立的主体资格，是近代以后一系列法权创造的结果。

（一）民法如何创造"人"的范畴

民事主体的制度构造是整个民法体系的基础性工程。纵览民法缘起与发展的历史进程，就其本位而论，主体制度总体而言表现为两种核心范式：以家庭为本位的主体类型和以个人为本位的主体制度。[④]民法典究竟以何者为主体，究竟如何对待"家"与

---

① 参见潘光旦《家制与政体》，载潘乃穆、潘乃和编《潘光旦文集》第10卷，北京大学出版社，2000，第88~99页。

② 陶希圣关于亲属法与家制的讨论，参见陶希圣《亲属法大纲》，商务印书馆，1928；陶希圣《中国社会之史的分析》，新生命书局，1929。

③ 〔奥〕迈克尔·达顿：《中国的规制与惩罚：从父权本位到人民本位》，郝方昉、崔洁译，清华大学出版社，2009，第12页。

④ 参见孙晓光《从家庭本位到个人本位——古代法与近代私法主体之比较》，《安徽大学法律评论》第2卷第2期，安徽大学出版社，2002，第90~96页。

"人"，归根结底取决于其如何认识"人"。如萨维尼所言，"人格、法主体这种根源性概念必须与人的概念相契合"[①]，关于人格与主体的法律规定的演变，根本上源于人们关于"人"的观念的变迁。

民法中的主体资格制度源自"人格"概念，"人格"概念为古代罗马法所发明。然而，古代罗马法上的"人格"与现代民法上的"人格"概念有很大的差别，因其往往与人的身份不可分割，罗马法上人格的身份化在家庭中表现得最为突出。[②] 如意大利著名法学家桑德罗·斯奇巴尼所描述的，民法主体制度最初是以家父为理想模型的。[③]家父被罗马法确认为"自权人"（sui juris），是真正意义上的民事主体，拥有完整的私法权利，而妻子和子女则被法律界定为"他权人"（aliana juris），没有独立人格和完整的权利，而是被置于家长的支配之下。

直到近代以前，一直都存在虽然是人但不具有法律上的人之资格的情况。这一状况直到近代启蒙思想家重新发现"人"并对人之理性从自然法的角度予以确认方告终结。近代自然法思想运动的结果是，产生了诸如《法国民法典》之类将法律人格与人的个别身份剥离开来的近代化的民事法典。近代民事法典所创造的"所有X国人均享有民事权利"的法律制度建构和权利构造，取消了之前按照一个人的家庭身份以及其他身份差别而将其人格划分为三六九等的差别化的主体制度[④]，生物意义上的人和法律意义上的人在享有权利的资格上终于实现了统一。

之后，在德国近代先验主义哲学与历史法学派分化的双重影响下[⑤]，德国形成了立足于技术逻辑搭建民事法律体系的潘德克顿学派，通过将对人的本质规定性的哲学观察与罗马法中逻辑体系的提炼相结合，产生了创造"一个法律命令"的需求，此一关键性的"法律命令"便是"权利能力"范畴。[⑥]《德国民法典》对人的规定抛开了其自然的身份地位，乃至其存身其中的家庭与国家的条件性，而是将其归为一项抽象的能力：权利能力。从此，人，通过抽象的权利能力来表达其自身在民

① 引自〔日〕星野英一《私法中的人》，王闯译，中国法制出版社，2004，第25页。

② 罗马法上存在鲜明的"生物人"与"法律人"的对立，homo（生物人）与persona（人格、面具）二词的区分就精确地道出了生物人与法律人的这种犹如"演员本人"与"所演角色"之间的分离。参见〔意〕塞巴斯蒂亚诺·塔法罗《罗马法中的人与家庭》，娄爱华译，《法律科学》2015年第3期。

③ 参见〔意〕桑德罗·斯奇巴尼《法学阶梯·前言》，载盖尤斯《法学阶梯》，黄风译，中国政法大学出版社，1996。

④ 参见〔日〕星野英一《私法中的人》，王闯译，中国法制出版社，2004，第12~16页。

⑤ 关于萨维尼思想中"制定法实证主义"与"民族精神说"之间的张力以及其后历史法学派的分化与蜕变，参见林端《由萨维尼的历史法学派到韦伯的法律社会学》，载林端《韦伯论中国传统法律：韦伯比较社会学的批判》，中国政法大学出版社，2014，第159~188页。

⑥ 〔德〕罗尔夫·克尼佩尔：《法律与历史——论〈德国民法典〉的形成与变迁》，朱岩译，法律出版社，2003，第60页。

法上的存在。[①]

正是基于这样的渊源，在现代民法学中，法律上的“人格”概念“与权利能力在相同意义上使用”。[②] 通过将人之为人的资格技术化地抽象为无差别的权利能力，千差万别的个人终于得以超越诸如家庭身份等外在属性而获得独立的主体地位，在法律意义上站在了同一个平面上。孟德斯鸠所谓“在民法慈母般的眼睛里，每一个个人就是整个的国家”[③] 即此之谓。

（二）个体人格出离家庭

20 世纪以前的中国，并不存在现代民法意义上的“个人”以及“人格”概念。个人是现代性的核心观念，它是权利的主体，是社会组织的基本单位。从表面上看，只要把组成社会的各个部分（如族群、家庭）进一步细分，最后一定会落实到不可以进一步分割的最小单元——个人。但事实上，在传统社会中，并不存在把社会组织看成由“个人”组成的观念。因为如何规定社会组织的最小单位，取决于人们心目中合理的社会组织蓝图。在不同的时代，随着人们对合理社会组织原则理解的不同，其对什么是组成社会整体的最小单位的认识有很大的差异。在古代中国，国家的组织原则被看作与家的组织原则相同构，一个个家庭（家族）组合凝聚而成为一个大一统帝国，每一个人都处于家庭伦常网络之中而不能独立出来，组成社会的是家庭伦常关系，而不是独立的个人。[④] 如钱穆所言，“人之为人，有为一家之人，有为一乡一国之人，有为天下之人，独不得为个人”。[⑤] 每一个人只有通过家庭伦常这张社会关系网，才能将自己定位。存身于这样一种个人与家庭的关系结构之中，对某一个人的界定，得到的只能是一个整体的关系网络中的某个结点，而难以发现作为独立与平等的个体的存在。在这样的文化网络中，即便有个人，其着眼点、着力处也只在于修身成德，而非群己权界。

因此，在中国传统社会，有作为道德主体的个人，而没有作为法权主体的个人。作为法权主体的个人的诞生，亟待现代民事法律意义上的个体人格范畴这一“助产士”。近现代民事法律所重塑的人格范畴，要么表示具有独立法律地位的权利主体，要么指作为权利主体的法律资格。[⑥] 正是人格概念的确立，才将个人在法律上确认为一个法权主体。

---

① 参见〔德〕卡尔·拉伦茨《德国民法通论》，王晓晔等译，法律出版社，2003，第 57 页；赵晓力《民法传统经典文本中“人”的观念》，《北大法律评论》1998 年第 1 辑。

② 〔日〕我妻荣：《新法律学辞典》，董蟠舆译，中国政法大学出版社，1991，第 518 页。

③ 〔法〕孟德斯鸠：《论法的精神》（下册），张雁深译，商务印书馆，1995，第 190 页。

④ 参见金观涛《观念史研究》，法律出版社，2009，第 152～155 页。

⑤ 钱穆：《现代中国学术论衡》，三联书店，2001，第 223 页。

⑥ 参见梁慧星《民法总论》，法律出版社，1996，第 103 页。

我国自清末就开始了近代意义上的民事立法工作，而这一法律移植的关键部分和基础性工程，即个体人格概念与价值的楔入。

1911 年，《大清民律草案》（又称“民律一草”）编纂完成。“民律一草”的前三编主要由日本学者松冈义正负责起草，后两编由修订法律馆会同礼学馆起草。这是中国民法史上第一部按照现代民法原则和理念起草的民法典草案，尽管该草案未获颁布，但拉开了将个体人格概念及其价值楔入中国民法典的序幕。草案第一编第一章规定了“法例”，第二章即规定“人”，其第一节名为“权利能力”，规定“权利能力于出生完成时为始”。“民律一草”用权利能力的概念替代了人格的概念，起草人松冈义正认为，得为权利主体之资格者，法律将其规定为人。故将法律人格和权利能力视为意义一致的基本范畴。[①] 不过，“民律一草”虽然确立了人之权利能力概念，体现了个人本位的精神，但在亲属编和继承编中同时保留了大量的维持传统家制和亲属间不平等身份关系的规范。

民国北洋政府以《大清民律草案》为底本，于 1925 年完成了《民国民律草案》（又称“民律二草”）。该草案虽未正式颁行，然于 1926 年 11 月受北京政府司法部通令，各级法院可以在司法中作为法理加以引用，故于现实有较大影响。“民律二草”第一编第一章第一节即规定“人”，其中，第 1 条规定“人之权利能力，始于诞生，终于死亡”。又规定“凡人不得抛弃其权利能力与行为能力”。[②] 可见，“民律二草”沿袭“民律一草”，仍然以权利能力概念代替人格概念。不过，“民律二草”亲属编仍然保留了家制以及家长的特权。

从 1929 年 5 月到 1931 年 12 月，南京国民政府制定的《中华民国民法》各编陆续颁行于世，分为总则、债、物权、亲属、继承五个部分，共 1225 条。其中，第 6 条关于“自然人权利能力”的规定是，“人之权利能力，始于出生，终于死亡”，立法理由书谓“谨按自然人之权利能力，关系重要，在民法草案仅规定以出生为始，未及其终，盖以终于死亡，为当然之事，故未特设规定。本法以自然人自出生以迄死亡，皆为权利能力之存续期间，故并规定其始期及终期”。《中华民国民法》同样选择了用权利能力的概念来表述人之为人的资格，以取代人格概念。同时，《中华民国民法》虽然在形式上保留了家制，但从内容上来看，已经基本取消了家庭亲属之间的人身支配关系，个人终于在法律上成了独立自主的个人。

从清末变法中的“民律一草”，发展到北洋政府时期的“民律二草”，再到南京国民政府时期的《中华民国民法》，完整地记录了民法典的主体从家庭向独立的个人迈进

① 参见俞江《近代中国民法学中的私权理论》，北京大学出版社，2003，第 146 页。

② 《大清民律草案 · 民国民律草案》，杨立新点校，吉林人民出版社，2002，第 203 ~ 204 页。

的变迁的全过程，个人成为法律运思的出发点和归宿，家制尽管被保留，却不再具有实质的法律意义。从此以后，家被理解为个人的集合，而不再是整体上、逻辑上乃至法权上先于个人的存在单位。同时，近代中国民法在法典化的过程中形成了以权利能力概念确立自然人个体人格的路径，从而将无差别的权利能力赋予千差万别的所有人，在民法慈母般的关照下，每一个人都得以以法权主体的名义获得享受权利的资格。

（三）人身平权化与物权个体化

就人身关系而言，《大清民律草案》亲属编的编辑宗旨就是要维持礼俗人情、纲纪民彝，因而具体制度多方面体现了对传统婚姻家庭制度的维护。《民国民律草案》在立法理由中虽然表露出要去除民律中与社会进步的要求大有隔膜而不相适应的内容，但在实际修改中还是将家制以及家长特权在一定程度上予以留存。《中华民国民法》亲属编专章规定了"家"，但尽管法典以"家制"称之，其所立之内容已与往昔有本质的区别。从内容上看，此前草案中的家制部分均确定了家属对家长的人身依附关系，到了《中华民国民法》，基本取消了家长对家属的人身支配权。

首先，从总体上看，《中华民国民法》否定了古代律法所认可的将婚姻视为两个家族世系血食永祭的神圣性联合体的意义，而是将之理解为两个个体的联合。其离婚立法基本否定了传统社会的男系专权离婚制度。从离婚方式看，其否定了传统社会中丈夫享有的在离婚方面的特殊权利，即单方面"休妻"的权利，确认了婚姻双方当事人在婚姻中的自主权，取消了家长亲属对子孙卑幼婚姻关系的决定、掌控和支配。从法律所认肯的判决离婚理由来看，法律赋予婚姻当事人的权利是平等的，消除了对男女两性在性道德方面的双重标准。可以说，《中华民国民法》对夫妻权利的规定，完成了从专权向平权的转变。

其次，父母子女关系的类型被简化，法律只承认自然血亲父母子女关系和养父母子女关系；废除嫡庶，不再有嫡子、庶子及私生子之分；废除宗祧继承制，不再承认嗣子的法律地位。"立嗣之目的，在乎传宗；而收养之目的，则为娱老。"① 从法制局草案立法说明可以看出，之所以取消嫡庶，废除立嗣，正是力图以个体化的亲属立法消除家本位的宗法化法制传统。同时《中华民国民法》取消了古代法中父母在主婚、教令、责罚和送惩上的特权，规定了父母对未成年子女所享有的权利义务，使亲权与家长权分离开来，基本实现了从"家本位"亲子关系向"亲本位"亲子关系的转变。

就财产关系而言，物权单位与财产传递法则也随着个体人格从家庭中独立出来而发生了根本性的转变。家庭逐渐不再作为整体性的物权单位而存在，个人成了产权的

① 陆承平：《论养子制度与我国民法之规定》，（东吴大学法学院）《法学杂志》1937 年第 1 期。

基本单元，民事律法上的财产制度从家产制向个人财产制迈进。

传统中国式家庭以“同居共财”为基本的组织和生活形式。“同居共财”有三项基本要素：每个人的劳动所得，都必须归入所有成员的单一会计，亦即“家计”；同居共财成员生活中必要的消费，全部由共同会计支应；共同会计在经过生产消费后所产生的剩余财产，被当作全体成员的共同资产加以蓄积。因此，同居共财即指“收入、消费及保有资产等涉及各方面的共同计算关系”，而家产即“共同会计的资产内容”。[①] 由此而形成的产权形态自然是家产制。

与家产制相应的，传统中国的财产传递以家产承继的方式进行。附属于门户传递的家产“承继”方式同西方近代民法中的个人继承是截然不同的制度安排。传统意义上的“承继”，实际上包含着三组关系：人的血脉延续（继嗣）、承担祭祀（承祀）以及继承财产（承业）。换言之，古代法中的“承继”包含了人格、祭祀、财产三种要素，后两种要素一般合并称为“宗祧继承”。作为一个“同居共财”的基本单位，“家”的析分同时包含着财产与祭祀的移转或分割，它意味着一个以家父长为首以及以各男性子孙为首的各房所共同组成的同居共财团体，从此别籍异财、各房独立、各成一家。究其实质，分家以由男性子孙为首的“房”作为分割的基本单位，而非将个人作为继承与被继承的主体，“诸子均分”实际上意味着“诸房均分”。在分家之前，房是一个家的构成元素，在分家后，各房自成一家，各自拥有依照其名分所应分得的家产。[②] 因此，分家并非将财产由一个人向另一个人或数个人传递，而是由一家的家产分散为多家的家产的财产分配。分家既包括对家产依照名分加以分割的财产析分的面向，同时，更为根本的是，使得各个由家之下的房所独立而成的各个新生的小家，承担起祭祀与香火传承的义务。

纵览清末民国民法变革的历程，正是个人财产制确立、家产制废弃，分家析产制衰落、遗产继承制兴起的过程：将宗祧继承与财产继承加以区分，将宗祧继承排除于法律规范之外，将法律上的继承限缩为财产继承；将父系中心的传统五服制亲属结构、亲属定义与亲等计算方式，改为性别中立的、不分父系与母系的罗马法式亲等制；重新定义财产，在法律上将“家产”重新定义为（属于父亲）个人的财产，并且区分仅于被继承人死后才发生的继承和可于生前或死后进行的分家；规定无性别之差，也不因是否结婚而有所差别的继承人资格、顺位与应继份额。[③] 由是，《中华民国民法》使

① 卢静仪：《清末民初家产制度的演变：从分家析产到遗产继承》，元照出版有限公司，2012，第 20 页。

② 参见陈昭如《法律东方主义阴影下的近代化：试论台湾继承法史的性别政治》，《台湾社会研究季刊》第 72 期，2008 年 12 月。

③ 参见白凯《中国的妇女与财产：960—1949 年》，上海书店出版社，2003，第 100 ~ 106 页。

个人财产制和遗产继承制取得了压倒性的绝对胜利，成为中国法中的主导性的物权单位和财产传递法则，基于"同居共财"的家产制和分家析产传递门户的制度，被从国家律法上抹去了。

二　民法中的"人"及其内在图式

拉德布鲁赫曾言："对于一个法律时代的风格而言，重要的莫过于对人的看法，它决定着法律的方向。"① 新中国成立以后的民事立法，一开始将"人"塑造为一个"政治人"的形象，之后接受了自然人、权利能力等一系列法权构造，将"人"重新塑造成为权利而斗争的理性的"经济人"。然而，民法上的这种"人"是以唯名论意义上的个人为内在哲学图式，忽视了家这一先在的维度，个人的挺进与整体性的"家"的消失还导致了自反性的意外后果。

（一）民事立法中"人"的规范形象变迁

从新中国成立以后到民法通则颁行之前，新中国分别在1954年、1962年、1979年三次启动民法典的起草工程，在三次民法典起草中，"人"的规范形象被灌注了强烈的"政治人"的色彩。这主要表现在两个方面：一是关于人之为人的法律资格表达，废弃"权利能力"的概念而使用"权利、义务的承担者"②；二是关于民事主体的立法选择了"公民"而非"自然人"概念。③

在第三次民法典起草活动中止之后，遵循"成熟一个，出台一个"的原则，我国于1986年先行推出了民法通则，它是新中国第一部调整民事法律关系的基本法律，被称为"微型民法典"。

在关于"人"之为人的资格的规定中，民法通则重新确认了"权利能力"，但使用了一个新概念——"民事权利能力"。权利能力是一个具有自然法属性的概念，如星野英一所言："由于对所有的人的法律人格即权利能力的承认成为民法典的规定从而成为实定法上的原理，得到从法律实证主义的立场上的承认，故而其自然法的基础却逐渐被忘却了。"④ 作为人之为人的资格的技术化和抽象化的表达，权利能力制度的法哲学依据来自人的自由意志，自由意志是赋予自然人可以享有权利、承担义务之资格的根据。"民事权利能力"这一概念或许区别于德国民法典创立权利能力概念时所主张的对人的自然理性与自由意志的确认，也与将权利能力和人格在同一意义上使用的人之

① 〔德〕拉德布鲁赫：《法律智慧警句集》，舒国滢译，中国法制出版社，2016，第141页。

② 参见何勤华等主编《新中国民法典草案总揽》（上卷），法律出版社，2003，第4、14、26~27、37页。

③ 参见何勤华等主编《新中国民法典草案总揽》（下卷），法律出版社，2003，第164页。

④ 〔日〕星野英一：《私法中的人》，王闯译，中国法制出版社，2004，第26页。

为人的法律资格有所不同①，但它还是确认了人具有享受权利、承担义务的能力与资格，并以法律的形式确认这一能力和资格的平等。

关于民事主体，民法通则延续了前三次民法典草案的做法，规定为“公民”，但是，作为一种补充，同时在括号中注明“自然人”。正如凯尔森所认为的，自然人的概念是法学上的构造，完全不同于Man的概念。② 拉伦茨也称，自然人是一种与生俱来的主体资格，内含着对人的自由、自主等规定性的认肯与保护。③ 而公民则是指具有某个国家国籍的人，公民的概念映射着个体与国家的政治法律关联，隐含着一种身份上和权力上的从属关系。④ 因此，可以说，“自然人”是私法范畴内的概念，“公民”则应归类于公法。民法通则虽然还是使用了“公民”的概念，但同时注明即“自然人”，它虽然没有遵循严格的公私划分，但还是确立了私领域以及私权保护的意识，在随后颁布的合同法中，“自然人”终于完全取代了“公民”。

对权利能力、自然人这些概念的接受，意味着中国民法接受了以“为权利而斗争”的“理性人”“经济人”为理想图景的“人的图式”，承认人的理性能力，尊重人的自由意志。

“理性人”“经济人”是近代民法关于“人”的规定性。然而，如拉德布鲁赫所言，这样一种法律上的人是“按照商人的形象来塑造的，它是一种完全逐利的、精于算计的形象”，“自此，法律把所有的人都当作商人看待”。⑤

现代日本民法学的开创者之一星野英一先生敏锐地指出，近代民法所创造的“理性人”“经济人”承认所有人的法律人格完全平等，由此所肯认的法律人格虽是“可由自身意思自由地成为与自己有关的私法关系的立法者”，但不考虑知识、社会及经济方面的力量之差异，因而其背后是“在理性、意思方面强而智的人像”。然而，以“强而智的人”为基本哲学图式的近代民法，致使在各种情况下从人与人之间实际上的不平等，尤其是贫富差距中产生的诸问题表面化，从而不幸地扮演了弱者痛苦制造者的角色。作为一种矫正，现代民法关于“人”的规定性发生了“从理性的、意思表示强而智的人向弱而愚的人”的转变。转变的关键环节是人格权受到承认并得到强调，从而得以积极保护人尤其是弱者的各种权利，这种倾向成为民法中“人的再发现或复归的方向”。⑥

① 参见周清林《中国语境下的“权利能力”》，《北大法律评论》第10卷第1辑，北京大学出版社，2009，第267～289页。

② 参见〔奥〕凯尔森《法与国家的一般理论》，沈宗灵译，中国大百科全书出版社，1996，第109页。

③ 参见〔德〕卡尔·拉伦茨《德国民法通论》，王晓晔等译，法律出版社，2003，第131页。

④ 参见〔英〕戴维·沃克《牛津法律大词典》，李双元译，法律出版社，2003，第583页。

⑤ 〔德〕拉德布鲁赫：《法律智慧警句集》，舒国滢译，中国法制出版社，2016，第144页。

⑥ 〔日〕星野英一：《私法中的人》，王闯译，中国法制出版社，2004，第35～80页。

然而，从"强而智的人"到"弱而愚的人"的转变，也没有从根本上改变民法中人的单向度哲学图式，因为，无论是"强而智的人"还是"弱而愚的人"，民法中"人"的形象塑造都是以"道德个人主义"为哲学图式，都是"方法论的个人主义"的结果。[①] 方法论的个人主义的基本分析单位是单子式个人，核心假设是个人理性，是一套从个人出发、为个人着想、以个人为准、谋求个人利益最大化的价值观念和行动逻辑。[②]

19世纪以来，民法典的主导思想就是"法律的个人主义"，如星野英一先生所言，"作为宪法思想意义上的国家成员的个人，排除了中间团体而只承认个人。这就是与从中间团体中解放出来的个人与国家直接相关（基于社会契约论）的思考方法相关联、把个人视为私法的唯一基础和目的的思想（作为契约哲学的意思自治原则是其一方面）"。[③] 经过了霍布斯、洛克等现代政治哲学家在社会组织蓝图中对此个体原则的奠基，以及笛卡尔、莱布尼茨、康德以来的先验主义哲学家从形而上学层面的确认，这种方法论的个人主义日益获得坚实的支撑，成为创造民法典中"人"的图式的基本哲学根据。

方法论的个人主义生产出来的民法中的"人"是一种"唯名论"意义上的存在，其假定只有原子式的个体的人才是独立而真实的存在，实在的个体赋有自由而独立的自我，不受任何先在纽带的约束，只听命于个体的自由选择。[④] 这一哲学图式不承认人还是"共同体主义"的存在，其无论在时间上还是逻辑上都先天地内嵌于家庭等共同体之中，其所归属的共同体成员身份与角色认同从来都是其自我的组成部分。[⑤] 此种"唯名论"意义上的个人理性或者主体理性被哈贝马斯批评为无视他者的"独白式"理性[⑥]，哈贝马斯主张，恢复人们共享意义、理解、主体间性的共同体才能呈现整全的"人"的形象。

（二）"单向度的人"的自反性后果

由于以个人主义为方法论，以"唯名论"意义上的个人为民法中的人的哲学图式，

---

① 星野英一所谓民法中的"人"从"强而智的人"到"弱而愚的人"的转变，正是哈贝马斯所描述的资本主义由自由竞争时代向福利国家时代转型、法律从形式法范式向福利法范式转变的结果。但是，无论是形式法范式还是福利法范式都有着共同的缺陷，因为，它们在方法论上都从孤立的个人主体出发，而没有从主体间性的交往互动视角来考虑问题，最终导致了法治国的合法性危机。参见〔德〕哈贝马斯《在事实与规范之间》，童世骏译，三联书店，2014，第482页以下。

② 参见赵汀阳《作为产品和作为方法的个人》，《江海学刊》2012年第2期。

③ 〔日〕星野英一：《私法中的人》，王闯译，中国法制出版社，2004，第8页。

④ 参见谢鸿飞《现代民法中的"人"》，《北大法律评论》第3卷第2辑，法律出版社，2001，第128～158页；桂华《重新恢复中国家庭的神圣性》，《文化纵横》2014年第1期。

⑤ 参见〔美〕麦金太尔《追寻美德：伦理理论研究》，宋继杰译，译林出版社，2003，第258～259页。

⑥ 参见〔德〕哈贝马斯《交往行为理论：行为合理性与社会合理化》，曹卫东译，上海人民出版社，2004，第267～273页。

在中国民法中，家庭作为亲属共同的生活团体，不再以法律主体的地位出现。中国民法用孤立的婚姻法取代了一切家庭关系法，导致在法律上不存在一个整体性的“家”的位置，无法涵摄包括人身与财产在内的所有家庭关系。导致的结果就是，在人身关系上，可见的只有核心家庭化的夫妻关系，中国式家庭中的其他家庭关系都无法被涵盖在家庭之内，造就了一个残缺不全的“家”的形象。在财产关系上，在婚姻法中能够看到的只有两个独立的个人作为产权单位，或者两个个体的联合作为一项财产制度，整体上的“家”不见了，“家”无法再以基本产权单位的名义承担家计。[①]

新中国的前两部婚姻法在基本精神上继承了中共革命根据地时期的婚姻法实践传统，也与《中华民国民法》的基本做法相一致，在制度形态上确认了以个人财产制为主体的家庭财产关系原则，但因认可家庭财产的共享性而为模糊的家产共有留有余地。而且，最高司法机关1993年专门出台了一项关于家内财产权属认定的司法解释，该司法解释主张，夫妻双方缔结婚姻而营共同生活，达到一定的时间期限，可认定相互间的联系优于个人意志，个人财产自动转变为共有财产，从而确立了一种私人财产变为共有的选择进入制度。[②] 这意味着，婚姻家庭法承认婚姻家庭的特殊性质，主张婚姻关系这一特殊因素在家庭财产上的作用力在一定程度上可高于物权的原则。

2001年，婚姻法进行了新的修订，它明确划分了“夫妻共有财产”与“个人拥有的财产”，并以列举的方式明确了属于个人的财产类型，同时，承认夫妻有权以约定的形式将婚姻存续期间所得的财产排除出夫妻共同财产之外。相较于之前司法解释所认定的夫妻双方缔结婚姻而营共同生活，达到一定的时间期限，个人财产可自动转变为共有财产的原则，新的婚姻法越来越具体明确地将个人财产制作为家庭财产关系中的主导性物权原则，并进一步排斥了家产共有的习惯法则的存在空间。

随后，2001年出台的“婚姻法司法解释一”进一步明确“夫妻一方所有的财产不因婚姻关系的延续而转化为夫妻共同财产”，彻底废弃了之前司法解释中认定的夫妻双方缔结婚姻而营共同生活，达到一定的时间期限，个人财产可自动转变为共有财产的原则，转而支持更为坚定的个人财产制，不认肯财产仅因婚姻关系而非意志表达而产生权属转换。2003年出台的“婚姻法司法解释二”则从根本上否定了向来将家庭内部财产视为共有共享的中国式家庭沿袭上千载的分家析产的法律实践。由于放弃了“家

① 参见俞江《中国亟宜确立新型的家制和家产制》，《清华法治论衡》第15辑，清华大学出版社，2011，第440~450页。

② 参见邓峰《转轨文明、选择机制与理想家庭模式》，《法律和社会科学》第9卷，法律出版社，2012，第258~264页。

庭财产"的概念，又没有其他更为确切的概念可做恰当表示，婚姻家庭法遂把中国式家庭在子女成年之后尤其是缔结婚姻成立新家之时在代与代之间进行的分家析产的"传家"活动归结为一个外观相似而实质内涵相差甚远的法律概念——"赠与"。①2010年，最高人民法院公布"婚姻法司法解释三"，其中，规定夫妻关系存续期间财产归属的条款就占了近一半的比重，尤其是关于房产分割的规定，因为将不动产的登记主义原则完全贯彻到婚姻家庭之中，因而一经公布就引发了激烈的讨论。房屋不是一般意义上的商品，在"同居共财"的生活形式历史悠久而家本位的文化异常浓郁的中国，房屋在某种程度上成了家的象征性存在物。而"司法解释三"的最大的影响在于，全然不承认婚姻家庭的特殊性质和在相应问题上的特定效力，而坚决地将物权的登记效力完全彻底地贯彻到婚姻家庭的场域之中，支配其权属认定。中国式家庭中的家产制惯习不但不为法律所承认，甚至成为法律予以扫荡和抵制的对象。②

"司法解释三"是一个个体主义的解决方案，也是以个人主义为方法论的民法无力理解效用函数多代迭代、高度相关的中国式家庭的行动逻辑的表现。而且，一步步废除家产制，强化个人财产制的司法能动主义还可能导致一种意外后果，即婚姻的再封建化。③ 因为，将家产传递视为代际赠与，而赠与以权利人的意志为根本，当子女不再主张一种习惯法上的分家析产的古老权利，而是寄希望于父母的慷慨赠与之时，父母就有越来越多的机会重新掌控子女的婚姻和生活，这使得中国婚姻家庭制度可能面临"再封建化"的危险。④ 方法论上的个人主义的民法规范却恰恰制造出在价值上反个人主义的结果，这正是以"唯名论"意义上的个人为民法中的人的单向度哲学图式带来的自反性后果。

三 "家庭主义"对民法的隐性塑造

尽管"个人"在强势挺进，然而，"家"并没有从此在民法中完全消失。因为，

① 参见赵晓力《中国家庭资本主义化的号角》，《文化纵横》2011年第1期。

② 参见赵晓力对此问题发表的系列文章，赵晓力《中国家庭与幸福：接力模式，还是反馈模式?》，《21世纪经济报道》2011年10月19日，第24版；赵晓力《中国家庭正在走向接力模式吗?》，《文化纵横》2011年第6期；赵晓力《同居共财是中国的家庭现实》，《社会观察》2011年第3期；赵晓力《反哺模式与婚姻法》，《法制日报》2011年8月20日，第7版。

③ 某些儒家学者的反应从反面印证了这一推断并非虚言。由于与家庭共享财产的中国传统背道而驰，"婚姻法司法解释三"甫一出台便招致大量批评，然而，某些儒家学者却非常意外地在一片批评声中为其叫好。如曾亦认为，一方父母为自己子女购房，并不必然融入夫妻"共同财产"之中，这条规定固然削弱了"夫妻一体"，却强化了"父子一体"。这样，婚姻法蕴含的个体主义伦理却在今日中国实现了向集体主义的转变，传统孝道或在新时代的"父子一体"的基础上得以重建，婚姻也将回归到儒家"合二姓之好"的古老观念。参见曾亦、郭晓冬编《何谓普世？谁之价值？——当代儒家论普世价值》，华东师范大学出版社，2014，第180~181页。

④ 参见强世功《司法能动下的中国家庭》，《文化纵横》2011年第1期；强世功《沉默的大多数不应被忽视》，《社会观察》2011年第3期。

“一家一户就是一个生产单位”仍是中国最基本的实际，这赋予“家庭主义”以强大的生命力，使其得以通过化育社会成员的伦理自觉，以隐性的方式继续塑造当代中国的民事法律实践。

（一）“家庭主义”及其规范需求

与方法论的个人主义所塑造的“唯名论”意义上的“人”形成巨大张力的是，中国人的生活方式更倾向于一种方法论的家庭主义。“家庭主义”是发端于家庭生活的系列价值观念和行为方式，包含两层含义：一是将“过日子”即经营家庭生活本身作为一种生命意义的实现方式；二是生活方式以家庭为中心，以家庭利益为旨归，力求家庭的完整性和延续性。[①]

或许有人主张，“家庭主义”只存在于中国古代，如今早已是个人主义的天下了。可是，如果我们能够透过“自我他者化”的理论遮蔽，认真审视“物”而不是“词”，可能会有不一样的发现。

第一，虽经去魅，“家庭主义”依然是中国民众重要的意义生产机制。中国传统家庭的本体性价值来源于通过生生不息的家系延续而获得永恒性的“内在超越”道路。通过将一个有限的、必死的自我植入一个生生不息的生命统绪之中，借助“宗”的存在之链的世代延续，中国人在家庭中获得了生命的超越性价值体验。所以钱穆说：“中国人的家庭，实即中国人的教堂。”[②] 如今，现代性带来的“去魅”使得家庭的超越性和神圣性价值逐渐衰减，但对于没有严格意义上的普遍国民宗教的中国社会来说，家庭依然内置着民众关于美好生活的普遍追求，依然是核心的意义生产和身份认同机制。人们通过将精神灌注到家庭当中，将生命在家庭当中舒展开来，肩负家庭使命，践行家庭角色，在日用不知的“过日子”当中获得生命圆融的终极价值。[③] 因此，可以说，“家庭主义”依然是多数中国民众生活哲学的内核和主导性的行动逻辑。

第二，尽管离散，中国家庭依然呈现出一种流动性的“同居共财”的生活方式。在生活居住上，与工业化和城市化相伴随的人口流动导致了家庭的日益小型化和离散化，核心家庭被认为是主导性的家庭类型，“同居共财”的传统家庭生活方式似乎已经成为过去。然而，“家庭的离散化、亲属网络的碎片化和人的拆分式再生产”并不意味着家庭的解体，而恰恰意味着家庭这个共同体获得了新的团结方式。无论是农村出现的留守家庭、流动家庭、隔代家庭等“拆分型”家庭结构，还是城市的所谓“轮值家

① 参见陈辉《“过日子”：农民的生活哲学》，博士学位论文，华东理工大学社会学系，2013，第160页。

② 钱穆：《灵魂与心》，载《钱宾四先生全集》第46卷，联经出版事业公司，1998，第33页。

③ 参见桂华《圣凡一体：礼与生命价值——家庭生活中的道德、宗教与法律》，博士学位论文，华中科技大学社会学系，2013，第70～74页。

庭""轮养家庭""邻住家庭"等家庭居住形态，都是家庭成员在地域分隔的情况下根据需要构造出的"跨越城乡两域的弹性家庭生产 - 生活模式"，他们通过不断调整家庭关系、角色分工和居住模式，以一种流动性而非固态化的共同生活，持续营造他们理想中的家庭，使家庭共同体能够最大限度地满足家庭成员的需求，具备应对风险的张力。①

同时，在家庭财产关系的问题上，人们并不倾向于完全接受现代的个人独立自主的所有权制度，而是让家庭财产关系保持了一种传统性的"模模糊糊的共有状态"。分家中的财产分割行为也没有从根本上斩断夫妻之间、代与代之间、兄弟之间对家产的不同程度的共享关系。② 而且，"不分家"甚至成为越来越普遍的家庭生计模式，通过"不分家"或"名分实合"将原子化了的个体重新植入同居共财的家庭当中，以"回归类扩展式家庭"来抵御个体化的风险和危机。③ 因此，尽管表现形式在发生变化，但一种流动性的"同居共财"的实践逻辑依然是中国家庭的普遍事实。

与方法论的个人主义一样，"家庭主义"既是一种伦理主张，也是一种理性计算方法。"家庭主义"就是在计算成本和收益时，以家庭为单位，而不是单子式的个人。由于个人与家庭有不同的规定性，一旦把基本的计算单位从个人变为家庭，就可能导出非常不同的价值观念和行为方式。首先，个人的生命是有限的，但家庭作为父母子女血脉延续的一个世代传递之链，在生命上可以是永久的，这就导致效用函数是迭代的，子女的利益被纳入父母的效用函数，子女对自己的子女也是如此，通过多次迭代将一个人与其子孙后代的关系都纳入一个效用函数公式当中，因此，家庭主义贴现率可以为零，在博弈策略选择上倾向于"计长远"。④ 其次，在个人主义的哲学图示中，人与人之间彼此独立，两个人的效用之间没有关系，但在家庭主义成员之间，效用函数是互相重叠、互相交织的，不存在独立的效用函数，一个家庭成员的效用函数高度依赖其他成员，家庭利益最大化并不是个人利益最大化的简单相加，有时甚至可能会以后者的暂时牺牲为代价。⑤

这种效用函数多代重叠、高度相关的以"家庭主义"为方法论的理性计算方法，

① 参见金一虹《流动的父权：流动农民家庭的变迁》，《中国社会科学》2010 年第 4 期；石金群《转型期家庭代际关系流变：机制、逻辑与张力》，《社会学研究》2016 年第 6 期。

② 参见林辉煌《家产制与中国家庭法律的社会适应》，《法制与社会发展》2012 年第 4 期；桂华、林辉煌《农民祖业观与乡土社会的产权基础》，《二十一世纪》2012 年第 4 期。

③ 参见姚俊《"不分家现象"：农村流动家庭的分家实践与结构再生产》，《中国农村观察》2013 年第 5 期。

④ 经济学家贝克尔将这种函数公式称为"王朝效用函数"，参见〔美〕加里·贝克尔《家庭经济分析》，彭松建译，华夏出版社，1987；〔美〕加里·贝克尔《家庭论》，王献生、王宇译，商务印书馆，2014，第 350 ~ 363 页。

⑤ 参见盛洪《儒学的经济学解释》，中国经济出版社，2016，第 127 ~ 130 页。

不但会导出以整体性的家庭为思考单位的价值观念和行为方式，而且会创生出重置家的法律位置的规范需求。

（二）“家庭主义”的隐性法律表达

在民法上，个人的强势挺进，在将传统的家庭在法律上抹去的同时，也导致了“法律自法律、社会自社会”的断裂。但是，“家庭主义”拥有超越法律的生命力，即便在遭到法律废弃之后也能够通过化育社会成员的伦理自觉，塑造万千家庭的法律关系实践。

“家庭主义”化育当代中国法律实践的表现，最为典型的莫过于以“农村承包经营户”和“个体工商户”为制度依托而形成的“准家产制”的产权逻辑。以“农村承包经营户”为例，新中国成立以来，我国的农村土地制度框架发生了数次大的历史变迁，经历了土地改革、农业合作化和人民公社等几个时期的土地制度之后，最终确立了农村土地的农民集体所有、农户家庭承包经营的基本形态，并形成了与之相适应的土地权属逻辑和家庭产权位置。就主体形态而言，农村土地上所承载的多种权利分属不同主体承担，但物权化了的农户家庭的土地承包权利成为农村土地价值实现的枢纽。就产权性质而言，增人不增地、减人不减地，承包期限长久不变，土地承包权不能由个人继承，只能由家庭传递，这些特征赋予了农村土地“家业产权”的性质与规则。就规则效用而言，土地集体所有、家庭承包经营的双层经营体制与中国历史上延续上千年的双层土地所有权和永佃制有着强烈的亲缘相似性，是相沿成俗的简约规则。因此，农村土地产权只有借助家庭的位置才能真正被理解和说明，呈现出显著的家产制的权属逻辑。

民法对“户”的规定正是对“家庭主义”的隐性自适应机制的一种确认。民法通则在民事主体部分除了规定公民（自然人），还规定了“个体工商户”和“农村承包经营户”，即“两户”。民法学界关于“两户”和家庭是否存在主体资格产生了不同的学说。有学者将“两户”理解为具有既不是个人也不是家庭的组织和法律构造的“特殊主体”形态①；也有学者主张，“两户”的出现并不意味着新的特殊的民事主体的诞生，而仅仅是公民（自然人）主体类型的另类表现。② 事实上，“两户”在民法中的位置与形象的确系于“人”而非其他。就法律的体例结构而言，关于“两户”的规定没有形成一个独立的部分，而只是被置于公民（自然人）的环节予以归类和认定，可见法律并没有通过“户”的概念创造出一种独立的民事主体的意图。可是，由于在社会生活之中，不管是农村土地承包户还是城市个体工商户，基本上表现为以家庭为单位

① 参见胡宝海、王晓君《民法上的人》，中国社会科学出版社，1999，第 148、151 页。

② 参见梁书文等《民法通则及配套规定新释新解》，人民法院出版社，1996，第 96 页。

实施统一经营、统一核算，因此，法律顺势利导承认了以家庭为单位的经营方式和产权结构。所以，“两户”的诞生没有完全颠覆我国民法中以“公民（自然人）－法人”为形式的二元主体构造，“户”仅仅为公民（自然人）的另类表现。也就是说，“人”的概念成为民法中具有绝对性的主导概念，以至于家庭这一组织体要想进入民法体系，也必须借助于“人”的概念，将自己拟制为“人”之一种。不过，正是通过这一创造性转化，拥有丰富的象征资本和强大的化育力量的“家”得以重新回归中国民法，继续塑造当代中国人的法律生活。

在民法总则编纂当中，许多学者主张取消“两户”，他们列举的原因五花八门，但立论的实质根基很一致，即认为“农村承包经营户”和“个体工商户”在城市化进程与市场经济改革的初期，适应了当时的社会条件，发挥了一定的作用，但如今，家庭已经不再是生产的共同体，而只是生活的共同体，以家庭共同体为文化依托的“两户”制度无法融入以个人主义为文化塑造的现代法律体系。①

这是受西方现代化理论范式宰制而将特定理念视为既定事实的结果。西方主流理论认为，伴随着现代经济的发展，以家庭为主要单位的家庭生产经营将被个体化的产业工人大生产所取代。② 然而，来自中国经济史和社会史的证据显示，虽然实现形式有所变化，但中国过去和现在的基本经济单位都是家庭，而非个人。如黄宗智所指出的，在中国历史上，在沉重的人口/土地压力之下，大多数农业经营规模在家庭生计所需水平之下，因此，必须从家庭手工业中获得部分生计，而形成了“生产的家庭化”，结果是农业和手工业紧密相互依赖，犹如两根拐杖一样同时支撑一个家庭。到了当代，在人口压力巨大、土地严重不足的约束条件下，得自农业的收入不足以完全支撑家庭生计，所以必须借助副业收入，同时，劳动力过剩压低了非农就业的工资，一般也不足以支撑家庭生计，所以形成了“半工半耕”的家庭分工和生计模式。③ 因此，毛泽东1943年所发表的题为《组织起来》的著名讲话中所谓“一家一户就是一个生产单位”④，直到今天仍然是中国社会最基本的实际。因此，可以说，“农村承包经营户”和“个体工商户”正是中国民法在家产制传统的基础之上，通过法律的创造性的转化，回应中国人的生活方式和意义世界而创生相应的规范体系的努力。所幸，2017年3月15日通过的《中华人民共和国民法总则》保留了关于“两户”的规定，在此意义上，民法总则对“两户”的再次确认，不仅是中国民法典重新“找回家庭”的重要一步，

① 参见申惠文《论农村承包经营户的死亡》，《河南财经政法大学学报》2016年第2期；陈龙吟、侯国跃《中国民法典民事主体立法问题研讨会会议综述》，《西南政法大学学报》2015年第5期。

② 参见〔美〕黄宗智《中国的现代家庭：来自经济史和法律史的视角》，《开放时代》2011年第5期。

③ 参见〔美〕黄宗智《中国过去和现在的基本经济单位：家庭还是个人?》，《人民论坛》2012年第1期。

④ 《毛泽东选集》第3卷，人民出版社，1991，第932页。

也是中国法律恢复对本民族生活方式理解能力的重要一步。

“两户”只是“家庭主义”以隐性的方式塑造民事法律实践并对民事法律实践进行适应性调整的一个例子。除此之外，当代中国法关于继承和赡养的规定，也明显包含着以家庭成员之间彼此照顾扶养的义务限制财产权的绝对个人所有和自由处断的精神，因而隐约保留了父母子女一体的“通财”财产逻辑。[①] 不过，在民事法律规范与“家庭主义”的实践事实之间，更多的不是自适应，而是“两张皮”，即“法律自法律，社会自社会”。

四　民法如何找回“家”的向度

本来，即便有法律与社会“两张皮”，中国民众也依然可以继续自己“家庭主义”的生活方式。但是，“类型法定”的强制性挤压扭曲了“家庭主义”的生活方式的合法化空间。所谓“类型法定”，即法律关系（法律权利）的种类和内容是由法律事先预设的，当事人无内容形成上的自由。[②] 类型方面的唯一性决定了家庭法总体上的强制性，也就是说，什么样的生活是合法的，而什么样的生活是不合法的已经被规定在了类型化的家庭关系中。个体化的类型强制直接排斥了整体性的家庭关系和家产制度，普遍的家庭化的社会生活实践因而无法获得民法的观照。尽管存在当事人通过契约方式选择物权习惯法的可能空间[③]，但是，立法与司法实践往往采用赠与、共同共有财产分割、遗嘱继承等现代民法的法定类型化概念来框套家庭化的社会物权惯习和生活事实，不但无法真正解决问题，还可能制造出更多的麻烦。[④] 于是，作为重要核心价值和生活方式的“家庭主义”，就有了“必也正乎名”，也即获得法律正式表达的需要。

法律是对人群生活普遍看重的生活意义的选择和设定，只有经过符合一个民族生活方式的基础性价值的选择，法律才能如哈贝马斯所言从事实转化为规范。中国民法典要想从事实领域走向规范世界，就必须能够有效回应中国人的生活方式，必须能够满足中国人的意义世界需求。对于中国历史上唯一颁布实施的民法典《中华民国民法》，时人谓之“采德国立法例者，十之六七，瑞士立法例者，十之三四，而法日苏联之成规，亦尝撷取一二”[⑤]，然而，中国民法典始终“看不见中国”。100 年后，如果我们编纂的民法典依然“看不见中国”，不亦悲乎？

---

① 参见〔美〕黄宗智《过去和现在：中国民事法律实践的探索》，法律出版社，2014，第 286 ~ 291 页；另见〔加〕贝淡宁《超越自由民主》，李万全译，上海三联书店，2009，第 226 ~ 234 页。

② 参见〔德〕鲍尔、施蒂尔纳《德国物权法》（上册），张双根译，法律出版社，2004，第 9 页。

③ 参见刘云生《形式化物权法与物权习惯法之冲突与调适》，《社会科学家》2013 年第 2 期。

④ 参见俞江《中国民法典诞生百年祭——以财产制为中心考察民法移植的两条主线》，《政法论坛》2011 年第 4 期。

⑤ 梅仲协：《民法要义》，中国政法大学出版社，1998，序言。

现代政治法律理论一般假设，现代民族国家是以个体而非血缘共同体为政治共同体的整合对象。然而，这种假设经常忘记，直到今天，仍然是先在的家庭在物质与文化两个维度上持续生产着作为现代国家之质料的公民。"家庭主义"的生活方式和意义世界要求以"家庭主义"为方法论的理性，这不但会导出以整体性的家庭为思考单位的价值观念和行为方式，而且会创生重置"家"的法律位置的规范需求，中国民法典编纂应当妥善安置这一价值观念和行为方式所派生的规范需求。只有补上"家"的维度，才能呈现出整全的"人"的形象。同时，这也是中国民法典凸显"中国性"的必然路径。

那么，民法典应当如何找回"家"的向度呢？有人认为，找回"家"的向度就是应当恢复传统家庭伦理。的确，面对"家将不家"的各种社会乱象，恢复"传统家庭美德"成了一种常见的社会呼吁。然而，"自破家而始"的中国百年变法摧毁了父权家长制的家庭形态，而且，也正是在经历了自由与平等的革命、去除了外在的强制和权力的扭曲之后，家庭才终于得以以其自然和活泼的本质继续涵养中国人的内在生活样式和关于理想生活的想象。激进的"家庭革命"的确产生了很多问题，但一味寄希望于"恢复传统家庭伦理"可能也无济于事。更重要的是，在经历了自由与平等的革命的现代多元社会，法律被认为不应当支持某一种特定的道德的或宗教的完备性学说和善的观念。[①] 家庭法的正当性，尤其是国家进行类型强制的正当性也不能建立在某种特定的生活样态和道德观念上。因为，对一种生活样态和道德观念的支持，即意味着对其他生活方式和道德信念的压制。[②] 因此，若将某种传统家庭伦理作为一种自治性的家风传承并无不可，但试图通过民法典将传统家庭伦理作为强制类型则可能已不具有正当性。

中国民法应当找回"家"的向度，但在身份与财产两个维度之间，为避免对选择自由的压制，最好从重构财产性的家产制度着手。家产制是承载"同居共财"生活方式的法律基石。如黑格尔所言："家庭不但拥有所有物，而且作为普遍的和持续的人格它还需要设置持久的和稳定的产业，即财富。"[③] 家产制的法定类型化能够为普遍的"同居共财"的生活方式提供合法性的表达，也为"家庭主义"的伦理价值规则体系的重新凝练提供寄托之所。中国民法典完全可以参考瑞士民法典和意大利民法典中"家庭财团"和"家庭财产"概念，使拥有强大化育能力的家产制传统及其家产传递逻辑在法律上拥有一个合适的位置。[④]

---

① 参见〔美〕约翰·罗尔斯《政治自由主义》，万俊人译，译林出版社，2000，第 38 ~58 页。

② 参见刘征峰《家庭法中的类型法定原则》，《中外法学》2018 年第 2 期。

③ 〔德〕黑格尔：《法哲学原理》，范扬、张企泰译，商务印书馆，1961，第 185 页。

④ 俞江教授对家产制如何进入民法规范体系有一个初步的设想，参见俞江《论民法典"家庭法编"的体系构造》，载梁慧星等《民法典编纂论》，商务印书馆，2016，第 58 ~84 页。

同时，家产制也是社会公共政策在整体上支持家庭的制度接口。家庭很大程度上是个体抵御社会风险的最后堡垒，但法律往往只保障家庭成员的个体权益，对作为一个社会团体和经济单位的家庭本身则缺乏观照。忽视了“家庭主义”的生活方式，许多社会政策——不考虑中国家庭的弹性边界以及风险共担的共同体性质的住房政策，不考虑生养孩子的家庭成本和扩展家庭亲代对子代生养孩子照顾成本的生育政策等——实施效果都大打折扣。以家庭为单位或者以家庭结构为参照的税收政策、消费政策、住房政策和社会保险政策反而能够更有针对性地提升家庭能力，进而强化个体抵御风险的能力①，而家产制为以家庭为单位的社会公共政策的实施提供了一个便捷的制度接口。

或许有人会说，民法典恢复传统家庭伦理可能导致对选择自由的压制，民法典恢复家产制度同样会压制自由。事实恰恰相反，民法典重构家产制与恢复传统家庭伦理不同，它不是制造强制，而恰恰提供了被遮蔽的选择自由。

民法典以“孤立的、抽象的、自治的个人”为家庭法的法定主体，以个体化的财产制作为法定财产制类型，实际上是选择了核心家庭作为制度构造的理想图景。作为经典家庭现代化理论的产物，“核心家庭”概念不单单是指家庭模式，更预设了一整套生活方式和价值体系。但是，中国家庭的变化并不像经典家庭现代化理论所预言的那样，完全按照从传统的扩大家庭向个体化的核心家庭、夫妇式家庭单向度推进。② 中国家庭尽管出现了结构小型化的趋势，却并没有完全“核心化”，夫妇和“夫妇一子女”户尽管已成主流，却有其“形”而欠其“实”，只是一种形式上的“核心化”，以核心家庭中的夫妇与其双方父母家庭的互动为主干的亲属关系网络非常发达，因此，中国家庭呈现出“形式核心化”与“实质扩大化”特点。③ 越来越多的学者也意识到，用核心家庭来覆盖家庭形式的多样性是“虚伪”的，将其作为所有家庭的理想形式更是欠妥。更有学者认为，核心家庭之类框架已经成为失去分析洞察力的僵尸类别。④ 核心家庭被认为是一种“意识形态单位”，其声称核心家庭是一种普遍的社会制度，个体化的现代核心家庭被视为唯一值得向往的、合法的家庭形式，它以某种方式将日常家庭生活中的某些部分彰显出来而将其余部分遮蔽起来，掩盖了家庭的多元面向。⑤ 在法律领域，“由于假设现实中的家庭按照某些特定的方式行为，政府经常陷入恣意地以立法

① 参见吴小英《流动性：一个理解家庭的新框架》，《探索与争鸣》2017 年第 7 期。

② 即便是呼吁立法者认真对待家庭的学者，也经常会不加反思地接受这套意识形态化的理论叙事。参见金眉《婚姻家庭立法的同一性原理》，《法学研究》2017 年第 4 期。

③ 参见彭希哲、胡湛《当代中国家庭变迁与家庭政策重构》，《中国社会科学》2015 年第 12 期。

④ 参见沈奕斐《个体家庭 iFamily——中国城市现代化进程中的个体、家庭与国家》，上海三联书店，2013，第 37 页。

⑤ 参见 David Cheal, *Families in Today's World: A Comparative Approach*, Routledge, 2008, pp. 3 – 7。

形式确立某种标准家庭模型的危险"。①

中国社会广泛存在的家庭实践形态是一种流动性的"同居共财"的家庭模式，而民法却以意识形态化了的核心家庭为理想图景建构法定类型，反而导致了一种压制性的法律后果，实际上限制了主体的选择自由。民法典通过重构家产制，将家产制建构为一种法定类型，为广泛存在的家产制社会实践寻找法律的合法性表达，反而能够丰富中国民众实践自己所向往的美好生活的权利技术。

中国民众伦理生活的真正精神不是供奉在传统的典籍中，而是奔流在新鲜的血液里。"恰恰当传统丧失了其'神圣性'，当传统的自然根基丧失了道理的卫护，使其散失在日常生活的鄙野之处，不再被持守和传承时，传统才不再是日常的信念，而必须经由穷尽自身力量的'献身'，才能重返传统的自然基础，从中探求出'古老思想和理想强有力的再生'。"② 当代中国社会正处于一种"压缩现代性"的变动不居当中，旧的家庭伦理日趋解体，新的伦理价值尚未形成。当此之际，民法典找回"家"的向度的真正道路，不应是一味因袭复古，而是应当在个体化的类型强制之外，重构家产制作为"家庭主义"生活方式的法律基座，从而丰富法权主体践行自己所信守的美好生活的权利技术，使得民法典能够容纳不同主体之间多元的生活方式，能够尊重不同主体之间复杂的、特殊的价值选择，并为它们相互的颉颃与亲和提供足够的自由实践空间，最终，通过无数法权主体伦理理性化的努力，将散失在日常生活角落中的传统重新转化为亲切贴己的生活之道，重新赋予被现代性洗劫的伦理生活以真正的精神，也迎来新的家庭伦理价值规范的自由再生。

---

① Janet Finch, *The State and the Family*, Text of lecture given at the Institute of International Social Sciences, Edinburgh, 1996, p. 130.

② 李猛：《理性化及其传统》，《社会学研究》2010 年第 5 期。

编者手记

从“城乡区隔”迈向“开放社会”

2019年8月26日，第十三届全国人大常委会第十二次会议审议通过了《土地管理法》修正案，从立法上实现了多重突破，为中国的乡村振兴和农村土地功能的世纪转型提供了新动能。

曾经有土地法学者消极地将中国农民阶层界定为“沉默的大多数”，既缺乏纵向的政治参与（participation）热情，又缺乏横向的自我组织（engagement）能力。

此种界定严重低估了中国农民阶层的智慧和勇气。

考稽几千年地权演化史，中国农民阶层对土地的天生热情和后天管理都在世界上处于领先地位。他们既可以通过积极的或消极的方式对正式制度进行回应，也可以通过非正式制度弥补正式制度的缺失和不足。

简言之，中国农民阶层从来都不是被动的驯服对象，而是主动的寻利主体。无论是贫困地区的人口大迁徙，还是偏远地带的“小产权房”，抑或是城市圈的“城中村”，都彰显着农民对土地利益的敏感性和行动力。

所有的问题无非就是：我们的制度供给是否如实地表达了农民的真切愿望，是否尊重了农民自由的选择!

废除原《土地管理法》第43条是本次修法的重点和亮点。

原户籍管理和原《土地管理法》第43条构筑了城乡二元分割壁垒和土地双轨制，对农民和农地实行双重“区隔”：农民并非一种自由选择的职业，而是一种转移劳动力、减轻城市压力的治理手段；土地的经济功能萎缩，政治、社会功能凸显，有限的土地权利原则上仅能于本集体经济组织内部流动。

农民的身份固化与土地权利的内部流动使农村成为“区隔社区”，既无力改变自我身份，也难以自由处分权利，最终成为“内部人”、“单向度”的人，广袤乡村自然也就成为“熟人社会”。

户籍改革解决了第一个问题，此次修法相对圆满地解决了第二个问题。其最大的亮点和特色就是允准集体经营性建设用地直接入市，一举矫正了政府垄断土地一级市场的历史积弊，不仅有利于农民通过市场配置资源，最大化、最优化实现土地权益，还可以有效平衡土地价格，击破房地产泡沫，为低收入阶层提供便利、低廉、安全的居住条件。

长期以来，原《土地管理法》第43条备受诟病。按照此条规定：任何单位和个人进行建设，需要使用土地的，必须依法申请使用国有土地。与此相适应，其第63条规定：农民集体所有的土地的使用权不得出让、转让或出租用于非农建设。这两条规定无疑全盘实现了国家对土地一级市场的垄断，引发了土地财政，还限缩了集体、农民对土地增值利益的分享权。

原《土地管理法》第 43 条和第 63 条在法权上最大的风险还在于：从逻辑和价值两方面否定了集体土地所有权的权能实现，《宪法》《物权法》所确定的集体土地所有权成为一种空虚的权利。

集体所有权主体虚位不仅导致自身权利可能失去有效的法律保护，还间接引致农民土地使用权并非遵循土地效益原则进行市场化配置，而是受到政策性导向、乡村社会关系、文化观念等非市场化因素影响，从而导致集体土地所有权与农民土地使用权均具有不确定性，诱发农村土地产权被反复界定的风险。有学者认为，此前大量的农村土地纠纷无一例外都源自土地权利与利益关系不明确，土地使用权之界定并非建立于稳定的法律制度层面，而是随政治权力或利益集团的参与而发生变化，产权归属表现出极大的弹性。有学者甚至使用“象征地权”概念，诠释“地权可能通过政治权力的强迫或者社会观念的改变而改变”，最终导致集体土地产权的人格化与更高层次的不确定性。

本次修法允准集体经营性建设用地直接入市，实则是国家立法的一种理性让步，既是对民意的尊重，也是对土地利益分配格局的重大调整。其优势效应表现为，不仅打破了土地一级市场的垄断格局，也实现了农民、集体土地利益的良性增长，更大的两个贡献还在于：一是打破了城乡二元区隔，实现了建设用地资源的市场化配置，城乡一体化发展，和谐共荣有了可靠的物理空间和市场渠道；二是有效实现了人口资源及各类社会资源的城乡市场化双向流动，冲破了计划经济时代的身份约束和阶层固化，实现了乡村社会从社区区隔步入开放社会。

《中国不动产法研究》第 20 辑付梓，适逢《土地管理法》修正案颁布，草此数语，略表欢欣。

刘云生
2019 年 9 月 4 日
小谷围岛 · 排云轩

《中国不动产法研究》稿约

《中国不动产法研究》系中文社会科学引文索引 CSSCI 来源集刊，为中国房地产法律实务研究论坛纸质版定期刊物，向国内外公开发行。中国房地产法律实务研究论坛系由广州大学不动产研究院、上海邦信阳中建中汇律师事务所、瑞威资本、重庆市市场交易法律制度研究基地、上海易居房地产研究院、西南政法大学民商法学院联合举办的房地产法律理论阵地，每年定期在北京、上海、香港等地举办房地产论坛。

《中国不动产法研究》系广州大学法学院刘云生教授主编，每年两辑。本集刊主要针对不动产法律理论和实务等所涉各项领域进行专题研究，每卷设有论坛聚焦、理论探索、实务研究、学术争鸣、评论、域外采风等栏目。现诚挚期待海内外学者惠赐稿件。

本集刊开设“民法典编纂中的不动产法律问题”“土地管理法修订”等专号，具体可围绕民法典物权编编纂、征地制度改革、宅基地制度改革、集体建设用地入市、不动产投融资等诸多方面展开，可从法学、经济学和社会学等多个视角进行论述。此外，其他与不动产问题相关的文章均可。

本集刊已加入 CNKI 等数据库，所有文章全文入网。作者著作权使用费与本集刊稿费一次性给付。凡投稿本集刊的文章，均视为同意本集刊授权的合作单位使用，文章发表的行为即视为同意本集刊上述声明，如有不同意者请在来稿时申明。

凡来稿应符合以下要求。

一、来稿体裁和字数不限，文稿选题新颖，立论科学，论据充足，论证严密，层次清晰，语言流畅。

二、文稿必须包括题目、作者简介（姓名、所在单位、职务或职称、研究方向、邮寄地址、邮编、联系电话）、摘要、关键词、正文。

三、文中注释采用脚注形式，每页单独编号。

四、来稿须是未经发表的学术论文。请尊重他人知识产权，保证作品独创性，文稿内请勿引用未公开发表的资料，请勿一稿多发。本集刊尊重作者的著作权，但根据著作权法的有关规定，编辑部有权对来稿作文字性和技术性的修改、删节，不同意者务请声明。

五、本集刊坚持以质取稿、质量面前人人平等的原则，采用专家匿名审稿。来稿一经刊用，会及时通知作者，并敬奉稿酬及样书。作者自来稿之日起两个月内未收到编辑部用稿通知，有权对稿件另行处理。对来稿不采用的，编辑部一般不予退稿，请作者自留底稿。

六、本编辑部不委托任何组织和个人作为本集刊组稿、发表之代理，发表稿件不收取版面费、审稿费。

七、来稿文责自负，本集刊所载文章仅代表作者个人观点。

八、本集刊倡导学术诚信，欢迎个人单独署名，接受必要的有实质合作关系的集体署名和合作署名，反对挂名和多人署名。集体署名应说明分工情况，合作署名应明确各自贡献。

九、任何来稿视为作者、译者已经知悉并同意《中国不动产法研究》的约稿条件。

本集刊常年征稿，来稿请采用电子文本。

电子文本请 e-mail 至 realestate_ law@ 126. com。

严正声明：本集刊未开设网站，投稿请认准编辑部邮箱，勿上当受骗。

《中国不动产法研究》编辑部

2019 年 10 月

图书在版编目(CIP)数据

中国不动产法研究．2019年．第2辑：总第20辑，《土地管理法》修订／刘云生主编．-- 北京：社会科学文献出版社，2019.12

ISBN 978-7-5201-5519-9

Ⅰ．①中… Ⅱ．①刘… Ⅲ．①不动产-物权法-研究-中国-丛刊 ②土地管理法-中国 Ⅳ．①D923.24-55

中国版本图书馆CIP数据核字（2019）第296731号

中国不动产法研究　（2019年第2辑·总第20辑）：《土地管理法》修订

主　　编／刘云生

出 版 人／谢寿光
责任编辑／芮素平
文稿编辑／张春玲

出　　版／社会科学文献出版社·联合出版中心（010）59367281
地址：北京市北三环中路甲29号院华龙大厦　邮编：100029
网址：www.ssap.com.cn
发　　行／市场营销中心（010）59367081　59367083
印　　装／三河市东方印刷有限公司

规　　格／开 本：787mm×1092mm　1/16
印 张：21　插 页：0.5　字 数：393千字
版　　次／2019年12月第1版　2019年12月第1次印刷
书　　号／ISBN 978-7-5201-5519-9
定　　价／108.00元

本书如有印装质量问题，请与读者服务中心（010-59367028）联系